大学赤本シリーズ

31

筑波大学

文系－前期日程

総合選抜〈文系〉、人文・文化、
社会・国際〈社会、国際総合-文系〉、人間〈文系〉、
医〈看護-文系〉、体育専門学群

JN085121

教学社

は　し　が　き

おかげさまで，大学入試の「赤本」は，今年で創刊70周年を迎えました。

これまで，入試問題や資料をご提供いただいた大学関係者各位，掲載許可をいただいた著作権者の皆様，各科目の解答や対策の執筆にあたられた先生方，そして，赤本を使用してくださったすべての読者の皆様に，厚く御礼を申し上げます。

以下に，創刊初期の「赤本」のはしがきを引用します。これからも引き続き，受験生の目標の達成や，夢の実現を応援してまいります。

本書を活用して，入試本番では持てる力を存分に発揮されることを心より願っています。

編者しるす

＊　＊　＊

学問の塔にあこがれのまなざしをもって，それぞれの志望する大学の門をたたかんとしている受験生諸君！　人間として生まれてきた私たちは，自己の欲するままに，美しく，強く，そして何よりも人間らしく生きることをねがっている。しかし，一朝一夕にして，この純粋なのぞみが達せられることはない。私たちの行く手には，絶えずさまざまな試練がまちかまえている。この試練を克服していくところに，私たちのねがう真に人間的な世界がはじめて開かれてくるのである。

人生最初の最大の試練として，諸君の眼前に大学入試がある。この大学入試は，精神的にも身体的にも，大きな苦痛を感ぜしめるであろう。あるスポーツに熟達するには，たゆみなき，はげしい練習を積み重ねることが必要であるように，私たちは，計画的・持続的な努力を払うことによって，この試練を克服し，次の一歩を踏みだすことができる。厳しい試練を経たのちに，はじめて満足すべき成果を獲得できるのである。

本書は最近の入学試験の問題に，それぞれ解答を付し，さらに問題をふかく分析することによって，その大学独特の傾向や対策をさぐろうとした。本書を一般の参考書とあわせて使用し，まとはずれのない，効果的な受験勉強をされるよう期待したい。

（昭和35年版「赤本」はしがきより）

挑む人の、いちばんの味方

赤本創刊70周年

1954年に大学入試の過去問題集を刊行してから70年。赤本は大学に入りたいと思う受験生を応援しつづけてきました。これからも，苦しいとき落ち込むときにそばで支える存在でいたいと思います。

そして，勉強をすること，自分で道を決めること，努力が実ること，これらの喜びを読者の皆さんが感じることができるよう，伴走をつづけます。

そもそも赤本とは…

受験生のための大学入試の過去問題集！

70年の歴史を誇る赤本は，500点を超える刊行点数で全都道府県の370大学以上を網羅しており，過去問の代名詞として受験生の必須アイテムとなっています。

なぜ受験に過去問が必要なのか？

大学入試は大学によって問題形式や頻出分野が大きく異なるからです。

赤本の掲載内容

傾向と対策

これまでの出題内容から，問題の「**傾向**」を分析し，来年度の入試に向けて具体的な「**対策**」の方法を紹介しています。

問題編・解答編

- 年度ごとに問題とその解答を掲載しています。
- 「**問題編**」ではその年度の試験概要を確認したうえで，実際に出題された過去問に取り組むことができます。
- 「**解答編**」には高校・予備校の先生方による解答が載っています。

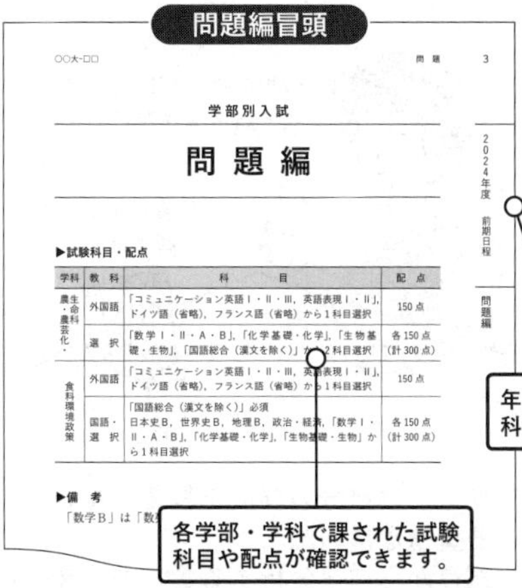

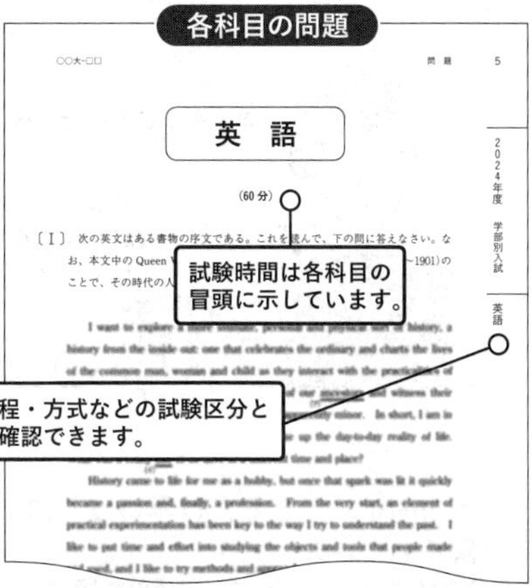

他にも，大学の基本情報や，先輩受験生の合格体験記，在学生からのメッセージなどが載っていることがあります。

掲載内容について

著作権上の理由やその他編集上の都合により問題や解答の一部を割愛している場合があります。なお，指定校推薦入試，社会人入試，編入学試験，帰国生入試などの特別入試，英語以外の外国語科目，商業・工業科目は，原則として掲載しておりません。また試験科目は変更される場合がありますので，あらかじめご了承ください。

受験勉強は

過去問に始まり，

STEP 1

なにはともあれ

まずは解いてみる

しずかに…
今，自分の心と
向き合ってるんだから
ムーン
それは
問題を解いて
からだホン!

過去問は，**できるだけ早いうちに解く**のがオススメ！
実際に解くことで，**出題の傾向，問題のレベル，今の自分の実力**がつかめます。

STEP 2

じっくり具体的に

弱点を分析する

分析の結果だけど
英・数・国が苦手みたい
スリー
必須科目だホン
頑張るホン

間違いは自分の弱点を教えてくれる**貴重な情報源**。
弱点から自己分析することで，**今の自分に足りない力や苦手な分野**が見えてくるはず！

合格者があかす 赤本の使い方

傾向と対策を熟読
（Fさん／国立大合格）

大学の出題傾向を調べるために，赤本に載っている「傾向と対策」を熟読しました。

繰り返し解く
（Tさん／国立大合格）

１周目は問題のレベル確認，２周目は苦手や頻出分野の確認に，３周目は合格点を目指して，と過去問は繰り返し解くことが大切です。

赤本の使い方 解説

過去問に終わる。

STEP 3

志望校にあわせて

苦手分野の重点対策

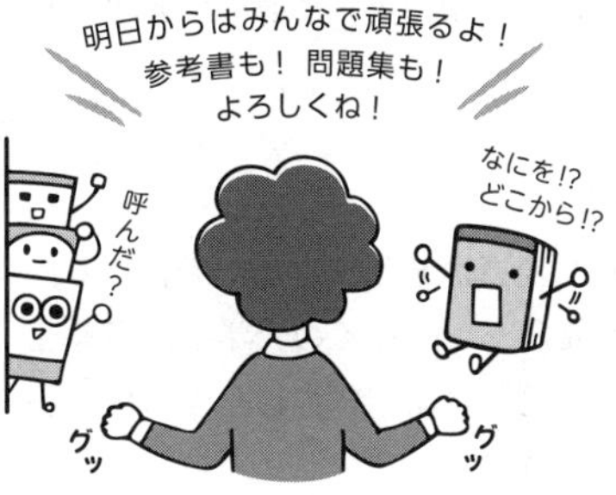
明日からはみんなで頑張るよ！
参考書も！ 問題集も！
よろしくね！
呼んだ？
なにを!?
どこから!?
グッ
グッ

参考書や問題集を活用して，苦手分野の**重点対策**をしていきます。**過去問を指針**に，合格へ向けた具体的な学習計画を立てましょう！

STEP 1▶2▶3

サイクルが大事！

実践を繰り返す

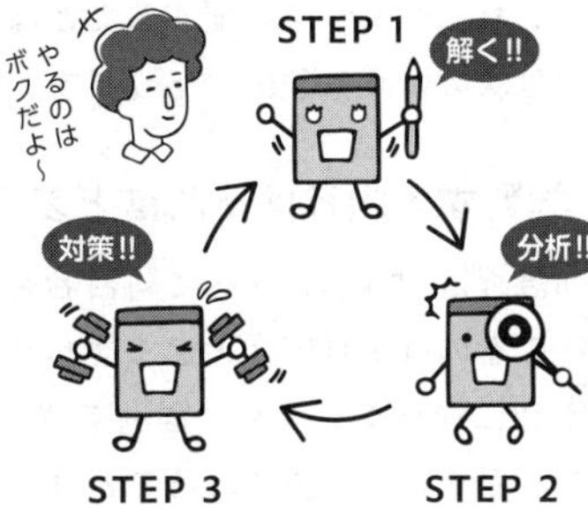
やるのはボクだよ～
STEP 1
解く!!
分析!!
対策!!
STEP 3
STEP 2

STEP 1～3を繰り返し，実力アップにつなげましょう！
出題形式に慣れることや，**時間配分を考えること**も大切です。

目標点を決める

（Yさん／私立大合格）

赤本によっては合格者最低点が載っているので，それを見て目標点を決めるのもよいです。

時間配分を確認

（Kさん／私立大学合格）

赤本は時間配分や解く順番を決めるために使いました。

添削してもらう

（Sさん／私立大学合格）

記述式の問題は先生に添削してもらうことで自分の弱点に気づけると思います。

新課程入試 Q&A

2022 年度から新しい学習指導要領（新課程）での授業が始まり，2025 年度の入試は，新課程に基づいて行われる最初の入試となります。ここでは，赤本での新課程入試の対策について，よくある疑問にお答えします。

Q1. 赤本は新課程入試の対策に使えますか？

A. もちろん使えます！

旧課程入試の過去問が新課程入試の対策に役に立つのか疑問に思う人もいるかもしれませんが，心配することはありません。旧課程入試の過去問が役立つのには次のような理由があります。

● 学習する内容はそれほど変わらない

新課程は旧課程と比べて科目名を中心とした変更はありますが，学習する内容そのものはそれほど大きく変わっていません。また，多くの大学で，既卒生が不利にならないよう「経過措置」がとられます（Ｑ３参照）。したがって，出題内容が大きく変更されることは少ないとみられます。

● 大学ごとに出題の特徴がある

これまでに課程が変わったときも，各大学の出題の特徴は大きく変わらないことがほとんどでした。入試問題は各大学のアドミッション・ポリシーに沿って出題されており，過去問にはその特徴がよく表れています。過去問を研究してその大学に特有の傾向をつかめば，最適な対策をとることができます。

出題の特徴の例	・英作文問題の出題の有無 ・論述問題の出題（字数制限の有無や長さ） ・計算過程の記述の有無

新課程入試の対策も，赤本で過去問に取り組むところから始めましょう。

Q2. 赤本を使う上での注意点はありますか？

A. 志望大学の入試科目を確認しましょう。

過去問を解く前に，過去の出題科目（問題編冒頭の表）と 2025 年度の募集要項とを比べて，課される内容に変更がないかを確認しましょう。ポイントは以下のとおりです。科目名が変わっていても，実際は旧課程の内容とほとんど同様のものもあります。

英語・国語	科目名は変更されているが，実質的には変更なし。 ▶▶ **ただし，リスニングや古文・漢文の有無は要確認。**
地歴	科目名が変更され，「歴史総合」「地理総合」が新設。 ▶▶ **新設科目の有無に注意。ただし，「経過措置」**（Q３参照）**により内容は大きく変わらないことも多い。**
公民	「現代社会」が廃止され，「公共」が新設。 ▶▶ **「公共」は実質的には「現代社会」と大きく変わらない。**
数学	科目が再編され，「数学 C」が新設。 ▶▶ **「数学」全体としての内容は大きく変わらないが，出題科目と単元の変更に注意。**
理科	科目名も学習内容も大きな変更なし。

数学については，科目名だけでなく，どの単元が含まれているかも確認が必要です。例えば，出題科目が次のように変わったとします。

旧課程	「数学Ⅰ・数学Ⅱ・数学 A・数学 B（数列・ベクトル）」
新課程	「数学Ⅰ・数学Ⅱ・数学 A・**数学 B（数列）・数学 C（ベクトル）**」

この場合，新課程では「数学 C」が増えていますが，単元は「ベクトル」のみのため，実質的には旧課程とほぼ同じであり，過去問をそのまま役立てることができます。

Q3. 「経過措置」とは何ですか？

A. 既卒の旧課程履修者への対応です。

多くの大学では，既卒の旧課程履修者が不利にならないように，出題において「経過措置」が実施されます。措置の有無や内容は大学によって異なるので，募集要項や大学のウェブサイトなどで確認しておきましょう。

◯旧課程履修者への経過措置の例

- 旧課程履修者にも配慮した出題を行う。
- 新・旧課程の共通の範囲から出題する。
- 新課程と旧課程の共通の内容を出題し，共通範囲のみでの出題が困難な場合は，旧課程の範囲からの問題を用意し，選択解答とする。

例えば，地歴の出題科目が次のように変わったとします。

旧課程	「日本史 B」「世界史 B」から１科目選択
新課程	「**歴史総合**，日本史探究」「**歴史総合**，世界史探究」から１科目選択※ ※旧課程履修者に不利益が生じることのないように配慮する。

「歴史総合」は新課程で新設された科目で，旧課程履修者には見慣れないものですが，上記のような経過措置がとられた場合，新課程入試でも旧課程と同様の学習内容で受験することができます。

要チェックだホン

新課程の情報は WEB もチェック！
より詳しい解説が赤本ウェブサイトで見られます。
https://akahon.net/shinkatei/

科目名が変更される教科・科目

	旧課程	新課程
国語	国語総合 国語表現 現代文A 現代文B 古典A 古典B	現代の国語 言語文化 論理国語 文学国語 国語表現 古典探究
地歴	日本史A 日本史B 世界史A 世界史B 地理A 地理B	歴史総合 日本史探究 世界史探究 地理総合 地理探究
公民	現代社会 倫理 政治・経済	公共 倫理 政治・経済
数学	数学Ⅰ 数学Ⅱ 数学Ⅲ 数学A 数学B 数学活用	数学Ⅰ 数学Ⅱ 数学Ⅲ 数学A 数学B 数学C
外国語	コミュニケーション英語基礎 コミュニケーション英語Ⅰ コミュニケーション英語Ⅱ コミュニケーション英語Ⅲ 英語表現Ⅰ 英語表現Ⅱ 英語会話	英語コミュニケーションⅠ 英語コミュニケーションⅡ 英語コミュニケーションⅢ 論理・表現Ⅰ 論理・表現Ⅱ 論理・表現Ⅲ
情報	社会と情報 情報の科学	情報Ⅰ 情報Ⅱ

目　次

2022 年度 問題と解答

2021 年度 問題と解答

掲載内容についてのお断り

- 学類・専門学群選抜の選択科目のうち，社会・国際（国際総合）学類の理科，人間学群の「数学Ⅰ・Ⅱ・Ⅲ・A・B」と理科，医（看護）学群の理科は『筑波大学（理系－前期日程）』に掲載しています。
- 実技は掲載していません。
- 著作権の都合上，下記の内容を省略しています。
  2024 年度「英語」大問Ⅲ［A］の英文・全訳

・UNIVERSITY GUIDE・

大学情報

基本情報

学群・学類の構成

大　学

●総合学域群

第1類，第2類，第3類

※「総合選抜」で入学した学生が1年次に所属。総合学域群では，入学後1年間は基礎科目や様々な専門導入的な科目を学び，1年次の終わりに，2年次以降に所属する学類・専門学群を，体育専門学群を除く全学類・専門学群から選択する。ただし，特定の選抜区分で入学した学生を優先して受け入れる学類もある。

●人文・文化学群

人文学類　哲学主専攻（哲学・倫理学コース，宗教学コース），史学主専攻（日本史学コース，ユーラシア史学コース，歴史地理学コース），考古学・民俗学主専攻（先史学・考古学コース，民俗学・文化人類学コース），言語学主専攻（一般言語学コース，応用言語学コース，日本語学コース，英語学コース）

比較文化学類　比較文化主専攻（地域文化研究領野〔日本・アジア領域

〈日本文学コース，日本研究コース，中国文学コース，アジア研究コース〉，英米・ヨーロッパ領域〈欧米研究コース，フランス語圏文学・文化コース，ドイツ語圏文学・文化コース，英語圏文学・文化コース〉，フィールド文化領域〈文化人類学コース，文化地理学コース〉〕，超域文化研究領野〔表現文化領域〈テクスト文化学コース，文化創造論コース，ワンプラネット文学・文化関係学コース〉，文化科学領域〈先端文化学コース，情報文化学コース〉，思想文化領域〈現代思想コース，比較宗教コース〉〕）

日本語・日本文化学類

●社会・国際学群

社会学類　社会学主専攻，法学主専攻，政治学主専攻，経済学主専攻

国際総合学類　国際関係学主専攻，国際開発学主専攻

●人間学群

教育学類　教育学コース（人間形成系列，教育計画・設計系列，地域・国際教育系列，学校教育開発系列），初等教育学コース（学校教育開発系列）

心理学類

障害科学類

●生命環境学群

生物学類　多様性コース，情報コース，分子細胞コース，応用生物コース，人間生物コース，GloBE（Global Biology in English）コース

生物資源学類　農林生物学コース，応用生命化学コース，環境工学コース，社会経済学コース

地球学類　地球環境科学主専攻，地球進化学主専攻

●理工学群

数学類

物理学類

化学類

応用理工学類　応用物理主専攻，電子・量子主専攻，物性工学主専攻，物質・分子主専攻

工学システム学類　知的・機能工学システム主専攻，エネルギー・メカニクス主専攻

社会工学類　社会経済システム主専攻，経営工学主専攻，都市計画主専攻

●情報学群

情報科学類

情報メディア創成学類

知識情報・図書館学類　知識科学主専攻，知識情報システム主専攻，情報資源経営主専攻

●医学群

医学類［6年制］

看護学類［4年制］

医療科学類［4年制］　医療科学主専攻，国際医療科学主専攻

●体育専門学群

体育・スポーツ学分野，コーチング学分野，健康体力学分野

●芸術専門学群

美術史領域，芸術支援領域，洋画領域，日本画領域，彫塑領域，書領域，版画領域，構成領域，総合造形領域，工芸領域，ビジュアルデザイン領域，情報・プロダクトデザイン領域，環境デザイン領域，建築デザイン領域

（備考）主専攻・コース等に分属する年次はそれぞれで異なる。

大学院

人文社会ビジネス科学学術院／理工情報生命学術院／人間総合科学学術院／グローバル教育院

大学所在地

筑波大学

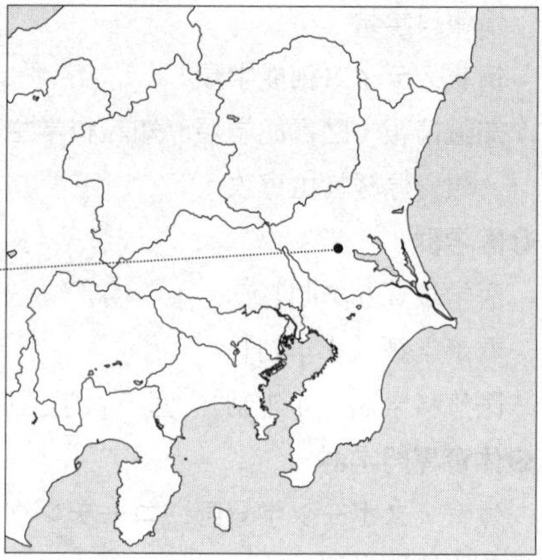

〒 305-8577　茨城県つくば市天王台 1 丁目 1-1

入試データ

入試状況（志願者数・競争率など）

○競争率は受験者数（第２段階選抜受験者数）÷合格者数で算出。

2024年度 一般選抜状況

●前期日程

学群・学類		募集人員	志願者数	受験者数	合格者数	競争率
総合選抜	文系	128	474	455	133	3.4
	理系Ⅰ	154	509	495	155	3.2
	理系Ⅱ	41	165	158	43	3.7
	理系Ⅲ	90	241	235	93	2.5
人文・文化学群	人文学類	45	158	151	48	3.1
	比較文化学類	37	98	94	41	2.3
社会・国際学群	社会学類	40	184	174	43	4.0
	国際総合学類	36	105	99	38	2.6
人間学群	教育学類	22	58	57	23	2.5
	心理学類	26	104	88	29	3.0
	障害科学類	17	65	63	17	3.7
生命環境学群	生物学類	14	52	51	14	3.6
	生物資源学類	52	138	136	52	2.6
	地球学類	21	77	77	22	3.5
理工学群	数学類	22	56	55	22	2.5
	物理学類	20	60	59	20	3.0
	化学類	14	42	41	14	2.9
	応用理工学類	49	127	122	49	2.5
	工学システム学類	55	135	132	56	2.4
	社会工学類	60	214	210	60	3.5
情報学群	情報科学類	42	144	139	44	3.2
	情報メディア創成学類	21	76	72	23	3.1

（表つづく）

学群・学類			募集人員	志願者数	受験者数	合格者数	競争率
医学群	医学類		46	180	122	48	2.5
	医学類（地域枠）	全国	10	18	18	2	9.0
		茨城	8	56	48	8	6.0
	看護学類		40	71	68	40	1.7
	医療科学類		15	47	47	15	3.1
体育専門学群			140	465	427	149	2.9
芸術専門学群			50	192	186	52	3.6
合計			1,315	4,311	4,079	1,353	―

（備考）

- 合格者数には，追加合格者：総合選抜文系 7 名，理系Ⅰ 4 名，理系Ⅲ 1 名，人文・文化学群比較文化学類 1 名，社会・国際学群社会学類 3 名，国際総合学類 1 名，人間学群教育学類 1 名，生命環境学群生物資源学類 1 名，理工学群数学類 1 名，物理学類 1 名，工学システム学類 2 名，社会工学類 3 名，情報学群情報科学類 3 名，医学群医学類 4 名，看護学類 2 名，医療科学類 1 名を含まない。
- 医学群医学類（地域枠〈全国〉）の合格者数には，医学類（地域枠〈茨城〉）出願者のうち，第 2 希望の医学類（地域枠〈全国〉）への合格者を含む。

●後期日程

学群・学類		募集人員	志願者数	受験者数	合格者数	競争率
人文・文化学群	人文学類	20	226	88	26	3.4
人間学群	教育学類	3	45	13	4	3.3
	心理学類	4	45	18	5	3.6
	障害科学類	3	30	14	3	4.7
生命環境学群	生物学類	18	116	55	18	3.1
	生物資源学類	15	104	49	15	3.3
	地球学類	4	31	14	4	3.5
理工学群	物理学類	10	126	63	11	5.7
	化学類	10	44	11	10	1.1
	応用理工学類	22	130	45	24	1.9
	工学システム学類	20	182	77	21	3.7
	社会工学類	15	118	61	15	4.1
情報学群	知識情報・図書館学類	11	59	28	15	1.9
芸術専門学群		5	144	31	6	5.2
合計		160	1,400	567	177	－

（備考）

- 人文・文化学群比較文化学類および日本語・日本文化学類，社会・国際学群，理工学群数学類，情報学群情報科学類および情報メディア創成学類，医学群，体育専門学群では実施されていない。
- 合格者数には，追加合格者：生命環境学群生物学類 2 名，生物資源学類 1 名，地球学類 2 名，理工学群物理学類 1 名，応用理工学類 1 名，工学システム学類 2 名を含まない。

2023年度 一般選抜状況

●前期日程

学群・学類		募集人員	志願者数	受験者数	合格者数	競争率
総合選抜	文系	128	361	353	136	2.6
	理系Ⅰ	154	333	327	154	2.1
	理系Ⅱ	41	189	176	43	4.1
	理系Ⅲ	90	326	317	92	3.4
人文・文化学群	人文学類	47	144	142	53	2.7
	比較文化学類	35	104	103	38	2.7
社会・国際学群	社会学類	40	233	222	50	4.4
	国際総合学類	36	122	109	38	2.9
人間学群	教育学類	22	67	65	24	2.7
	心理学類	26	130	119	27	4.4
	障害科学類	17	67	65	19	3.4
生命環境学群	生物学類	15	58	56	15	3.7
	生物資源学類	52	137	133	52	2.6
	地球学類	21	54	54	21	2.6
理工学群	数学類	22	81	79	22	3.6
	物理学類	20	97	96	20	4.8
	化学類	14	37	35	14	2.5
	応用理工学類	49	136	133	49	2.7
	工学システム学類	55	162	159	55	2.9
	社会工学類	60	198	195	60	3.3
情報学群	情報科学類	42	144	141	45	3.1
	情報メディア創成学類	20	77	74	23	3.2
医学群	医学類	47	120	111	47	2.4
	医学類（地域枠） 全国	10	8	8	9	—
	医学類（地域枠） 茨城	8	51	46	8	5.8
	看護学類	40	107	103	40	2.6
	医療科学類	15	53	50	15	3.3
体育専門学群		140	468	423	153	2.8
芸術専門学群		50	140	138	52	2.7
合計		1,316	4,204	4,032	1,374	—

（備考）

- 合格者数には，追加合格者：総合選抜文系４名，理系Ⅰ４名，理系Ⅱ１名，理系Ⅲ２名，人文・文化学群比較文化学類３名，社会・国際学群国際総合学類２名，人間学群障害科学類１名，生命環境学群生物資源学類４名，地球学類１名，理工学群化学類１名，応用理工学類３名，

工学システム学類 2 名，社会工学類 5 名，医学群医学類 1 名，医療科学類 2 名を含まない。
- 医学群医学類（地域枠〈全国〉）の合格者数には，医学類（地域枠〈茨城〉）出願者のうち，第 2 希望の医学類（地域枠〈全国〉）への合格者を含む。

●後期日程

学群・学類		募集人員	志願者数	受験者数	合格者数	競争率
人文・文化学群	人文学類	20	261	108	24	4.5
人間学群	教育学類	3	35	10	3	3.3
	心理学類	4	77	28	4	7.0
	障害科学類	3	32	15	3	5.0
生命環境学群	生物学類	18	84	27	18	1.5
	生物資源学類	15	112	54	16	3.4
	地球学類	4	24	15	4	3.8
理工学群	物理学類	10	103	44	10	4.4
	化学類	10	77	32	10	3.2
	応用理工学類	22	115	48	22	2.2
	工学システム学類	20	176	64	20	3.2
	社会工学類	15	128	58	15	3.9
情報学群	知識情報・図書館学類	10	71	32	13	2.5
芸術専門学群		5	59	19	6	3.2
合計		159	1,354	554	168	—

（備考）
- 人文・文化学群比較文化学類および日本語・日本文化学類，社会・国際学群，理工学群数学類，情報学群情報科学類および情報メディア創成学類，医学群，体育専門学群では実施されていない。
- 合格者数には，追加合格者：人間学群教育学類 1 名，心理学類 1 名，障害科学類 1 名，生命環境学群生物学類 4 名，理工学群物理学類 3 名，化学類 4 名，応用理工学類 7 名，工学システム学類 6 名，社会工学類 1 名を含まない。

2022年度 一般選抜状況

●前期日程

学群・学類		募集人員	志願者数	受験者数	合格者数	競争率
総合選抜	文系	128	424	412	136	3.0
	理系Ⅰ	154	440	435	164	2.7
	理系Ⅱ	41	129	121	43	2.8
	理系Ⅲ	90	283	275	96	2.9
人文・文化学群	人文学類	45	153	147	52	2.8
	比較文化学類	35	105	101	38	2.7
社会・国際学群	社会学類	40	193	179	47	3.8
	国際総合学類	36	140	137	38	3.6
人間学群	教育学類	22	66	66	23	2.9
	心理学類	26	122	110	27	4.1
	障害科学類	17	81	73	19	3.8
生命環境学群	生物学類	17	47	46	17	2.7
	生物資源学類	52	101	100	52	1.9
	地球学類	21	54	51	21	2.4
理工学群	数学類	22	35	32	22	1.5
	物理学類	20	82	78	21	3.7
	化学類	14	42	41	15	2.7
	応用理工学類	49	133	132	49	2.7
	工学システム学類	55	170	165	55	3.0
	社会工学類	60	238	230	63	3.7
情報学群	情報科学類	43	126	118	47	2.5
	情報メディア創成学類	21	71	71	23	3.1
医学群	医学類	44	133	103	45	2.3
	医学類(地域枠) 全国	10	6	6	1	6.0
	医学類(地域枠) 茨城	8	30	29	8	3.6
	看護学類	40	91	86	42	2.0
	医療科学類	15	36	35	15	2.3
体育専門学群		140	472	420	151	2.8
芸術専門学群		50	138	136	53	2.6
合計		1,315	4,141	3,935	1,383	—

(備考) 合格者数には，追加合格者：総合選抜文系2名，理系Ⅱ2名，社会・国際学群社会学類8名，国際総合学類3名，人間学群教育学類2名，生命環境学群生物学類1名，理工学群応用理工学類2名，工学システム学類3名，情報学群情報メディア創成学類1名，医学群医療科学類1名を含まない。

●後期日程

学群・学類		募集人員	志願者数	受験者数	合格者数	競争率
人文・文化学群	人文学類	20	346	136	24	5.7
人間学群	教育学類	3	22	9	3	3.0
人間学群	心理学類	4	66	29	5	5.8
人間学群	障害科学類	3	23	11	3	3.7
生命環境学群	生物学類	18	72	29	18	1.6
生命環境学群	生物資源学類	15	113	38	15	2.5
生命環境学群	地球学類	4	28	13	4	3.3
理工学群	物理学類	10	100	48	10	4.8
理工学群	化学類	10	39	13	10	1.3
理工学群	応用理工学類	22	96	26	20	1.3
理工学群	工学システム学類	20	173	56	20	2.8
理工学群	社会工学類	15	156	73	15	4.9
情報学群	知識情報・図書館学類	10	83	36	12	3.0
芸術専門学群		5	87	30	7	4.3
合計		159	1,404	547	166	—

(備考)

- 人文・文化学群比較文化学類および日本語・日本文化学類，社会・国際学群，理工学群数学類，情報学群情報科学類および情報メディア創成学類，医学群，体育専門学群では実施されていない。
- 合格者数には，追加合格者：人間学群障害科学類 1 名，生命環境学群生物学類 2 名，理工学群物理学類 2 名，工学システム学類 3 名，社会工学類 1 名，芸術専門学群 1 名を含まない。

2021年度　一般選抜状況

●前期日程

学群・学類			募集人員	志願者数	受験者数	合格者数	競争率
総合選抜	文系		128	291	275	139	2.0
	理系Ⅰ		154	431	421	161	2.6
	理系Ⅱ		41	166	158	43	3.7
	理系Ⅲ		90	246	245	95	2.6
人文・文化学群	人文学類		45	150	145	51	2.8
	比較文化学類		35	97	95	38	2.5
社会・国際学群	社会学類		40	358	319	43	7.4
	国際総合学類		36	129	124	45	2.8
人間学群	教育学類		22	83	78	23	3.4
	心理学類		26	151	140	28	5.0
	障害科学類		17	33	32	17	1.9
生命環境学群	生物学類		14	32	32	14	2.3
	生物資源学類		52	153	152	52	2.9
	地球学類		21	79	77	21	3.7
理工学群	数学類		22	68	68	22	3.1
	物理学類		20	74	71	20	3.6
	化学類		14	42	41	14	2.9
	応用理工学類		49	111	105	49	2.1
	工学システム学類		55	157	155	59	2.6
	社会工学類		60	216	211	63	3.3
情報学群	情報科学類		42	127	126	45	2.8
	情報メディア創成学類		20	73	70	22	3.2
医学群	医学類		44	158	105	50	2.1
	医学類（地域枠）	全国	10	18	17	2	8.5
		茨城	8	30	26	8	3.3
	看護学類		40	97	94	42	2.2
	医療科学類		15	45	42	15	2.8
体育専門学群			140	437	430	149	2.9
芸術専門学群			50	122	121	52	2.3
合計			1,310	4,174	3,975	1,382	－

（備考）合格者数には，追加合格者：総合選抜理系Ⅱ 2名，社会・国際学群社会学類7名，人間学群障害科学類1名，生命環境学群生物学類1名，生物資源学類3名，地球学類1名，理工学群数学類1名，物理学類1名，化学類2名，応用理工学類3名，工学システム学類2名，情報学群情報科学類1名，医学群医学類2名を含まない。

●後期日程

学群・学類		募集人員	志願者数	受験者数	合格者数	競争率
人文・文化学群	人文学類	20	235	83	24	3.5
人間学群	教育学類	3	28	10	3	3.3
	心理学類	4	65	39	4	9.8
	障害科学類	3	13	5	3	1.7
生命環境学群	生物学類	18	105	46	18	2.6
	生物資源学類	15	105	53	15	3.5
	地球学類	4	33	14	5	2.8
理工学群	物理学類	10	128	49	10	4.9
	化学類	10	63	20	10	2.0
	応用理工学類	22	167	52	22	2.4
	工学システム学類	20	208	71	20	3.6
	社会工学類	15	182	84	15	5.6
情報学群	知識情報・図書館学類	10	86	43	13	3.3
芸術専門学群		5	117	9	5	1.8
合計		159	1,535	578	167	−

(備考)

- 人文・文化学群比較文化学類および日本語・日本文化学類，社会・国際学群，理工学群数学類，情報学群情報科学類および情報メディア創成学類，医学群，体育専門学群では実施されていない。
- 合格者数には，追加合格者：人文・文化学群人文学類 2 名，生命環境学群生物学類 1 名，生物資源学類 4 名，理工学群物理学類 3 名，化学類 1 名，応用理工学類 3 名，工学システム学類 7 名，社会工学類 2 名を含まない。

合格者最低点・平均点（一般選抜）

○合格者最低点・平均点に追加合格者は含まない。

○合格者（追加合格者は含まない）が 10 人以下の学群・学類については公表しない。

2024 年度　合格者最低点・平均点

学群・学類		前期日程			後期日程		
		配点	最低点	平均点	配点	最低点	平均点
総合選抜	文系	2,400	1,633	1,714.7			
	理系Ⅰ	2,400	1,590	1,703.4			
	理系Ⅱ	2,400	1,585	1,682.1			
	理系Ⅲ	2,400	1,564	1,709.5			
人文・文化学群	人文学類	2,700	1,818	1,905.4	1,100	865	900.1
	比較文化学類	1,800	1,232	1,308.9			
社会・国際学群	社会学類	1,250	934	998.5			
	国際総合学類	1,300	956	1,033.1			
人間学群	教育学類	1,000	745	777.6	550	—	—
	心理学類	1,000	758	791.0	550	—	—
	障害科学類	1,000	728	773.4	550	—	—
生命環境学群	生物学類	1,800	1,293	1,370.6	1,100	855	890.3
	生物資源学類	1,800	1,248	1,306.8	1,000	741	765.1
	地球学類	2,000	1,391	1,459.6	1,200	—	—
理工学群	数学類	2,400	1,557	1,727.6			
	物理学類	2,400	1,621	1,773.1	1,000	846	872.9
	化学類	2,400	1,705	1,809.1	950	—	—
	応用理工学類	2,400	1,654	1,745.2	1,050	854	892.0
	工学システム学類	2,400	1,644	1,760.1	800	659	687.3
	社会工学類	2,000	1,491	1,576.4	1,360	1,071	1,097.6
情報学群	情報科学類	2,500	1,845	1,986.1			
	情報メディア創成学類	1,700	1,258	1,372.1			
	知識情報・図書館学類				1,100	810	854.3

（表つづく）

学群・学類			前期日程			後期日程		
			配点	最低点	平均点	配点	最低点	平均点
医学群	医学類		2,300	1,849	1,907.6			
	医学類（地域枠）	全国	2,300	—	—			
		茨城	2,300	—	—			
	看護学類		1,700	1,083	1,169.4			
	医療科学類		1,700	1,163	1,203.8			
体育専門学群			1,400	1,040	1,094.6			
芸術専門学群			1,400	1,034	1,098.1	600	—	—

2023年度 合格者最低点・平均点

学群・学類		前期日程 配点	前期日程 最低点	前期日程 平均点	後期日程 配点	後期日程 最低点	後期日程 平均点
総合選抜	文系	2,400	1,552	1,691.2			
	理系 I	2,400	1,574	1,723.2			
	理系 II	2,400	1,592	1,745.1			
	理系 III	2,400	1,653	1,762.8			
人文・文化学群	人文学類	2,700	1,758	1,894.1	1,100	855	878.0
	比較文化学類	1,800	1,199	1,281.3			
社会・国際学群	社会学類	1,250	958	1,020.3			
	国際総合学類	1,300	985	1,042.6			
人間学群	教育学類	1,000	728	780.8	550	—	—
	心理学類	1,000	745	787.2	550	—	—
	障害科学類	1,000	708	774.2	550	—	—
生命環境学群	生物学類	1,800	1,252	1,333.6	1,100	742	840.1
	生物資源学類	1,800	1,233	1,304.0	1,000	741	764.5
	地球学類	2,000	1,300	1,421.9	1,200	—	—
理工学群	数学類	2,400	1,624	1,722.0			
	物理学類	2,400	1,748	1,828.6	1,000	—	—
	化学類	2,400	1,611	1,778.6	950	—	—
	応用理工学類	2,400	1,634	1,760.6	1,050	854	893.0
	工学システム学類	2,400	1,697	1,818.8	800	645	685.4
	社会工学類	2,000	1,492	1,569.6	1,360	1,085	1,122.7
情報学群	情報科学類	2,500	1,780	1,927.1			
	情報メディア創成学類	1,700	1,270	1,333.6			
	知識情報・図書館学類				1,100	846	885.1
医学群	医学類	2,300	1,790	1,883.2			
	医学類(地域枠) 全国	2,300	—	—			
	医学類(地域枠) 茨城	2,300	—	—			
	看護学類	1,700	1,111	1,179.4			
	医療科学類	1,700	1,117	1,195.4			
体育専門学群		1,400	1,038	1,090.9			
芸術専門学群		1,400	985	1,077.4	600	—	—

2022年度 合格者最低点・平均点

学群	学類	前期日程 配点	前期日程 最低点	前期日程 平均点	後期日程 配点	後期日程 最低点	後期日程 平均点
総合選抜	文系	2,400	1,538	1,623.4			
	理系 I	2,400	1,481	1,594.5			
	理系 II	2,400	1,437	1,566.3			
	理系 III	2,400	1,459	1,611.6			
人文・文化学群	人文学類	2,700	1,677	1,795.6	1,100	816	847.7
	比較文化学類	1,800	1,111	1,188.7			
社会・国際学群	社会学類	1,250	817	887.3			
	国際総合学類	1,300	905	954.7			
人間学群	教育学類	1,000	690	724.9	550	446	452.0
	心理学類	1,000	696	744.3	550	441	452.2
	障害科学類	1,000	672	713.2	550	435	439.0
生命環境学群	生物学類	1,800	1,107	1,204.6	1,100	732	815.2
	生物資源学類	1,800	1,095	1,193.8	1,000	678	721.7
	地球学類	2,000	1,248	1,345.5	1,200	889	929.0
理工学群	数学類	2,400	1,368	1,578.0			
	物理学類	2,400	1,525	1,633.2	1,000	849	868.7
	化学類	2,400	1,491	1,598.1	950	617	730.7
	応用理工学類	2,400	1,526	1,637.0	1,050	709	838.9
	工学システム学類	2,400	1,542	1,652.2	800	622	654.4
	社会工学類	2,000	1,334	1,408.7	1,360	968	1,018.3
情報学群	情報科学類	2,500	1,575	1,715.9			
	情報メディア創成学類	1,700	1,143	1,231.5			
	知識情報・図書館学類				1,100	796	841.6
医学群	医学類	2,300	1,709	1,791.0			
	医学類(地域枠) 全国	2,300	—	—			
	医学類(地域枠) 茨城	2,300	—	—			
	看護学類	1,700	1,081	1,143.5			
	医療科学類	1,700	1,011	1,105.4			
体育専門学群		1,400	1,012	1,068.6			
芸術専門学群		1,400	980	1,051.1	600	503	518.7

2021 年度 合格者最低点・平均点

学群・学類		前期日程			後期日程		
		配点	最低点	平均点	配点	最低点	平均点
総合選抜	文系	2,400	1,549	1,670.8			
	理系 I	2,400	1,562	1,665.9			
	理系 II	2,400	1,479	1,593.7			
	理系 III	2,400	1,479	1,610.1			
人文・文化学群	人文学類	2,700	1,726	1,838.1	1,100	760	808.4
	比較文化学類	1,800	1,207	1,289.3			
社会・国際学群	社会学類	1,250	946	990.2			
	国際総合学類	1,300	941	1,007.2			
人間学群	教育学類	1,000	743	784.1	550	—	—
	心理学類	1,000	764	788.1	550	—	—
	障害科学類	1,000	669	734.6	550	—	—
生命環境学群	生物学類	1,800	1,208	1,283.9	1,100	871	910.2
	生物資源学類	1,800	1,165	1,233.3	1,000	756	775.9
	地球学類	2,000	1,366	1,448.6	1,200	—	—
理工学群	数学類	2,400	1,572	1,698.1			
	物理学類	2,400	1,521	1,637.9	1,000	—	—
	化学類	2,400	1,533	1,662.8	950	—	—
	応用理工学類	2,400	1,505	1,643.4	1,050	888	922.9
	工学システム学類	2,400	1,583	1,692.3	800	664	689.5
	社会工学類	2,000	1,357	1,443.4	1,360	1,092	1,135.2
情報学群	情報科学類	2,500	1,702	1,817.5			
	情報メディア創成学類	1,700	1,216	1,310.7			
	知識情報・図書館学類				1,100	886	920.5
医学群	医学類	2,300	1,731	1,809.3			
	医学類（地域枠） 全国	2,300	—	—			
	医学類（地域枠） 茨城	2,300	—	—			
	看護学類	1,700	1,130	1,190.4			
	医療科学類	1,700	1,096	1,191.5			
体育専門学群		1,400	1,070	1,112.2			
芸術専門学群		1,400	989	1,079.7	600	—	—

募集要項の入手方法

インターネット出願が導入されており，冊子体での学生募集要項の発行はありません。詳細は大学ホームページで確認してください。

問い合わせ先

筑波大学　教育推進部入試課

〒305-8577　茨城県つくば市天王台1丁目1-1

電話　029（853）6007

FAX　029（853）6008

※受付時間：9：00～12：00，13：15～17：00（土・日・祝日除く）
問い合わせは，原則として志願者本人が行うこと。

ホームページ　https://www.tsukuba.ac.jp/

筑波大学のテレメールによる資料請求方法

スマートフォンから　QRコードからアクセスしガイダンスに従ってご請求ください。

パソコンから　教学社 赤本ウェブサイト(akahon.net)から請求できます。

合格体験記 募集

2025 年春に入学される方を対象に，本大学の「合格体験記」を募集します。お寄せいただいた合格体験記は，編集部で選考の上，小社刊行物やウェブサイト等に掲載いたします。お寄せいただいた方には小社規定の謝礼を進呈いたしますので，ふるってご応募ください。

応募方法

下記 URL または QR コードより応募サイトにアクセスできます。
ウェブフォームに必要事項をご記入の上，ご応募ください。
折り返し執筆要領をメールにてお送りします。

※入学が決まっている一大学のみ応募できます。

☞ http://akahon.net/exp/

応募の締め切り

総合型選抜・学校推薦型選抜 ………… 2025年 2 月 23日
私立大学の一般選抜 ………… 2025年 3 月 10日
国公立大学の一般選抜 ………… 2025年 3 月 24日

受験にまつわる川柳を募集します。
入選者には賞品を進呈！
ふるってご応募ください。

応募方法　http://akahon.net/senryu/　にアクセス！☞

気になること、聞いてみました！

在学生メッセージ

大学ってどんなところ？　大学生活ってどんな感じ？
ちょっと気になることを，在学生に聞いてみました。

以下の内容は 2021～2023 年度入学生のアンケート回答に基づくものです。ここで触れられている内容は今後変更となる場合もありますのでご注意ください。

メッセージを書いてくれた先輩　［人文・文化学群］S.A. さん　Y.T. さん　［総合学域群］T.T. さん
［人間学群］I.K. さん　［理工学群］H.O. さん　T.T. さん
［医学群］K.T. さん　H.T. さん

大学生になったと実感！

大学生になったなと実感したことは，自分で履修を決めること（必修の授業もある）です。入学式は，まだ高校の延長線上のような気分だったのですが，入学後にすぐ行われる履修登録において，自分で自分の学ぶことを決めなければならず，そのときに大学生になったのだと実感しました。また，高校までと変わったところは，タスク管理の重要度です。高校生のときは，提出日を先生が再アナウンスしてくれたり，提出が遅れても受け取ってくれたりすることが多いのではないでしょうか。しかし，大学ではそのようなことはまずしてくれません。締め切りを過ぎた場合は課題をまったく受け取らないという授業もあります（つまり落単します）。成績および大学生活に大きな影響が出るので，タスク管理が高校生のときよりずっと重要になりました。（Y.T. さん／人文・文化）

やっぱり「自由」が多いと感じます。高校までのようなクラス内の関わり合いはなく，各々が好きなように過ごしています。しかし，友達を作りたいならサークルに入ったり，同じ学類の人に話しかけたりするなど積極性が必要なのが少しデメリットです。また，課題を出さなくても，出席しなくても何も言われません。ただ単位を落とすだけです。大学生になり自由も増えましたが，その分の責任は自分でもつ必要があります。（I.K. さん／人間）

大学生活に必要なもの

自制心です。大学生活は良くも悪くも非常に「自由」です。学業においても，コツコツと努力することも怠けることもできてしまいます。また生活面でも，一人暮らしとなると特に，うっかり夜更かししてしまったり，食生活が乱れてしまったりと，生活リズムがかんたんに崩れます。私自身も気づけば睡眠時間がかなり少なくなっていて，これはまずいと改善策を模索しています。受験期にももちろん自制心は必要ですが，それ以上に節度をもった生活を送るためには，自制心をしっかりもつ必要があると思います。（S.A. さん／人文・文化）

大学生に必要なもので，新たに購入したのは自分用のパソコン＆自転車です。パソコンは，オンデマンド授業，課題・レポートの作成および提出，授業の板書を取る，資料を見る，などさまざまな場面で必須アイテムです。大学内で持ち歩くため，軽量で薄型のパソコンがおすすめです。パソコンは使用頻度が高いため，自分用のものを購入することをすすめます。自転車は筑波大生必須アイテム（通称：人権）です。これがないと授業間の移動，通学，日々の暮らしに困ります。大学循環バスもありますが，バス停から建物が遠いことがあったり，都合のいい時間にバスが来るとは限らなかったりするため，自転車移動をする学生が多いです。ちなみに，筑波大学近くのお店で自転車を購入する学生が多いようです。（Y.T. さん／人文・文化）

この授業がおもしろい！

やはり，自分の専攻分野である看護の授業が一番楽しいです。まだ1年生ということもあり，深い内容には触れていませんが，人間の体の構造や機能を学んだり，看護とはいったい何なのかといった簡単なようで難しい答えのない問いについて理解を深めたりしています。（K.T. さん／医）

今のところ，私の一番好きな授業は英語の授業です。高校までの英語の授業では Speaking よりは Reading や Listening に重きを置いていましたが，私が受けている授業ではグループディスカッションが必ず実施されます。Speaking に慣れていない人は英語を話す機会が少ない人だと思います。この授業で英語を話す機会を得るとともに，話すテクニックを教わることができました。（T.T. さん／総合）

つくばロボットコンテストという授業があります。グループに分かれて，それぞれロボットを自主製作し，12 月に行われるグランドフィナーレで優勝を目指します。とても大変ですが，グループの先輩が丁寧に教えてくださり，ロボットや機械を作るということについて，非常に勉強になる授業です。（H.O. さん／理工）

大学の学びで困ったこと

他学類の講義を幅広く取ることができますが，他学類のレポート・試験が非常に難しく感じます。私は教員免許（中学社会，高校地歴）を取得する予定ですが，社会学類や地球学類の講義が必修になっています。教職課程の必修科目だからといって難易度が調整されているかといえばそうでないことも多々あり，毎度苦労しています。（S.A. さん／人文・文化）

部活・サークル活動

管弦楽団や医学系のサークルに所属しています。活動は週 3 で行っているものもあれば，不定期で開催されるものもあります。医学系のサークルでは主に医学群に所属する人たちと，管弦楽団では学群・学類を越えてさまざまな人たちと活動しており，どちらも新鮮で楽しいです。（K.T. さん／医）

交友関係は？

入学式およびその後のオリエンテーションで主な交友関係を築きました。自分から声をかけに行くことが大事です。私は声かけをするのが苦手なタイプですが，勇気を出して，１人でいる人や気が合いそうな人に声をかけに行きました。新入生向けの授業であるファーストイヤーセミナーは，高校のホームルームのようなもので，交友関係を広げるよい機会です。同じ授業を履修していて交友関係が生まれることもありました。また，サークル・委員会に所属して，他学類の人・先輩と交友関係を築きました。大学では基本的に個人行動が高校より（否応なしに）増えるので，友人・先輩は心強い味方になります。（Y.T. さん／人文・文化）

いま「これ」を頑張っています

いま頑張っていることは，オンライン英会話です。大学では外国人と話す機会が高校と比べて多いので，もっと話せるようになりたいと思い始めました。また，自分の強みを作りたいなと思ったのもオンライン英会話を始めた理由です。大学にはいろいろなスキルをもった学生がいて，とても刺激になります。みなさんも自分の得意分野を見つけて伸ばしましょう！（T.T. さん／総合）

大学の勉強と塾講師のバイトをいまは頑張っています。大学の成績が良いと，大学院に進むときに自分の希望の研究室に入れたり，推薦で入ることができるからです。塾講師のほうは，自分が教師志望ということもあり，生徒にどのように教えたらよいかを常に考えるのが楽しく，難しくもあります。（T.T. さん／理工）

おススメ・お気に入りスポット

比較文化学類の講義が多い第二エリアの近くにある芝生がお気に入りです。大学構内にあるパン屋で買った昼食をそこで食べることが多いほか，夕方になると風が心地いいのでそこで読書をすることもあります。目の前に噴水があり，それを眺めながら昼食を取ったり読書をするのはいい気分転換になります。（S.A. さん／人文・文化）

大学の近くにある松見公園という公園がお気に入りです。つくばは自然が多くて，人も穏やかで，とっても素敵な土地です。この松見公園では，そんなつくばのよさに触れられるので好きです。特に展望台の近くでは爽やかな風が気持ちよく，何も考えずにぼーっとできる時間が魅力的です。また，筑波大学のある場所は，街全体にたくさんの研究施設があるので，街を歩いているだけでなんだかわくわくします。（K.T. さん／医）

図書館です。キャンパスの中に図書館が合計 4 つあり，蔵書数は日本トップクラスだと思います。私はよく，中央図書館を利用しています。図書館には自習スペースがあり，コンセントも完備してあるので，自習場所としても最適です。中央図書館入り口にはスターバックスコーヒーの店舗があり，休憩もできます。（H.O. さん／理工）

普段の生活で気をつけていることや心掛けていること

何か悩みがあったら，友達・先輩に相談し，助けを求めることです。自分以外の目線からのアドバイスは非常に役に立ちます。何事も１人でためこまないことが大事です。（Y.T. さん／人文・文化）

生活リズムを崩さないようにすることです。大学は高校までと違い，毎朝何時に行かなくてはならないという決まりはありません。授業がないと遅くまで寝てしまい，その影響で夜眠れなくなるという悪循環に陥りがちなので，授業の有無にかかわらず早寝早起きを心掛けています。（H.T. さん／医）

規則正しい生活と３食は必ずとるようにしています。他にしいて言うならば，課題や授業に余裕のあるときはジムに行って運動していることくらいです。（T.T. さん／理工）

入学してよかった！

いろんな専攻分野の人たちと話すことができるのが筑波大学の魅力だと思います。総合大学は全国にたくさんありますが，キャンパスが分かれているところが多く，同じ大学でもあまり関わりがないことが多いようです。しかし，筑波大学は大きな１つのキャンパスでみんなで学んでいるため，自然と何かしらのつながりで他学群の人たちと話すことができます。自分とは違う視点をもっている人たちが多いので，将来看護師になるにあたってもいい経験ができていると思うし，自分の視野が広がります。（K.T. さん／医）

高校生のときに「これ」をやっておけばよかった

読書をもう少ししておけばよかったと思います。私自身，まったくしていなかったわけではないのですが，友人と話をしていて，そこから窺えるこれまでの読書量とそれに対しての見聞の広さに日々圧倒されています。ジャンルにとらわれず，興味がある分野の本を手に取ることをおすすめします。見聞を広めるだけではなく，自分自身の意識していなかった興味・関心に気づくことにもつながります。（S.A. さん／人文・文化）

英語の勉強とスポーツです！　英語に関しては，ある一定の資格を取っていれば授業の免除があるからです。また，私の学類では多くの人が運動部に所属するため，得意なスポーツが１つでもあればよかったなと感じています。（H.T. さん／医）

合格体験記

みごと合格を手にした先輩に，入試突破のためのカギを伺いました。
入試までの限られた時間を有効に活用するために，ぜひ役立ててください。

（注）ここでの内容は，先輩方が受験された当時のものです。2025 年度入試では当てはまらないこともありますのでご注意ください。

・アドバイスをお寄せいただいた先輩・

Message

A.I. さん　総合学域群（第 1 類）
前期日程 2022 年度合格，茨城県出身

合格の最大のポイントは，自分の苦手な単元や問題形式を自己分析し，計画を立てて勉強を行ったことだと思います。目指す大学や得意不得意は人それぞれですから，模試の結果を気にしすぎたり他の受験生と自分を比較して落ち込んだりすることなく，自分のやるべき勉強を進めていけば，合格はきっと実現すると思います。

その他の合格大学　上智大（文〈共通テスト併用〉）（外国語〈共通テスト併用〉），立教大（文），明治学院大（法）

K.F. さん　総合学域群（第 1 類）
前期日程 2021 年度合格，東京都出身

合格の最大のポイントは，ゴールから逆算して，自分に足りないところを把握したうえで，自分に合った学習を効率よく行ったことだと思います。私は受験勉強を始めるのが遅かったですが，効率を意識したことで，早くから勉強を始めた受験生に追いつくことができたと思います。効率が大事です。

M.T. さん　総合学域群（第 1 類）
前期日程 2021 年度合格，埼玉県出身

合格のポイントは，家以外の場所で勉強したことです。平日は高校の自習室で高校の同級生と，休日は地元の図書館で中学校の同級生と一緒に勉強していました。勉強したくない日でも「友達と約束しているから…」と自習室や図書館に向かうことで，勉強することを無理やり習慣にしました。昼食時や帰宅するときは世間話などをして，勉強以外の楽しみがあったことが私のやる気につながったと思います。

その他の合格大学　中央大（法），日本大（法）

Message

I.K. さん 人間学群（教育学類）
前期日程 2021 年度合格，東京都出身

僕は共通テストの数学Ⅱ・Bでマークミスをしてしまい，40 点落としました。筑波大は共通テストの比重が高く，とても痛いミスでしたが，二次試験で逆転しようと気持ちを切り替えて，すぐに二次の勉強を始めたからこそ合格につながったと思っています。模試や共通テスト本番で思うような結果が出ないこともあります。そんなときにどうするかで，合格できるかできないかが変わってくると思います。受験は最後までわからないよ！

Message

E.N. さん 人間学群（心理学類）
前期日程 2021 年度合格，栃木県出身

合格を勝ち取るためには，第一に基礎を固めることが大切です。教科書程度の知識はすべての知識の土台になります。次に，志望校の傾向を赤本を使って理解し，対策をすることで合格に一歩近づくことができます。

その他の合格大学 立教大（現代心理），中央大（文），東洋大（社会），文教大（人間科）

入試なんでもQ&A

受験生のみなさんからよく寄せられる，
入試に関する疑問・質問に答えていただきました。

Q　1年間の学習スケジュールはどのようなものでしたか？

A　高3の4月までに英語や古典の単語や文法，苦手科目の数学の基礎を固める学習を行いました。4月からは英語長文や古文・現代文の読解などの勉強と並行して，地歴・公民や理科などの学習を始めました。夏休み期間は，二次試験で使う科目のより応用的な内容を学習しました。また，苦手な科目や単元と向き合う時間も確保しました。志望校が確定した10月頃に第一志望の大学の赤本を解き，記述の対策などをスタートさせました。12月からは共通テストの対策に専念し，共通テスト終了後は第一志望の大学に加え，併願校の過去問の演習を行いました。

（A.I. さん／総合学域群）

Q　共通テストと個別試験（二次試験）とでは，それぞれの対策の仕方や勉強の時間配分をどのようにしましたか？

A　僕は同時並行でやるのが苦手だったので，11月末までに主に二次対策をして，12月と1月を使って共通テストの対策をしました（英語は苦手だったので，9月から共通テストの予想問題を解いていました）。共通テスト対策は，予想問題集を時間を計って解いていました。その際，大問ごとに時間を細かく決めていました。本番は緊張などで時間が短く感じるので，それに焦って失敗しないように，練習のときから本番60分なら55分で解くなどの対策をしていました。二次対策は共通テスト前は問題演習，共通テスト後に過去問演習を主にやっていました。

（I.K. さん／人間）

Q　どのように学習計画を立て，受験勉強を進めていましたか？

A　私は，「英文法を完璧にする」や「数学の基礎を固める」などといった大まかな目標を1カ月ごとに立て，それを達成するために必要な作業，たとえば「参考書を1冊終わらせる」とか「問題集を1日に○ページ進める」などといったことともにメモしていました。そして，それを参考に勉強計画を毎日立てていました。次の日にやるべき勉強をすぐに始めることができるように，計画は一日の終わりに立てていました。その日学習したものの中で理解できなかった事項などもメモとして形に残し，次の日にはそれを解決するようにしていました。

(A.I. さん／総合学域群)

Q　スランプに陥ったとき，どのように抜け出しましたか？

A　成績が伸びずスランプに陥り，不安になることはありました。私は「不安は勉強することでしか消せない」という言葉を信じていたので，不安を感じたら，すぐその言葉を自分に言い聞かせて勉強を再開していました。事実としてスランプを受け入れて，とりあえず勉強をしておけばいいと思います。そうすることで，自然とスランプから抜け出すことができると思います。現実逃避して娯楽にいそしんでいたら成績は伸びません。

(K.F. さん／総合学域群)

科目別攻略アドバイス

みごと入試を突破された先輩に，独自の攻略法や
おすすめの参考書・問題集を，科目ごとに紹介していただきました。

英語

毎年，筑波大学は癖の少ない問題が出されていると思います。文章や単語や文法の難易度が標準的です。そのため，大量失点が命取りとなってしまいます。選択問題や整序問題でしっかりと点を取り切り，記述問題で部分点を稼ぐのが理想的だと思います。具体的な対策ですが，問題集を使って長文読解の力を鍛えたり，国公立大の問題を解くのがよいでしょう。

(E.N. さん／人間)

おすすめ参考書 『やっておきたい英語長文』シリーズ（河合出版）

国語

ほとんどが記述問題で構成されているため，確実にすべての問題に解答して部分点を狙っていくのがよいと思います。古文・漢文を先に解き，残りの時間を使って現代文を解くと，時間の配分がちょうどよくなります。

(A.I. さん／総合学域群)

おすすめ参考書 『読んで見て覚える重要古文単語 315』（桐原書店）
『漢文道場』（Z会）

筑波大学だけでなく多くの記述式の問題を解くといいと思います。筑波大学だからといって特別な対策は行いませんでした。現代文・古典ともに先生に添削をしてもらいましょう。

(M.T. さん／総合学域群)

おすすめ参考書 『得点奪取古文』『得点奪取漢文』（ともに河合出版）

世界史

世界史は解答する順番が攻略のカギになると思います。試験時間のはじめの数分を使って解答の構想をメモし，解きやすそうなものから優先的に解いていくと効率がいいです。無意識に出題意図から外れた解答になってしまっている場合などがあるので，解答は高校や予備校の先生に添削をお願いするとよいと思います。　(A.I. さん／総合学域群)

おすすめ参考書　『世界史用語集』（山川出版社）
『世界史論述問題集－45 か条の論題』（駿台文庫）

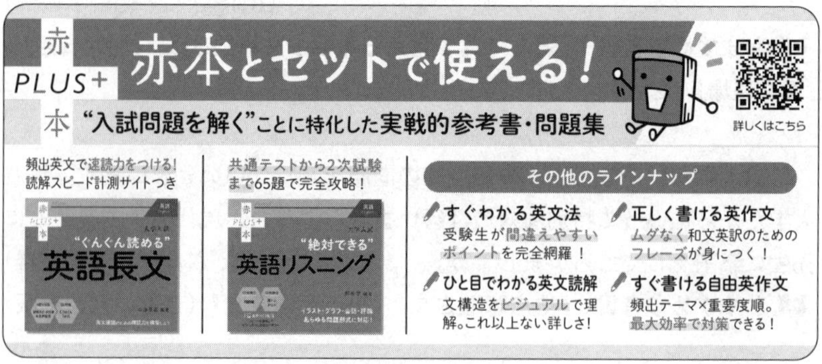

TREND & STEPS

傾向 と 対策

科目ごとに問題の「傾向」を分析し，具体的にどのような「対策」をすればよいか紹介しています。まずは出題内容をまとめた分析表を見て，試験の概要を把握しましょう。

注　意

「傾向と対策」で示している，出題科目・出題範囲・試験時間等については，2024 年度までに実施された入試の内容に基づいています。2025 年度入試の選抜方法については，各大学が発表する学生募集要項を必ずご確認ください。

来年度の変更点

2025 年度入試では以下の変更が予定されている（本書編集時点）。

- 前期日程人間学群障害科学類の選択科目から「数学Ⅰ・Ⅱ・A・B・C」がなくなり，「日本史探究，世界史探究，地理探究，倫理，『数学Ⅰ・Ⅱ・Ⅲ・A・B・C』，『物理基礎・物理』，『化学基礎・化学』，『生物基礎・生物』，『地学基礎・地学』，『論理国語・文学国語・古典探究』から１科目選択」となる。
- 前期日程芸術専門学群の「実技（午後）」選択科目から「立体造形（手を含むモチーフの造形）」がなくなり，「論述（鑑賞），論述（デザイン構想），デッサン（木炭または鉛筆），平面構成，書から１科目選択」となる。

英 語

年度	番号	項 目	内 容
2024	〔1〕	読 解	内容説明（30字2問，50字），空所補充，セクションの主題，出来事の配列
	〔2〕	読 解	空所補充，内容説明（20字3問，40字，45字2問）
	〔3〕	[A]読 解 [B]英作文	語句整序 意見論述（80語）
2023	〔1〕	読 解	内容説明（30・40・50・70字他），空所補充
	〔2〕	読 解	内容説明（30・40・50・60字），空所補充（語形変化を含む）
	〔3〕	[A]読 解 [B]英作文	語句整序 意見論述（80語）
2022	〔1〕	読 解	共通語による空所補充，内容説明（40字2問，60字2問，80字），同意表現
	〔2〕	読 解	同意表現，内容説明（50字2問，70・90字他），空所補充
	〔3〕	[A]読 解 [B]英作文	語句整序 要約（50語），意見論述（50語）
2021	〔1〕	読 解	同意表現，内容説明（20・25・50字，40字2問），空所補充
	〔2〕	読 解	内容説明（30・35字，40字2問他），同意表現，空所補充
	〔3〕	[A]読 解 [B]英作文	語句整序 意見論述（100語）

読解英文の主題

年度	番号	主 題
2024	〔1〕	人間はいつ話せるようになったのか
	〔2〕	不安やパニックと恐怖との違い
	〔3〕	[A]人工知能がもたらす未来 [B]他者を支援しようとする心と睡眠不足との関係
2023	〔1〕	言語音がイメージに与える影響
	〔2〕	子守唄の科学分析
	〔3〕	[A]食べられるセメント [B]インターネットが及ぼす影響

2022	〔1〕	挨拶の役割
	〔2〕	匂いは言語になり得るか
	〔3〕	[A]ビーガニズムとは何か [B]インターネット検閲の必要性について
2021	〔1〕	老いに対する暗黙の偏見
	〔2〕	消化器官内のバクテリアが脳に与える影響
	〔3〕	[A]武士道の起源 [B]プラスチック削減の取り組み

傾向　文法・語彙の正確な知識と記述力が必要

01　出題形式は？

試験時間は120分。例年大問3題の出題で，〔3〕が読解（語句整序）・英作文の2本立てとなっている。設問は，内容説明や英作文などの記述式と，同意表現や空所補充などの選択式がみられる。

02　出題内容はどうか？

長文読解：英文の内容は多岐にわたっており，同じ年度に出題される2題には，傾向の違う英文が選ばれることがある。過去にはエッセー風の文章が出題されたこともあった。2024年度〔1〕は人類の言語能力の発生に関する論説文，〔2〕は生存の手段としての恐怖を取り上げた論説文であった。例年，〔1〕も〔2〕も設問はオーソドックスなものとなっており，内容理解を問う問題が中心で，記述式の問題が多い。すばやく要点を押さえて制限字数内に手際よくまとめる力が求められる。

英作文：2021年度はレジ袋の有料化に関する英文を読んで意見を述べる問題で，語数指定は100語程度であった。2022年度は，英文を要約した上で，自分の意見を論述するという2問に分かれた形式で，語数指定は各50語程度であった。2023年度以降は，英文を読んで自分の意見を述べるという2021年度以前と同様の問題であるが，語数指定は80語程度となっている。

03 難易度は？

読解問題の英文で使われている語彙・表現や，文章の内容はいずれも標準的なものが多く，選択式の問題にも紛らわしい選択肢はほとんどない。ただし，内容を自然な日本語でまとめるのに苦労する設問もある。文章量は例年同程度で，記述量にも変化はなく，読み書きするスピードがカギになる。英作文問題も標準的で，基本的な語彙・文法・構文で対処できるが，さまざまなパターンで出題されているので，柔軟に対応できるよう準備が必要である。

英語の読解力だけでなく日本語の記述力も求められ，うまくまとめるのが難しい設問もある。文法・語彙の正確な知識の運用力など，実際に言葉を使いこなす力が求められる。地道な積み重ねが必要であるという点でやや難だが，取り組みがいのある問題だといえる。

対策

01 読むことに慣れる

読解問題の英文自体は，具体的でわかりやすいものが多い。ただ，論点や話の運びに意外性のあるものも多く，柔軟な思考力や豊かな想像力が求められる。テーマも多岐にわたるので，日頃から文章を読むこと自体になじんでおきたい。そのためにも，『大学入試 ぐんぐん読める英語長文』シリーズ（教学社）や，『やっておきたい英語長文 700』（河合出版）などの問題集で演習を重ねておこう。

その際，各段落の話題，段落間の展開といった，文章全体の構成がどうなっているのかを考えてみよう。それを意識して読むのと，ただ漫然と読むのとでは内容の把握に大きな違いが出る。また，読解の設問として指示内容を問われることも多いので，it や this などが何を指しているのか，必ず確認する習慣をつけておこう。

02 書くことに慣れる

読解問題の設問は，記述式の内容説明などの場合，文意がわかっていても，うまくまとめられるとは限らない。字数制限があればなおさらである。本書や『筑波大の英語 15 カ年』（教学社）などで過去問に取り組む際は，解答を作成したら模範解答と比較して，自分の解答を添削してみよう。どこをどう直せばよりよくなるかを検討することが書く力のもとになる。内容説明では解答に盛り込むべきポイントやまとめ方をよく研究しよう。

英作文も実際に書かなければ上達しない。出題形式が年度によって少しずつ異なるが，まずは基本的な構文や熟語など決まった表現を蓄えておくことが重要である。注意したいのは，「例文の丸暗記」から脱して「使いこなし」のレベルにまで到達しておくことだろう。主語や目的語，時制などが覚えた例文と異なっても，ポイントとなる表現を使って正しい英文が書けるように応用力をつけておこう。出題形式が変わっても，文法や語法は変わるわけではない。基本的な知識は完璧に身につけておきたい。

筑波大「英語」におすすめの参考書

Check!

- ✓『大学入試 ぐんぐん読める英語長文』シリーズ（教学社）
- ✓『やっておきたい英語長文 700』（河合出版）
- ✓『筑波大の英語 15 カ年』（教学社）

日本史

年度	番号	内　容	形　式
2024	〔1〕	奈良時代の政治（400 字） ⇨指定語句：宇佐神宮，受戒，大仏造立，玄昉	論　述
	〔2〕	「読史余論」－日明貿易交渉の推移と貿易の特徴（400 字） ✓史料	論　述
	〔3〕	江戸時代の百姓一揆（400 字） ⇨指定語句：惣百姓一揆，米問屋，天明の飢饉，義民	論　述
	〔4〕	高度経済成長期の国民の生活や意識の変化（400 字） ⇨指定語句：中流意識，「三種の神器」，農業基本法，水俣病	論　述
2023	〔1〕	6 世紀と 8 世紀の政治制度（400 字） ⇨指定語句：部，位階，氏，公民	論　述
	〔2〕	鎌倉幕府御家人の所領とその相続形態の推移（400 字） ⇨指定語句：一期分，単独相続，承久の乱，御恩	論　述
	〔3〕	江戸幕府における儒学受容の推移（400 字） ⇨指定語句：寛政異学の禁，湯島聖堂，文治主義，荻生徂徠	論　述
	〔4〕	「徳富蘇峰関係文書」－日比谷焼打ち事件前後の政治と社会状勢（400 字） ✓史料	論　述
2022	〔1〕	摂関政治（400 字） ⇨指定語句：氏長者，阿衡，藤原頼通，外戚	論　述
	〔2〕	戦国大名の領国支配（400 字） ⇨指定語句：喧嘩両成敗，城下町，寄親・寄子制，検地	論　述
	〔3〕	「岩倉公実記」－幕末の公武合体運動（400 字） ✓史料	論　述
	〔4〕	戦時下の思想動向（400 字） ⇨指定語句：日独伊三国同盟，社会大衆党，後藤隆之助，内閣情報局	論　述
2021	〔1〕	「日本書紀」「続日本紀」－律令の編纂（400 字） ✓史料	論　述
	〔2〕	平安時代後期から鎌倉時代における浄土信仰の推移（400 字） ⇨指定語句：親鸞，末法，踊念仏，中尊寺金色堂	論　述
	〔3〕	17～18 世紀鎖国下における異国・異域との交流（400 字） ⇨指定語句：漢訳洋書の輸入制限，通信使，薩摩藩，場所請負制	論　述
	〔4〕	明治期における雑誌の変遷（400 字） ⇨指定語句：民友社，新聞紙条例，森有礼，『青鞜』	論　述

傾向　120分で400字の論述が4題 時代ごとの内容理解が大切

01 出題形式は？

400字の論述4題が定着しており，計1600字を120分の試験時間で書かなければならない。例年，4個の指定語句をヒントに解答するものが出題の中心を占めているが，2021年度〔1〕，2022年度〔3〕，2023年度〔4〕，2024年度〔2〕のように，史料中の下線部に絡めて解答するものもある。

なお，2025年度は出題科目が「日本史探究」となる予定である（本書編集時点）。

02 出題内容はどうか？

時代別にみると，原始・古代，中世，近世，近現代から1題ずつというのが原則となっているものの，2022年度〔3〕「幕末の公武合体運動」は江戸時代末期であるが，時代区分としては近世ではなく近代からの出題であった。また，2024年度〔4〕は戦後史からの出題であった。戦後史の出題には今後も注意しよう。

分野別では，政治，外交，社会経済，文化から出題されている。文化史については，2022年度のように出題がみられない場合もあるが，2021年度〔2〕「平安時代後期から鎌倉時代における浄土信仰の推移」，〔4〕「明治期における雑誌の変遷」など2題出題される年度もあるので注意しよう。また，2023年度〔3〕「江戸幕府における儒学受容の推移」，2024年度〔1〕「奈良時代の政治」のように，文化史と政治史の関連が問われるものもあった。テーマとしては，2021年度〔3〕「17～18世紀鎖国下における異国・異域との交流」，2024年度〔2〕「日明貿易交渉の推移と貿易の特徴」など，外交に関係するものが目立っている。全体的にはオーソドックスなものが多いが，過去には「明治前半期の軍事制度の確立」のように，やや取り組みにくいものも出題されている。

史料問題は例年出題されており，ほとんどが基礎的史料である。近年は2022年度〔3〕，2023年度〔4〕，2024年度〔2〕のように，史料中の下線部の説明をしつつ論述するものが出題されるようになっている。また，2021年度〔1〕のように，史料中の空欄の適語や下線部の具体的名称を明らかにしながら解答するものもある。なお，示される史料のなかには受験生になじみの薄いものもあるが，大半は著名な史料で，基礎的知識があれば書くべきことは容易に想起できる。

03 難易度は？

教科書の内容を理解していれば合格ラインに達することができるが，120分で400字の論述を4題書かなければならず，時間的余裕はほとんどないので，難度は高いといえよう。指定語句を使用する問題は論述する内容を想起しやすいが，史料問題の場合，下線部の説明に加え，史料文から何を論述するかを考えなければならず，400字の字数を過不足なく調整するのに時間を要するであろう。特に2023年度〔4〕「日比谷焼打ち事件前後の政治と社会状勢」は，下線部から推測できても解答の枠組みの範囲に苦慮する難問であった。オーソドックスな内容でも歴史事項を正確に理解していないと解答できないものもあるので，苦手な分野や時代をつくらないように注意したい。解答にあたっては，問題をひととおり見て，解答しやすいものから手をつけていくべきであるが，時間配分に注意してほしい。試験時間を問題数で割れば1題30分程度となるが，構想に十分時間をとり，解答を見直すことも見込むと，1題400字を20分程度で書くと考えるべきだろう。

対策

01 教科書を熟読して各時代の特徴をまとめる

基礎的知識と歴史の理解ができていなければ入試問題の攻略はありえず，そのためには教科書の熟読は欠かせない。原始・古代，中世，近世，近現代というように大きなまとまりの中で出題されているので，各時代の特徴をノートにまとめる練習をしておこう。それぞれの大きな時代区分の中で理解ができれば解答できるはずである。なお，利用する教科書は基本的に１冊でよいが，書店で求められるものもあるので，２，３冊用意して読み比べながら学習すると効果的である。『詳説日本史』（山川出版社），『日本史探究』（実教出版）などがよいであろう。

02 問題演習に取り組む

論述の力を養うためには，実際に書いてみることが大切である。書くことで自分の弱点などがわかってくるし，歴史理解も深まっていく。最初はあまり制限字数にこだわらず，論旨を引き出して出題者の意図に応じた解答ができるようになることが重要である。その際，歴史用語の羅列に陥らないよう注意すること。なお，自分で答案の出来具合を採点するのは難しいので，高校の先生など指導者に必ず答案を添削してもらうようにしよう。

03 過去問で練習を

数年おきに類似する内容が問われることが多い。過去問にできるだけたくさん当たり，対策を怠らないようにしよう。新潟大学や京都府立大学でも使用する語句を指定した400字相当の論述問題が出題されているので，取り組んでみるのもよいであろう。また，200字であるが京都大学や大阪大学の論述問題にも同類のテーマが出題されている。論旨をつかむ練習になるのであわせて取り組んでみよう。

04 指定語句から出題者の意図を探る

指定語句のある問題は，出題者の意図を探りやすく，受験生にとって取り組みやすい問題といえよう。問題文と考え合わせて論旨を抽出すればよいのだが，単にそれぞれの指定語句を説明するだけでは不十分である。指定語句と論旨を結びつける“隠れ指定語句”を的確に引き出せるかがポイントである。たとえば，2021年度〔４〕「明治期における雑誌の変遷」では『国民之友』『明六雑誌』，さらに『日本人』『太陽』，2022年度〔２〕「戦国大名の領国支配」ならば「楽市・楽座」，〔４〕「戦時下の思想動向」であれば「大政翼賛会」，2023 年度〔2〕「鎌倉幕府御家人の所領とその相続形態の推移」では「惣領制」，2024 年度〔1〕「奈良時代の政治」ならば「道鏡」などである。4 個の指定語句のつながりを考え，論旨に沿った説明をつけ加えるように工夫しよう。なお，2022 年度〔4〕では「後藤隆之助」というかなり詳細な知識が求められる人物が指定語句として出題された。こうした場合を想定し，知らない人物や用語が出されても，それ以外の指定語句や題意から判断して解答作成にチャレンジしよう。問題演習の際はできるだけ先生の指導を受けるようにしよう。先生と問答することで，解答に必要なひらめきが養われるはずである。

世界史

年度	番号	内　容	形　式
2024	〔1〕	前4世紀後半から11世紀までのメソポタミアにおける政権の興亡 ⇨指定語句：クテシフォン，シャープール1世，スルタン，大アミール，ハールーン=アッラシード	論　述
	〔2〕	1110年代から1630年代までの女真・満洲の歴史 ⇨指定語句：オゴタイ，靖康の変，朝鮮王朝，ヌルハチ，完顔阿骨打	論　述
	〔3〕	海洋国家としてのオランダの台頭から没落までの過程 ⇨指定語句：英蘭戦争，東インド会社，フェリペ2世，名誉革命，ユトレヒト同盟	論　述
	〔4〕	台湾の統治と対外関係をめぐる17世紀半ばから20世紀半ばまでの歴史 ⇨指定語句：康熙帝，サンフランシスコ講和会議，下関条約，台湾出兵，天津・北京条約	論　述
2023	〔1〕	ローマにおける共和政の成立と変遷（400字） ⇨指定語句：エトルリア人，カエサル，グラックス兄弟，元首政，ホルテンシウス法	論　述
	〔2〕	10世紀半ばから14世紀末までの中国王朝における国内商業と対外貿易の展開（400字） ⇨指定語句：駅伝制，開封，泉州，草市，朝貢貿易	論　述
	〔3〕	13世紀から17世紀半ばまでの北インドの歴史（400字） ⇨指定語句：アクバル，カースト制度，シク教，タージ=マハル，デリー=スルタン朝	論　述
	〔4〕	1910年代から1980年代までのチェコスロヴァキアの歴史（400字） ⇨指定語句：共産党によるクーデタ，ズデーテン地方，ハプスブルク帝国，「プラハの春」，ペレストロイカ	論　述
2022	〔1〕	ヘレニズム時代におけるエジプトとその周辺の歴史（400字） ⇨指定語句：アントニウス，カルタゴ，属州，ディアドコイ，ムセイオン	論　述
	〔2〕	17世紀から第二次世界大戦勃発前までのオランダの東南アジア進出（400字） ⇨指定語句：インドネシア国民党，オランダ東インド会社，強制栽培制度，ポルトガル，マレー半島	論　述
	〔3〕	1910年代から1930年代の中国共産党（400字） ⇨指定語句：延安，上海クーデタ，帝国主義的特権の放棄，八・一宣言，李大釗	論　述
	〔4〕	1920年代のアメリカ社会の特徴（400字） ⇨指定語句：移民法，クー=クラックス=クラン，孤立主義，債権国，フォード	論　述

2021	〔1〕	中国王朝において，科挙官僚が統治の担い手となっていった経緯（400 字） ⇨指定語句：九品中正，五代十国，新興地主層，則天武后，文治主義	論　述
	〔2〕	7 世紀から 16 世紀前半までのエジプトにおける諸国家の興亡（400 字） ⇨指定語句：アナトリア，サラディン，シーア派，ビザンツ帝国，モンゴル軍	論　述
	〔3〕	ルネサンス期に発達した技術が 16 世紀初頭のヨーロッパに与えた影響（400 字） ⇨指定語句：グーテンベルク，サン=ピエトロ大聖堂，宗教改革，人文主義，ドイツ語訳	論　述
	〔4〕	19 世紀半ばから 20 世紀半ばまでの中国とアメリカ合衆国に関わる諸問題（400 字） ⇨指定語句：カイロ会談，ジョン=ヘイ，朝鮮戦争，望厦条約，ワシントン会議	論　述

傾向　時系列を問う論述テーマが多い
論述量が多いので時間配分に工夫を

01　出題形式は？

試験時間は 120 分で，例年，400 字の論述問題が 4 題出題されている。指定語句（5 個）を用いて論述する形式である。論述問題のテーマはオーソドックスではあるが，いずれも時間的・空間的スケールが大きいのが特徴である。

なお，2025 年度は出題科目が「世界史探究」となる予定である（本書編集時点）。

02　出題内容はどうか？

地域別では，欧米地域とアジア地域では，2021 年度以降ほぼ半々の出題だったが，2024 年度はアジア地域が 3 題と多く出題された。

欧米地域：2022 年度のアメリカ合衆国，2023 年度のローマ・チェコスロヴァキア，2024 年度のオランダと，一国史からの大問が目立つ。

アジア地域：中国史は例年必出となっており，イスラーム世界やインド，東南アジアからも大問が出題されている。

その他：2021・2022 年度は連続してエジプトから大問が出題された。

また，年度によっては欧米地域・アジア地域にまたがるテーマが出題されることもある。2021 年度〔４〕はアメリカと清との関係が問われた。

時代別では，古代から現代まで幅広く出題されているが，2022 年度は４題中３題が戦間期を論述の範囲としていたように，時代に偏りがみられることもある。欧米地域では近世～現代が出題の中心となっている。

分野別では，政治史のウエートが高いが，社会経済史や文化史も出題対象となっている。2021 年度〔３〕で活版印刷術の影響に関する問題，2022 年度〔４〕で 1920 年代のアメリカ社会の特徴に関する問題，2023 年度〔２〕で宋～明初期の商業に関する問題が出題されている。

03 難易度は？

体系的な歴史知識と論理的思考力・文章構成力を試すスケールの大きな論述問題で，時期を設定して時系列的に論述する問題が多いという点では比較的書きやすいが，指定語句や重要事項の年代順があいまいだと，全体的に誤った文章になりやすい。指定語句の使用に工夫が必要なものも多い。４題で計 1600 字の長文論述なので，120 分の試験時間でも不足気味となるだろう。不得意な分野は後回しにし，得意な分野の問題から着手するよう時間配分を工夫したい。

対策

01 教科書・用語集・年表の徹底理解を

教科書をまず古代から現代まで熟読し，基本事項（事件・人物など）に注意しながら，歴史の大きな流れと諸事件の因果関係を把握しておくことが基本となる。各問題の指定語句には一部の教科書にしか記載されていないものもみられるので，『世界史用語集』（山川出版社）の見出し語とその説明文にひととおり目を通しておきたい。また，論述対策では地域別・国別の年代学習が有効なので，サブノートやカードを利用して年代を整理しておくことが望ましい。その際，年表や世界史地図を活用したい。

02 テーマ別・分野別の対策を

論述の定番といえるテーマの問題も多い。そうした分野については綿密な学習対策を講じておくと効果的である。論述用の問題集を参考にするほか，過去に頻出しているテーマを詳しく研究すると応用力がつくだろう。また，各問題で提示される指定語句には論述全体を展開する上でのキーワードとなるものが必ず含まれているので，出題者のねらいを知る上でも指定語句を丹念に研究しておくことが大切である。その際，用語の意味が不明確な場合には，前出の『世界史用語集』や『世界史小辞典』（山川出版社）などを活用するとよい。事件や事項の歴史的意味・意義・背景については，『詳説 世界史研究』（山川出版社）などの大型参考書を使って調べるのがよいだろう。

03 論述力をつける

時間的・空間的にスケールの大きいテーマを特色とする論述問題では，個々の指定語句を有機的に結びつける推察力，文章を構築していく構想力，そして要点を簡潔に記述する表現力が要求される。そのため過去問や類似の形式をもつ他大学の問題に当たり，日頃から400字程度で論述できる力を鍛えておくことが大切である。その際，年代的な流れや因果関係などに注意しながら文章を構成していくことが，実戦力養成の秘訣であることを覚えておいてほしい。

地　理

年度	番号	内　容	形　式
2024	〔1〕	千葉県白井市付近の地形図読図（400 字） **✓地形図**	論　述
	〔2〕	ヒートアイランド現象（400 字） **✓統計表**	論　述
	〔3〕	ヨーロッパの大都市における都市問題（400 字） ⇨指定語句：インナーシティ，居住者，ジェントリフィケーション，地価 **✓視覚資料**	論　述
	〔4〕	4 カ国の食文化と食料自給の地域的特徴（400 字） **✓統計表**	記述・論述
2023	〔1〕	埼玉県さいたま市付近の地形図読図（400 字） **✓地形図**	論　述
	〔2〕	地球上の主な貯水体と水資源（400 字） ⇨指定語句：枯渇，費用，偏在 **✓統計表**	論　述
	〔3〕	三大宗教の分布と地域的背景（400 字） **✓地図**	論　述
	〔4〕	ヨーロッパの農業にみられる地域的特徴（400 字） ⇨指定語句：気温，丘陵地，降水量，平野，酪農 **✓統計表**	記述・論述
2022	〔1〕	愛媛県西条市付近の地形的特徴と集落立地, 土地利用（400 字） **✓地形図**	論　述
	〔2〕	都市流域の河川と森林流域の河川（400 字） **✓グラフ**	記述・論述
	〔3〕	太平洋北西部と太平洋南東部における漁場の成立条件と漁獲物の特色（400 字） ⇨指定語句：魚種，潮境，大陸棚，プランクトン，湧昇流	論　述
	〔4〕	韓国の工業立地の特色，人口分布の地域的特徴と社会経済的背景（400 字） **✓統計地図**	論　述
2021	〔1〕	和歌山県有田川町付近の地形的特徴と集落立地，土地利用（400 字） **✓地形図**	論　述
	〔2〕	ロンドン，長春，札幌の気候の特徴と形成要因（400 字） **✓グラフ・地図**	記述・論述
	〔3〕	4 カ国の人口動態の特徴とその地域的背景（400 字） **✓グラフ**	論　述
	〔4〕	ラテンアメリカの農業にみられる地域性（400 字） ⇨指定語句：アンデス，パンパ，ブラジル高原，プランテーション	論　述

傾向　図表の利用が多く地形図読図が頻出 自然環境を中心に幅広く問われる

01 出題形式は？

大問4題で，試験時間は120分。設問形式は1題1問の論述問題がほとんどで，「～について述べよ，説明せよ」などの表現で問われる。2024年度〔4〕は，国名を答えた上で説明する問題であった。1題の制限字数は各400字で合計1600字となっている。使用語句を指定して論述させる問題も出題されている。グラフ・統計表や地図などの資料を利用した問題が多く，特に地形図の読図問題はよく出題されている。2024年度は視覚資料を用いた問題も出題された。

なお，2025年度は出題科目が「地理探究」となる予定である（本書編集時点）。

02 出題内容はどうか？

例年，**地形図読図問題**が出題されている。山麓や海岸など特徴の表れやすい場所が選ばれ，地形の特色・土地利用・集落立地などの説明やその要因を問う問題が多い。新旧2枚の地形図から地域の変化を考えさせたり，過去には地形図と陰影起伏図を用いて考察する問題などもみられた。

産業，都市，人口，宗教など幅広い分野から出題されるが，**自然環境**に関する問題，なかでも気候分野の問題が，最近はほぼ毎年出されているのも特徴的である。地点比較による気候の特徴と要因や，海洋気候の現象などが出題されている。

また，統計表やグラフ・地図・分布図などの資料類を参考に論述する問題が多いが，資料はシンプルなものが多く，どちらかといえば，その事項に関する基本的な知識や考え方が試される。

03 難易度は？

知識に裏打ちされた思考力の必要な問題が4題もあり，そのすべてで

400 字の論述が求められているので，入試問題としてはハイレベルである。しかし，高校地理の学習内容に基づいて考えれば解答できるように工夫されており，地理的判断さえ間違えないようにすれば，基本に即した学習の積み重ねで十分に対応できるだろう。

対策

01 高校地理の基礎力の強化

ほぼ全問が論述問題なので，教科書レベルの基本事項は全分野確実に理解しておくと同時に，地理用語や地名をさまざまな場面で駆使できるような力が必要である。重要な用語の整理には『地理用語集』（山川出版社）などを活用して意味と具体例を知り，主要地名は必ず地図帳で位置を確認するなどの習慣を身につけてほしい。

02 地理的な考え方を身につける

「何が」「どこに」を知るだけでなく，それが「どのようにみられるのか」「どのような要因によるのか」を考える習慣を養っておきたい。そのためには，普段の授業を大切にし，授業中に説明される思考過程を自分のものにすることが望ましい。また，地理事象を自然的・社会的・経済的諸条件に合わせてとらえるとともに，時代による変化や別の場所との比較をしてみるなどの学習が必要である。

03 地形図や資料類に強くなる

地形図の読図については，主要な地図記号や等高線の読み方はもちろんのこと，初見の地形図から地形を判断し，土地利用や集落立地の説明ができ，さらには地域の特色を読み取れるように，読図能力を高めておく必要がある。地形図読図には日本地誌が含まれることもあるので，日本各地の特色にも関心をもってほしい。

資料類に関しては，統計表・グラフ・統計地図・写真などから地域の状況が読み取れるよう，平素から慣れ親しんでおかねばならない。

04 自然環境と経済・社会を入念に

自然環境は出題頻度が高いので，地形・気候ともに成因などについて論理的な説明ができるよう，入念な学習が必要である。なかでも気候の分野に関しては，気候差の生じる要因，気候分布と特色，人間活動との関係などをしっかりと押さえたい。環境問題についても，原因・発生地域・対策などを整理しておくこと。

経済や社会についても，それらの動向が地域の特色といかに関わっているか，具体的にとらえておきたい。理解の幅を広げるためには，『新詳資料 地理の研究』（帝国書院）などの副教材の利用が望まれる。

05 論述練習を

過去問などを参考にして，400 字で文章を書く練習をしておきたい。100 字くらいの短文を 3 ～ 4 つ程度書き，それらを論理的に並べる訓練が効果的である。頭の中で論述する内容がわかっていても，試験時間内に，しかも制限字数に合わせてまとめる作業は非常に難しい。したがって，実際に文章を書いてみる訓練は大切であり，自分の答案を担当の先生に添削してもらうなどの指導を受けておきたい。

倫　理

年度	番号	内　容	形　式
2024	〔1〕	人が「するべきこと」とは（800 字）	論　述
	〔2〕	自由意志でおこなえること（800 字）	論　述
	〔3〕	ジャイナ教における「餓死」（800 字）	論　述
	〔4〕	カントの啓蒙について（800 字）	論　述
2023	〔1〕	「戦争に勝つ」ことの意味（800 字）	論　述
	〔2〕	「文字」がもたらす禍についての考察（800 字）	論　述
	〔3〕	「生まれ変わり」についての考察（800 字）	論　述
	〔4〕	哲学における「知識の累進性」について（800 字）	論　述
2022	〔1〕	「がんばること」への批判（400 字）	論　述
	〔2〕	「間柄的存在」に求められる倫理とは（400 字）	論　述
	〔3〕	老子の儒家批判の理由（400 字）	論　述
	〔4〕	プラトンの問答法的哲学の特徴（400 字）	論　述
2021	〔1〕	「コロナ禍」の世界においてわれわれはどうあるべきか（400 字）	論　述
	〔2〕	仏教で説かれる苦しみの克服方法について（400 字）	論　述
	〔3〕	「東洋道徳，西洋芸術」は現代社会の諸問題の解決に有効か（400 字）	論　述
	〔4〕	真に哲学するとはどういうことか（400 字）	論　述

（注）　2023・2024 年度は〔１〕～〔４〕から２題を選択解答。

傾向　諸思想の比較や関連を考察する論述問題が頻出

01　出題形式は？

試験時間は 120 分。2022 年度までは，400 字の論述の４題構成であったが，2023 年度以降は 600～800 字の論述が４題出題され，そのうち２題を選んで解答する形式へと変更されている。

02 出題内容はどうか？

古今東西を問わず，西洋思想，東洋思想，日本思想などさまざまな分野から出題されている。思想家についての重要語句や短文，資料が提示されることもある。また，思想家や思想を対比する形での出題も多い。2024年度は，小説や宗教との関連で死生観についての理解を問うものが2題，与えられたテーマについて思想家を一人取り上げて自由に論じるものが1題，残り1題が，与えられた資料文の内容理解を示しながら，自由に選んだ思想家を参考にして自身の問題解決の方策を論じるものであった。基礎的な知識の確認にとどまらず，生き方や問題解決へ生かす力や主体性が試される内容になっている。教科書に載っていない事項や初見の資料が出題されることもあり，応用力や思考力も試されているといえるだろう。

教科書で学習した内容を単なる勉強で終わらせずに，日頃の生活の中で生かそうとする態度が重視される。キーワードに使われている語句は基本的なものであるが，素直にみえても，設問の要求に沿った論述のためには深い思考力を要する。同じような事柄が視点を変えて出題されているので，過去問研究は大切である。

03 難易度は？

論述のテーマや分量，内容の深さ，制限字数内にまとめる技術などを考えあわせると，難度は高いといえる。2023年度からは指定字数が600～800字となったが，600字を超えるためには，思想家や用語についてもしっかりと説明しなければならず，知識も相当量必要である。試験時間120分で600～800字を2題，合計1200～1600字の論述を書くのにあまり余裕はないだろう。時間配分に注意して取り組みたい。

対策

01 基礎的知識を正確に

教科書・参考書で基礎的知識を身につけ，専門用語を正確に理解し，それを言葉で表現できるようにしよう。どんな問題でも基礎力の養成が第一である。

02 一歩踏み込んだ学習を

論述問題に対しては，単に用語の丸暗記ではなく，一歩踏み込んだ学習が必要である。問題は素直だが，内容は深く，かなりの思考力を要する。それぞれの思想や事項の要点を明確に把握するとともに，他との共通点や相違点，関連性までも広く深く研究しておく必要がある。また，日本思想と西洋思想を比較させたり，現代社会からの視点を要求したりするなど，発展学習の度合いをみる問題が出されていることも見逃せない。

03 原典史料に慣れよう

思想家の言葉など，短い史料が提示される問題もある。資料集や関係図書に当たって，原典に親しんでおくことが望ましい。史料文中のキーワードやキーセンテンスなどから，だれの思想か，その思想の特色は何かなどを判断できるようにしたい。

04 論述練習を十分に

要点を整理し，制限字数内に所定時間でまとめることはなかなか難しい。最初は過去問を使って，教科書・資料集を見ながら解答を自分でまとめてみよう。慣れてきたら，自分で問題を設定し，論述する練習をするとよいだろう。2023 年度からは 600～800 字 2 題に変更されているが，120 分で総字数 1600 字以内というボリュームに変化はないので，過去問で執筆量がどのくらいかを経験的に身につけ，要点をはずさずまとめあげる訓練をしておきたい。

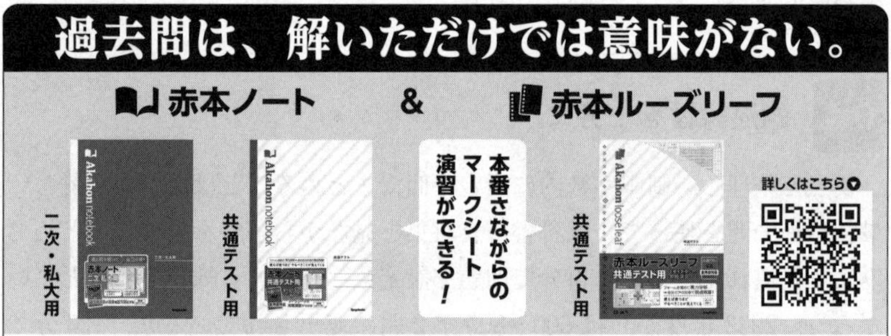

数　学

年度	番号	項　目	内　容
2024	〔1〕	ベクトル	ベクトルの内積を利用して求める三角形の面積
	〔2〕	積分法	曲線で囲まれた図形の面積　⊘証明・図示
	〔3〕	微分法	3次関数のグラフの接線
2023	〔1〕	微分法	三角形の面積の最大値
	〔2〕	積分法	曲線で囲まれた図形の面積　⊘証明
	〔3〕	ベクトル	内積の値の最大値
2022	〔1〕	微分法	円と放物線の共通接線
	〔2〕	確率	さいころの目に関する確率の漸化式
	〔3〕	ベクトル	平行四辺形に関わるベクトル　⊘証明
2021	〔1〕	図形と方程式	2円と共通な接線
	〔2〕	三角関数	三角関数を含む方程式
	〔3〕	ベクトル	点が三角形の内部または周にあるための条件

（注）〔1〕～〔3〕から2題を選択すること。
理系〔1〕～〔3〕と共通。

出題範囲の変更

2025年度入試より，数学は新教育課程での実施となります。詳細については，大学から発表される募集要項等で必ずご確認ください（以下は本書編集時点の情報）。

2024年度（旧教育課程）	2025年度（新教育課程）
数学Ⅰ・Ⅱ・A・B（数列，ベクトル）	数学Ⅰ・Ⅱ・A・B（数列）・C（ベクトル）

旧教育課程履修者への経過措置

旧教育課程履修者に対して特別な経過措置はとらないが，出題内容によって配慮する。

傾向　標準レベルの問題が確実に解けるように演習を繰り返そう

01　出題形式は？

大問３題の中から２題を選択する。試験時間は120分である。全問記述式で，証明問題が出題されることが多く，図示問題も出題されている。

02　出題内容はどうか？

出題項目は固定されず，まんべんなく出題されているが，微・積分法やベクトルはよく出題されている。

なお，2025年度入試の学類・専門学群選抜では，障害科学類は「数学Ⅰ・Ⅱ・A・B・C」が選択できなくなり，選択科目のうち数学は「数学Ⅰ・Ⅱ・Ⅲ・A・B・C」のみとなる予定である（過去問については『筑波大学（理系-前期日程）』に収載の「数学Ⅰ・Ⅱ・Ⅲ・A・B」を参照のこと）。

03　難易度は？

標準レベルを中心とする出題で，しっかりとした学力を備えているかどうかを試す内容である。計算力を必要とする問題や，解答過程での深い思考力を必要とする問題もある。2021～2023年度と易化していたが，2024年度では少し難化した印象である。また，大問を構成する２，３問の小問間に，2022年度まではそれほど強い関係がないことが多かったが，2023・2024年度はそれらが密接に繋がって絶妙な誘導がなされるようになった。

対策

01 しっかりした学力を養うこと

まずは公式・重要事項をしっかり理解しよう。その際に，例題などで公式・重要事項の活用の仕方も一緒に確認しておこう。公式や定理は，ただ覚えているだけで使いこなせないということがないように，標準的な問題集・参考書で典型的な問題に当たり，十分に練習すること。公式や定理を証明する問題が出題されることもある。公式や定理を単に覚えるだけではなく証明できるようにしておくことで，そのような問題の対策となるだけでなく，本質を理解することにもなり，応用も利くようになる。

02 答案の表現力を身につけること

全問記述式であり，証明問題もよく出題されているので，答案は数式の羅列ではなく，条件式から結論への筋道の通った，簡潔なものが書けるように練習すること。また，図示問題も出題されているので，面倒がらずに図を正確に描く習慣もあわせて身につけること。

03 計算力のアップを

標準レベルの問題を中心に出題されているので，典型的な問題が載っている問題集で演習していくとよい。練習問題を自分で最後まできちんと計算し，一度で正答できるレベルの計算力が必要である。計算ミスをしたらもう一度振り返り，ミスをはっきり見極め，自分の計算力の欠点を明確にして以後の計算で同じミスをしないよう努力する姿勢も大切である。問題のレベルを考えると，『チョイス新標準問題集』シリーズ（河合出版），より実戦的でレベルが高めのものでは『入試精選問題集 理系数学の良問プラチカ 数学Ⅰ・A・Ⅱ・B・C』，『入試精選問題集 文系数学の良問プラチカ 数学Ⅰ・A・Ⅱ・B・C』（いずれも河合出版）などをすすめる。理系，文系と区別されているが，気に入ったほうでよい。

いずれにしても，解説が詳しいものを選び，繰り返し何度も問題を解くことが肝要である。きちんと正解を導き出せるようになれば，同じ問題でよいので次のステップとしてスピードを速められるよう，さらに解き続けていくとよい。

国　語

年度	番号	種類	類別	内容	出典
2024	〔1〕	現代文	評　論	内容説明	「中動態の世界」 國分功一郎
	〔2〕	現代文	小　説	内容説明，表現効果	「スコーレ No. 4」 宮下奈都
	〔3〕	古　文	物　語	人物指摘，口語訳，内容説明，和歌修辞	「平中物語」
	〔4〕	漢　文	文　章	内容説明，書き下し文	「白氏文集」 白居易
2023	〔1〕	現代文	評　論	内容説明	「美学への招待」 佐々木健一
	〔2〕	現代文	小　説	内容説明，主旨	「百年と一日」 柴崎友香
	〔3〕	古　文	歌物語	人物指摘，口語訳，和歌解釈，内容説明	「大和物語」
	〔4〕	漢　文	思　想	口語訳，内容説明，書き下し文，主旨	「列子」
2022	〔1〕	現代文	評　論	内容説明	「うわさとは何か」 松田美佐
	〔2〕	現代文	小　説	内容説明	「旅路」 藤原てい
	〔3〕	古　文	物　語	語意，和歌解釈，口語訳，和歌修辞，内容説明	「源氏物語」 紫式部
	〔4〕	漢　文	詩　話	口語訳，書き下し文，漢詩解釈	「唐詩紀事」 計有功
2021	〔1〕	現代文	評　論	内容説明，指示内容	「働く」 中谷文美
	〔2〕	現代文	小　説	内容説明，表現効果	「冥途」 内田百閒
	〔3〕	古　文	歌物語	指示内容，語意，人物指摘，内容説明，和歌解釈	「大和物語」
	〔4〕	漢　文	意見書	内容説明（50字他），口語訳，書き下し文	「封事三箇条」 菅原文時

（注）　看護学類は〔1〕〔2〕のみ，その他は全問を解答する。

傾向 正確な読解力と記述力の養成がカギ

01 出題形式は？

現代文２題，古文・漢文１題ずつ，計４題の出題で，試験時間は看護学類が現代文２題で 90 分，その他の学類等は４題で 120 分である。設問のほとんどは記述式で，字数制限は設けられていない場合が多いが，2021 年度では漢文で 50 字程度という字数指定があった。

02 出題内容はどうか？

現代文は，〔１〕は評論，〔２〕は小説の出題であり，文章量は標準的である。〔１〕の評論のテーマは，哲学・思想・文化・芸術・科学・歴史・心理・社会学などのさまざまな分野にわたっている。〔２〕は相対的な人間関係を主軸として，具体的な事例を取り上げながら心情の機微を細やかにとらえたものが多い。

設問は〔１〕〔２〕とも内容説明や主旨が主で，〔２〕では表現効果も出題されている。「どのようなことか」「なぜか」「どのような心情か」など，全体の主旨をふまえた上で，具体的内容，因果関係，筆者や登場人物の考え・心情などの説明を求めるものが大半で，いずれも丁寧な読解を前提としており，単なる知識で答えられるような問題は見当たらない。特に〔２〕では，登場人物の微妙な心情理解が求められ，高度な読解力を必要とする。本文内容がさほど難解でない場合も，問われた内容に応じて適切にまとめるにはそれなりの力量を要するものが多い。

古文は，和歌を含む文章が例年出題されている。文章はごく短いが，語句の注釈もあまりつけられていないので，古文そのものを読み慣れていないと解釈が難しいと思われる。設問内容は，口語訳，和歌の解釈・修辞，人物指摘が頻出で，説明問題では現代文同様，表面的な語句の理解だけではなく，登場人物の心情や作者の考えなど，さらに深く踏み込んだ内容が問われている。

漢文は，出典はさまざまであるが，近年は，本文をもとに内容の読解力を問う設問が目立つ。漢文の典型的な展開に習熟するとともに，本文の展開，場面の具体的なイメージを把握しなくてはならない。設問内容としては，書き下し文と口語訳が頻出で，基本的な句法理解に基づいた内容が出題されている。説明問題は，本文の主旨をふまえた上で，指示内容を具体化したり，因果関係を明示したりする形でまとめさせるものが中心。漢語の知識や基本句法の習得を前提とした読解力が不可欠である。

03 難易度は？

記述式問題中心であり，標準的な問題からかなり難しい問題までを含んだ多彩な内容となっている。

試験時間と設問のレベルから考えると，難度はやや高い。設問はシンプルなものが多いが，特に現代文では意図がつかみにくい場合があり，要求どおりの解答を導き出すためには，丁寧にヒントを拾い出す読解力と，ヒントを再構成して解答にするための思考力が要求される。限られた時間内で満足のいく答案をつくるためには，分析的な読解力や内容把握力，そして的確にまとめる要約力と表現力を，ある程度時間をかけて養成しておかなければならない。

看護学類は現代文のみなので時間配分はしやすいと思われるが，その他の学類等は，現代文２題と古文・漢文の時間配分をバランスよく考えることが重要である。古文・漢文は比較的短い文章が出されているので，できるだけ手早く仕上げ，現代文に時間をかけたい。

対策

01 現代文

年度によって多少難易度の差はあるが，問題文の分量と試験時間から考えれば，速く正確な読解の訓練は必須である。過去問や他大学の二次試験の問題文などを，時間を計って読解した上で，100～200 字程度で要約し，信頼できる添削者に添削してもらうことをすすめる。

評論文については，多様な分野から出題されている。できるだけ早い時期から日本文化・文明論・哲学・思想・社会科学・言語論・文学論・芸術論など，さまざまな分野の文章を新書や新聞などで幅広く読みこなし，評論文の論理展開に慣れるとともに基礎的な教養を蓄えておくことが望ましい。

小説については，登場人物の心情や状況説明について踏み込んだ記述が求められる場合があり，その際には表層的な読解では解答を導き出せない。したがって最初のうちは，文章の背後まで深く読む，時間をかけた精読の訓練が必要である。

こうした評論文・小説の「読み」を鍛える書籍として，『高校生のための現代思想エッセンス ちくま評論選』，『高校生のための近現代文学エッセンス ちくま小説選』（いずれも筑摩書房）などを読んでおくことをすすめる。

問題演習では文章をじっくりと読解し，設問の要求を十分に理解して記述を行うこと。一度書いたものを，さらに無駄を省き切り詰めるという練習も必要である。慣れてきたら時間をだんだん短くして，迅速かつ簡潔に記述する力も養っておきたい。

02 古　文

古文読解の基礎となるのは，豊富な古語の語彙力と助動詞・助詞の用法を中心とする文法の知識であり，十分な力を養っておくことが不可欠である。現代文同様の説明問題が，各年度工夫を凝らして多様に出題されているので，一歩踏み込んだ読解力が要求される。作者や登場人物の心情・思想などを深く掘り下げようとする問題意識をもって取り組むことが大切である。古文では省略されている叙述が多いので，解答するときには主語・目的語など具体的な内容を補って丁寧にまとめることが大切である。

また，和歌を含んだ文章が出題されているので，掛詞・縁語・序詞・枕詞などの和歌の修辞，和歌特有の文法，和歌の解釈の仕方と和歌に込められた心情などについて，しっかりと学習しておく必要がある。さらに，古文の背景となる文学史，時代相，有職故実などの知識は，設問として直接単独に出題されなくても，問題文読解の上で有益である。これらもやはりしっかりと習得しておこう。古文の世界での行動形式や約束事，さらには和歌の解釈についての知識を身につけるには，『大学入試 知らなきゃ解けない古文常識・和歌』（教学社）などの問題集を繰り返し演習しておくとよいだろう。

03 漢　文

実力養成の第一歩は，読み慣れることである。学校の授業で学習する漢文に加えて，問題集や過去問に触れ，なるべく多くの漢文に当たって読み慣れること。例年，漢詩の出題はほとんどないが，2022 年度に漢詩三編を含む文章が出題されたように，今後も漢詩が出題される可能性があるので，念のため，漢詩にも当たっておきたい。さらに，全体の内容を把握しなくては，記述問題での高得点は望めない。常にそのことを意識して学習に取り組もう。よく出題されている句形は，受身，使役，否定，反語，詠嘆などである。さらに，再読文字，返読文字についての知識も必須である。有名な思想家や詩人などについての文学史的知識も習得しておくことが望ましい。

筑波大「国語」におすすめの参考書

Check!

- ✓『高校生のための現代思想エッセンス ちくま評論選』（筑摩書房）
- ✓『高校生のための近現代文学エッセンス ちくま小説選』（筑摩書房）
- ✓『大学入試 知らなきゃ解けない古文常識・和歌』（教学社）

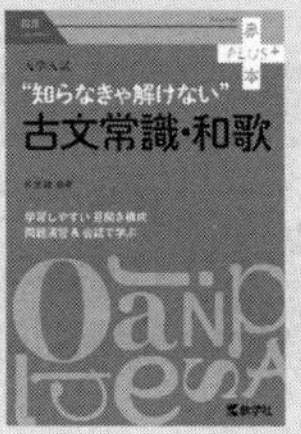

赤本チャンネル
&
赤本ブログ
YouTubeや
TikTokで
受験対策
赤本ブログ
詳しくはこちら
受験のメンタルケア、
合格者の声など、
受験に役立つ記事が充実。
赤本チャンネル
YouTube
人気講師の大学別講座や
共通テスト対策など、
役立つ動画を公開中！
TikTok

2024年度

問題と解答

前期日程

問 題 編

▶試験科目・配点

【総合選抜*】

選抜区分	教 科	科 目	配 点
文系	外国語	「コミュニケーション英語Ⅰ・Ⅱ・Ⅲ，英語表現Ⅰ・Ⅱ」，ドイツ語，フランス語，中国語から１科目選択	500 点
	選 択	日本史Ｂ，世界史Ｂ，地理Ｂ，倫理，「数学Ⅰ・Ⅱ・Ａ・Ｂ」から１科目選択	500 点
	国 語	現代文Ｂ・古典Ｂ	500 点

【学類・専門学群選抜】

学群・学類		教 科	科 目	配 点
人文・文化	人文	外国語	「コミュニケーション英語Ⅰ・Ⅱ・Ⅲ，英語表現Ⅰ・Ⅱ」，ドイツ語，フランス語，中国語から１科目選択	600 点
		地歴・公民	日本史Ｂ，世界史Ｂ，地理Ｂ，倫理から１科目選択	600 点
		国 語	現代文Ｂ・古典Ｂ	600 点
	比較文化	外国語	「コミュニケーション英語Ⅰ・Ⅱ・Ⅲ，英語表現Ⅰ・Ⅱ」，ドイツ語，フランス語，中国語から１科目選択	400 点
		地歴・公民	日本史Ｂ，世界史Ｂ，地理Ｂ，倫理から１科目選択	400 点
		国 語	現代文Ｂ・古典Ｂ	400 点

学群	学類	教科	科目	選択	配点
社会・国際	社会	外国語	コミュニケーション英語Ⅰ・Ⅱ・Ⅲ，英語表現Ⅰ・Ⅱ		400 点
		選　択	日本史Ｂ，世界史Ｂ，地理Ｂ，「数学Ⅰ・Ⅱ・Ａ・Ｂ」，「現代文Ｂ・古典Ｂ」から１科目選択		400 点
	国際総合	外国語	「コミュニケーション英語Ⅰ・Ⅱ・Ⅲ，英語表現Ⅰ・Ⅱ」，ドイツ語，フランス語，中国語から１科目選択		400 点
		地　歴	日本史Ｂ，世界史Ｂ，地理Ｂから１科目選択	から１科目選択	400 点
		数　学	数学Ⅰ・Ⅱ・Ａ・Ｂ		
		理　科	「物理基礎・物理」，「化学基礎・化学」，「生物基礎・生物」，「地学基礎・地学」から１科目選択　〈省略〉		
		国　語	現代文Ｂ・古典Ｂ		
人　間	教育、心理	外国語	「コミュニケーション英語Ⅰ・Ⅱ・Ⅲ，英語表現Ⅰ・Ⅱ」，ドイツ語，フランス語，中国語から１科目選択 ※心理学類は英語必須で，ドイツ語，フランス語，中国語は選択できない。		250 点
		地歴・公民	日本史Ｂ，世界史Ｂ，地理Ｂ，倫理から１科目選択	から１科目選択	250 点
		数　学	数学Ⅰ・Ⅱ・Ⅲ・Ａ・Ｂ　〈省略〉		
		理　科	「物理基礎・物理」，「化学基礎・化学」，「生物基礎・生物」，「地学基礎・地学」から１科目選択　〈省略〉		
		国　語	現代文Ｂ・古典Ｂ		
	障害科	外国語	コミュニケーション英語Ⅰ・Ⅱ・Ⅲ，英語表現Ⅰ・Ⅱ		250 点
		地歴・公民	日本史Ｂ，世界史Ｂ，地理Ｂ，倫理から１科目選択	から１科目選択	250 点
		数　学	数学Ⅰ・Ⅱ・Ａ・Ｂ		
			数学Ⅰ・Ⅱ・Ⅲ・Ａ・Ｂ　〈省略〉		
		理　科	「物理基礎・物理」，「化学基礎・化学」，「生物基礎・生物」，「地学基礎・地学」から１科目選択　〈省略〉		
		国　語	現代文Ｂ・古典Ｂ		

医	看護	外国語	「コミュニケーション英語Ⅰ・Ⅱ・Ⅲ，英語表現Ⅰ・Ⅱ」，ドイツ語，フランス語から１科目選択		300点
		理　科	「物理基礎・物理」，「化学基礎・化学」，「生物基礎・生物」から１科目選択〈省略〉	から１科目選択	200点
		国　語	現代文Ｂ		
		個別面接	看護学を志向する動機，適性，感性，社会的適応力等について総合的に判断する		300点
体育専門		実　技	〈省略〉		600点
		論　述	保健体育理論に関する論述試験（保健体育に関する基礎的学力及び文章表現能力をみる）		100点
芸術専門		実　技	〈省略〉		700点

▶選抜方式

- 「総合選抜」「学類・専門学群選抜」の２つの選抜方式により実施する。「総合選抜」と「学類・専門学群選抜」は併願できない。総合選抜の４区分から一つ，もしくは学類・専門学群選抜の21学類・２専門学群から一つの募集区分に出願することができる。

＊『総合選抜』の仕組み

①受験者は「文系」「理系Ⅰ」「理系Ⅱ」「理系Ⅲ」のいずれかの選抜区分を選択して受験する。

②１年次では総合学域群に所属し，専門分野の異なる複数の科目を履修し，自分の学びたい専門分野を探す。

③２年次以降に所属する学類・専門学群は，志望に基づき１年次の成績や適性等によって決まる。その際，志望する学類・専門学群の指定する科目を履修していることが条件となる。なお，特定の選抜区分（文系・理系Ⅰ・理系Ⅱ・理系Ⅲ）で入学した学生を優先して受け入れる学類もある。

④いずれの選抜区分で入学しても，体育専門学群を除く全ての学類・専門学群に進める。ただし，それぞれの学類・専門学群には定員がある。

▶**備　考**

- 学類・専門学群選抜の選択科目のうち，社会・国際（国際総合）学群の理科，人間学群の「数学Ⅰ・Ⅱ・Ⅲ・A・B」と理科，医（看護）学群の理科は『筑波大学（理系―前期日程）』に掲載。
- ドイツ語，フランス語，中国語は省略。
- 数学Bは「数列，ベクトル」を出題範囲とする。
- 人文・文化（日本語・日本文化）学群では，前期日程（学類・専門学群選抜）を実施していない。

英　語

(120分)

I　次の英文を読んで，下の問いに答えなさい。
(星印(＊)のついた語句には本文の後に注があります。)

[　①　]

Attempts to teach chimpanzees to talk have failed dismally. In contrast, each of the species of great ape has been taught to communicate quite well using visual and manual signals. Chimpanzees, gorillas, and an orang-utan have been taught a simple form of sign language, and both chimpanzees and bonobos have learned to use a keyboard containing symbols, which they point to in sequence to deliver messages. At least one of these animals, the bonobo Kanzi, has invented gestures to add to the repertoire, and can understand spoken sentences uttered by humans — although he cannot himself speak.

Although these animals can produce and understand (1)short sequences of signs or symbols, their accomplishments cannot be described as true language. The systems they use typically consist of symbols for objects and actions, usually combined to form requests. There is no way of representing different tenses, such as past and future, and no way of distinguishing between requests, statements, questions, commands, and negations. There is no recursion*, whereas in human speech we readily embed phrases within other phrases in a recursive manner to convey complex propositions, as in *I suspect that she knows that I'm watching her talking to him*. The level of language reached by the so-called linguistic apes is roughly that of a 2-year-old child, and has been called protolanguage* rather than true language.

Just as the 2-year-old must await the next stage of development for syntax* to emerge, the common ancestor of ourselves and the chimpanzee was not yet ready for true language.

[②]

If we accept that this common ancestor did not possess true language, it follows that language must have evolved at some point in the hominin branch, which split from the branch leading to modern chimpanzees and bonobos some six million years ago. The hominins were distinguished chiefly from the other great apes by being bipedal, that is, using only two legs for walking. They habitually walked upright, although the earliest hominins probably retained some adaptations to living in the trees. Bipedalism would have freed the hands, perhaps leading to a wider range of communicative gestures. However, there is no evidence to suggest that anything approaching syntax would have evolved until the emergence of the genus *Homo** around 2.5 million years ago.

[③]

Stone tools first emerged in the archaeological record at around the same time as the first known species of the genus *Homo, Homo rudolfensis*. This also marked the beginning of an increase in brain size — the earlier hominins had brains no larger, when corrected for body size, than that of the chimpanzee. *Homo ergaster* and its Asian cousin, *Homo erectus*, emerged a little later, and had larger brains, while both the Neanderthals and modern *Homo sapiens* had brains that were about three times the size of that predicted for an ape of the same body size. And nearly two million years ago, *Homo erectus* began what appears to be a series of migrations from Africa to Asia. (2) These events all suggest an advance in the ability to think and plan. Migrations and manufacture also suggest that communication may have become more effective. It therefore seems reasonable to suppose that language developed beyond protolanguage, probably gradually, over the past two million years. I shall argue, though, that language developed first as a primarily gestural system, involving movements of the body, and more especially the hands, arms, and face. Nevertheless, there was probably increasing vocal accompaniment, with speech finally becoming the dominant mode only following the emergence of our own species, *Homo sapiens*, within the last 170,000 years.

[④]

One reason to believe that speech evolved late is that the vocal apparatus and the brain mechanisms controlling it had to undergo considerable change before speech was possible. One change relates to the control of the tongue, which of course is critically involved in speech — that's why (3)languages are sometimes called “tongues”. It is generally recognized that the Neanderthals were distinct from *Homo sapiens*, but share a common ancestor dating from some 500, 000 years ago. It might also be reasonable to conclude that this common ancestor possessed sufficient control of the tongue for articulate* speech.

A researcher, Philip Lieberman, has long argued that the changes that resulted in the modern human vocal tract were not complete until the emergence of our own species around 170, 000 years ago, and that the changes were also incomplete in the Neanderthal, even as recently as 30, 000 years ago. In human children, the lowering of the larynx* in the first few years of life is accompanied by a flattening of the face, so that, relative to chimpanzees and other primates, we humans have short mouths. The fossil evidence shows that the Neanderthals did not have flattened faces like ours, but had long mouths, more like those of apes. Since the flattening of the face had apparently not occurred in the Neanderthal, it is a reasonable assumption that the lowering of the larynx had not taken place, or was at least incomplete.

Moreover, for the length of the pharynx* to match the length of the mouth, the larynx would have to have been placed in the chest. As such, it is plausible to suppose that the changes to the face and vocal tract that have given us the power of articulate speech had not yet occurred, or were incomplete, in the Neanderthal. If Lieberman's argument is correct, the fully formed human vocal tract must have emerged (ア) the parting of the ways between the Neanderthals and the line leading to *Homo sapiens*. Indeed, it might be considered a critical part of the “speciation* event” that gave rise to our own species some 170, 000 years ago.

Lieberman's views are controversial, but it is unlikely that speech itself arrived suddenly. Even Lieberman has acknowledged that the Neanderthals could probably speak, but without the full range of articulation possessed by *Homo sapiens*. Presumably, if Lieberman is correct, they would have the vocal range of modern human infants. The alterations to the vocal tract must surely have occurred gradually, perhaps reaching their present level of elaboration with the emergence of our species.

出典：Michael C. Corballis (2003) "From Hand to Mouth: The Gestural Origins of Language," *Language Evolution*, edited by Morten H. Christiansen and Simon Kirby, pp. 201-218, Oxford University Press, Oxford/New York より抜粋，一部改変

（注） recursion　反復
protolanguage　原(型)言語
syntax　統語法，構文
the genus *Homo*　ヒト属
articulate　明瞭な
larynx　喉頭
pharynx　咽頭
speciation　種分化，種形成

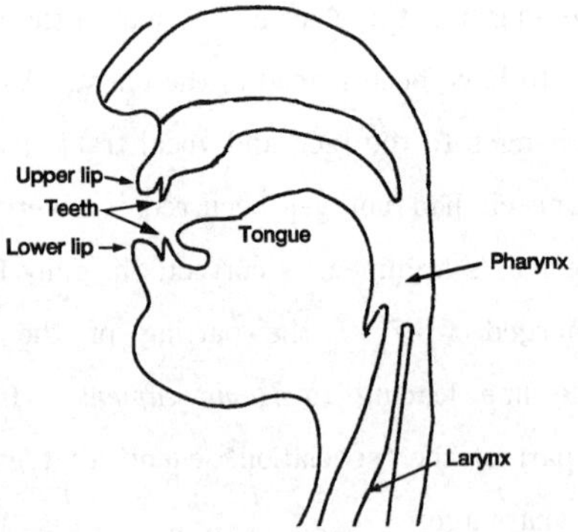

Figure: Parts of Modern Human Vocal Tract (Based on Mike Davenport and S. J. Hannahs (1998) *Introducing Phonetics & Phonology*, p. 8, Arnold, London)

（注意）　解答する際，句読点は 1 マスに 1 つ，英数字は大文字・小文字ともに 1 マスに 2 文字（奇数文字の時は 1 マスに 1 文字）記入すること。

（例：

英	単	語	の	th	e

）

1. 下線部(1)の short sequences of signs or symbols は，どのようなものによって構成され，どのような内容を表すことができるか，本文に即して 30 字以内の日本語で説明しなさい。

2. 下線部(2)の内容を These events の内容を明らかにしながら，50 字以内の日本語で説明しなさい。

3. 下線部(3) languages are sometimes called “tongues” とあるが，その理由を本文に即して 30 字以内の日本語で答えなさい。

4. 空欄（　ア　）に入る語として，文脈上最も適切なものを次の中から選び，記号で答えなさい。

(A)　since　　(B)　until　　(C)　before　　(D)　because

5. 空欄［　①　］［　②　］［　③　］［　④　］に入るセクションの見出しとして最も適切なものを次の中から 1 つずつ選び，記号で答えなさい。ただし，同じ記号は 1 度しか使えない。

(A)　Why Speech Arrived Late

(B)　The Emergence of *Homo*, and a Cognitive Advance

(C)　Teaching Language to Apes

(D)　Hominin Evolution

6. 以下の(A)(B)(C)(D)(E)の出来事が生じた時期について，本文の内容に即して古い順に並べ替えなさい。

(A)　The hominin branch newly emerged.

(B)　Some great apes were shown to be able to use a keyboard for communication.

(C) *Homo sapiens* came into existence on the planet.

(D) *Homo erectus* started to move from one continent to another.

(E) First stone tools were made.

II 次の英文を読んで，下の問いに答えなさい。

(星印(＊)のついた語句には本文の後に注があります。)

As a psychiatrist*, I learned that anxiety and its close cousin, panic, are both born from fear. As a behavioral neuroscientist*, I know that fear's main evolutionary function is helping us survive. (ア), fear is the oldest survival mechanism we've got. Fear teaches us to avoid dangerous situations in the future through a brain process called negative reinforcement.

For example, if we step out into a busy street, turn our head, and see a car coming right at us, we instinctively jump back onto the safety of the sidewalk. That fear reaction helps us to learn quickly that streets are dangerous and to approach them with caution. Evolution made this really simple for us. So simple that we need only three elements in situations like this to learn: an environmental cue, a behavior, and a result (1). In this case, walking up to a busy street is our signal to look both ways before crossing. Crossing the street uninjured teaches us to remember to repeat the action again in the future. We share this survival tool with all animals. Even the sea slug*, a creature with the most "primitive" nervous system known in science (twenty thousand neurons total, as opposed to roughly a hundred billion in the human brain), uses this same learning mechanism.

Sometime in the last million years, humans evolved a new layer on top of our more primitive survival brain; neuroscientists call this the prefrontal cortex (PFC)*. (From an anatomical* perspective, this "newer" brain region is located just behind our eyes and forehead.) Involved in creativity and planning, the PFC helps us to think and plan for the future. The PFC predicts what will happen in the future based on our past experience. Yet critically, the PFC needs accurate information to make accurate predictions. If information is lacking, our PFC plays out different versions of what might happen to help us choose (2) the best path forward. It does this by running simulations based on previous events in our lives that are most similar. For example, trucks and buses are similar enough to cars that we can safely assume we should look both ways to avoid any fast-moving vehicle.

However, anxiety is born when our PFCs don't have enough information to accurately predict the future. We saw (3) this with COVID-19, when it exploded onto the world stage in early 2020. As would be true of any newly discovered virus or pathogen*, (4) scientists raced to study the characteristics of COVID-19 in order to find out precisely how infectious and deadly it was so that we could act appropriately. Yet especially in the early days of discovery, uncertainty abounded. Without accurate information, our brains found it easy to spin (イ) and dread, based on the latest reports that we had heard or read. And because of the way our brains are wired, the more shocking the news — increasing our sense of danger and (ウ) — the more likely our brains are to remember it. Now add (エ) and uncertainty — the illness or death of family members; the prospect of losing your job; hard decisions about whether or not to send your kids to school; concerns about how to safely reopen the economy; and so on — and you get a big heap of badness for your brain to try to sort through.

Notice how fear itself does not equal anxiety. Fear is an adaptive learning mechanism that helps us survive. Anxiety, on the other hand, is maladaptive*; our thinking and planning brain spins out of (オ) when it doesn't have enough information.

出典：Judson Brewer (2021) *Unwinding Anxiety: New Science Shows How to Break the Cycles of Worry and Fear to Heal Your Mind*, pp. 15–17, Avery, New York より抜粋，一部改変

(注)　psychiatrist　精神科医，精神分析医
neuroscientist　神経科学者
sea slug　ナマコ，ウミウシ
prefrontal cortex (PFC)　前頭前皮質
anatomical　解剖(学)の，解剖組織上の
pathogen　病原菌，病原体
maladaptive　順応性[適応性]のない

(注意)　解答する際，句読点は1マスに1つ，英数字は大文字・小文字ともに1マスに2文字(奇数文字の時は1マスに1文字)記入すること。

(例：

英	単	語	の	th	e

)

1. 空欄(　ア　)に入る語句として，文脈上最も適切なものを次の中から選び，記号で答えなさい。

(A)　As usual
(B)　However
(C)　In fact
(D)　Otherwise

2. 下線部(1)について，(a)　an environmental cue，(b)　a behavior，(c)　a result とし，本文に即してそれぞれの具体例を20字以内の日本語で説明しなさい。

3. 下線部(2)の the best path forward を選ぶために，PFCはどのようなことをするのか，本文に即して40字以内の日本語で説明しなさい。

4. 下線部(3)の this が指す内容を，本文に即して45字以内の日本語で説明しなさい。

5. 下線部(4)の scientists raced to study the characteristics of COVID-19 の目的について，本文に即して45字以内の日本語で説明しなさい。

6. 空欄(イ)と(ウ)と(エ)に入る表現の組み合わせとして，文脈上最も適切なものを次の中から選び，記号で答えなさい。

(A) (イ) elements of fear　(ウ) stories of fear　(エ) feelings of fear

(B) (イ) elements of fear　(ウ) feelings of fear　(エ) stories of fear

(C) (イ) stories of fear　(ウ) elements of fear　(エ) feelings of fear

(D) (イ) stories of fear　(ウ) feelings of fear　(エ) elements of fear

7. 空欄(オ)に入る語として，文脈上最も適切なものを次の中から選び，記号で答えなさい。

(A) control

(B) memory

(C) sight

(D) stock

Ⅲ 次の[A]，[B]に答えなさい。

[A] 次の英文の文脈に適合するように，(1)から(3)の(　　)内の語を並べ替えるとき，それぞれ3番目と5番目にくるものを選び，記号で答えなさい。

著作権の都合上，省略。

著作権の都合上，省略。

出典：Ian Bremmer, "How the World Must Respond to the AI Revolution," *Time*, May 31, 2023より抜粋，一部改変（https://time.com/6283716/world-must-respond-to-the-ai-revolution/）

⑴　3番目＿＿＿＿　5番目＿＿＿＿

⑵　3番目＿＿＿＿　5番目＿＿＿＿

⑶　3番目＿＿＿＿　5番目＿＿＿＿

［B］　次の英文を読んで，下の問いに80語程度の英語で答えなさい。ただし，句読点は語数に含めません。

Humans help each other — it's one of the foundations of civilized society. But a new scientific report citing three studies shows that a lack of sleep makes people less helpful and less generous. These studies used different techniques such as brain scans, interviews, surveys, and other quantitative methods. The brain scans showed that the parts of the brain which enable people to empathize with and understand others are less active after a sleepless night. Poor sleep quality also lowered people's desire to help others, such as holding an elevator door open for someone else, volunteering, or helping an injured stranger on the street. The analysis of 3 million charitable donations in the United States between 2001 and 2016 also found a 10% drop in donations after the transition to Daylight Saving Time — the practice of setting the clock forward one hour when summer arrives. As the time transition happens at midnight, if people sleep at their usual time and wake up at their usual time, people would have slept for one hour less. The report points out that our society often thinks sleep is unnecessary or a waste of time, but not having enough sleep can actually have social consequences. It concludes that sleeping is the best form of kindness we can offer ourselves, as well as the people around us.

出典：Robert Sanders, "Sleepless and Selfish: Lack of Sleep Makes Us Less Generous," *Berkeley News*, August 23, 2022 の要約 (https://news.berkeley.edu/2022/08/23/sleepless-and-selfish-lack-of-sleep-makes-us-less-generous/)

Question

Based on the above article, discuss how your sleep quality and quantity could affect your helpfulness and generosity toward others. Provide specific examples to illustrate your points.

日本史

（120分）

次の各問について，それぞれ400字以内で解答せよ。

Ⅰ　奈良時代の政治の展開について，仏教との関わりに着目しながら，次の(ア)～(エ)の語句を用いて論述せよ。解答文中，これらの語句には下線を付せ。ただし，語句使用の順序は自由とする。

(ア)宇佐神宮　　(イ)受戒　　(ウ)大仏造立　　(エ)玄昉

Ⅱ　次の史料は，新井白石『読史余論』の一部である。15世紀前半における日本と中国との間で行われた貿易交渉の推移と，実施された貿易の特徴について，史料に即し，下線部(ア)～(エ)の内容を説明しながら論述せよ。解答文中，下線部(ア)～(エ)の使用の順序は自由とする。

　義満十一歳にて家をつぎ，治世四十一年。其うち十四年は，息義持に職を譲り，出家にて政務ありき。（中略）

　（応永）十三年の夏，大明の使来り，義満を(ア)日本国王に封じて冠服等を賜はる。是より先，永和の始，絶海・汝霖を明朝へ遣す。太祖に見《まみ》えて帰れり。応安六年六月，大明の使僧仲猷・無逸，鎮西より入洛，嵯峨に置く。これは大明より三度まで使を賜はりしに，筑紫にて菊池に留められて京に至らず。故に両僧を来らしむと也。義満驚き，其九月に両僧を帰さる。（応永）八年，義満，(イ)明帝に使を奉り，黄金千両及び器物等を献ず。九年二月，建文帝，書を賜ひ，日本国王道義と称し給ひ，十年十一月，成祖，書を賜て即位を告ぐ。十一年にも使来れり。

　偖又《さてまた》，此年(ウ)壱岐・対馬の海賊彼国の辺を侵せしを，道義捕へて平げられしが故に，勅書を賜ふ也。(エ)此後は例して将軍家を日本国王に封ぜられき。（後略）

（村岡典嗣校訂『読史余論』（岩波文庫，1936年）による。表記を一部改めた。）

（注）　応永：1394～1428年に使用された年号。

永和の始：臨済宗・五山の僧侶絶海中津・汝霖良佐が明に留学したのは正しくは応安元(1368)年であり，永和4(1378)年に帰国した。

応安：1368～1375年に北朝で使用された年号。

成祖：永楽帝。

Ⅲ　17世紀後半～19世紀前半における民衆運動の推移について，次の(ア)～(エ)の語句を用いて論述せよ。解答文中，これらの語句には下線を付せ。ただし，語句使用の順序は自由とする。

(ア)惣百姓一揆　　(イ)米問屋　　(ウ)天明の飢饉　　(エ)義民

Ⅳ　高度経済成長期の国民の生活や意識の変化について，次の(ア)～(エ)の語句を用いて論述せよ。解答文中，これらの語句には下線を付せ。ただし，語句使用の順序は自由とする。

(ア)中流意識　　(イ)「三種の神器」　　(ウ)農業基本法　　(エ)水俣病

世界史

（120 分）

次の各問について，それぞれ 400 字以内で解答しなさい。なお，解答文中では指定された語句に下線を施すこと。

Ⅰ　前 4 世紀後半から 11 世紀までのメソポタミアにおける政権の興亡について，以下の語句を用いて説明しなさい。

クテシフォン　　シャープール 1 世　　スルタン　　大アミール
ハールーン＝アッラシード

Ⅱ　1110 年代から 1630 年代までの女真・満洲の歴史について，周辺諸勢力との関わりに留意しながら，以下の語句を用いて説明しなさい。

オゴタイ　　靖康の変　　朝鮮王朝　　ヌルハチ　　完顔阿骨打

Ⅲ　オランダは近世において海洋国家として覇権を握り，ヨーロッパ経済を牽《けん》引した。海洋国家としてのオランダの台頭から没落までの過程について，以下の語句を用いて説明しなさい。

英蘭戦争　　東インド会社　　フェリペ 2 世　　名誉革命
ユトレヒト同盟

Ⅳ 台湾の統治と対外関係をめぐる17世紀半ばから20世紀半ばまでの歴史について，以下の語句を用いて説明しなさい。

康熙帝　　サンフランシスコ講和会議　　下関条約　　台湾出兵
天津・北京条約

地　理

(120 分)

次の設問Ⅰ～Ⅳについて，それぞれ 400 字以内で解答せよ。

Ⅰ　図 1 は 1952 年発行の地形図(地理調査所発行)，図 2 は 2017 年調製(一部改変)の地形図(国土地理院発行)であり，いずれも 2 万 5 千分の 1 地形図「白井」の一部(原寸)である。ただし図 1 において空白は畑または空地を示し，左下の凡例は田の記号である。また図 2 の原図は多色刷である。これらを読図し，集落立地，土地利用，およびそれらの変化を，地形の特性と結びつけながら説明せよ。

Ⅱ　表 1 は，日本の都市における 1927 年から 2022 年までの日最高気温および日最低気温それぞれの年平均値の長期変化傾向を示したものである。この表をもとに，都市の気温の長期変化傾向の特徴と考えられる要因について説明せよ。また，都市の気温変化が人々の生活に与える影響について説明せよ。

Ⅲ　ヨーロッパの大都市における都心やその周辺地区では近年，写真 1 のような建造物が，写真 2 のような建造物に更新される例がみられる。これらの写真を参考にして，ヨーロッパの大都市における都市問題について，次の 4 つの語句をすべて用いて説明せよ。なお，語句の順序は問わない。用いた語句には下線を付せ。

インナーシティ　　居住者　　ジェントリフィケーション　　地価

Ⅳ　表 2 はオーストラリア，カメルーン，日本，バングラデシュにおける主な穀物と肉類の生産量，輸入量，国内供給量を示している。表中の A～D に該当する国名を答え，各国の食文化や食料自給にみられる地域的特徴とその背景・課題について説明せよ。

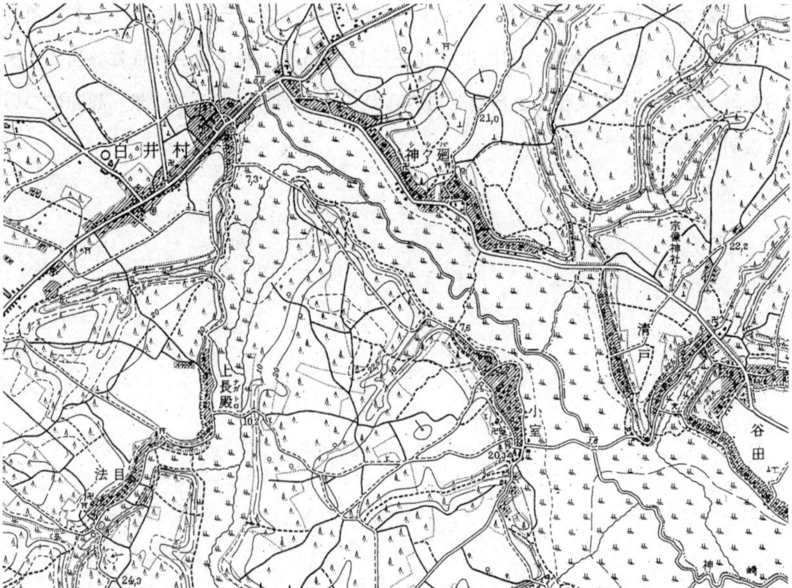

図1の 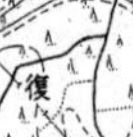 は田を表す。

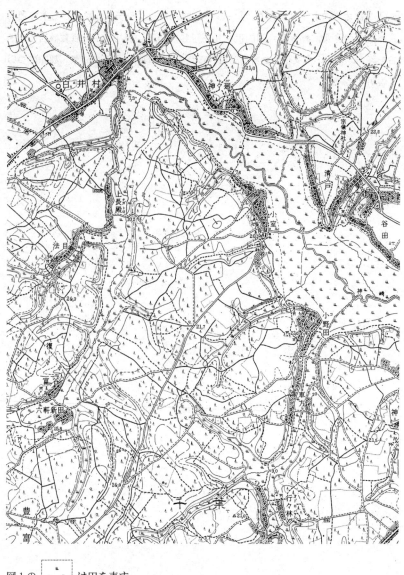

図1

(編集の都合上，80％に縮小―編集部)

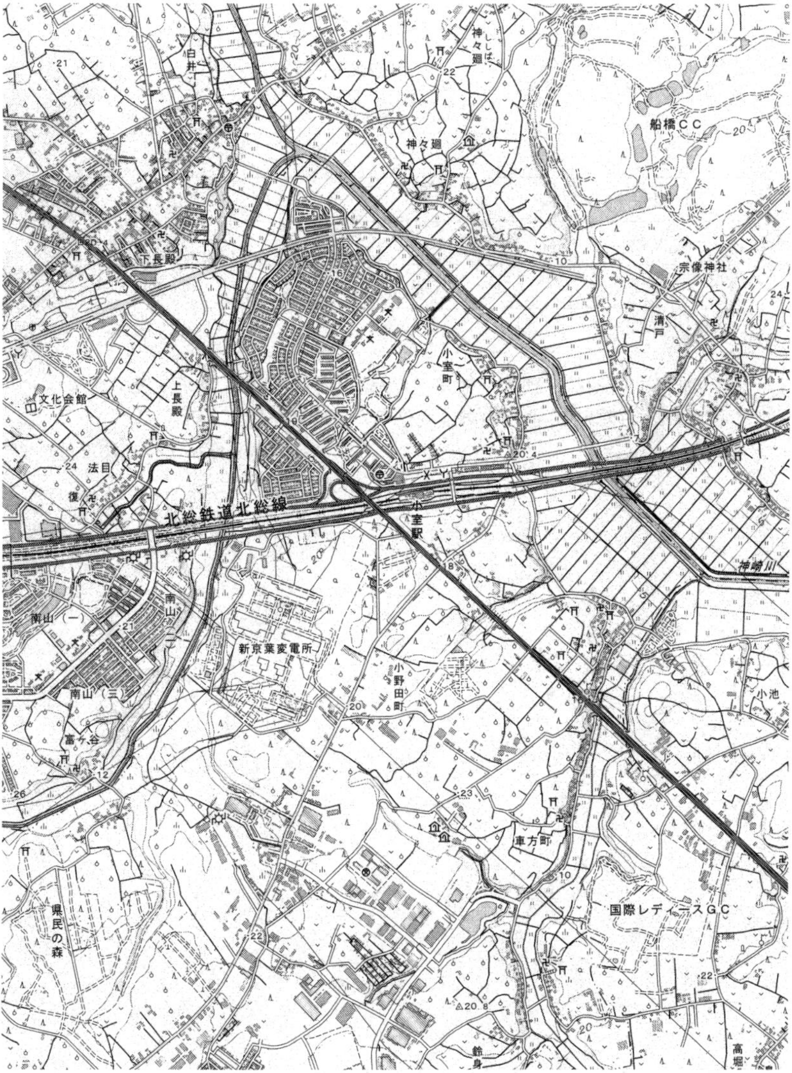

図２

（編集の都合上，80％に縮小―編集部）

表1

都市名	気温変化率(℃/100年)	
	日最高気温	日最低気温
仙台	1.5	3.2
東京	1.9	4.4
大阪	2.2	3.4
福岡	1.9	4.9
10都市平均*	1.3	1.9

＊10都市平均とは，網走，根室，寿都，石巻，伏木，銚子，境，浜田，多度津，名瀬の10都市の気温変化率の平均値を意味する。

(気象庁のデータによる)

写真 1

写真 2

著作権の都合により，写真 1 および 2 は類似のものに差し替えています。
ユニフォトプレス提供

表2

国		小麦	米	もろこし類 (ソルガム)	牛肉	豚肉
A	生産量	0	329	1,215	81	33
	輸入量	885	859	25	0	0
	国内供給量	820	1,142	1,240	81	33
B	生産量	14,480	50	397	2,372	403
	輸入量	824	449	0	14	257
	国内供給量	6,397	488	350	944	618
C	生産量	1,029	54,906	0	200	*
	輸入量	6,021	28	5	7	0
	国内供給量	6,618	55,465	4	205	0
D	生産量	950	9,706	0	477	1,306
	輸入量	5,771	887	382	763	1,446
	国内供給量	6,680	10,214	393	1,237	2,750

単位：1000 t
データの年次は2020年。
輸出量や備蓄量もあるので，生産量と輸入量を足しても必ずしも国内供給量にはならない。
もろこし類(ソルガム)には，とうもろこしは含まれない。
*はデータなし。

(FAOSTATによる)

倫　理

（120 分）

次の設問Ⅰ～Ⅳのうち 2 問を選び，それぞれ 600 字～800 字で答えなさい。ただし，解答用紙に記載された問題番号のうち，解答する問題番号に丸をつけること。

Ⅰ　人は「するべきこと」をするべきなのか。
古今東西の思想家を一人取り上げ，自由に論じなさい。

Ⅱ　以下は埴谷雄高の小説『死霊』の中で，二人の登場人物Ａ，Ｂが対話する場面である。これを読んで，Ａ，Ｂの議論に対するあなたの考えを述べなさい。

Ａ：ところで，生まれついてこの方絶えず外部からつき動かされている俺達が自らだけから発した意志，正真正銘の自由意志でおこなえることがこの人生には二つあるが，お前はそれが何だと思うかね。

Ｂ：他の一つはわかりませんけれど，ひとつは古くから決まっています。自殺です。まだほかに何か私達が自由意志で振る舞えるのでしょうか？

Ａ：それが，できるのだ。まだお前は若過ぎて解らぬのだが，あえていってしまえば，それは子どもをつくらぬことなのだ……。

（埴谷雄高『死霊』第五章「夢魔の世界」，引用は適宜改変した。）

Ⅲ 紀元前のインドで仏教とほぼ同時期に興ったジャイナ教は，不殺生(アヒンサー)を徹底している。そのため，動物のみならず植物でも根菜類は食べないという特殊な菜食主義が推奨され，さらに，特定の状況下*で餓死に至るまで断食する「サンターラー/サッレーカナー」と呼ばれる宗教的慣習は現代でも行われている。不殺生を徹底するはずのジャイナ教において「餓死」という宗教的慣習がなぜ認められているのか，あなたの考えを自由に論じなさい。

*「特定の状況下」とは，老齢や不治の病などの場合とされる。

Ⅳ 以下の文章を読んで，あなたが身近に体験している「未成年の状態」を例に，「自分の理性」を使ってその状態から抜け出すにはどうしたらよいか，具体的な方策を述べなさい。その際に，古今東西の思想家のなかから一人を選んで，その人の思想を参考にしなさい。

「啓蒙とは何か。それは人間が，みずから招いた未成年の状態から抜けでることだ。未成年の状態とは，他人の指示を仰がなければ自分の理性を使うことができないということである。人間が未成年の状態にあるのは，理性がないからではなく，他人の指示を仰がないと，自分の理性を使う決意も勇気ももてないからなのだ。だから人間はみずからの責任において，未成年の状態にとどまっていることになる。」

(カント『啓蒙とは何か――「啓蒙とは何か」という問いに答える』)

中山元訳

数　学

（120 分）

（注）〔1〕〜〔3〕から 2 題を選択解答すること。

〔1〕 △OABにおいて，OA = OB = 4，AB = 2とする。∠OABの二等分線と線分OBの交点をCとし，点Oから直線ACに垂線ODを引く。$\overrightarrow{\mathrm{OA}} = \vec{a}$，$\overrightarrow{\mathrm{OB}} = \vec{b}$ とおく。以下の問いに答えよ。

(1) $\overrightarrow{\mathrm{AC}}$ を $\vec{a}$ と $\vec{b}$ を用いて表せ。

(2) $\overrightarrow{\mathrm{OD}}$ を $\vec{a}$ と $\vec{b}$ を用いて表せ。

(3) △BCD の面積を求めよ。

〔2〕 以下の問いに答えよ。

(1) $x > 1$，$y > 1$ のとき，不等式

$$\log_x y + \log_y x \geqq 2$$

が成り立つことを示せ。

(2) 座標平面において，連立不等式

$$x > 1,\ y > x,\ \log_x y + \log_y x < \frac{5}{2}$$

の表す領域を図示せよ。

(3) (2)の領域の中で $x^2 + y^2 < 12$ を満たす部分に境界線を含めた図形を D とする。D の面積を求めよ。

〔3〕 $f(x)=x(x+1)(x-1)$とする。座標平面において，曲線$y=f(x)$をCとし，曲線C上の点$(t,\ f(t))$における接線をLとする。以下の問いに答えよ。

(1) 直線Lの方程式をtを用いて表せ。

(2) $t \neq 0$のとき，直線Lと曲線Cの共有点で，点$(t,\ f(t))$とは異なるものを$(a,\ f(a))$とする。aをtを用いて表せ。また，tが0を除いた実数を動くとき，$f'(t)f'(a)$の最小値を求めよ。

(3) 次の条件(A)を満たすような実数tの範囲を求めよ。

(A) 曲線C上の点$(s,\ f(s))$における接線が直線Lと直交するような実数sが存在する。

③　尋＝両手を横に広げた長さ。

④　蓁茸薈鬱＝草木が繁茂するさま。

問一　傍線部分(1)「無竹之心」とはどういうことか、述べよ。

問二　傍線部分(2)「若有情於感遇也」は、竹のどのような様子を比喩しているか、説明せよ。

問三　傍線部分(3)「竹之於草木、猶賢之於衆庶」を書き下し文にせよ。

問四　傍線部分(4)「欲以聞於今之用賢者」とあるが、聞かせたい内容とは何か、説明せよ。

翳《えい》薈《わい》ヲ一、除キ二糞《ふん》壌《じやう》ヲ一、疏ニシ二其ノ間ヲ一、封ズルコト二其ノ下ヲ一、不シテ二終日ナラ一而畢《を》フ。於イテレ是日ニ出デテ有リ二清陰一、風来リテ有リ二清声一。依依然、欣欣然トシテ、(2)若キレ有ルガレ情於感遇ニ一也。嗟《あ》乎《あ》、竹ハ、植物也、於イテレ人ニ何ゾ有ラン哉。以テ二其ノ有ルヲ一レ似タルコト二於賢ニ一、而人愛二惜シ之ヲ一、封二植ス之ヲ一。況ンヤ其ノ真ニ賢ナル者ヲ乎。然ラバ則チ(3)竹之於二草木一、猶三賢之於二衆庶一。嗚《あ》呼《あ》、竹ハ不レ能ハ二自ラ異ニスル一、惟ダ人ノミ異ニスレ之ヲ。賢モ不レ能ハ二自ラ異ニスル一、惟ダ用フルレ賢ヲ者ノミ異ニスレ之ヲ。故ニ作リ二養竹記ヲ一、書シテ二于亭之壁ニ一、以テ貽《のこ》シ二其ノ後之居ルレ斯ニ者ニ一、亦(4)欲スト三以テ聞カセント二於今之用フルレ賢ヲ者ニ一云フ。

（『白氏文集』による）

〈注〉① 筐篚者＝竹かごを編む人。
② 篲箒者＝竹ぼうきを作る人。

第四問 次の文章は、白居易が官吏任用試験に合格したことに伴い、長安にある亡き関相国の旧宅に移り住んだころに記したものの一部である。これを読んで、後の問に答えよ。（設問の都合上、送り仮名を省略したところがある。）

貞元十九年春、居易以《テ》二抜萃《ヲ》一選《バレテ》及第《シ》、授《ケラル》二校書郎《ヲ》一。始《メテ》於《イテ》二長安《ニ》一求《ムルニ》二仮《ノ》居処《ヲ》一、得《テ》二常楽里《ノ》故関相国《ノ》私第之東亭《ヲ》一而処《リ》レ之《ニ》。明日、履《ふミテ》及《ビ》二于亭之東南隅《ニ》一、見《ル》二叢竹《ヲ》於斯《ニ》一。枝葉殄《たエ》瘁《やミテ》、無《ク》レ声《モ》無《シ》レ色《モ》。詢《とヘバ》二于関氏之老《ニ》一、則《チ》曰《ハク》、「此《レ》相国之手《ヅカラ》植《ヱシ》者《ナリト》。」自《リ》二相国捐《すテシ》レ館《ヲ》一、他人仮《ニ》居《リ》。繇《よリテ》レ是《ニ》筐《きやう》注①篚《ひノ》者斬《リ》焉、篲《せい》注②箒《しうノ》者刈《ル》焉。刑余之材、長《サハ》無《ク》レ尋《じん》注③焉、数《ハ》無《シ》レ百焉。又有《リ》三凡《ナル》草木《ノ》雑二生《スル》其《ノ》中《ニ》一、蓁《ほう》注④茸《じよう》薈《わい》鬱《うつトシテ》、有《リ》二(1)無《なみスル》レ竹《ヲ》之心一焉。居易、惜《シム》下其《ノ》嘗《テ》経《タルニ》二長者之手《ヲ》一、而見レ賤《シマ》二俗人之目《ニ》一、翦棄《セラルルコト》若《キモ》レ是《クノ》、本性猶《ホ》存《スルヲ》上。乃《チ》芟《かリ》二

［B］　関山《せきやま》のあらしの風のさむければ君にあふみは浪《なみ》のみぞ立つ

さりけれど、この男、いらへをだにせずなりにけり。なにの身の高きにもあらず、親、かく憎げにいふ、めざまし。女も親につつみければ、(3)さてやみぬ。

（『平中物語』による）

問一　波線部分(ア)「うかがひけれ」、(イ)「いはせける」、(ウ)「いひいだしたりける」は、それぞれ誰の動作か。①「男」、②「女」、③「女の親」の中から選んで番号で答えよ。

問二　傍線部分(1)「常にものいひ伝へさする人に、たまさかにあひにけり」を現代語訳せよ。

問三　傍線部分(2)「さらに対面すべくもあらず」と言ったのはなぜか、この時の状況を踏まえて述べよ。

問四　AとBの歌では、それぞれ「なみ(浪)」という語がどのように用いられているか。次の文章の空欄(Ⅰ)・(Ⅱ)を埋めて説明せよ。

Aの歌では「なみ」が浪と［(Ⅰ)］との掛詞として用いられており、Bの歌では「浪」が［(Ⅱ)］の喩《たと》えとして用いられている。

問五　傍線部分(3)「さてやみぬ」とあるが、どうしてそうなったのか、文章全体を踏まえて説明せよ。

問一　傍線部分(1)「田舎のわけないだろ」とあるが、なぜ「父」はそのように言うのか、述べよ。

問二　傍線部分(2)「フルドーグヤ」、傍線部分(3)「コットーヒンテン」とあるが、これらはどのような表現効果を持っているか、述べよ。

問三　波線部分(A)「亡くなったご主人が大切にしていたという壺を、年配の婦人が持ち込んだ」から、波線部分(B)「いったんは店に置いて帰ったものの、三日も経たずに引き取りにきた」への「婦人」の心情の変化について、説明せよ。

問四　傍線部分(4)「だから『ああいうもの』も置いてるんだ」とあるが、なぜ「『ああいうもの』も置いて」いるのか、説明せよ。

第三問　次の文章は、近江守の娘のもとに通う男の話である。これを読んで、後の問に答えよ。

また、この男、親近江《あふみ》なる人に、いとしのびてすみけり。さるあひだに、この女の親、気色《けしき》をや見けむ、くぜち、まもり、いさかひて、日もすこし暮るれば、門鎖《かどさ》して、(ア)うかがひければ、女は思ひさはり、男あふよしもなくて、からうじて、築地《ついひぢ》を越えて、この男入りにけり。(1)常にものいひ伝へさする人に、たまさかにあひにけり。さて、それして、「築地を越えてなむまゐり来つる」と(イ)いはせけるを、親、気色見て、いみじく騒ぎののしりければ、(2)「さらに対面《たいめん》すべくもあらず。はや、帰りね」とぞ、いひいだしたりければ、「ゆく先はともかくもあれ、つゆにてもあはれと思はるるものならば、今宵《こよひ》帰りね」と、せちに(ウ)いひいだしたりける、帰るとて、男、

〔A〕　みるめなみたちやかへらむ近江路は名のみ海なる浦とうらみて

とて、帰りぬ。また、女、返し、

(A)亡くなったご主人が大切にしていたという壺《つぼ》を、年配の婦人が持ち込んだ。

「いわれは特に聞いてませんから」

最初はつまらなさそうにさっさと置いて出ていこうとした婦人は、父の出したお茶を飲みながら、やがてぽつんぽつんと語りはじめたのだという。

まだ結婚したばかりのある夜、地震があった。婦人は咄嗟《とっさ》に、隣に寝ているはずのご主人に手を伸ばした。ご主人はすでにいなかった。飛び起きて、棚に飾ってあった壺を抱えていたのだそうだ。何年か経《た》ったある日には、子供たちが遊んでいて壺に触れそうになり、ご主人が血相を変えて怒鳴った。そんなに怒るくらいなら大事にしまっておけばいいじゃありませんか、と婦人はあらためて憤ったように話したという。

それがね、と父はおかしそうに言う。壺にまつわるご主人との思い出を二時間も話すうち、婦人は壺を大事そうに撫《な》ではじめた。(B)いったんは店に置いて帰ったものの、三日も経たずに引き取りにきたらしい。

「そうするとさ、壺だけじゃなく、毎日自分たちが使っている物や、店にある他の品物に対する目も変わってくるんだな」

「どう変わるの」

「うん」

父は私を見て、じわりと笑った。

「そうだな、麻子の考えてるとおりだよ、(4)だから『ああいうもの』も置いてるんだ」

(宮下奈都『スコーレNo.4』による)

み古した新聞だとか、醤《しょう》油《ゆ》の染みのついたブラウスだとか、食べかけの林檎《りんご》だとか、そんなものはどこにも売っていない。うちの店にある品は、古ければ古いほど大きな顔をしているみたいだった。祖母は亡き夫が始めた店をフルドーグヤとは言わず、(3)コットーヒンテンと呼ぶ。コットーヒンってなに？　友達が訊いても私に説明はできない。古道具も骨董品《こっとうひん》も私の手にはあまりあった。

店にはフルが揃《そろ》っている。皿だとか椀《わん》だとか、由緒正しい掛け軸だとか。お客さんは唸《うな》る。長いこと見入っていて、それから小声でなにやら父と話しはじめる。それでまた長いこと見入る。うんうんうなずきながら眺めたりもする。一見《いちげん》さんは少なく、たいてい見知った顔だ。対する商品も、知った顔が多い。どんどん出ていったり入ってきたりすることがない。そこも他の店とは違うところだ。

簡単に手を伸ばしたり、触れたり、ちょっとしにくいようなものが並ぶ。アンティークと呼ばれるような、若い人にうけるお洒落《しゃれ》な品物はない。そのあたりを飛ばして、いきなり生活の塊がごろごろするコーナーが現れる。町の人たちから預かった品々だ。それらは一か所に集められ、それでもきちんと正座してお客を待っているような顔をしている。でも私は、この委託品の一角が好きになれなくて、無論父の好みでもないはずで、だから、あるとき訊いたのだ。

「どうしてああいうものを置くの」

父はやっぱり口の端を上げて私を見た。

「うん、面白いだろ」

持ち込む人は、その品物に価値があると信じている人がほとんどだ。どんないわくがあるか、その品に込められた思いや、それを自分がどんなに大事にしてきたか、滔々《とうとう》と語っていくのだそうだ。その話が話し手に近ければ近いほど面白い。逆にただの品物自慢だとまず面白くない。自慢するような品なら店の中にいくらでもあるのだ。

第二問 次の文章を読んで、後の問に答えよ。

広くなったり細くなったりしながら緩やかに流れてきた川が、東に大きく西に小さく寄り道した挙げ句、風に煽《おだ》てられて機嫌よくハミングする辺りに私の町がある。父の父の父の代あたりまでは、川上で氾濫してよく堤防を決壊させたと聞くけれど、そんな話が冗談に聞こえるほど、いつも穏やかな童謡のように流れていく川と、そこに寄り添うような町。私はここで生まれ育った。田舎だと言われたらちょっとむっとするけれど、都会かと言われれば自ら否定しそうな、物腰のやわらかな町だ。

(1)「田舎のわけないだろ」

父は言う。うちみたいな商売は田舎じゃ成り立たないよ。それが父の自負だ。田舎かどうかというのは、都心に出るのにかかる時間や、ブランドショップの数や、駅前の土地の値段なんかとは関係がないらしい。田舎か、都会か、うちが食べていけるかどうかにかかっているというのがおかしい。でも、もしも田舎だとしたら私たちはここで暮らしていけないんだな、というのが子供の頃から胸にあった。この町に食べさせてもらっているのだ。

「町は店で決まる」

それも父得意の言い分だった。娘の目からも父がそんなに熱心に商売をしているようには見えなかったけれど、それでもうちの店があることがこの町の一端を表しているのだとすれば、やっぱりうれしい。父が町に認められるようでうれしい。

店の名前はマルツ商会という。津川の津を丸で囲んでマル津と読ませる。情緒も何もない、そのまんまの店名だ。名前を聞いただけでは何の店だかわからない。聞いてもわからない、と子供の頃はよく友達に言われた。

(2)フルドーグヤ。父はそう言った。友達はフルに納得がいかない。真由も未知花ちゃんも顔を見あわせて、なんでシンじゃないの、と訊《き》いた。フルでも売れるの？　幼かった私は一緒になって首を傾《かし》げた。たしかに、他の店には新品しか置いていない。読まっていたことが実験によって証明されたとしよう。これによって否定されるのは、単に、選択の開始地点は人の明晰《めいせき》な意識のなかにあるという思い込みに過ぎない。そして、ある選択が、行為として行われた時点に至るまでのさまざまな要素によって影響を受けているのは当たり前であって、そんなことはわざわざ指摘するまでもない。また、脳内で起こることをすべて意識できるはずがないのだから、選択が意識されるよりも前に脳内で何らかの活動が始まっているのも当然である。

その程度のことを大袈裟《おおげさ》な身振りで指摘できるのは、あるところから論述対象を「選択」から「意志」へとすり替えているからである。実際には「選択」――さまざまな要素に影響を受ける不純なもの――を扱っているにもかかわらず、「意志」――絶対的に独立した純粋なもの――を否定の対象として取り上げることで、(4)「みなさんが純粋だと思っていたそれは、純粋ではなかったのです」と言っているのだ。

（國分功一郎『中動態の世界――意志と責任の考古学』による）

〈注〉　アレント＝ハンナ・アレント。ドイツ出身の哲学者、思想家。

問一　傍線部分(1)「意志と選択は明確に区別されねばならない」とあるが、それはなぜか、述べよ。

問二　傍線部分(2)「その意味であらゆる行為は選択である」とあるが、どのようなことか、述べよ。

問三　傍線部分(3)「それは呼び出される」とあるが、どのようなことか、述べよ。

問四　傍線部分(4)「『みなさんが純粋だと思っていたそれは、純粋ではなかったのです』と言っているのだ」とあるが、どのようなことか、説明せよ。

る。

こう考えると、選択と意志の区別は明確であり、実に単純であると言わねばならない。望むと望まざるとにかかわらず、選択は不断に行われている。意志は後からやってきてその選択に取り憑《つ》く。

ところが、この実に単純な区別がこれまで正確に理解されてこなかった。意志をめぐる議論が常に混乱のなかにあったのはそのためであると思われる。

〈注〉アレントは開始する能力として意志を定義することで、この混乱を実に見事に解消した。この定義のポイントは、彼女が始めるとはどういうことかを厳密に問い、アリストテレスにおける「可能態《ポテンシャリティ》」の議論を参照しつつそれに明確に答えたところだ。これによって、意志を選択からはっきりと区別できるようになる。

アレントが解きほぐしたのは、思想史における混乱だけではない。この混乱は、「意志」という語を用いる際、われわれ自身がしばしば陥る混乱でもある。

選択がそれまでの経緯や周囲の状況、心身の状態など、さまざまな影響のもとで行われるのは、考えてみれば当たり前のことである。ところが抽象的な議論になるとそれが忘れられ、いつの間にやら選択が、絶対的な始まりを前提とする意志にすり替えられてしまう。過去から地続きであって常に不純である他ない選択が、過去から切断された始まりと見なされる純粋な意志に取り違えられてしまうのだ。

「意志など幻想だ」と言われるときも、実際には、意志ではなくて選択が扱われていたというのに、結論部においてはなぜか意志が否定されている場合がある。

たとえば、ある人が何かを選択するにあたり、その選択行為が明確に意識されるよりも前の時点で、脳内で何らかの活動が始べたのだとすれば、それはミカンでもスイカでもなくリンゴを選んだのであり、あるいはまた、「リンゴを食べない」という選択肢ではない方の選択肢を選んだのである。(2)その意味であらゆる行為は選択である。

世界に満ちあふれているこの事実は、さまざまな要因の総合として現れる。リンゴを食べたのは、身体にビタミンが不足していたからかもしれない。昨晩、おいしそうなリンゴの映像を見たからかもしれない。あるいは、何者かに「リンゴという果物はおいしいよ」と唆《そそのか》されたからかもしれない。そして、リンゴを実際に食べたのであれば、リンゴが好きだったのかもしれないし、それが食べ物であることも知っていたのかもしれないし、あるいはまた、はじめてそれを食べたのであれば、それを見たときに「食べられそうだ」という判断を下すだけの知識をもっていたのかもしれない。

とにかく、過去にあったさまざまな、そして数えきれぬほどの要素の影響の総合として、「リンゴを食べる」という選択は現れる。それはつまり、過去からの帰結としてある。

ならば、このような選択と区別されるべきものとしての意志とは何か？　それは過去からの帰結としてある選択の脇に突然現れて、無理やりにそれを過去から切り離そうとする概念である。しかもこの概念は自然とそこに現れてくるのではない。(3)それは呼び出される。

「リンゴを食べる」という私の選択の開始地点をどこに見るのかは非常に難しいのであって、基本的にはそれを確定することは不可能である。あまりにも多くの要素がかかわっているからだ。

ところがそのリンゴが、実は食べてはいけない果物であったがゆえに、食べてしまったことの責任が問われねばならなくなったとしよう。責任を問うためには、この選択の開始地点を確定しなければならない。その確定のために呼び出されるのが意志という概念である。この概念は私の選択の脇に来て、選択と過去のつながりを切り裂き、選択の開始地点を私のなかに置こうとす

国語

（学類・専門学群選抜（医学群看護学類）　九〇分
総合選抜（文系）、学類・専門学群選抜（その他の学群・学類）　一二〇分）

（注）　学類・専門学群選抜（医学群看護学類）は第一問および第二問を、総合選抜（文系）、学類・専門学群選抜（その他の学群・学類）は第二問～第四問を解答すること。

第一問　次は、意志と選択について論じた文章の一部である。これを読んで、後の問に答えよ。

ある行為が過去からの帰結であるならば、その行為をその行為者の意志によるものと見なすことはできない。その行為はその人によって開始されたものではないからである。たしかにその行為者は何らかの選択はしたのだろう。しかしこの場合、選択は諸々《もろもろ》の要素の相互作用の結果として出現したのであって、その行為者が己の意志によって開始したのではないことになる。

日常において、選択は不断に行われている。人は意識していなくとも常に行為しており、あらゆる行為は選択である。そして選択はそれが過去からの帰結であるならば、意志の実現とは見なせない。ならば次のように結論できよう。(1)意志と選択は明確に区別されねばならない。

選択とはこの世界に満ちあふれている事実である。行為は常に実現されなかった行為を伴っている。たとえば私がリンゴを食

保健体育

（60分
解答例省略）

（注）　解答用紙の使用にあたっては，句読点やカギ括弧，数字などについても一マス使用してください（例えば100は三マス使用する）。その際，行のはじめに句読点などがきたとしても構いません。

1　薬物乱用と健康に関する次の問題に答えなさい。

①　薬物乱用とは何か説明しなさい。また，薬物乱用のきっかけとなる個人的な要因と社会的な要因をそれぞれあげなさい。(150字以内)

②　薬物乱用が心身の健康と社会に与える影響についてそれぞれ述べなさい。さらに防止対策としての法規制が抱える問題点について，法律名を含めて具体的に説明しなさい。(250字以内)

2　運動やスポーツの効果的な学び方に関する次の問題に答えなさい。

①　スポーツにおける戦術と戦略について，それぞれ説明しなさい。(150字以内)

②　運動技能を高めるための適切な目標設定に関して，留意すべき点をあげなさい。また，目標設定以外の効果的な練習方法を2つ示し，説明しなさい。(250字以内)

解答編

英 語

I 解答 **1.** 物体や行為を表す記号で構成され，その組み合わせで要求を表す。(30字以内)

2. 石器を作ったり大陸を渡って移動したりする行為は，計画的に物事を考える能力の向上を示唆している。(50字以内)

3. 言語の明瞭な発音には舌の動きの制御が大きく影響するから。(30字以内)

4—(A) **5.** ①—(C) ②—(D) ③—(B) ④—(A)

6. (A)→(E)→(D)→(C)→(B)

全訳

《人間はいつ話せるようになったのか》

類人猿に言葉を教えること

[1] チンパンジーに話すという行為を教える試みは全くうまくいっていない。それとは対照的に，大型類人猿のそれぞれの種に，視覚による合図や手での合図を使ってコミュニケーションを教えるのは，非常にうまくいっている。チンパンジーやゴリラやオランウータンには，簡単な形態の手まね言語を教えてきており，チンパンジーとボノボはどちらも，記号が入っているキーボードを使えるようになっている。彼らはこれらの記号を順番に指さして，メッセージを伝えるのである。この動物たちのうち少なくとも1頭，ボノボのカンジは，ジェスチャーを考え出してレパートリーに追加しており，今では人間が話す文章を理解できる——彼自身は話すことはできないのだが。

[2] この動物たちは合図や記号が短く連続したものを作り出して理解できるのだが，彼らの技能を真の言語と評することはできない。彼らが使ってい

るシステムは，主として物体や行為を指す記号で構成されていて，たいていは組み合わさって頼みごとを形作る。過去と未来のように，異なる時制を表す方法はなく，頼みごとや陳述や質問や命令や否定を区別する方法もない。彼らには反復もないが，一方，人間の発話においては，別の句の中に再帰的に句をはめ込んで，複雑な事柄を伝えることも容易である。たとえばこんな表現である。「私は，彼女が彼としゃべっているのを私が見ていることを彼女は知っているのではないかと思う」 いわゆる言語類人猿が到達する言語レベルは，だいたい２歳児のレベルであり，真の言語というよりもむしろ原型言語と呼ばれてきた。

③　２歳児が，統語法が現れる次の発達段階を待たねばならないのと全く同様に，我々とチンパンジーとの共通の祖先は，まだ真の言語の準備ができていなかった。

ヒト族の進化

④　この共通の祖先が真の言語を有していなかったということを受け入れるならば，必然的に言語はヒト族の系統樹のある地点で進化したことになる。それは，600万年ほど前に，現代のチンパンジーやボノボにつながる系統へと枝分かれしたのである。ヒト族が他の大型類人猿と区別されるのは，主にバイペダル，つまり２本の足だけを使って歩行することによってであった。彼らはいつも直立して歩いていた。もっとも，最初期のヒトはおそらく樹上での生活に適応するための構造をいくつか保持していただろうが。二足歩行は両手を自由にしてくれ，そのおかげでコミュニケーションのための種々様々なジェスチャーが可能になった。しかし，約250万年前にヒト属が現れるまで，統語法に近づくものが進化したということを示す証拠は存在しない。

ヒト属の出現と認知の発達

⑤　石器が考古学の記録に初めて現れたのは，最初のヒト属の種として知られているホモ・ルドルフエンシスの時期とほぼ同じである。これは，脳の大きさが増加し始めたことを示してもいる――以前のヒト族の脳は，体の大きさに合わせて修正すると，チンパンジーの脳と変わらない大きさであった。ホモ・エルガスターとそのアジアのいとこにあたるホモ・エレクトスは，その少し後に出現し，より大きな脳を持っていた。一方，ネアンデルタール人と現代のホモ・サピエンスの脳はどちらも，同じ体の大きさ

の類人猿に対して予測された脳の約3倍の大きさであった。ほぼ200万年前に，ホモ・エレクトスは，アフリカからアジアへの一連の移住と思われるものを始めた。これらの出来事は全て，思考や計画の能力が進歩していることを示している。移住と製作は，コミュニケーションがより効果的になったかもしれないことを示してもいる。したがって，過去200万年の間に，おそらくは徐々に，言語が原型言語の領域を超えて発達したと考えるのは筋が通っているようである。だが，私は敢えて主張するが，言語は初め，身体，とりわけ手や腕や顔の動きを含む原始的なジェスチャーのシステムとして発達したのである。それでも，おそらく声を伴うことが増えてきて，この17万年の間に我々自身の種であるホモ・サピエンスが現れてようやく，発話が最終的に支配的な方法になったのであろう。

発話の到来が遅かった理由

6 発話の発展が遅かったと思われる理由の一つは，発声器官とそれを管理する脳のメカニズムが，発話が可能となる前にかなりの変化を経験しなければならなかった点である。一つの変化は，舌の制御に関連している。それは当然発話に決定的に関連している――だから，言語（language）は時に「tongue（舌）」と呼ばれるのである。ネアンデルタール人はホモ・サピエンスとは別個のものであるが，50万年ほど前までさかのぼって共通の祖先を持っているということは，一般に認められている。この共通の祖先が，明瞭な発話のために舌の十分な制御力を有していたと結論づけることも，筋が通っているかもしれない。

7 研究者のフィリップ=リーバーマンは，長く以下のような主張をしてきた。つまり，結果的に現代の人間の音声器官となった変化は，我々自身の種が約17万年前に現れて初めて完全なものになったのであり，さらにその変化は，たとえ3万年前という最近であっても，ネアンデルタール人においては不完全なものであったという点だ。人間の子供では，生まれてからの数年間で喉頭が下がると，それに伴って顔が平たくなる。そのため，チンパンジーや他の霊長類と比較して，我々人間の口は短い。化石の証拠によると，ネアンデルタール人は我々のような平たい顔ではなく，類人猿のほうに似た長い口をしていた。ネアンデルタール人においては顔の平板化が起こらなかったのは明白なので，喉頭の低下は起こらなかった，あるいは少なくとも完全なものではなかったと考えるのは妥当である。

[8]　さらに，咽頭の長さが口の長さに対応するためには，喉頭は胸部に配置されなければならなかっただろう。それゆえに，我々に明瞭に話す力を与えてくれた顔と音声器官への変化は，ネアンデルタール人においてはまだ起こっていなかったか不完全であったと考えるのはもっともなことである。リーバーマンの主張が正しいとすれば，完全に形成された人間の音声器官は，ネアンデルタール人とホモ・サピエンスに至る道筋とが分岐してから出現したに違いない。それはまさに，17万年ほど前に我々自身の種を生じさせるもとになった，「種分化」の決定的な部分であったと考えてよいだろう。

[9]　リーバーマンの意見は論争の的となっているが，発話自体がいきなり現れた可能性は低い。リーバーマンでさえ，ネアンデルタール人はおそらく話すことができただろうが，ホモ・サピエンスが持っているようなあらゆる声域の発音はできなかっただろうと認めている。リーバーマンが正しければ，どうやらネアンデルタール人は現代の人間の幼児と同じくらいの声域を持っていたようだ。音声器官へのこの変化は，きっと徐々に起こったはずであり，おそらくは我々の種の出現によって現在の労作のレベルに到達したのだろう。

解説

1. 下線部(1)の意味は「合図や記号が短く連続したもの」となる。これは第1段第2文（In contrast, …）で述べられている visual and manual signals「視覚による合図や手での合図」や，同段第3文（Chimpanzees, gorillas, …）にある a keyboard containing symbols「記号が入っているキーボード」などを使って表現されるもののことである。そして，第2段第2文（The systems they …）でそれらが objects and actions「物体や行為」を表す記号で構成されており，requests「要請，依頼」を表すと説明されている。この2点を30字以内で記述する。

2. 下線部(2)の意味は，「これらの出来事は全て，思考や計画の能力が進歩していることを示している」となる。These events は，直後の文の冒頭で Migrations and manufacture「移住と製作」と言い換えられている。つまり，第5段第1文（Stone tools first …）にある石器を作り始めたことと，同段第4文（And nearly …）にあるアフリカからアジアへの移住を始めたことを指している。これらの行為には想像や予測などの複雑な思考力が必要であり，この事実によってヒト属が計画的に考える力を有していたことが示されているのである。

3． 下線部(3)の意味は「言語（language）は時に『tongue（舌）』と呼ばれる」となり，その直前に that's why ～「だから～なのだ」とあることから，それ以前の部分が理由になっていることがわかる。第6段第1・2文（One reason to … called "tongues".）に，ヒトが発話できるようになるには発声器官と脳のメカニズムにかなりの変化が必要で，その変化の一つが舌の制御であり，それは発話と決定的に関連していると述べられている。この内容を中心に30字以内で記述する。なお，〔解答〕では critically involved「決定的に関連している」に対応する部分を「大きく影響する」としたが，「極めて重要」などと表現してもよい。

4． 空欄に続く箇所を見ると，動詞が存在しないので，後続部分は節ではなく句であると考えられる。よって，空欄には接続詞ではなく前置詞が入ると予想され，(D)の because は除外される。次に，直前の「人間の音声器官が出現した（に違いない)」と，直後の「ネアンデルタール人とホモ・サピエンスとの分岐」の順序を考える。同段第2文（As such, …）で「我々に話す力を与えてくれた音声器官への変化は，ネアンデルタール人においてはまだ起こっていなかったか不完全であった」と述べられているので，人間の音声器官の出現はネアンデルタール人と分岐した後ということになる。この順序を表すのは(A)の since「～以来」である。

5． (A)「発話の到来が遅かった理由」 (B)「ヒト属の出現と認知の発達」
(C)「類人猿に言葉を教えること」 (D)「ヒト族の進化」

①の直後となる第1段第1文（Attempts to teach …）は「チンパンジーに話すという行為を教える試みは全くうまくいっていない」という意味であり，まさに類人猿に言葉を教えるという行為に言及している。よって①には(C)を補う。

②の直後となる第4段第1文（If we accept …）は，「この共通の祖先が真の言語を有していなかったということを受け入れるならば，必然的に言語はヒト族の系統樹のある地点で進化したことになる」という意味であり，後続の文でもヒト族が大型類人猿と分かれて進化していったことが説明されている。この段落の見出しとして最も適切なのは(D)である。

③の直後の第5段では，ホモ・エレクトスやホモ・サピエンスが現れた

ことが述べられており，脳の大きさや思考力の発達についても言及されている。よって，この段落の見出しとしては(B)が最も適切である。

④の直後の第6段第1文の冒頭は，One reason to believe that speech evolved late「発話の発展が遅かったと思われる理由の一つ」となっている。よって見出しとして最適なのは(A)である。

6．(A)「新たにヒト族が現れた」 (B)「キーボードを使ってコミュニケーションができる大型類人猿もいることが示された」 (C)「ホモ・サピエンスが地球上に存在するようになった」 (D)「ホモ・エレクトスがある大陸から別の大陸へと移動し始めた」 (E)「最初の石器が作られた」

まず，(C)のホモ・サピエンスは現代の人類と一致しているので，(D)のホモ・エレクトスのほうが古い。この両者はヒト族に属するので，(A)はさらに古いことがわかる。さらに，(E)の最初の石器が作られたのは，第5段第1文（Stone tools first …）にあるように「最初のヒト族であるホモ・ルドルフエンシスの時期とほぼ同じ」であるが，厳密に言えば「ホモ・ルドルフエンシスが現れてから石器を作るようになった」と考えられるので，(E)は(C)，(D)よりも古いが(A)よりも後である。最後に，(B)は keyboard などの語があることから，かなり最近の内容であることがわかる。よって正しい順序は(A)→(E)→(D)→(C)→(B)となる。

Ⅱ 解答

1—(C)

2．(a) 自分が歩いている通りの交通量が多いこと。(20字以内)

(b) 通りを渡る前に左右を見て確認すること。(20字以内)

(c) 事故にあわずに無事に通りを渡れること。(20字以内)

3．過去に起こった出来事の中から最も状況が似ているものを選んでシミュレーションする。(40字以内)

4．不安が生まれるのは，我々のPFCが未来を正確に予測できるだけの情報を持たないときであること。(45字以内)

5．コロナウイルスの感染力や致死率の程度を見つけ出し，その情報に基づいて適切に対処するため。(45字以内)

6—(D)　**7**—(A)

全訳

《不安やパニックと恐怖との違い》

1　私は精神科医として，不安とそれに近い親類であるパニックは，どちらも恐怖から生まれるものであると知った。私は行動神経科学者として，恐怖が持つ進化のための重要な機能が，我々を生存させてくれているのだと知っている。実のところ，恐怖は我々が持つ最古の生存メカニズムなのである。恐怖は，負の強化と呼ばれる脳の作用を通して，将来の危険な状況を回避するよう我々に教えてくれる。

2　たとえば，我々が交通量の多い通りに足を踏み入れて，振り返ると車が自分に向かって進んでくるのが目に入ったとしたら，我々は本能的に歩道の安全な所へと飛びのくだろう。そういった恐怖による反応が，通りが危険であるとすぐに知ることと，通りに用心して近づくことに役立つのである。進化のおかげで，これは我々にとって非常に単純なものになっている。とても単純なので，このような状況で我々が学ぶ必要のある要素は3つしかない。つまり，環境的手掛かり，行動，結果である。この場合，交通量の多い通りを歩いていることは，横断前に左右を見ろという合図である。ケガをせずに通りを渡れたことで，我々は将来もまたこの行為を忘れずに繰り返すことを教わる。我々は，生存のためのこの手段を，全ての動物と共有している。科学で知られている最も「原始的な」神経系（人間の脳の約1000億ニューロンとは対照的に，合計で2万ニューロンしかない）を持つ生物であるナマコでさえ，これと同じ学習機能を使っているのである。

3　過去100万年間のどこかで，人間は，より原始的な生存脳に加えて，新しい層を進化させた。神経科学者たちはこれを前頭前皮質（PFC）と呼んでいる（解剖学的見地から言えば，この「より新しい」脳域は，目と額のすぐ奥にある）。創造と計画に関係しているので，PFCは我々が未来のために考えたり計画したりするのを助けてくれる。PFCは，我々の過去の経験に基づいて，将来何が起こるかを予測してくれる。しかし重要なのは，PFCが正確な予測をするためには，正確な情報が必要だということである。情報不足の場合，PFCは我々が最善の進路を選ぶ手助けをするため，何が起こりそうかということについてさまざまなバージョンを展開する。PFCがこうするのは，我々の人生で過去に起こった出来事の中で最も似通ったものに基づいてシミュレーションをすることによってである。たとえば，トラックやバスは車に十分に似ているので，速く動いているのがどんな乗り物であれ，それを避けるために左右を見るべきだと問題なく想定できるのだ。

4 しかしながら，不安が生まれるのは，我々のPFCが未来を正確に予測できるだけの情報を持たないときである。我々は，2020年初めに新型コロナウイルスが世界中に爆発的に広がったときに，これを目撃した。新たに発見されたウイルスや病原菌ならどんなものでもそうだったように，科学者たちは，適切に行動できるよう感染力や致死率の程度を正確に見つけ出すために，競って新型コロナウイルスの特徴を研究した。しかし発見されて間もないころは特に，不確かなことが多かった。正確な情報がないので，我々の脳は，聞いたり読んだりした最新の報告を基に，簡単に恐怖や心配の話を作ってしまった。そして，我々の脳の接続方法のせいで，そのニュースが衝撃的であればあるほど，――我々の危機感と恐怖心が増大するので――我々の脳はそれを記憶に留めやすくなる。そして恐怖と不確実性の要素――家族の病気や死，失業の可能性，子供を学校へ行かせるかどうかの難しい決断，経済を安全に再開する方法への懸念など――が加わっていく。そして，脳が整理しようとする良からぬことが大量に積み上がるのである。

5 恐怖自体が不安とどのように異なるのかに注目してほしい。恐怖は，我々が生存していくのを助けてくれる順応性のある学習機能である。それに対して，不安には順応性がない。我々の思考脳や計画脳は，十分な情報がないときには制御できなくなるのである。

解説

1. (A)「いつものように」 (B)「しかしながら」 (C)「実のところ」 (D)「さもなければ」

直前の第1段第2文（As a behavioral …）の意味は「私は行動神経科学者として，恐怖が持つ進化のための重要な機能が，我々を生存させてくれているのだと知っている」となる。当該文の空欄以下の意味は「恐怖は我々が持つ最古の生存メカニズムである」となるので，前後の関係は〈先に述べた内容をさらに補強している〉ものであると考えられる。この関係に対して用いるのに最も適切なものは(C)である。

2. それぞれの意味は(a)「環境的手掛かり」，(b)「行動」，(c)「結果」となり，これらは危険を回避するために学んでおく必要がある要素である。

本文では，「交通量の多い通りを歩いている」という設定で，直後の2文（In this case, … in the future.）で詳しく説明している。特に注意すべき表現は walking up to a busy street と to look both ways before crossing，Crossing the street uninjured の3つ。これが(a)，(b)，(c)にそれぞれ対応しているので，20字以内でまとめる。

3． 下線部(2)の意味は「最善の進路」となるが，それを選ぶためにPFCが行うことについては，直後の文（It does this …）で「我々の人生で過去に起こった出来事の中で最も似通ったものに基づいてシミュレーションをすることによって」であると説明されている。この部分を40字以内でまとめる。

4． 当該文の意味は「我々は，2020年初めに新型コロナウイルスが世界中に爆発的に広がったときに，これを目撃した」となるので，this はコロナ禍の状況で見られたことを指していると考えられる。それについては直前の文（However, anxiety is …）で「不安が生まれるのは，我々のPFCが未来を正確に予測できるだけの情報を持たないときである」と述べられているので，この部分を45字以内でまとめる。

5． 下線部(4)の意味は，「科学者たちは競ってコロナウイルスの特徴を研究した」となるが，その目的は直後の in order to「～するために」以下で述べられていると考えられる。重要な表現だけをピックアップすると，find out how ～ so that …「…できるように，どれほど～であるかを見つけ出す」となるので，「適切に行動できるよう，どれほど感染力が強く命に関わるのかを見つけ出すために」がその目的である。これを45字以内でまとめる。

6． それぞれの空欄を含んだ前後の意味は，「正確な情報がないので，我々の脳は，聞いたり読んだりした最新の報告を基に（　イ　）を作るのが簡単だと考えた」「我々の危機感と（　ウ　）が増大するので」「不確実性と（　エ　）が加わっていく」となる。つまり，(イ)は「作る」対象となるもの→「話」，(ウ)は危機「感」と並列になるもの→「感情」となるので(D)が正解であると考えられる。さらに，(エ)であるが，この部分は elements of fear and uncertainty で「恐怖や不確実性の要素」というつながりになっていて，ダッシュ（―）に挟まれた部分でその具体例が述べられている。

7． 当該文のセミコロン（；）以下の意味は「我々の思考脳や計画脳は，十分な情報がないときには…」となる。直前の out of に注目すると，out of control で「手に負えなくなる，制御できなくなる」という意味の成句があり，本文の趣旨とも矛盾しない。よって正解は(A)である。

Ⅲ　解答

［A］（3番目・5番目の順に）

(1)—⑤・①　**(2)**—⑥・①　**(3)**—②・④

［B］〈解答例〉 We should help anyone in need at any time. I have learned from this article, however, that sometimes we are unable to be kind to others when we do not get enough sleep. In my experience, this is true. Without enough sleep, I tend to feel down, become self-centered, and less concerned about others. Or, I may become more irritable than usual at the slightest words of my family and friends. Lack of sleep can harm our relationships with others.（80 語程度）

全 訳

［A］**《人工知能がもたらす未来》**

著作権の都合上，省略。

著作権の都合上，省略。

［B］**《他者を支援しようとする心と睡眠不足との関係》**

人間は助け合う――それは，文明社会の基盤の一つである。ところが，3つの研究を引き合いに出した新しい科学報告によると，睡眠不足になると人は助けようとしなくなり，寛容さもなくなるのである。これらの研究は，脳のスキャン，面談，アンケート，その他の数量化できる方法など，様々な技術を駆使した。脳のスキャンによって，他者への共感や理解を可能にする脳の部分は，眠れない夜を過ごした後は活動が衰えることがわかった。また，睡眠の質が悪いと，ほかの誰かのためにエレベーターの扉を開けたままにしておくとか，ボランティア活動をするとか，通りで出会った面識のないケガ人を助けるなどのような，他人を助けようとする願望も薄れたのである。また，2001年から2016年の間にアメリカで行われた300万件の慈善寄付を分析すると，夏時間――夏が来ると時計の針を1時間進めるという取り組み――に移行した後は，寄付が10％減っていることがわかった。時刻の切り替えは深夜0時に行われるので，いつもの時間に眠っていつもの時間に目を覚ましたとしても，睡眠時間は1時間短くなる。その報告の指摘では，我々の社会はしばしば，睡眠は不要なものか時間の無駄であると考えているが，十分に睡眠をとらないと実際には社会的な影響が生じるのである。結論すると，睡眠は自分の周囲の人たちだけでなく，自分自身にも提供できる最善の親切の形態なのである。

解説

［A］ ⑴ 当該文の述語動詞が give である点に注目する。第4文型の SVO（間接目的語，通常は人）O（直接目的語，通常は物）の形が想定されるので，並べ替えの部分は直接目的語になっていると考えられる。したがって核となる語は tools で，この前に形容詞の powerful が置かれる。また，後置修飾の形として *A*（名詞＝tools）S V「S が V する tools」が考えられ，S が their ancestors，V が never imagined となり，意味の通る

表現が完成する。

完成文は powerful tools their ancestors never imagined「彼らの祖先が想像もしなかった強力な道具」となる。

(2)　当該文の述語動詞が（has）made である点に注目する。直後が it になっていることから，第 5 文型の SVO（目的語）C（補語，名詞か形容詞）の形が想定され，さらに it は形式目的語だと考えられる。その場合，真の主語が to 不定詞の形で C の後に置かれることになる。さらに，tell と from があることから，tell *A* from *B*「*A* と *B* を見分ける」という表現が想起され，fact と fiction が *A*，*B* に当たると考えられる。

完成文は（social media has made it）tougher to tell fact〔fiction〕from fiction〔fact〕「ソーシャルメディアが事実と虚構を見分けることをより難しくしている」となる。

(3)　直前の and に注目する。選択肢の中に助動詞と動詞（の原形）があることから，この and は述語動詞を結ぶ接続詞であると考えられる。よって can produce で始まり，後に目的語が続くと推測できる。さらに volumes と of から，large volumes of ～「大量の～」という表現になっていると考えられ，最後に content を補って文が完成する。

完成文は（and）can produce large volumes of content「大量のコンテンツを生産できる」となる。

[B]「上記の論説に基づいて，あなたの睡眠の質と量が，他者を助け，他者に対して寛大になろうという気持ちにどのように影響するかについて論じなさい。論点を説明するための具体的な例を挙げなさい」

本文の趣旨は，睡眠時間が不足したり睡眠の質が悪かったりすると，他者を支援しようとする意欲が低下し，寛大さもなくなるということである。これについて，賛成または反対の立場で自分の意見を述べていくことになる。トピックがやや抽象的なので文を作りにくいかもしれないが，自分なりの表現でうまくまとめてほしい。「80 語程度」という指示があるので，75～85 語くらいになるようにしたい。

講評

2024 年度は，Ⅰ とⅡは長文読解問題，Ⅲは語句整序問題と自由英作文問題という構成で，ほぼ例年通りの出題内容であった。なお，Ⅲの英作文問題は，要約問題が出題された年度もあったが，2023年度以降は意見論述のみの出題となっている。

Ⅰ　人類の発話の起こりを扱った言語学の論文である。1語を補う空所補充問題が1問，小見出しを4つ補う空所補充問題が1問，出来事を時系列で並べる内容説明問題が1問，日本語による内容説明問題が3問となっている。日本語の論述問題は，いずれも下線を施された部分について説明するもので，字数制限がある。正解となる箇所を本文中から見つけるのはそれほど難しくはないが，適切な字数になるように自分なりの表現に変換する必要がある。

Ⅱ　恐怖というものを生物が生き残るためのメカニズムとして捉えた英文。空所補充問題が3問（うち1問は複数の空所補充の組み合わせ），内容説明問題が4問（いずれも日本語による論述で字数制限あり）となっている。

Ⅰ，Ⅱともに英文の量が多いので，何度も読み返していると時間が足りなくなってしまう。先に設問に目を通しておくなどして，精読すべき箇所を明確にしておきたい。

Ⅲ　［A］の語句整序問題は，並べ替えたときに3番目と5番目にくるものを選ぶ形式である。日本語が与えられていないので，文法・語法・構文の知識を中心に考えていくことになる。［B］の英作文問題は，他者を助けたいという人間の心理と睡眠不足との関係を扱った英文が出題されている。「具体的な例を挙げて」という条件があるので，この部分の記述を忘れないように気をつけてほしい。

日本史

I 解答 奈良時代は鎮護国家の思想により仏教保護政策がおこなわれた。南都七大寺など大寺院が建てられ，南都六宗と呼ばれる学派も形成された。僧侶のなかには玄昉のように政界で活躍する者も現れ，藤原氏と皇族勢力が対立するなか，玄昉らの排除を求めた藤原広嗣の乱がおこった。動揺した聖武天皇は恭仁京などへ遷都を繰り返し，国分寺建立の詔や大仏造立の詔を発令して仏教政策を推し進めた。また唐僧の鑑真によって正式な戒律と受戒の作法が伝えられると，東大寺に初めて戒壇が設けられ，聖武太上天皇は自ら受戒し，仏教の国家的地位を高めた。さらに称徳天皇は道鏡を重用して西大寺の建立など仏教政策を進め，宇佐神宮の神託によって皇位を譲ろうとしたが，和気清麻呂らの画策で挫折した。その後，光仁天皇を立てた藤原百川らは仏教政治を改め，律令政治の再建を目指した。次の桓武天皇は仏教の政治的影響力を排除するため，平城京を廃して長岡京に遷都した。(400字以内)

解説

《奈良時代の政治》

●設問の要求

〔主題〕 奈良時代の政治の展開について述べる。

〔条件〕 仏教との関わりに着目しながら，指定語句（(ア)宇佐神宮，(イ)受戒，(ウ)大仏造立，(エ)玄昉）を用いる。

●論点の抽出

奈良時代の政治は皇族と藤原氏との対立抗争で展開したこと，また鎮護国家の思想のもと仏教重視の政教一致であったことを基軸に解答しよう。〔条件〕の「仏教との関わり」から，政界に関与した僧侶として，(エ)「玄昉」，(ア)「宇佐神宮」から隠れ指定語句として道鏡を想起しよう。玄昉排除を求めた藤原広嗣の乱を機に聖武天皇が遷都を繰り返しながら(ウ)「大仏造立」など仏教政策を展開したこと，また(イ)「受戒」から鑑真を想起し，戒律伝授や戒壇の設置の内容も挿入したい。なお，奈良時代末期の光仁・桓武両天皇による仏教政治からの離脱を忘れずに指摘すること。

●解答の枠組み

①仏教保護政策―鎮護国家の思想

• 南都七大寺や南都六宗の成立

• 僧侶の政界進出―(エ)「玄昉」

②奈良時代の政争

• 藤原氏と皇族との対立

• 藤原広嗣の乱―(エ)「玄昉」らの排斥を求める

③鎮護国家の仏教政策

• 聖武天皇の遷都と仏教政策―国分寺建立・(ウ)「大仏造立」の詔

• 鑑真の来日―(イ)「受戒」と戒壇の設立

④道鏡の政界進出

• 西大寺の建立―称徳天皇の仏教政策

• 道鏡の失脚―(ア)「宇佐神宮」の神託による皇位簒奪

⑤光仁・桓武天皇の政治―仏教政治の終焉

• 光仁天皇の政治

• 桓武天皇の政治

●解説

①仏教保護政策―鎮護国家の思想

奈良時代は7世紀半ば以降の律令国家建設と国家仏教が確立された時代である。〔条件〕として「仏教との関わりに着目」とあるので,〔解答〕では政治に僧侶が介入する前提として国家仏教の発展について言及した。

• 南都七大寺や南都六宗の成立

律令政府は仏教の功徳により国家安寧を願う鎮護国家を謳い,国家の権威と精神的支柱として仏教を国家の保護下に置いた。平城京やその周辺には大安寺や元興寺など南都七大寺が国家の管理下で営まれ,華厳宗や法相宗などの南都六宗が形成された。

• 僧侶の政界進出―(エ)「玄昉」

仏教保護の政教一致の立場から,僧侶が政治顧問として活躍した。その代表例が(エ)「玄昉」である。法相宗の僧で吉備真備らとともに遣唐使となり,帰国後は聖武天皇に重用された。吉備真備とともに橘諸兄政権に参画して権勢をふるい,聖武天皇の国分寺建立などの仏教政策に影響を与えた。

②奈良時代の政争

• 藤原氏と皇族との対立

奈良時代の政治の特徴は藤原氏と皇族勢力との対立である。藤原不比等が皇室との外戚関係を築き，子の四兄弟も高官に就いて権勢をふるった。これに対して長屋王らの皇族勢力が政権を握るなど政界は動揺した。

• 藤原広嗣の乱―(エ)「玄昉」らの排斥を求める

不比等の子の四兄弟が天然痘で亡くなると，皇族出身の橘諸兄が吉備真備・玄昉を登用して政権を握った。対立から大宰府に左遷されていた藤原広嗣（式家・宇合の子）は，玄昉や吉備真備の排斥を求めて740年に挙兵し，敗死した。

③鎮護国家の仏教政策

• 聖武天皇の遷都と仏教政策―国分寺建立・(ウ)「大仏造立」の詔

藤原広嗣の乱は鎮圧されたが，飢饉や疫病の流行，不安定な政治情勢に動揺した聖武天皇は，遷都を繰り返しながら鎮護国家の思想による仏教政策に傾倒していった。740年に山背の恭仁京に遷都し，翌年国分寺建立の詔を発した。また742年に近江の紫香楽に離宮を営み，翌年ここで大仏（盧舎那仏）造立の詔を発した。大仏造立は鎮護国家を具現化させる国家プロジェクトとして推進され，その完成によって律令国家の威信を示した。

• 鑑真の来日―(イ)「受戒」と戒壇の設立

国家が認定する僧（官僧）になるためには戒壇で戒律を受ける必要があった。国家仏教の繁栄のなか，権威ある正規の戒律と授戒をおこなえる戒師が求められ，その要請に応じて来日したのが鑑真である。苦難の航海のすえ753年に来日し，律宗を開いた。僧尼になるための正しい受戒の作法を本格的に伝え，受戒の場として東大寺に戒壇を設けた。聖武太上天皇は光明皇太后・孝謙天皇と共に鑑真から受戒し，鎮護国家を体現した。大仏造立や鑑真による戒律の伝授は，国家仏教の威信を大いに高めた。なお，大仏開眼供養（752年）や東大寺の戒壇設置（754年）は藤原仲麻呂政権のときであった。解答にこの点を指摘してもよいであろう。

④道鏡の政界進出

• 西大寺の建立―称徳天皇の仏教政策

道鏡は孝謙太上天皇の病気平癒を契機に台頭し，藤原仲麻呂の乱後，重祚した称徳天皇に重用され，太政大臣禅師，次いで法王となった。仏教政策としては西大寺の建立や百万塔陀羅尼の作製などをおこなった。しかし，造寺・造仏は国家財政を逼迫させ，令制を無視した人材登用や寺院の開墾予定地だけを優遇する加墾禁止令は貴族層からの反発を増大させた。

• 道鏡の失脚―(ア)「宇佐神宮」の神託による皇位簒奪

宇佐神宮（宇佐八幡宮）は大分県宇佐市にある神社。奈良時代には鎮護国家の神として崇められていた。769年に宇佐神宮のお告げから道鏡の即位が計られたが，和気清麻呂らによって阻止された。この事件で道鏡は勢力を失い，称徳天皇の死後，下野国薬師寺に左遷された。

⑤光仁・桓武天皇の政治―仏教政治の終焉

• 光仁天皇の政治

道鏡が失脚すると，藤原永手（北家）や藤原百川（式家）が台頭し，それまでの天武系の皇統に代わって天智系の光仁天皇を即位させ，律令政治の刷新につとめた。光仁朝では，道鏡政権下の仏教優位の混乱した政界を伝統的な律令政治に回帰させ，造寺・造仏などで圧迫された国家財政を再建させることが課題となった。

• 桓武天皇の政治

光仁天皇の政治を引き継いだ桓武天皇は，弊害をもたらした仏教政治からの脱却を図り，寺院勢力の強い平城京から離別して長岡京へ，さらに平安京に遷都した。

Ⅱ　解答　明は伝統的な国際秩序の回復をめざし，日本に朝貢と倭寇の取り締まりを要求した。これに応じた足利義満は壱岐・対馬などの倭寇を取り締まるとともに，使者を派遣して黄金・器物などを献上した。これに対して明の建文帝は義満を日本国王道義と称して書面を送った。翌年永楽帝の即位を告げる書面が届き，続いて義満は日本国王に封じられた。以後，明から日本国王に封じられた将軍家が皇帝に朝貢し，それに対する返礼品を受け取るという朝貢形式の貿易が始まった。貿易船は倭寇や私貿易船との区別のため，明の交付する勘合の持参が義務づけられ，寧波で査証を受けて北京におもむき交易にあたった。朝貢形式の貿易は関税がなく，滞在費や運搬費なども明側が負担したので大きな利益をもたらした。特に生糸・高級織物・陶磁器などの輸入品は唐物と呼ばれて珍重され，また永楽通宝など銅銭の大量な輸入は幕府の財政をうるおし，日本の貨幣流通に大きな影響を与えた。（400字以内）

解説

《日明貿易交渉の推移と貿易の特徴》

●設問の要求

〔主題〕 15 世紀前半における日中間の貿易交渉の推移と貿易の特徴を述べる。

〔条件〕 史料に即し，下線部の内容を説明しながら述べる。

●論点の抽出

日明貿易が開始されるまでの日中間の交渉を，基礎的知識と史料の下線部を参考にしながら述べる。海禁政策をとる明が日本に対して倭寇禁圧と朝貢を求めたこと，それに応じて足利義満が(ウ)倭寇を取り締まり，(イ)朝貢して建文帝から日本国王と称した返書を受け取り，次に永楽帝が即位すると，(ア)日本国王に封じられ，(エ)日本国王に封じられた将軍家が主体となって日明貿易が始まった流れを述べる。また「貿易の特徴」は基礎的知識を思い出し，勘合を使用した朝貢形式の内容や貿易品について述べればよい。なお，「15 世紀前半」とあるので，交渉の展開は 1401 年からの動きを述べること。

●解答の枠組み

①日明間の貿易交渉

- 明の倭寇禁圧と朝貢の要求─国際秩序の回復
- 足利義満の倭寇禁圧─(ウ)
- 足利義満の朝貢─(イ)
- 建文帝の返書（「日本国王道義」）
- 永楽帝からの冊封─(ア)
- 日明貿易の始まり─(エ)

②貿易の特徴

- 朝貢形式
- 勘合の使用
- 貿易品

●注意点

「史料に即し」てとあるが，記事の時代が前後するので難しい。下線部の使用の「順序は自由」とあるので，基礎的知識である貿易交渉を想起し，そこに史料内容を当てはめてまとめるとよい。史料内容の記述順に羅列しないように注意しよう。

●解説

①日明間の貿易交渉

• 明の倭寇禁圧と朝貢の要求—国際秩序の回復

1368年，朱元璋（洪武帝）は元に代わって漢民族の王朝である明を建国した。明は倭寇の影響から，自由な渡海や交易を禁止する海禁政策をとり，朝貢国のみに交易を認め，伝統的な国際秩序である冊封体制の回復をめざした。冊封体制とは，中国王朝が朝貢国の君主に爵位などを与えて従属関係を築くことである。

• 足利義満の倭寇禁圧—(ウ)

史料の下線部(ウ)「壱岐・対馬の海賊」から倭寇を想起し，足利義満が明の要求に応えて倭寇を厳しく取り締まったことを指摘しよう。史料の内容は，1404年（応永11年）に使節が来日し，明国あたりに侵攻していた倭寇を平定した「道義（足利義満）」に謝する勅書を届けに来たというもの。

• 足利義満の朝貢—(イ)

足利義満は，1401年（応安8年）に祖阿と博多商人・肥富を使者として送り，「黄金千両及び器物等」を献上し国交を開いた。このときの国書に義満は「日本准三后道義」と名乗っている（『康富記』）。准三后は太皇太后・皇太后・皇后に準ずる地位のことで，道義は義満の法号である。

• 建文帝の返書（「日本国王道義」）

義満の朝貢に対して，1402年に明の「建文帝」（2代皇帝）は義満を「日本国王道義（日本国王源道義）」と称して詔書を送った。明の皇帝から服属の証しとして「日本国王」の称号が与えられた。なお，このときもう一つの服属の証しとして暦（大統暦）も与えられた。

• 永楽帝からの冊封—(ア)

下線部(ア)「日本国王に封じて冠服等を賜はる」から，義満が永楽帝より冊封を受けたことを指摘しよう。この応永13年（1406年）に先立ち，義満は1403年に即位した永楽帝（3代皇帝）に臣下の立場を示す「日本国王臣源」と称して朝貢し，これに対して永楽帝は1404年，返書とともに「日本国王之印」と刻んだ金印を贈った。これで義満は正式に明皇帝から冊封を受けたことになり，東アジアの国際秩序の中に組み込まれた。

• 日明貿易の始まり—(エ)

永楽帝から冊封を受けたとき，同時に勘合100枚がもたらされ，朝貢形式の貿易が始まった。以後，下線部(エ)「此後は例して将軍家を日本国王に封ぜられき」とあるように，足利将軍家は明に服属した「日本国王」として，臣下の礼をとる形で貿易をおこなった。

②貿易の特徴

• 朝貢形式

冊封体制下の貿易は，明の皇帝に朝貢し，献上した産物に対する返礼品として中国産物（唐物）が下賜される形態であった。こうした朝貢形式の貿易では，皇帝が威徳を誇示するため，関税は免除され，滞在費・渡航費なども明側が負担したので莫大な利益を得た。足利義満が臣下の礼をとりながら積極的に明との国交を望んだのは，貿易の利益を得るためであった。

• 勘合の使用

日明貿易では，倭寇や私貿易船と区別するため，朝貢船であることを証明する勘合（合札）の持参が義務づけられた。勘合は「日本」の2字を分けた日字勘合と本字勘合があり，日字勘合は明側が使用し，日本からは本字勘合を使用した。入貢地の寧波と皇帝のいる北京で底簿（照合用の帳簿）と照合し，貿易が許可されるしくみであった。

• 貿易品

貿易の特徴として貿易品について述べよう。〔解答〕では特に日本経済に影響を与えた輸入品を指摘した。銅・硫黄・刀剣などの輸出品を述べてもよいだろう。明からの輸入品は「唐物《からもの》」と呼ばれて珍重され，特に生糸・高級織物は国内において高価格で取引された。陶磁器・書画などは茶の湯や水墨画の流行から需要が増え，大きな利益をもたらした。また永楽通宝などの銅銭（明銭）は，日本への返礼物として鋳造された形跡があり，朝貢貿易を象徴する輸入品となった。大量に輸入された銅銭は，室町幕府の財源になるとともに，広く国内に流通して経済界に大きな影響を与えた。

Ⅲ　解答

幕藩領主による過重な負担などに対し，農民たちは団結して対抗した。17世紀後半には代表越訴型一揆が増え，死を決して領主に直訴した代表者は義民として崇められた。17世紀末からは全村民による惣百姓一揆が主流となり，藩全体におよぶこともあった。18世紀に入ると貨幣経済の浸透により農村で階層分化がおこり，貧農層が村役人の不正や村政改革を求める村方騒動が多発した。また貧農層は離村して都市下層民となり，凶作や飢饉のときには米問屋を襲撃する打ちこわしをおこした。天明の飢饉では各地で百姓一揆がおこり，江戸・大坂などで激しい打ちこわしが発生した。19 世紀に入り農村で手工業が発展すると，畿内では在郷商人の主導で株仲間らの流通独占に反対する国訴がおこり，各地で専売制に反対する一揆も増加した。天保の飢饉の影響で郡内騒動や加茂一揆など大規模な一揆がおこり，大坂で貧民救済を求めた大塩平八郎の武装蜂起は幕藩領主に衝撃を与えた。(400 字以内)

解説

《江戸時代の百姓一揆》

●設問の要求

〔主題〕 17 世紀後半～19 世紀前半における民衆運動の推移について述べる。

〔条件〕 指定語句（(ア)惣百姓一揆，(イ)米問屋，(ウ)天明の飢饉，(エ)義民）を用いる。

●論点の抽出

江戸時代の百姓一揆の推移を述べる問題。17 世紀後半～19 世紀前半までの闘争形態を想起し，指定語句をヒントにその特徴を述べる。枠組みは 17 世紀後半，18 世紀，19 世紀前半の 3 つに区分し，17 世紀後半は代表越訴型一揆（(エ)「義民」）と(ア)「惣百姓一揆」について述べる。18 世紀は打ちこわし（(イ)「米問屋」）の発生，(ウ)「天明の飢饉」による百姓一揆と打ちこわしの多発を述べ，その前提として農村の階層分化にも触れて，村方騒動なども指摘しておこう。19 世紀は在郷商人らによる国訴運動や各地の専売制反対一揆などを指摘し，その前提として農村工業の発展についても簡潔に触れておきたい。また指定語句にはないが，天保の飢饉の影響でおこった大規模一揆や大塩の乱で締めくくろう。

●解答の枠組み

① 17 世紀後半～

- 農民の抵抗
- 代表越訴型一揆―(エ)「義民」
- (ア)「惣百姓一揆」

② 18 世紀～

- 農村の階層分化―貨幣経済の浸透

• 村方騒動
• 都市下層民による打ちこわし—(イ)「米問屋」の襲撃
• (ウ)「天明の飢饉」—百姓一揆と打ちこわし

③ 19 世紀前半

• 農村工業の発展
• 国訴運動や専売制反対一揆
• 郡内騒動と加茂一揆—天保の飢饉の影響
• 大塩平八郎の乱—天保の飢饉の影響

●注意点

19 世紀から見られる世直し一揆について指摘してもよいが，増加する時期が幕末期（19 世紀半ば以降）であり，設問の要求に「19 世紀前半における」とあるので〔解答〕には示さなかった。

●解説

① 17 世紀後半～

• 農民の抵抗

幕藩領主は年貢納入などを村単位で請け負わす村請制により農民を支配した。一方で，農民たちは村請制により自治的な結合を醸成し，幕藩領主の過重な年貢賦課や不当な支配に対して，百姓一揆をおこして抵抗した。

• 代表越訴型一揆—(エ)「義民」

江戸幕府が成立した 17 世紀初めの農民の抵抗は，耕作を放棄する逃散など中世の形態が残存していた。17 世紀後半になり近世の農村が確立されると，代表越訴型一揆が増加した。村の代表者が百姓全体の要求をまとめ，領主に直訴する形式である。越訴（直訴）は厳禁されており，要求が通っても代表者は処刑された。それゆえ命を顧みず実行した代表者は義民として崇められ，語り継がれるようになった。

• (ア)「惣百姓一揆」

17 世紀末ころから村役人の指導で全村民が年貢減免や専売制反対を求める惣百姓一揆がみられるようになった。広域にわたり大規模な闘争となり，打ちこわしをともなうこともあった。藩内全体に影響する規模で発生することもあり，それを全藩一揆という。

② 18 世紀～

• 農村の階層分化—貨幣経済の浸透

18世紀以降の百姓一揆や打ちこわしの増加の背景として，農村の階層分化に触れておこう。貨幣経済が進展するなか，村役人などの豪農層が土地を集積して成長する一方で，多くの一般農民が土地を失い小作人などの貧農に没落した。

• 村方騒動

農村の階層分化の影響として村方騒動が多発するようになった。村方騒動は，貧農層が地主化した村役人などの不正を糾弾し，村役人の改選や村政改革を要求した民主的運動である。貨幣経済の浸透が自治的結合体の村を分断させた結果の闘争である。

• 都市下層民による打ちこわし―(イ)「米問屋」の襲撃

18世紀以降，没落した貧農層が都市へ流入し，江戸などで都市下層民となった。彼らは都市の治安を悪化させ，打ちこわしなど都市騒擾の元凶となった。1732年の享保の飢饉で米価が高騰すると，翌年江戸で初めて打ちこわしがおこり，「米問屋」の高間伝兵衛宅が襲撃された。

• (ウ)「天明の飢饉」―百姓一揆と打ちこわし

「天明の飢饉」は，関東・東北を中心とした冷害と浅間山の噴火をともなう大飢饉であった。その影響から各地で大規模な百姓一揆がおこり，都市下層民らは「米問屋」を襲撃する打ちこわしをおこした。特に1787年には江戸や大坂で大規模な打ちこわしが発生し，この社会情勢に対峙するため寛政の改革が始まった。

③ 19世紀前半

• 農村工業の発展

農村の階層分化は，19世紀にいっそう強まった。豪農層は在郷商人などに成長し，マニュファクチュア（工場制手工業）を営む者も現れた。大坂周辺や東海地方で綿織物業が，桐生・足利などの北関東では絹織物業が発展した。しかし，農村工業の発展は貧農層の離農を促し，彼らは賃金労働者として手工業生産に従事した。また江戸などに流入して都市下層民の増加に拍車をかけた。

• 国訴運動や専売制反対一揆

指定語句にはないが，19世紀前半の民衆運動として，国訴や専売制反対一揆に触れておこう。国訴は畿内地方で発生した農民による合法的な訴願運動である。在郷商人らを指導者として株仲間の市場独占に対し，菜種・綿・金肥などの流通の自由化を求めた。数カ国単位で多くの村が連合し，代表者が訴状を町奉行所に提出した合法的闘争であった。また，商品経済の発展にともない，各藩で強化された藩専売制に対する専売制反対一揆も増加した。

• 郡内騒動と加茂一揆ー天保の飢饉の影響

19 世紀の民衆運動として，天保の飢饉の影響でおこった郡内騒動と加茂一揆を指摘しよう。1836 年の両一揆は共に幕領でおこり，1 万人規模の大一揆であったため幕府に衝撃を与えた。甲斐の郡内は絹織物業，三河の加茂は綿織物業で栄えていたが，食糧の米は周辺の村々から購入していたため，天保の飢饉による米不足は農民を飢餓状態に陥れた。農村における手工業の発達は，農民を食糧生産者から賃金労働者および消費者へと変容させ，飢饉によって大量に窮乏するという社会構造を形成した。

• 大塩平八郎の乱ー天保の飢饉の影響

天保の飢饉の影響でおこった都市騒擾として，大塩平八郎の乱を指摘しよう。天保の飢饉に際し，大坂町奉行は幕府の命令で江戸へ大量の米を廻し，市中の窮民には無策であった。これに憤った大塩平八郎は門弟や民衆と武装蜂起した。大坂という幕領で元役人であった武士が民衆とともに公然と反抗したことは，幕藩領主に大きな衝撃を与えた。

Ⅳ　解答

政府が主導する所得倍増計画により，国民の勤労意欲が高揚し急速な高度経済成長を遂げた。先進国からの技術導入が大型の設備投資を可能にし，工業製品の大量生産体制が確立された。雇用も増えて所得が増加すると，冷蔵庫などの耐久消費財が「三種の神器」と呼ばれて普及し，大衆消費社会が形成された。消費生活が豊かになり，社会的格差が縮小した国民に中流意識が芽生えた。しかし，経済の高度成長は都市への人口集中を促し，住宅問題を深刻化させた。また農村からの人口流出により兼業農家が増加した。政府は農業基本法を制定して専業の定着を図ったが，効果はなく他産業への流出は続き，過疎化が進行した。都市部では大気汚染などが深刻化し，公害病に苦しむ被害者が増加した。水俣病などの四大公害訴訟は大きな社会問題となり，環境保全運動が広まった。東京・大阪などの大都市圏では，経済発展より公害規制や福祉の充実を重視する革新自治体が成立した。(400 字以内)

解説

《高度経済成長期の国民の生活や意識の変化》

●設問の要求

〔主題〕 高度経済成長期の国民の生活や意識の変化を述べる。

〔条件〕 指定語句（(ア)中流意識，(イ)「三種の神器」，(ウ)農業基本法，(エ)水俣病）を用いる。

●論点の抽出

高度経済成長期の「豊かさ」と「ひずみ」を述べる問題である。指定語句から，高度成長のなかで豊かさを享受した反面，農業問題や公害問題が露呈し，その反省から国民の意識が変化したことを述べる。実質生活の豊かさを指定語句(イ)「三種の神器」で示し，意識的な面で(ア)「中流意識」が芽生えたことを，またひずみの側面について指定語句(ウ)「農業基本法」や(エ)「水俣病」を使用して説明しよう。「農業基本法」は農村からの人口流出への対応として解答できるかがポイント。意識の変化としては，環境保全を求める住民運動が生じ，大都市で革新自治体が成立したことを指摘しよう。

●解答の枠組み

①高度経済成長期の豊かさ

- 高度経済成長
- 大量生産体制の確立
- 大衆消費社会の形成―(イ)「三種の神器」
- (ア)「中流意識」

②諸問題の発生―高度経済成長のひずみ

- 都市への人口集中―住宅問題
- 兼業農家の増加（過疎化）―(ウ)「農業基本法」
- 公害問題―(エ)「水俣病」

③国民意識の変容―高度経済成長に対する反省

- 住民運動の広がり―環境保全など
- 革新自治体の誕生

●解説

①高度経済成長期の豊かさ

- 高度経済成長

日本経済は1955年から73年頃にかけて高度経済成長の時代を築いた。特に1961年から1970年は年率10％を超える世界でも例をみない急速な成長をとげた。その発端は池田勇人内閣の「国民所得倍増計画」(1960年) である。国民の所得 (給料) を10年間で2倍にするというもので，国民の勤労意欲を高め，その実績は目標を大きく上回った。1968年には国民総生産 (GNP) が，資本主義国の中でアメリカに次いで第2位となった。

• 大量生産体制の確立

国民生活の豊かさを実現する前提として，大量生産体制が構築されたことを，技術革新と設備投資を指摘しながら簡潔に述べておこう。原子力の利用やオートメーション化など，海外の先進技術を導入した技術革新は生産性を向上させた。また民間企業による大型の設備投資は「投資が投資をよぶ」という循環を生み出し，鉄鋼・機械・化学・造船などの重化学工業を発達させ，工業製品の大量生産体制を整えた。

• 大衆消費社会の形成―(イ)「三種の神器」

好景気は雇用の拡大と所得の増大をもたらし，国民の消費意欲をかきたてた。経済発展による都市の発達は核家族と独身者所帯を急速に増加させ，個々の生活に必要な家電製品などの耐久消費財の需要を増やした。1950年代後半以降には「三種の神器」と呼ばれた洗濯機・白黒テレビ・冷蔵庫が普及し，テレビは家庭生活の中心として一家団らんを楽しむ豊かさの象徴となった。1960年代後半以降には「新三種の神器 (3C)」と呼ばれたカー (自動車)・クーラー・カラーテレビの普及が進み，自家用車の普及はマイカーブームを招来し，大量消費社会の到来を示した。

• (ア)「中流意識」

所得の増大による貧富の差の減少，学歴別の賃金格差の是正，また社会保障制度などの所得再分配政策により，社会格差が一気に縮小した。国民の8～9割が「人並み」という「中流意識」を持つようになり，テレビ放送などのマスメディアの広告 (CM) に購買意欲をあおられ，耐久消費財などの購入を通じて「豊かさ」を実感した。

②諸問題の発生―高度経済成長のひずみ

• 都市への人口集中―住宅問題

太平洋ベルト地帯など重化学工業地帯が形成されると，産業と人口の大都市への集中がおこった。都市部では住宅供給の問題が発生し，大都市近郊で宅地開発が急速に進められた。また政府は新産業都市建設促進法や全国総合開発計画で産業と人口の拡散を図り，地域間の格差を縮めようとしたが，効果は上がらなかった。

• 兼業農家の増加（過疎化）―(ウ)「農業基本法」

大都市の労働力を供給した農村では，若年層が流出し過疎地域が増加した。農業人口も減少して兼業農家が一般化した。政府は農業基本法（1961年）を制定し，農業の近代化と産業構造の転換を図り，経営規模拡大と自立経営育成をめざした。しかし，農耕具の機械化による合理化はかえって兼業農家を増加させ，特に農外収入を主とする第2種兼業農家が急増した。

• 公害問題―(エ)「水俣病」

急速な高度経済成長政策によって，都市部では交通渋滞・大気汚染・水質汚濁など様々な問題が噴出した。特に企業が垂れ流した工業廃棄物などで環境破壊が進み，公害病に苦しむ人々も増加した。水俣病（熊本）・新潟水俣病・イタイイタイ病・四日市ぜんそくの被害をめぐる四大公害訴訟は，被害者側の勝訴となったが，国民に高度経済成長の弊害として重要な課題を突きつけた。

③国民意識の変容―高度経済成長に対する反省

• 住民運動の広がり―環境保全など

高度経済成長の負の側面が露呈すると，青年層を中心に対抗文化の風潮が高まった。特に公害問題は安心した生活を侵される大きな課題となり，環境保全を求める住民運動が広がった。こうした動きは公害対策基本法（1967年）の制定や環境庁（1971年）の設置など，政府の公害防止行政に大きな影響を与えた。

• 革新自治体の誕生

高度経済成長のひずみは国民の政治意識にも影響を与えた。従来は国政を主導する自民党（保守）の支援する候補者が地方選挙で当選することが多かった。しかし，1960年代後半～1970年代にかけて，大都市圏では社会党や共産党などの革新勢力が支援する候補者が当選し，革新自治体が成立した。1967年の美濃部亮吉の東京都知事当選を皮切りに，1970年代初めに大阪府・京都府などでも革新系知事が誕生してブームが起こり，公害規制や福祉政策などに努めた。

講評

2024 年度も例年と同様大問 4 題の出題で，全問論述問題であった。論述量は，4 題すべて 400 字以内で総字数 1600 字と例年どおりであった。時代別の構成も，Ⅰ古代，Ⅱ中世，Ⅲ近世，Ⅳ現代となっている。例年通り，指定語句などのヒントはあるが，120 分の試験時間で論旨に沿ってまとめるのは容易ではない。

Ⅰ　「奈良時代の政治」を仏教との関わりに着目して述べる問題。指定語句の(エ)「玄昉」や(ア)「宇佐神宮」から“隠れ指定語句”の「道鏡」を想起して，僧侶の政治介入を視野に入れた解答を作成できるかがポイント。また(イ)「受戒」で鑑真を想起して触れることになるが，どのタイミングで指摘するかで悩むところ。政権争いを羅列する解答に陥らないように注意したい。

Ⅱ　「日明貿易交渉の推移と貿易の特徴」を，史料を使用しながら解答する問題。日明貿易が開始されるまでの日中交渉の推移が難しい。史料の下線部などから推察しながら解答できるかがポイント。「15 世紀前半」とあるので，足利義満が朝貢した 1401 年から勘合貿易が始まる 1404 年頃までの交渉過程を，史料を読み取りながら解答できるかが勝負。また貿易の特徴として，朝貢形式の内容や日本経済に影響を与えた輸入品などを的確に指摘できるかもポイントとなる。

Ⅲ　「17 世紀後半～19 世紀前半における民衆運動の推移」をテーマにした問題。指定語句から判断して，江戸時代の百姓一揆の内容とわかる。枠組みを 17 世紀後半，18 世紀，19 世紀前半の 3 区分とし，指定語句を当てはめて説明できるかがポイントである。「米問屋」「天明の飢饉」の語句から「打ちこわし」を連想し，その背景として農村の階層分化にも言及しておきたい。一揆形態を社会構造の変化を含めて説明できるかが試されており，“隠れ指定語句”として「村方騒動」や「国訴」などにも触れておきたい。

Ⅳ　「高度経済成長期の国民の生活や意識の変化」をテーマにした問題。「豊かさ」と「ひずみ」を，指定語句を使用して述べられるかが試されている。指定語句の「農業基本法」をどう扱うかが悩むところ。農業人口減少に対応する政策として指摘できるかが試されている。なお，

「三種の神器」の商品名の羅列，「水俣病」に関連して四大公害の羅列は避けたいところである。国民の意識変化の結果として住民運動や革新自治体の誕生を指摘できるかが勝負どころである。

世界史

I　解答　前4世紀後半，アレクサンドロス大王がアケメネス朝を滅ぼし大帝国を樹立した。大王の死後，アジア領域を継承したセレウコス朝からカスピ海東南にパルティアが自立し，メソポタミアを奪ってクテシフォンを建設，ここを都とした。パルティアを倒したササン朝はシャープール１世時代にローマを破り，ホスロー１世時代に最盛期を迎えたが，まもなく新興のアラブ系イスラーム勢力に敗れて滅亡した。その後ウマイヤ朝が成立しカリフ位を世襲したが，まもなくアッバース朝に倒された。信徒の平等を実現しバグダードを建設した同朝は，ハールーン=アッラシードの下で黄金期を迎えた。しかし9世紀に衰退が始まり，10世紀にはイラン系シーア派軍事政権のブワイフ朝がバグダードを占領し，カリフより大アミールに任じられ実質統治を行った。11世紀，トルコ系セルジューク朝はブワイフ朝を倒し，トゥグリル=ベクがスルタンの称号を与えられ政治的支配権を行使した。(400字以内)

解説

《前4世紀後半から11世紀までのメソポタミアにおける政権の興亡》

●設問の要求

〔主題〕メソポタミアにおける政権の興亡

〔条件〕前4世紀後半から11世紀まで

●論述の方向性と指定語句

「前4世紀後半から11世紀まで」なので，アレクサンドロス大王の遠征によるアケメネス朝の滅亡（前330年）からセルジューク朝（1038～1194年）の時代までが範囲となる。「政権の興亡」とあるので，各政権の特徴よりも興隆と滅亡に言及することを優先したい。まずはメソポタミアを支配した勢力（政権）を時系列に並べ，情報を追加していくとよい。

①イスラーム化以前（指定語句：クテシフォン，シャープール１世）

②イスラーム化以後（指定語句：ハールーン=アッラシード，大アミール，スルタン）

●論述の構成

①イスラーム化以前

メソポタミアとはティグリス・ユーフラテス川流域のことで，おおよそ現在のイラクに該当する。前4世紀後半にはオリエントを統一していたアケメネス朝が支配していたが，ギリシアのポリス世界を統合したマケドニアのアレクサンドロス大王に征服された。ただしその支配は短命に終わり，アレクサンドロスの後継者（ディアドコイ）の争いを経て，帝国は大きく3分された。

そのうちメソポタミアを含むアジアの大部分を支配したのがセレウコス朝シリアである。その広大な領土からは前3世紀に中央アジアにバクトリアが，カスピ海の東南にパルティア（アルサケス朝）が自立した。遊牧系イラン人の建てたパルティアは，セレウコス朝の領土を蚕食しながら西方に領土を拡大させ，ティグリス川東岸にクテシフォンを建設し首都とした。

パルティアに代わった国家がササン朝である。ササン朝は農耕系イラン人が建てた国家であり，クテシフォンを都とした。第2代シャープール1世（位241年頃～272年頃）は東方ではクシャーナ朝を衰退させ，西方ではシリアに侵入してローマの軍人皇帝ウァレリアヌスを捕虜とした。ササン朝はホスロー1世（位531～579年）の時代に最盛期を迎え，突厥と結んでエフタルを滅ぼし，一方で東ローマ帝国（ビザンツ帝国）のユスティニアヌス帝と抗争した。以後も続いた東ローマ帝国との抗争は，オアシスの道を利用した交易の縮小を招き，交易路がアラビア半島を経由するようになったことがイスラーム教成立の一つの背景となった。

②イスラーム化以後

アラビア半島に成立したイスラーム教は，初代正統カリフのアブー=バクルの時代から半島を出てジハードを進めた。続く第2代カリフのウマルは，ビザンツ帝国からシリアやエジプトを奪う一方，ササン朝をニハーヴァンドの戦い（642年）で破り，まもなくササン朝は滅亡している。メソポタミアはこの過程でイスラーム勢力によって支配されるようになった。

正統カリフ時代の政治的中心はアラビア半島のメディナだったが，第4代カリフのアリーはメソポタミアのクーファを拠点とした。その後，アリー暗殺によって成立したウマイヤ朝は，シリアのダマスクスに都を置いている。ウマイヤ朝はアラブ人を優遇する政策を採ったため，マワーリー（非アラブ人ムスリム）やシーア派の反発を受けて打倒され，アッバース朝の下でムスリムの平等が達成された。アッバース朝第2代カリフのマンスールがティグリス河畔に建設した新都バグダードは人口100万を超える世界有数の大都市となり，特に第5代カリフ・ハールーン=アッラシード（位786～809年）の時代に繁栄の絶頂期を迎えた。

しかし，9世紀になるとアッバース朝カリフの権威が揺らぐようになる。各地の総督（アミール）が自立の傾向を見せ，トルコ系マムルーク（軍人奴隷）の専横も目立つようになった。こうした中でイラン系の軍事政権であるブワイフ朝はバグダードを占領し（946年），カリフから大アミールに任じられてイスラーム法の執行権を認められた。さらにトルコ系のセルジューク朝がブワイフ朝を打倒して，トゥグリル=ベクはカリフからスルタンの称号を認められた（1055年）。スルタンとは政治的・軍事的支配者のことであり，以後スンナ派イスラーム王朝において君主の称号として用いられた。こうしてカリフは政治的権威を失い，宗教的権威のみをもつ指導者という立場となった。

Ⅱ　解答　完顔阿骨打は，1115年遼の支配下にあったツングース系女真を統合して金を建てた。金は北宋と結んで遼を滅ぼしたが，その後，靖康の変で北宋を滅ぼした。金は二重統治体制を採り，自民族は部族制の猛安・謀克制で，農耕民は伝統的な州県制で統治した。江南に成立した南宋とは淮河を国境とする和議を結び，高麗も服属させた。金は交鈔の乱発による経済混乱などを背景に大モンゴル国のオゴタイに滅ぼされた。その後，女真は元の支配下に入ったが，明の攻撃で元がモンゴル高原に退いたことから，永楽帝の遠征を受けて明の支配下に入った。女真は薬用人参や毛皮の交易を行ったが，その利権をめぐって部族対立が拡大することになった。諸部族を統合したヌルハチは1616年に後金を建国，八旗を編成し，満洲文字を制定した。続くホンタイジは内モンゴルのチャハルを征服し，1636年民族名を満洲に，国号を清と改称，朝鮮王朝を属国とするなど次第に明を圧迫した。（400字以内）

解説

《1110年代から1630年代までの女真・満洲の歴史》

●設問の要求

〔主題〕女真・満洲の歴史

〔条件〕①1110年代から1630年代まで

②周辺諸勢力との関わりに留意

●論述の方向性と指定語句

論述するべき範囲がかなり細かく規定されている。「1110年代」からは金の建国された1115年を，「1630年代」からは後金が清に改称した1636年を想起する。その上で同時期の中国王朝の展開，つまり北宋，南宋，元，明との関係を中心に論述の材料を集めよう。条件となる「周辺諸勢力」については中国王朝に加えて，モンゴル高原や朝鮮半島を考える。なお満洲については，問題文で「洲」の字を用いているので，それに準じて「州」を使わないように気をつけたい。

①金の時代（指定語句：完顔阿骨打，靖康の変）

②金滅亡後の時代（指定語句：オゴタイ，ヌルハチ，朝鮮王朝）

●論述の構成

①金の時代

女真は中国東北地方に居住するツングース系の民族で，半農半猟の生活をしていたとされる。10世紀にモンゴル系契丹が渤海を征服して以降，その支配下に入ったが，完顔部の首長・阿骨打が自立し金を建国した(1115年)。彼が金の太祖である。金は太宗のときに，燕雲十六州をめぐり遼と対立していた北宋と同盟し，遼を挟撃して滅亡させた（1125年)。

遼の滅亡後，燕雲十六州の扱いなどをめぐり金と北宋との対立が拡大すると，金は北宋の都である開封を占領して皇帝の欽宗とその父で上皇の徽宗らを捕らえて北方に連行した。北宋が滅んだこの事件を靖康の変(1126～27年）という。

欽宗の弟は江南に逃れて高宗として即位し宋を再建した（南宋)。南宋では岳飛を中心とする主戦派と秦檜を中心とする和平派との対立があったが，和平派が勝利し，淮河を国境として金に臣下の礼をとることになった。金は女真や契丹人を統治するために軍事・行政組織の猛安・謀克制を実施し，漢人を統治するために伝統的な州県制を行うという二重統治体制を採用した。また民族意識を維持するために契丹文字と漢字に由来する女真文字を作成している。

しかし，都を燕京（現在の北京）に移してからは，次第に中国文化に同化するようになった。経済的には紙幣の交鈔を発行したが，その乱発によって経済混乱が生じている。なお金と同時期に朝鮮半島を支配していた高麗は，12 世紀前半に女真の侵入を受け服属した。

契丹滅亡後のモンゴル高原は金により間接的に支配されていたが，1206 年チンギス=ハンによって統一され大モンゴル国（モンゴル帝国）が建国された。大モンゴル国は南宋と提携して金を攻撃し，最終的にチンギス=ハンの子オゴタイが金を滅ぼした（1234 年）。

②金滅亡後の時代

フビライ=ハンによって元が建国されたが，その下で女真は漢人として扱われている。元末の紅巾の乱の中から台頭した朱元璋によって，1368 年南京で明が建国され，明軍が北京に迫ったことから元はモンゴル高原に退いた（北元）。その後，北元は 14 世紀後半に滅亡し，女真は 15 世紀前半に永楽帝の遠征を受け明の支配下に組み込まれた。

明支配下の女真は建州女真・海西女真・野人女真に 3 分されて間接統治を受けた。明とは毛皮や薬用人参（朝鮮人参）の取引を行っていたが，やがて交易利権をめぐって女真の部族間での対立が拡大した。一方，明は豊臣秀吉の朝鮮出兵に際して援軍を派遣したが，これによって明の国力の弱体化が進み中国東北部への影響力が弱くなった。

部族対立の中から建州部のヌルハチが台頭し，部族の統合に成功した。ヌルハチは国号をアイシン（後金）と定め，モンゴル文字に由来する満洲文字を作成し，また軍事・行政制度として八旗を組織した。続くホンタイジは内モンゴルのチャハルを征服したが，このときにモンゴル帝国の大ハンの地位を譲られたと称して 1636 年国号を清に改め，あわせて民族名も満洲とした。さらに朝鮮半島にも侵入して朝鮮王朝を服属させた。第 3 代の順治帝は長城を越えて中国支配を開始したが，北京に入城したのは 1644 年のことであり，これは論述の時期から外れるので注意したい。

Ⅲ　解答

16 世紀，フェリペ 2 世の旧教強制に対し，スペイン領ネーデルラントではオランダ独立戦争が開始され，北部 7 州はユトレヒト同盟を結成して戦った。1602 年東インド会社が設立され，1609 年実質的にオランダは独立を達成した。東インド会社はジャワ島のバタヴィアを拠点とし，ポルトガルからマラッカを奪って香辛料貿易を独占した。また，台湾に貿易の拠点を築き，アフリカ南端にはケープ植民地を建設した。西インド会社も設立され，北米に植民地を建設，ブラジルでサトウキビプランテーションを経営し，大西洋の奴隷貿易に加わった。アムステルダムは国際金融の中心となったが，オランダの中継貿易に打撃を与える目的でイギリスが航海法を制定し，英蘭戦争が勃発した。また，フランスのルイ14世の侵略を受け，名誉革命でイギリスとの同君連合を実現したが，胡椒価格の暴落などもあって，18世紀には英仏の重商主義政策の前に海洋国家としての商業覇権を失った。(400字以内)

解説

《海洋国家としてのオランダの台頭から没落までの過程》

●設問の要求

〔主題〕 海洋国家としてのオランダの台頭から没落までの過程

●論述の方向性と指定語句

指定語句に「フェリペ2世」があるので，論述の始まりは，オランダ独立戦争からと判断したい。論述の内容は「過程」であるから，基本的には時系列に従い，台頭→繁栄→衰退・没落の順にまとめていけばよい。

①オランダの台頭（指定語句：フェリペ2世，ユトレヒト同盟）

②オランダの繁栄（指定語句：東インド会社）

③オランダの衰退・没落（指定語句：英蘭戦争，名誉革命）

●論述の構成

①オランダの台頭

オランダの独立運動だけで1題の論述問題にもなり得るので，書き過ぎないように気をつけたい。スペイン領ネーデルラントに対し，フェリペ2世はカトリックを強制してゴイセンを弾圧し，都市の自治を制限した。こうした抑圧に対して1568年にオランダ独立戦争が始まり，カトリックの多い南部10州の脱落を受けて1579年北部7州がユトレヒト同盟を結成，1581年ネーデルラント連邦共和国（オランダ）として独立を宣言した。独立宣言後も戦争は続いたが，スペインとの休戦条約（1609年）によって実質的に独立を達成し，国際的にも三十年戦争後のウェストファリア条約（1648年）で独立が承認された。

②オランダの繁栄

オランダ独立戦争中にもオランダの対外進出が行われていることに注意したい。オランダが東インド会社を設立したのは1602年である。アジア貿易の独占権を認められたこの会社は，ジャワ島のバタヴィア（現ジャカルタ）を拠点にモルッカ諸島（マルク諸島，香料諸島）での香辛料貿易に加わった。同じく香辛料貿易の利権を目指すイギリスをアンボイナ事件（1623年）で排除し，それ以前から香辛料貿易で繁栄していたポルトガルからは1641年にマラッカを，続いてセイロン島を奪った。東アジアでは1624年に台湾を領有して日本と中国の中継貿易を行った。やがて台湾は鄭成功に奪われるが，日本との交易は日本が「鎖国」状態となった後もヨーロッパ諸国の中で唯一維持された。こうしたアジアとヨーロッパの中継地点を確保するために，アフリカ大陸南端にケープ植民地が建設されている（1652年）。

オランダの対外進出はアジアだけではない。1621年には西インド会社が設立され，新大陸では北米にニューネーデルラント植民地を建設した。中心となったのがニューアムステルダムである。ニューネーデルラント植民地は第2次英蘭戦争を経てイギリスの領有となり，ニューアムステルダムはニューヨークと改称されている。南米ではブラジルのサトウキビプランテーションの経営もオランダにより主導され，大西洋三角貿易にもオランダは加わっている。

こうした経済活動の結果，オランダの首都アムステルダムは世界金融の中心となり，文化も繁栄した。この時代を代表するオランダの文化人には，オランダ独立戦争中に『海洋自由論』を書いて公海の自由を訴えたグロティウスや，市民の集団肖像画「夜警」で知られるレンブラントらがいる。

③オランダの衰退・没落

オランダが没落した要因を一つに絞るのは難しい。政治的には，連邦制を採用していたため国家としての統一的な対応が難しかったことなどがあげられる。「海洋国家」とあるので，論述では経済面を中心に指摘すればよい。オランダの交易は中継貿易を主体としており，国内の毛織物業は職人の賃金が高く国際競争力を失っていった。またアジアからの主力商品だった香辛料の人気が衰え，その価格が17世紀後半になると暴落したことも大きい。代わりにヨーロッパではインド産の綿織物や中国の茶が人気商品となったが，これらはほとんどイギリスが独占していた。

加えて英仏が台頭し，重商主義政策の下でオランダに対抗したことが，オランダの衰退を加速させた。イギリスは共和政期に航海法を制定したが

(1651年)，その内容は中継貿易を主体としていたオランダの排除を目的とするもので，以後3度にわたる英蘭戦争が行われた。一方，英蘭戦争と並行して，ルイ14世によるオランダ戦争（1672~78年）が起こっている。その後オランダは，イギリスの名誉革命の際にオラニエ公ウィレムがイギリス王（ウィリアム3世）に迎えられたことで事実上の同君連合を形成し，以後イギリスと友好関係を維持することが可能となった。

18世紀に入ると，ウィリアム3世が死去してこの同君連合は解消されたが，カトリックのフランスへの対抗上，イギリスとオランダの同盟関係はそのまま継続されている。しかし，この同盟関係を維持するための代償として，オランダは自国の海軍力や貿易の制限をイギリスに対して認め，イギリス・フランスが重商主義を推進したこともあって，18世紀には海洋国家としての商業覇権を失うことになった。

Ⅳ　解答

鄭成功がオランダ勢力を退けて反清復明の拠点とした台湾は，康熙帝による遷界令で孤立し，三藩の乱鎮圧後の1683年清に征服され，その直轄地となった。台湾には福建や広東から多くの漢人が移住し，19世紀後半，アロー戦争後の天津・北京条約では開港地も設けられ，日本は漂着琉球人の殺害を口実として台湾出兵を行った。こうして清は，列強の進出を受けて伝統的な冊封体制から主権国家体制への転換を迫られたが，日清戦争に敗北し，下関条約で台湾は日本に割譲された。第二次世界大戦中のカイロ会談を受け，台湾は日本敗戦後に中華民国に復帰したが，大陸の国民党政府の支配に反発して二・二八事件が発生した。国共内戦に敗れた国民党が台湾に逃れて国民党政府を維持し，1951年のサンフランシスコ講和会議で日本は台湾を正式に放棄した。台湾は日華平和条約や米華相互防衛条約などを締結したことで西側の一員となり，国際連合の代表権を維持することになった。(400字以内)

解説

《台湾の統治と対外関係をめぐる17世紀半ばから20世紀半ばまでの歴史》

●設問の要求

〔主題〕 台湾の統治と対外関係をめぐる歴史

〔条件〕 17世紀半ばから20世紀半ばまで

●論述の方向性と指定語句

台湾支配者の変遷をまず考え，それぞれの時代の対外関係の情報を加えていくとよい。論述の範囲は17世紀半ばからなので，オランダの支配→鄭氏一族の支配→清の支配→日本の支配→中華民国という支配者の順序を軸にしよう。

①清の支配以前（～1683年，指定語句：康熙帝）

②清の支配（1683～1895年，指定語句：天津・北京条約，台湾出兵）

③日本の支配以降（1895～，指定語句：下関条約，サンフランシスコ講和会議）

●論述の構成

①清の支配以前

オランダによる台湾支配は1624年に始まる。南部にゼーランディア城を設けたが，1661年に明の遺臣の鄭成功が台湾を奪い，その死後も一族が「反清復明」の拠点とした。清の康熙帝は遷界令を発して厳しい海禁策を採り台湾を孤立させ，呉三桂らの三藩の乱を鎮圧した後，台湾を征服し直轄地として領土に組み込んだ（1683年）。

②清の支配

台湾には多くの先住民が居住していたが，清の支配下に入った頃から漢人の移住が進んだ。とはいっても清の政府は台湾を「化外の地」としており，台湾全土に清の統治が及んだわけではなかった。もともと中国王朝を中心とする冊封体制が国際的な秩序として存在していたが，19世紀に入り欧米諸国の進出が活発化するとこの秩序も揺らぎ，清もアヘン戦争（1840～42年）に敗れて開国を余儀なくされた。

指定語句の中で使いづらいのが天津・北京条約だろう。これらはアロー戦争（1856～60年）の講和条約だが，台湾との関係での指摘は難しい。台湾北部の淡水と南部の台南が開港地として加えられている。台湾出兵（1874年）は台湾に漂着した宮古島島民が台湾先住民に殺されたことを口実に日本が台湾に出兵した事件で，日本の台湾支配への道を開いた。一方で，宮古島島民が日本人であるのか，台湾先住民は清の支配下にあるのかという点で，琉球や台湾の主権問題を内包するものでもあった。これらは，「対外関係をめぐる歴史」に注目して，清の冊封体制から主権国家体制への転換という視点と関連させることができる。

同じ頃，清は清仏戦争（1884～85年）に敗れてベトナムの宗主権を失っている。こうした対外的な危機を背景に，清は台湾を省に昇格させて統治しようとしたが，朝鮮の宗主権の問題を一因として勃発した日清戦争（1894～95年）に敗れて，台湾は日本に割譲されることになった。

③日本の支配以降

日清戦争後の下関条約により台湾は日本に割譲され，その植民地となった。第二次世界大戦中のカイロ会談（1943年）で台湾の返還も決まり，日本敗戦後に中華民国領として復帰した。大陸から移住してきた人々（外省人）と現地の住民（本省人）との軋轢から大規模な抗議やデモが発生したが，国民政府はこれを弾圧によって鎮圧した（二・二八事件：1947年）。以降台湾では1949年から戒厳令が敷かれた。大陸では国民党と共産党との内戦が続いていたが，敗れた国民党は台湾に逃れて国民党政府を維持した。

こうして冷戦構造も背景として，大陸に共産党の中華人民共和国，台湾に国民党の中華民国という「２つの中国」が存在するという問題が生じた。サンフランシスコ講和会議については，日本による台湾放棄が正式に決定したことを指摘しよう。中華人民共和国も台湾政府もこのサンフランシスコ講和会議には招かれず，台湾政府は1952年に日本と日華平和条約を，1954年にはアメリカと米華相互防衛条約を締結するなど，冷戦体制の中で西側に属し，国際連合の常任理事国としての地位を保持していた。

講評

例年通り400字の長文論述が４題出題された。指定語句も例年通り各問５つずつである。出題地域はヨーロッパが１題，西アジアが１題，東アジアが２題で，時代は古代が１題，中世～近世が１題，近世が１題，近世～現代が１題だった。試験時間は120分であり，400字の論述を４題書き上げるのは，指定語句から問題の要求を汲み取って全体の文章を構成する国語力と集中力が必要である。

Ⅰ　前４世紀後半から11世紀までのメソポタミアにおける政権の興亡：論述すべき期間が長いので，支配勢力や政権の詳細に言及すると字数が足りなくなる。支配者の交代が明らかにわかるように情報の取捨選択を行うことが大切である。

Ⅱ　1110年代から1630年代までの女真・満洲の歴史：論述の範囲設定が他に比べると細かく定められているので，年代の知識が必要である。金と後金をバランスよくまとめようとしても，後金については論述の対象となる時期が20年と少ないので，全体の構成を最初に検討することが必要である。

Ⅲ　海洋国家としてのオランダの台頭から没落までの過程：教科書記述が多い時代・分野の出題だが，その分だけ情報の取捨選択が大切になる。全体の構成を考えてから書き始めないと，後半の字数調整がつらくなるだろう。

Ⅳ　台湾の統治と対外関係をめぐる17世紀半ばから20世紀半ばまでの歴史：台湾支配者の変遷だけでなく，台湾を中心とした対外関係の変遷をまとめることが求められている。対外関係の変遷は中国本土ではなく，台湾について言及しなければならないため，論述の中に組み込むことが難しいと思われる。

地　理

I　解答

古い堆積面が相対的に隆起して生まれた台地は，用水の確保が困難であったため，一部の道路沿いに集落が形成され，その近隣で畑や果樹園が営まれたものの，かつては大部分が針葉樹を主体とする森林に覆われていた。一方，台地を侵食した谷に土砂が堆積して生まれた沖積低地は，水を得やすく平坦なため主に田として利用され，沖積低地に面する台地縁辺の崖下には家屋が列状に建ち並び，寺社も立地する集落が形成されていた。現在も谷底の沖積低地では田が営まれ，台地の周辺部に古い集落も残るが，水はけが良い台地の緩やかな斜面では果樹園が拡大している。また，開発が遅れた台地面は広大な土地を確保しやすかったため，大規模な変電所や生産・物流に関連する大型施設が立地したほか，ゴルフ場や「県民の森」などレジャーや保養を目的とする開発も行われた。さらに鉄道の開通に伴い，ベッドタウンとして新興住宅地が造成され，新たに小・中学校も開設された。(400字以内)

解説

《千葉県白井市付近の地形図読図》

開発が進展する以前の図1を見ると，広い範囲を針葉樹林が覆い，樹枝状に田も広がっていた様子が読み取れる。いくつかの標高点と等高線に注意すると，針葉樹林が分布する地域は20m前後の緩斜面，田が営まれている地域はおよそ10m以下の平地となっており，それぞれ台地と谷地（沖積低地・谷底平野）に当たることがわかる。

図1中の「集落立地」については，北西部を通過する道路沿いに「白井村」役場と集落が見られたが，特に台地縁辺の崖下に複数の列村が分布する点が特徴的である。「土地利用」については，上述の通り，主に台地に針葉樹林，沖積低地（谷底平野）に田が広がっていたことを，「地形の特性」として用水の得やすさの違いとあわせて説明する。

図2では，依然として沖積低地に田が広がっているものの，高燥な台地面の「土地利用」や「集落立地」は大きく変化している。農業的な土地利用としては，台地面に畑と果樹園の記号が目立つようになった。ただし，

図1で記号が存在しなかった畑の拡大については判断が難しいので，まずは果樹園を取り上げればよい。また，南部に集まる大型の堅ろう建物は，幹線道路の整備状況も踏まえると，工場や物流施設と推察される。「新京葉変電所」や東部のゴルフ場，南西部の「県民の森」，さらに大規模な新興住宅地などが整備されたことも挙げつつ，こうした変化の背景として開発が遅れた台地で広い用地を確保しやすかった点についても説明したい。

Ⅱ　解答　各都市の気温は上昇傾向で，中小10都市の平均値と比べ，東京，大阪，福岡など大都市のほうが気温の上昇が顕著である。また，どの都市でも，日中に記録される日最高気温よりも，日最低気温の上昇が大きい。要因として，地球温暖化の影響に加え，人口が多く経済活動が活発な都市では，自動車，住宅，オフィス，工場などからの人工排熱が多い上，密集する高層建築物に風が遮られて大気中の熱が拡散しづらく，周囲と比べて高温となるヒートアイランド現象が発生しやすいことがある。開発に伴って水面や植生が縮小したため蒸発散の際の気化熱による温度低下が促されず，蓄熱性の高いアスファルトやコンクリートなどの人工的な素材で広く覆われて，日中の熱が夜間や明け方まで保たれることも要因である。こうして都市の気温が上昇すると，熱中症などの健康被害が多発する恐れがあるほか，対流性の局地的大雨が発生し交通マヒや内水氾濫が引き起こされる懸念もある。(400字以内)

解説

《ヒートアイランド現象》

表1から，いずれの都市も気温が上昇しているが，網走や根室など中小の10都市平均よりも東京，大阪，福岡など大都市のほうが昇温が顕著であることと，日最高気温より日最低気温のほうが大きく上昇していることが読み取れる。人口規模が大きく，経済活動も活発な大都市で気温の上昇が顕著な要因として，人工熱が大量に排出されることや都市化に伴い水面・緑地が縮小したことを具体的に説明したい。日最低気温の上昇が顕著な要因としては，都市を覆っているアスファルトやコンクリートが熱を長時間蓄える性質を持っていることにも注意したい。

こうしたヒートアイランド現象によって，生物の越冬が促され生態系に影響が及ぶケース，冷房用の電力消費が伸びて温室効果ガスの排出量が増加するなど地球環境に影響が及ぶケースも想定できるが，本題では「人々の生活に与える影響」を説明することが求められている。よって，熱中症などの健康被害や局地的大雨（ゲリラ豪雨）などの懸念について指摘したい。局地的大雨は交通機関の乱れを引き起こす可能性があるほか，排水能力を上回るような豪雨は都市に内水氾濫をもたらす恐れもある。このほか，夏季の冷房器具の需要増加など，経済面での影響も考えられるだろう。

Ⅲ　解答　ヨーロッパの大都市における都心やその周辺地区では，旧来の富裕層や産業が開発の進んだ郊外地区に移転したことで，低所得者層や高齢者が取り残されたほか，空洞化に伴って外国からの出稼ぎ労働者や移民も流入した。住居の適切な管理や修繕が行われず，落書きが放置されたままの老朽化した建造物が目立つようになったインナーシティでは，犯罪の増加や生活環境の悪化などの都市問題も深刻化した。本来は利便性が高い都市空間の荒廃に対して，公的機関が主導して建物の改築・新築，インフラの更新などの再開発事業が推進されると，所得水準の比較的高い階層が流入するとともに，彼らを顧客とする高級な商店やレストランなどの都市機能も進出した。こうして地価が上昇し，地区全体の経済的価値が高まるジェントリフィケーションが進展したが，高騰した家賃を負担できなくなった低所得者層，高齢者などは退去を迫られることになり，居住者の入れ替わりが進んだ。(400字以内)

解説

《ヨーロッパの大都市における都市問題》

大都市はさまざまな都市問題を抱えてきたが，本題では指定語句にある「インナーシティ」問題について説明することが求められている。インナーシティ（都市内域）とは「都心やその周辺地区」を指し，人口や産業の郊外化によって活力の低下や衰退が顕在化した事例も多い。特にヨーロッパの大都市では旧植民地など外国出身の出稼ぎ労働者や移民の流入も顕著で，写真1に示されたように落書きが放置されたままの建物も珍しくない。本来は利便性が高いはずのインナーシティが，しばしば貧困を背景にスラム化し，治安も悪化するなどの都市問題を抱える荒廃した地区となった。

また，指定語句に「ジェントリフィケーション」が挙げられていることに注意すると，インナーシティのその後の変化についても述べる必要がある。ジェントリフィケーションとは，インナーシティなどの荒廃した地区が高級な地区に変質する現象であり，再開発事業などをきっかけに所得水準の比較的高い人々が流入して引き起こされる。高級化したインナーシティでは，地価や家賃が上昇するため，所得水準の低い従来の住民は退去を迫られ，居住者の入れ替わりが進む。

Ⅳ　解答　Aはカメルーン，Bはオーストラリア，Cはバングラデシュ，Dは日本。国民の食生活の中心を穀類が占めるカメルーンでは，サバナ農耕文化の伝統的な作物であるソルガムの自給率が高いが，小麦や米は輸入に依存し，肉類の供給量も少なく，食料の確保や栄養状態に課題がある。ヨーロッパの食文化が伝わり，企業的な農牧業も発達しているオーストラリアは，国内供給量も多い小麦や牛肉を大量に輸出しているが，アジアなどからの移民が増加して需要が伸びた米や豚肉は主に輸入している。モンスーンアジアに位置するバングラデシュでは，伝統的な主食である米の自給率は高いが，小麦は低い。また，供給量の少ない牛肉は自給可能であるが，ムスリムが多くを占めるため豚肉は国内供給も輸入もされていない。日本も，米の自給はほぼ達成しているが，競争力が低い他の食品は輸入に頼っており，海外からの輸送時に大量のエネルギーが消費されるという問題を抱えている。(400 字以内)

解説

《4カ国の食文化と食料自給の地域的特徴》

表2中のAは，肉類と比較して穀類の国内供給量が多く，特にもろこし類（ソルガム）の生産量が多いことから，サバナ農耕文化の影響の残るアフリカのカメルーンと考える。Bは，小麦や牛肉の生産量が国内供給量を大きく上回っており，輸出量が多いと考えられるため，企業的な農牧業が発達しているオーストラリアとなる。Cは，特に米の生産量および国内供給量が多いことや，豚肉の国内供給量・輸入量が0であることに注意して，モンスーンアジアに位置し，イスラーム教徒（ムスリム）が多いバングラデシュと判断する。Dは，米の生産量が比較的多いものの，他の食品は生産量より輸入量が多くなっていることから，日本となる。

答案の作成に当たっては，上記の内容に加えて，各国が直面する課題についても検討し，記述する必要がある。カメルーンは，ソルガム以外の穀類を輸入に頼っていることや，牛肉と豚肉の国内供給量が少ないことなどから，食料の確保や栄養状態に課題を抱えている可能性がある。アフリカでは，商品作物などの輸出で得られた外貨で穀類が輸入され，主食用の穀物生産が人口増加に追いついていない国も多い。オーストラリアは，多文化主義政策を背景に今後もアジアなどからの移民の増加が見込まれ，米や豚肉の国内供給が課題となる可能性も考えられる。米に偏った食生活が続いてきたバングラデシュも国民の栄養状態が懸念されるが，小麦の輸入量や国内供給量の多さが示唆するように，経済発展に伴って予想される食の多様化・欧風化への対応が注目される。とりわけ各国の食料自給をテーマとする本問では，米を除いて自給率が低い日本が，遠距離に位置する国から大量の食料を輸送する際に，多くのエネルギーを消費し，環境に多大な負荷を与えてきたことについてはぜひ言及しておきたい。

講評

2024年度も，例年通り400字の論述法が4題の構成であった。頻出の地形図に加え，自然環境や社会・経済をテーマとするいずれの大問でも資料が用いられた。資料に基づいて地理的に考察する姿勢が大切である。

Ⅰ　新旧の地形図を比較して，集落立地や土地利用の特徴と変化を説明する頻出の問題である。田が広がる低湿地に対して，変化の大きな台地の土地利用について具体的に説明したい。

Ⅱ　都市のヒートアイランド現象は基本的な事項であり，書きやすい問題であるが，「日最低気温」の上昇の方が大きい点をどのように説明できるかで差が生まれそうである。

Ⅲ　ヨーロッパの大都市の都市問題を考察する出題であるが，指定語句の「インナーシティ」「ジェントリフィケーション」から，都市地理の知識があれば論述すべき内容は見当がつく。

Ⅳ　A～Dの国名判別は難しくないが，それぞれの国の「食文化」「食料自給にみられる地域的特徴」などの論述が求められ，字数的に余裕はない。さらに「背景・課題」なども盛り込む必要があり，時間的な余裕もないが，書くべき内容は吟味したい。

倫　理

I　解答例　人は「するべきこと」をするべきなのか。この問いかけから私が思い浮かべたのは，ドイツの哲学者カントの思想である。カントは，道徳法則への尊敬を動機としてその命令に従うことを義務と呼び，義務に基づいた行為だけが道徳的な価値を持つと考えた。さらに，普遍的な道徳法則に服従することを意志の自律ととらえ，これが真の自由であると論じている。確かに，「～すべきである」という命令に従うことが自由につながるということは，一見したところ理解しづらい。「～すべき」という命令は，自己に対する押し付けのようにも見えるし，普遍的な道徳法則に従うということは，自分の感情や意志を抑制して，周囲に合わせるべきだという主張にも取られかねない。

しかし，重要なのは，道徳法則とは自らが立てた法則であるということである。自分の理性が自分自身に課す法則に自らの意志で従うということは，自分が決めたことに自ら従うことに他ならない。法則を課したのが自分自身であるからこそ，その法則に従うことは，押しつけでも自己の抑制でもなく，まさに自由そのものなのである。このように人間が自らの意志を律して道徳法則に従うところに，人間の尊厳があるとカントは考えている。

以上のように，カントの思想によれば，人は自らが定めた「するべきこと」を実行している状態においてこそ自律的であり，それゆえ自由であるということになる。反対に，自らの理性が決定した「するべきこと」を遂行できていない場合には，自己は欲望に捉われているのであり，それはむしろ自分の「するべきこと」が，自己の外側の要因によって妨げられている，不自由な状態だといえる。欲望に自己の自由を妨げられないためには，「ただ～せよ」という命法に従うことが必要になるのであろう。よって私は，人が自由に生きるためには，「するべきこと」を自らの意志によって選択し，それを行うことが必要であると考える。(600～800字)

解説

《人が「するべきこと」とは》

〔解答例〕では，ドイツの哲学者カントの義務論を参考にしながら，道徳法則に従うところに自由があるという思想に沿って，人は「するべきこと」を自ら判断し，それをするべきであるという主張でまとめた。

もちろんこれとは逆に，「するべきこと」にとらわれない自由な生き方を模索する内容で解答を作成することも可能である。その際は，たとえば，フランスの実存主義哲学者サルトルの「実存は本質に先立つ」という言葉を参考にするとよいだろう。サルトルによれば，道具はその作り手があらかじめ本質を決定してから作られることで実際に存在する（実存する）が，人間は，まず この世界に実存してから自由な行為によって人生を選び，自己自身の本質を作りあげてゆく。こうした思想に沿って，人間が「するべきこと」はあらかじめ決められておらず，そのため「するべきこと」をする必要はないという主張でまとめることができる。

Ⅱ 解答例

ＡとＢの議論では，「自由意志で行えること」として，自殺や子どもをつくらないことが挙げられている。ここでは，自由意志と生命との関係が問われていると言えるだろう。自由意志を持つということは，人間の生命を自由にすることまでも含まれるのか。課題文から読み取れるのは，こうした問いである。私は，この問いに関しては反対の立場を取る。

漫画『ブラック・ジャック』には「人間が生きものの生き死にを自由にしようなんておこがましいと思わんかね……」という台詞がある。天才的な技術でどんな人の命でも救えると過信する主人公に対して，彼の師匠が述べた言葉である。私はこの言葉が現代社会に対しての警告であるように感じる。人間は医療行為によって病気に抵抗し，克服しようとしてきた。それは「生きたい」という人間の本能にもとづく自然な行為であろう。しかし，現代において医療技術やバイオテクノロジーが高度に発達した結果，人間が命を操作できると考える風潮が高まってきているのも事実である。そのような風潮に対し，命の処分をも人間の自由にできるのだと考えるのは行き過ぎであり，命に対しては畏敬の念を持って対するべきだと教えてくれた言葉である。

人生の苦しみから自由になるためには，みずから命を絶つほかない，と思わず考えてしまうこともあるだろう。しかし，私は，人間はどんなに過酷な状況においても生きようと力を尽くすべきであると考える。人生とは苦そのものであると説いたブッダも，自殺を勧めてはいない。苦しみを受け止め，その苦しみの原因を理解し，人間ができる限り最善の努力をすることを説いた。人間は生まれた意味もわからないままこの世に投げ出され，いつかは死ななければならない。しかし，壮大な宇宙の前ではちっぽけな存在にすぎないことを自覚しながらも，最後まで命を断つことなく運命に抗おうともがき苦しむところに人間の存在意義があると私は考える。(600～800 字)

解説

《自由意志でおこなえること》

埴谷雄高の小説『死霊』の引用を読み，その中の自由意志と命をめぐる議論について自分の考えを述べる問題。対話における「自殺」や「子どもをつくらぬこと」という論点を念頭に，自由意志や生命についての自分の考えをまとめるとよい。〔解答例〕では，課題文を踏まえて，「自由意志を持つということは，生命を自由にすることまでも含まれるのか」という問いを立て，それに反対する立場から議論を展開した。〔解答例〕では，人間が生命を自由にすることには限界があるという点から立論したが，自由意志には生命を自由にすることも含まれるという立場から論じることも可能だろう。また，「自殺」と「子どもをつくらぬこと」というそれぞれの問題に着目して，それらと自由意志の関係を論じるのもよい。

思想家を取り上げることは必須条件ではないが，倫理で学習した思想を参考にして議論を深めることも可能である。〔解答例〕ではブッダの思想を取り上げたが，他にも自由意志とその限界を論じた思想家への着目も考えられる。たとえば，アウグスティヌスやルター，カルヴァンなど，キリスト教思想家たちの自由論は，神の摂理に定められた運命との関係で考えられているので，自由意志がどこまで認められるのかを考える際の参考にもなるだろう。

III　解答例　ジャイナ教では，不殺生を徹底し，特殊な菜食主義を推奨する一方で，餓死に至るまで断食する宗教的慣習が行われている。不殺生を実践し，生命をきわめて重視するはずのジャイナ教において，みずからの命を絶つ断食が行われているのは，表面的には矛盾しているようにも見えるだろう。

しかし，この断食が「不治の病」などの「特定の状況下」で行われているということを考えるならば，不殺生の教えとのあいだに齟齬は生じないと私には思われる。そもそも，不殺生による生命の尊重は，生き物が被る苦しみをできるかぎり避けるという意図があったのではないだろうか。同じように，「不治の病」などの苦痛を伴う「特定の状況下」で餓死を選び取ることも，苦しみを避けようとする点では変わらない。不殺生を徹底するジャイナ教において，餓死に至るまでの断食が認められているということは，以上のように生き物にとっての苦しみを遠ざけようとするからであると私は考える。

ジャイナ教の断食による餓死をこのように解釈するならば，それはさらに現代における尊厳死の問題とも通じるように私には思われる。現代においても，不治の病を長く患った人が，苦しみを避けるために自分自身で尊厳死を選ぶということがある。苦痛を遠ざけようとすることが，生命を断つという選択へと至るということをどのように考えるべきなのか。これは延命治療技術の発達した現代においてとりわけ重要な問題である。徹底した不殺生を説く一方で，断食による餓死を認めているジャイナ教は，こうした問題を現代にさきがけて投げかけているのではないだろうか。
(600〜800 字)

解説

《ジャイナ教における「餓死」》

ジャイナ教はヴァルダマーナ（紀元前 549 頃〜前 477 頃）によって創始された宗教で，徹底した不殺生（アヒンサー）を説く。だが他方では，設問文で書かれているように，特定の状況下で餓死に至るまで断食する「サンターラー/サッレーカナー」という宗教的慣習がジャイナ教では行われている。不殺生を徹底するはずのジャイナ教において，みずからの命を絶つことになる断食が認められているのはなぜなのかを論じる問題である。

ここで注意しておきたいのは，この設問では，「あなたの考えを自由に」

論じることが求められている点である。したがって，不殺生の徹底と餓死に至る断食がジャイナ教において共存しているのはなぜなのかについて，解答者は自分なりの解釈に基づいて論じる必要がある。

〔解答例〕では，不殺生の徹底と餓死による断食について，いずれも生き物としての苦しみを避けようとする点で，両者に矛盾はなく，むしろ通底していると解釈した。そのうえで，そうした断食が，苦しみを取り除くためにみずからの生命を断つという点で，現代における尊厳死の問題とも重なりあうことの指摘を行った。

Ⅳ 解答例 カントの言う「未成年の状態」とは，他人の指示を仰がなければ自分の理性を使うことができないことを指す。ただし，「未成年の状態」において人は理性を持たないわけではない。「未成年の状態」から抜け出すために必要なのは，ただ理性を持つということだけではなく，理性を行使する自分自身の決意や勇気なのである。

私は今進路を選ぶという岐路に立たされているが，これまで大学に行くことに何の疑問も持たずにいた。しかし，大学に行くという自分の進路について立ち止まって考えてみると，果たしてそれが自分にとって最善なのだろうかという疑問が湧いてきた。確かにこれまでもその疑問が心をよぎることはあったが，周囲に流され自分自身で考える勇気がなかったのだ。まさに，カントのいう「未成年の状態」である。ここから脱却するには，どうしたらよいのだろうか。

ここで，カントにも大きな影響を与えたフランスの啓蒙思想家ルソーを手がかりにして考えたい。ルソーは社会が成立する以前の自然状態には，自然的自由があると考えている。しかしルソーは，社会とは無関係の自然的自由に安住することを良しとしない。ルソーは，人びとが社会契約を結び，社会のなかでこそ得られる市民的自由をより優れたものだと考えるが，それは，自然的自由を手放してでも社会のなかで生きるということを，まさしく自分自身で考え，自発的に選び取ったからだろう。

私に足りなかったのは，自らの理性で判断し選択することだと思う。とはいえ，社会と切り離されたところでは，自分自身では考えることをせず，現状に埋もれてしまいやすい。社会に置かれた自分の存在の意味をとらえ直すことが，自分自身と向き合い，理性で考えるための重要なきっかけになると私は考える。社会の中で何ができるかという意識を持ち，自分は何を学ぶべきかを考えることで，自分の陥っていた「未成年の状態」から抜け出すことになると私は考える。(600～800字)

解説

《カントの啓蒙について》

カントの著書『啓蒙とは何か―「啓蒙とは何か」という問いに答える』の一節を読んで，自分が身近に体験している「未成年の状態」を例に挙げ，その状態から抜け出す具体的な方策を述べる問題。その際，古今東西の思想家から一人を選んで，その思想を参考にすることが求められている。

〔解答例〕は，自分自身で深く考えずに大学進学を決めている状況を「未成年の状態」と捉え，そこから抜け出す方策を考えるために，フランス啓蒙思想家ルソーを取りあげた。ルソーは社会が成立する以前の自然状態における自然的自由を抜け出して，社会契約を経て形成された社会における市民的自由へと移行することを説く。こうした考え方を参考にして，ただ何も考えずに大学進学するのではなく，社会における自分の役割を自分自身でよく考えたうえで進学することが，「未成年の状態」からの脱却となるという議論を展開した。

なお，ルソーの他にも，既成の権威や概念にとらわれずに，自分自身で考えることを重視した思想家を参考にすることができる。たとえば，既存のキリスト教道徳を激しく批判した実存主義の思想家ニーチェや，実験と観察によって偏見や思い込み（イドラ）を払拭したベーコンの思想を取り上げて，自分自身で考えることの重要性を論じることもできるだろう。

講評

2024年度は2023年度に引き続き，4題中2題を選択し，解答する形式であった。字数制限は1題につき600～800字で，用語を正確に説明し，関連事項の知識をまとめつつ自分の考えを述べるには，120分の試験時間を考慮しても，かなりの論述力が要求される。

I　古今東西の思想家を一人取り上げて，人は「するべきこと」をするべきかどうかについて自由に論じる問題。与えられたテーマに対して賛成か反対かという自分の主張を論じるとともに，その主張にふさわしい思想家を取り上げる必要がある。倫理で学んだ知識を論述に活かす応用力が問われる問題であった。

Ⅱ　埴谷雄高の小説『死霊』からの引用を読み，そこで展開されている自由意志と死生観の関わりについて自分の考えを述べる問題。倫理で学んだ思想家たちの「自由意志」についての主張を適切に踏まえながら，「死ぬこと」「生きること」の意味について考えることが求められた。

Ⅲ　インドのジャイナ教の宗教的慣習である断食による「餓死」が認められている理由について，自分の考えを自由に論じる問題。求められているのは，必ずしもジャイナ教についての詳細な知識ではなく，自分の考えなので，課題文の提示する事象をどのように解釈し，展開させるかがポイントとなる。

Ⅳ　カントの著作からの資料文を読み，資料文で取り上げられた「未成年の状態」から「自分の理性」を使って抜け出す，具体的な方策について述べる。その際，古今東西の思想家の思想を参考にすることが条件になっており，思想家についての深い理解が要求される問題であった。

数 学

1 解答 **(1)** 直線 AC は∠OAB を二等分するので

$$\mathrm{BC}:\mathrm{CO}=\mathrm{AB}:\mathrm{AO}=2:4=1:2$$

よって

$$\overrightarrow{\mathrm{AC}}=\overrightarrow{\mathrm{OC}}-\overrightarrow{\mathrm{OA}}=-\overrightarrow{\mathrm{OA}}+\frac{2}{3}\overrightarrow{\mathrm{OB}}$$

$$=-\vec{a}+\frac{2}{3}\vec{b}\quad\cdots\cdots(答)$$

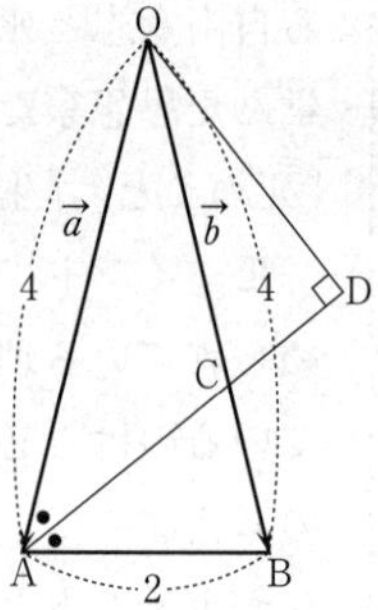

(2) 点Dは直線 AC 上の点なので

$$\overrightarrow{\mathrm{AD}}=k\overrightarrow{\mathrm{AC}}\quad(k\text{ は実数})$$

と表せて

$$\overrightarrow{\mathrm{OD}}=\overrightarrow{\mathrm{OA}}+\overrightarrow{\mathrm{AD}}=\overrightarrow{\mathrm{OA}}+k\overrightarrow{\mathrm{AC}}$$

$$=\vec{a}+k\left(-\vec{a}+\frac{2}{3}\vec{b}\right)$$

$$=(1-k)\vec{a}+\frac{2}{3}k\vec{b}$$

OD⊥AC であるから

$$\overrightarrow{\mathrm{OD}}\cdot\overrightarrow{\mathrm{AC}}=0$$

これより

$$\left\{(1-k)\vec{a}+\frac{2}{3}k\vec{b}\right\}\cdot\left(-\vec{a}+\frac{2}{3}\vec{b}\right)=0$$

$$-(1-k)|\vec{a}|^2+\frac{2}{3}(1-2k)\vec{a}\cdot\vec{b}+\frac{4}{9}k|\vec{b}|^2=0\quad\cdots\cdots①$$

ここで

$$|\vec{a}|^2=4^2=16$$

$$|\vec{b}|^2=4^2=16$$

また，$|\overrightarrow{\mathrm{AB}}|^2=2^2$ であるから

$$|\vec{b}-\vec{a}|^2=4$$

これより $|\vec{b}|^2-2\vec{a}\cdot\vec{b}+|\vec{a}|^2=4$

したがって　$\vec{a}\cdot\vec{b}=\dfrac{1}{2}(|\vec{a}|^2+|\vec{b}|^2-4)=\dfrac{1}{2}(4^2+4^2-4)$

$=14$

①より

$$-(1-k)\cdot16+\frac{2}{3}(1-2k)\cdot14+\frac{4}{9}k\cdot16=0$$

$$\frac{40}{9}k-\frac{20}{3}=0$$

ゆえに　$k=\dfrac{3}{2}$

よって

$$\overrightarrow{OD}=(1-k)\vec{a}+\frac{2}{3}k\vec{b}$$

$$=\left(1-\frac{3}{2}\right)\vec{a}+\frac{2}{3}\cdot\frac{3}{2}\vec{b}$$

$$=-\frac{1}{2}\vec{a}+\vec{b}$$ ……(答)

(3)　$\triangle BCD=\dfrac{1}{2}\triangle OCD=\dfrac{1}{2}\cdot\dfrac{1}{2}\triangle OAC$

$=\dfrac{1}{4}\triangle OAC=\dfrac{1}{4}\cdot\dfrac{2}{3}\triangle OAB$

$=\dfrac{1}{6}\cdot\dfrac{1}{2}\sqrt{|\vec{a}|^2|\vec{b}|^2-(\vec{a}\cdot\vec{b})^2}$

$=\dfrac{1}{12}\sqrt{4^2\cdot4^2-14^2}$

$=\dfrac{1}{12}\cdot2\sqrt{15}=\dfrac{\sqrt{15}}{6}$　……(答)

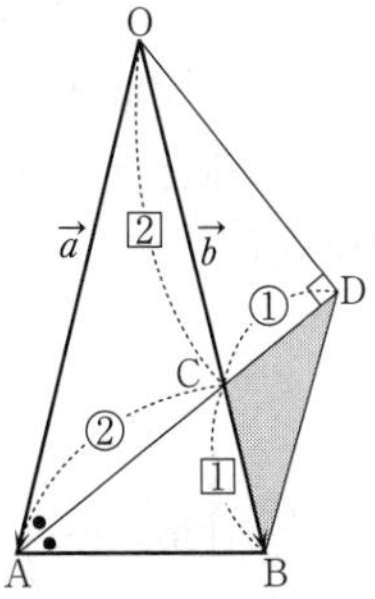

解説

《ベクトルの内積を利用して求める三角形の面積》

(1)　直線 AC は∠OAB の二等分線なので，BC：CO がわかる。

(2)　$\angle ODA=\dfrac{\pi}{2}$ なので，$\overrightarrow{OD}\perp\overrightarrow{AC}$ より $\overrightarrow{OD}\cdot\overrightarrow{AC}=0$ である。$\overrightarrow{AC}$ は(1)ですでに求めているので，$\overrightarrow{OD}$ を求めることができる。

(3)　三角形 OAB の面積は $\dfrac{1}{2}\sqrt{|\vec{a}|^2|\vec{b}|^2-(\vec{a}\cdot\vec{b})^2}$ で直接求めることができ

るが，面積を求めようとしている三角形BCDは直接扱うのには面倒そうである。このような場合は，基準になる図形（本問では三角形OAB）に対する割合を求めることで面積を求めるという手順を理解しておこう。線分OB，ADに対する辺の比より，△BCD∽△OCAとなる。これを利用してもよい。

2 解答 (1)

$$\log_x y+\log_y x=\log_x y+\frac{\log_x x}{\log_x y}$$

$$=\log_x y+\frac{1}{\log_x y}$$

ここで，$x>1$，$y>1$ より，$\log_x y>0$ である。

相加平均・相乗平均の関係より

$$\frac{\log_x y+\dfrac{1}{\log_x y}}{2}\geqq\sqrt{\log_x y\cdot\frac{1}{\log_x y}}$$

$$\log_x y+\frac{1}{\log_x y}\geqq 2$$

よって，$x>1$，$y>1$ のとき

$$\log_x y+\log_y x\geqq 2$$

が成り立つ。 (証明終)

(2)
$$\begin{cases} x>1 & \cdots\cdots① \\ y>x & \cdots\cdots② \\ \log_x y+\log_y x<\dfrac{5}{2} & \cdots\cdots③ \end{cases}$$

②の両辺の底が x の対数をとると，①より

$$\log_x y>\log_x x$$

$$\log_x y>1 \quad \cdots\cdots④$$

が成り立つ。

③より

$$\log_x y+\frac{1}{\log_x y}<\frac{5}{2}$$

④より，$\log_x y$ は正なので，両辺に $2\log_x y$ をかけると

$$2(\log_x y)^2+2<5\log_x y$$

$$2(\log_x y)^2-5\log_x y+2<0$$
$$(2\log_x y-1)(\log_x y-2)<0$$
$$\frac{1}{2}<\log_x y<2 \quad \cdots\cdots ⑤$$

④，⑤より，$1<\log_x y<2$ であるから

$$\log_x x<\log_x y<2\log_x x$$
$$\log_x x<\log_x y<\log_x x^2$$

①より

$$x<y<x^2 \quad \cdots\cdots ⑥$$

①，②，⑥より，連立不等式の表す領域は下図の網かけ部分（境界線は含まない）である。

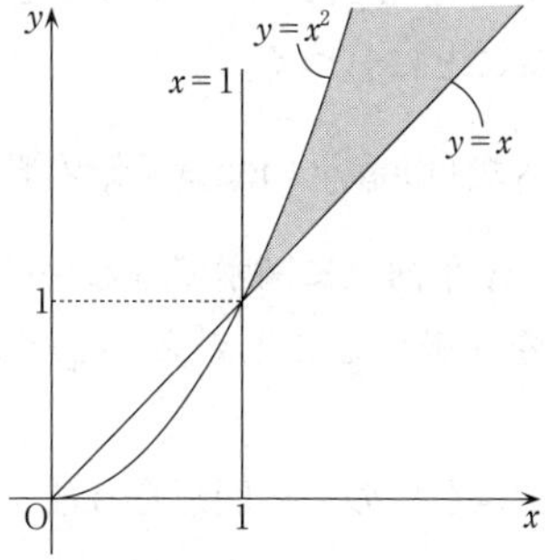

(3)　$x^2+y^2<12$ は中心が $(0,\ 0)$，半径が $2\sqrt{3}$ の円の内部なので，D は右図の網かけ部分である。

直線 $y=x$ と $y=\sqrt{3}x$ が x 軸の正の向きとなす角はそれぞれ $\frac{\pi}{4}$，$\frac{\pi}{3}$ なので，

2直線のなす角は $\frac{\pi}{3}-\frac{\pi}{4}=\frac{\pi}{12}$ である。

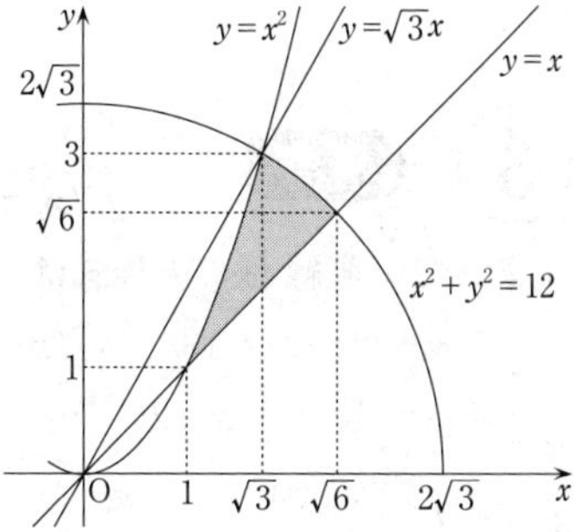

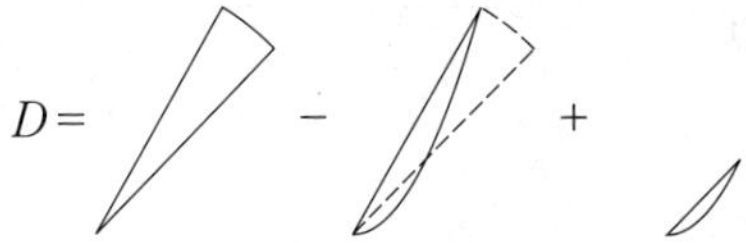

$$=\frac{1}{2}(2\sqrt{3})^2\cdot\frac{\pi}{12}-\int_0^{\sqrt{3}}(\sqrt{3}x-x^2)\,dx+\int_0^1(x-x^2)\,dx$$

$$=\frac{\pi}{2}-\left[\frac{\sqrt{3}}{2}x^2-\frac{1}{3}x^3\right]_0^{\sqrt{3}}+\left[\frac{1}{2}x^2-\frac{1}{3}x^3\right]_0^1$$

$$=\frac{\pi}{2}-\left(\frac{3\sqrt{3}}{2}-\sqrt{3}\right)+\left(\frac{1}{2}-\frac{1}{3}\right)$$

$$=\frac{1}{6}+\frac{\pi}{2}-\frac{\sqrt{3}}{2} \quad \cdots\cdots(答)$$

解説

《曲線で囲まれた図形の面積》

(1) 対数関数にかかわる不等式を証明する問題である。底をそろえないと計算ができないので，まずは底をそろえると，$\log_x y$ とその逆数 $\dfrac{1}{\log_x y}$ の和となる。$x>1$，$y>1$ のとき $\log_x y>0$ となることから，相加平均・相乗平均の関係が利用できることに気づく。

(2) (1)での証明プロセスから $\log_x y+\log_y x<\dfrac{5}{2}$ の整理の仕方は理解できる。$1<\log_x y<2$ のままでは xy 平面上に図示できないので，各辺を底が x の対数で表して，真数部分を比較することから $x<y<x^2$ を得ることができると図示できる。

(3) 直接求めることはできないので，図形をうまく組み合わせて面積を求める。

3 解答

(1) $f(x)=x(x+1)(x-1)=x^3-x$ より

$$f'(x)=3x^2-1$$

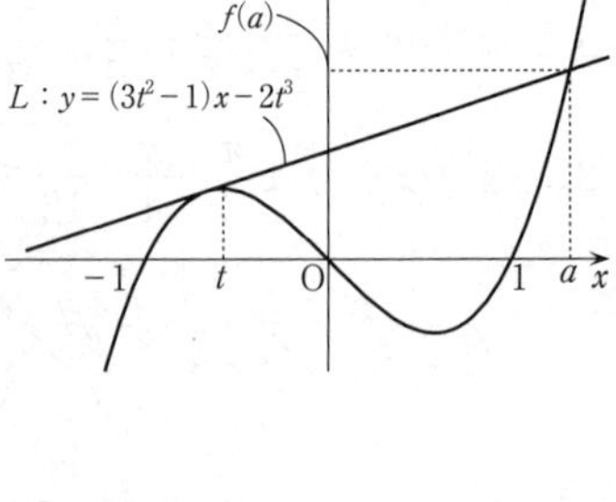

よって，直線 L の方程式は

$$y-(t^3-t)=(3t^2-1)(x-t)$$

$$y=(3t^2-1)x-2t^3 \quad \cdots\cdots(答)$$

(2) $\begin{cases} y=x^3-x \\ y=(3t^2-1)x-2t^3 \quad (t\neq 0) \end{cases}$

より，y を消去して

$$x^3-x=(3t^2-1)x-2t^3$$

$$x^3-3t^2x+2t^3=0$$

$$(x-t)^2(x+2t)=0$$

$x=-2t,\ t$

$x=t$ は接点の x 座標なので，$x=-2t$ が点 $(t,\ f(t))$ と異なる共有点の x 座標である。

よって　$a=-2t$　……(答)

$$\begin{aligned} f'(t)f'(a) &= f'(t)f'(-2t) \\ &= (3t^2-1)\{3(-2t)^2-1\} \\ &= (3t^2-1)(12t^2-1) \\ &= 36t^4-15t^2+1 \\ &= 36\left(t^2-\frac{5}{24}\right)^2-\frac{9}{16} \end{aligned}$$

$t^2=u$ として

$$g(u)=36\left(u-\frac{5}{24}\right)^2-\frac{9}{16}$$

とおく。$t\neq 0$ なので，$u>0$ より $g(u)$ の $u>0$ における最小値は

$$g\left(\frac{5}{24}\right)=-\frac{9}{16}$$

よって，$f'(t)f'(a)$ の最小値は　$-\dfrac{9}{16}$　……(答)

(3)　曲線 C 上の点 $(s,\ f(s))$ における接線を M とする。$L\perp M$ となるための t の条件を求める。

$L\perp M$ となるための条件は，$f'(t)f'(s)=-1$ となることであり

$$(3t^2-1)(3s^2-1)=-1$$

$$3s^2-1=-\frac{1}{3t^2-1}$$

$$3s^2=1-\frac{1}{3t^2-1}$$

実数 s が存在するための条件は，$3s^2\geqq 0$ より

$$1-\frac{1}{3t^2-1}\geqq 0$$

を満たす t が存在することであり，$\dfrac{1}{3t^2-1}\leqq 1$ かつ $t\neq 0$ かつ $t\neq \pm\dfrac{\sqrt{3}}{3}$ を解けばよい。

両辺に正の $(3t^2-1)^2$ をかけると

$$3t^2-1 \leqq (3t^2-1)^2$$
$$(3t^2-1)(3t^2-2) \geqq 0$$
$$\left(t^2-\frac{1}{3}\right)\left(t^2-\frac{2}{3}\right) \geqq 0$$
$$\left(t-\frac{\sqrt{3}}{3}\right)\left(t+\frac{\sqrt{3}}{3}\right)\left(t-\frac{\sqrt{6}}{3}\right)\left(t+\frac{\sqrt{6}}{3}\right) \geqq 0$$

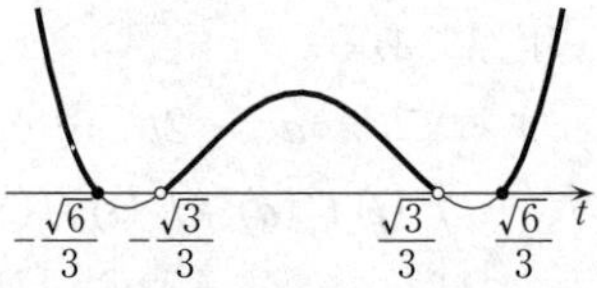

したがって，求める t の値の範囲は

$$t \leqq -\frac{\sqrt{6}}{3},\quad -\frac{\sqrt{3}}{3} < t < \frac{\sqrt{3}}{3},\quad \frac{\sqrt{6}}{3} \leqq t \quad \cdots\cdots(答)$$

参考　$\dfrac{1}{3t^2-1} \leqq 1$ の両辺に $3t^2-1$ をかけるときは，正負によって不等号の向きがかわるので注意すること。次のようになる。

$3t^2-1>0$，つまり $t<-\dfrac{\sqrt{3}}{3}$，$\dfrac{\sqrt{3}}{3}<t$ のとき両辺に正の $3t^2-1$ をかけると

$$1 \leqq 3t^2-1$$

これより　$3\left(t+\dfrac{\sqrt{6}}{3}\right)\left(t-\dfrac{\sqrt{6}}{3}\right) \geqq 0$

ゆえに　$t \leqq -\dfrac{\sqrt{6}}{3}$，$\dfrac{\sqrt{6}}{3} \leqq t$

このうち $t<-\dfrac{\sqrt{3}}{3}$，$\dfrac{\sqrt{3}}{3}<t$ を満たす範囲は　$t \leqq -\dfrac{\sqrt{6}}{3}$，$\dfrac{\sqrt{6}}{3} \leqq t$

$3t^2-1<0$，つまり $-\dfrac{\sqrt{3}}{3}<t<\dfrac{\sqrt{3}}{3}$ のとき両辺に負の $3t^2-1$ をかけると

$$1 \geqq 3t^2-1$$

これより　$3\left(t+\dfrac{\sqrt{6}}{3}\right)\left(t-\dfrac{\sqrt{6}}{3}\right) \leqq 0$

ゆえに　$-\dfrac{\sqrt{6}}{3} \leqq t \leqq \dfrac{\sqrt{6}}{3}$

このうち $-\dfrac{\sqrt{3}}{3}<t<\dfrac{\sqrt{3}}{3}$ を満たす範囲は　$-\dfrac{\sqrt{3}}{3}<t<\dfrac{\sqrt{3}}{3}$

したがって，求める t の値の範囲は

$$t \leqq -\frac{\sqrt{6}}{3},\quad -\frac{\sqrt{3}}{3} < t < \frac{\sqrt{3}}{3},\quad \frac{\sqrt{6}}{3} \leqq t$$

解説

《3次関数のグラフの接線》

(1) 直線 L の接線の傾きは $f'(t)$ であるから，方程式は

$$y-f(t)=f'(t)(x-t)$$

で表せる。

(2) 曲線とその接線のそれぞれの方程式を連立すると，共有点の座標が得られる。$x=t$ に対応する点で2つのグラフが接していることから，$x=t$ を重解としてもっていることを考えると，$(x-t)^2(x+2t)=0$ と整理できることが容易にわかる。

(3) 直線 L と M が直交するための条件を求める問題である。直線 L，M の傾きはそれぞれ $f'(t)$，$f'(s)$ である。2つの直線が直交するための条件は傾きの積が -1，つまり $f'(t)f'(s)=-1$ となることである。そして s が実数なので $s\geqq 0$ となることより，対になる t の条件を求めた。

講評

1　三角形の面積を求める平面ベクトルの問題である。図示をして面積比を利用して求める。

2　対数に関する不等式で表される領域に関して考える。図形をうまく組み合わせて面積を求める。

3　3次関数のグラフの接線に関する微分法の問題である。

いずれも標準レベルの難易度である。

講評

一の現代文（評論）は意志と選択との違いについて述べた文章。わかりにくい概念については、具体例も用いつつ、繰り返して説明されているので読解に困難はないだろう。設問は問一から問三までは標準的であり、傍線部分前後の記述を十分に活用できる。ポイントは問四。〈「選択」から「意志」へのすり替え〉がどのようなもので、それがどのような結果を招いているのか、という点を論理的に押さえる設問である。

二の現代文（小説）は「フルドーグヤ」を営む父の思いを、子どもの視点からとらえた文章。内容は平易で読解は容易である。設問については、問一は、単なる理由説明ではなく、父親の町に対する思いを読み取らなければならない。問二・問三は標準的。問四では文章の後半を傍線部分の内容に合わせて論理的に整理・再構成することが求められており、いずれも手間のかかる作業であるという点でやや難と言える。

三の古文は、平安時代前期成立の歌物語『平中物語』の一節。色好みの主人公の、さまざまな女性との恋愛が描かれる。本文は、女のもとに通っていた男が相手の親の猛反対に遭い、疎遠になってしまったという話。話の筋はつかみやすい。問一・問二は基本レベル。問三も、直前の内容が理由に相当していることに気づけば容易。問四の（Ⅰ）は基本知識。（Ⅱ）は少々難しい。問五は、何が「やみ」なのかを的確につかむ必要がある。

四の漢文は、中国・中唐の詩人である白居易の詩文集『白氏文集』の一節。本文は、筆者がかつて役職を得て長安に家を借り、その家の竹やぶが荒れた状態であるのを見かねて手入れしたときのことを回想したもの。竹に賢人を重ね、人が竹の価値を見抜くように、賢人の価値は賢人を用いる者が見抜くべきだと説く。問一・問二ともに、その前の内容を的確につかめているかが問われている。問三は基本レベル。問四は、筆者が竹について考えたことをどのように賢人に置き換えているかをつかむ。

する〟の意。竹の状態を説明した上で傍線部分の内容を述べる。〔解答〕では「竹の存在が無視されている」としたが、「竹をないがしろにする」としてもよいだろう。

問二　直前にある「欣欣然」とは〝非常に喜ぶさま〟を表す。漢文では比較的よく用いられる表現なので、覚えておくのがよいだろう。筆者の働きによってもたらされた快適な環境に竹がまるで喜んでいるかのように感じられたのである。「感遇」はここでは〝恩遇（めぐみ深い待遇）に感謝する〟の意。設問は「竹のどのような様子を比喩しているか」なので、筆者が竹を取り巻く環境をどのように整え、その環境下での竹のどのような様子が描写されているかを捉える。

問三　「猶」は再読文字で、「なホ〜（ノ・ガ）ごとシ」と読み、〝ちょうど〜と同じようなものである〟と訳す。「竹之於草木」と「賢之於衆庶」が同じだというのである。「之」はここでは助詞として「の」と読む。「於」は「〜に於いて」と返読することが多いが、ここは「竹之於草木」の部分が主語に当たるので「〜に於けるは」または「〜に於けるや」と読みたい。同様にそれと比較されている「賢之於衆庶」の「於」も「〜に於ける」と読み、「〜がごとシ」につなげる。「猶」の二回目の読み「ごとシ」の直前には「ノ」または「ガ」という送り仮名が必要だが、名詞に接続する場合は「ノ」、活用語の連体形に接続する場合は「ガ」を使う。今回は後者。

問四　第二段落の一文目で、筆者は、竹に関することが人にも言えると言っており、そのあとで出てくる「賢」は〝賢人〟の意と解釈する。傍線部分は〝今の世の賢人を用いる者に聞かせたい〟の意。何を聞かせたいのかは、その前に述べられている。竹は優れた存在だが、自ら優れた存在だとは評価できない。人間が竹のすばらしさを評価する。それと同じように、賢人は自分のすばらしさを自分で評価することはできない。だから、賢人を用いる立場の者（たとえば為政者）が的確にそれを判断し、優れた力を発揮できる処遇を賢人に与えるべきだと筆者は言っているのである。

うど賢人の庶民との関係と同じようなものである。

ああ、竹は自分で自分のことを（雑草雑木より）優れていると評価することはできない、ただ人間のみがこれ（＝竹）を優れたものと評価する。賢人も自分で自分のことを（庶民より）優れていると評価することはできない、ただ賢人を用いる者のみがこれ（＝賢人）を優れていると評価する。こういうわけで（私は）「養竹記」を作り、亭の壁に書き記して、この後ここに住む者に残し、また今の世の賢人を用いる者に聞かせようと思って言う。

読み　貞元《ていげん》十九年春、居易《きよい》抜萃《ばつすい》を以《もつ》て選ばれて及第《きふだい》し、校書郎《かうしよらう》を授《さづ》けらる。始めて長安に於《お》いて仮の居処《きよしよ》を求むるに、常《じやう》楽里《らくり》の故関相国《くわんしやうこく》の私第《してい》の東亭《とうてい》を得て之《これ》に処《を》り。明日《めいじつ》、履《ふ》みて亭の東南隅《とうなんぐう》に及び、叢竹《さうちく》を斯《ここ》に見る。枝葉《しえふ》殄《た》え瘁《や》みて、声も無く色も無し。関氏の老に詢《と》へば、則《すなは》ち曰《い》はく、「此《こ》れ相国の手づから植ゑし者なり」と。相国館《くわん》を捐《す》ててより、他人仮に居《を》り。是《これ》に繇《よ》りて筐篚《きやうひ》の者斬《き》り、篲箒《せいしう》の者刈る。刑余《けいよ》の材、長さは尋《じん》無く、数は百無し。又凡《またぼん》なる草木《さうもく》の其の中《うち》に雑生《ざつせい》する有り、蓁茸薈欝《ほうじようわいうつ》として、竹を無《なみ》するの心有り。居易、其《そ》の嘗《かつ》て長者《ちやうしや》の手を経たるに、俗人の目に賤《いや》しまれ、翦《せん》棄《き》せらるること是《か》くのごときも、本性《ほんせい》猶《な》ほ存するを惜しむ。乃《すなは》ち翳薈《えいわい》を芟《か》り、糞壌《ふんじやう》を除き、其の間を疏《そ》にし、其の下を封ずること、終日ならずして畢《を》ふ。是《ここ》に於いて日出《い》でて清陰《せいいん》有り、風来《きた》りて清声《せいせい》有り。依依然《いいぜん》、欣欣然《きんきんぜん》として、感遇《かんぐう》に情有るがごときなり。

嗟乎《ああ》、竹は、植物なり、人に於いて何ぞ有らんや。其の賢《けん》に似たること有るを以て、人之を愛惜《あいせき》し、之を封植《ほうしよく》す。況《いは》んや其の真に賢なる者をや。然《しか》らば則ち竹の草木に於けるは、猶《な》ほ賢の衆庶《しゆうしよ》に於けるがごとし。

嗚呼《ああ》、竹は自《みづか》ら異《こと》にする能《あた》はず、惟《た》だ人のみ之を異にす。賢も自ら異にする能はず、惟だ賢を用ふる者のみ之を異にす。故《ゆゑ》に養竹記《やうちくき》を作り、亭の壁に書して、以て其の後の斯に居る者に貽《のこ》し、亦《また》以て今の賢を用ふる者に聞かせんと欲《ほつ》すと云《い》ふ。

解説

問一　傍線部分の前に、「筐篚者」や「篲箒者」によって切り取られたあとの竹やぶの状態が描写されている。それを見て、筆者は竹がないがしろにされていると感じたのである。「無す」は〝そのものの存在を無視する・ないがしろにき、風が吹くと竹が清らかな葉音を立てて喜んでいるかのように見える様子。

問三　竹の草木に於ける（や／は）、猶ほ賢の衆庶に於けるがごとし。

問四　竹と人の関係と同じように、賢人は自分で自分のことを優れているとは評価できないので、為政者など賢人を用いる者が賢人を的確に評価して優れた力を発揮できるよう処遇すべきだということ。

全訳

貞元十九年春、（私）居易は抜萃科に及第して、校書郎に任ぜられた。そのはじめ長安に借家を求めるにあたって、常楽里の今は亡き関相国の私邸の東の亭を見つけてそこに住むことになった。翌日、歩いて亭の東南のすみに行ってみると、竹やぶをそこに見つけた。枝や葉はひどくしおれて、全く生気がない。関家の老人に尋ねたところ、（彼が）言うことには、「これは相国が自分の手で植えたものだ」と。相国がその館を去ってから、他人が仮り住まいをした。こういうわけで竹かごを編む人が（竹を）切ったり、竹ぼうきを作る人が（竹を）刈ったりした。痛めつけられてもなお生き長らえている竹は、丈は両手を横に広げた長さもなく、本数は百本もない。また雑草雑木がその間に繁茂し、うっそうとして、竹の存在が無視されている（＝竹がないがしろにされている）おもむきがある。（私）居易はそれ（＝竹）がかつて関長者に手厚く手入れされていたのに、（今となっては）俗人の目に賤しまれ、刈り取られることがこれほど（ひどい状態）であっても、（竹の）本来の性質が今もなお存在していることをもったいなく思った。そこで生い茂った雑草を刈り取り、けがれた土を取り除き、その（竹と竹の）間にすき間を作り、その下に（新しく）盛り土をし、一日かからずに（その作業を）やり終えた。こうして日が昇ると（竹やぶには）清らかな陰ができ、風が吹くと清らかな葉音が聞こえるようになった。枝葉が生い茂り、生き生きとして、まるで（竹も）この処遇に感激する気持ちがあるかのようである。

ああ、竹は、植物である。人間においてどうして（植物の竹と異なることが）あるだろうか（いや人間にも同じことが言えるはずだ）。それ（＝竹）が賢人に似ているところがあるということで、人間はこれに心ひかれ大切にし、土を盛ってこれを植える。まして本当に賢人はなおさら（重用されるべき）だ。そうであるならば竹の雑草雑木との関係は、ちょ

（現代仮名遣いでは「おうみ」）」という国名は〝淡海のある国〟からきている。「淡海」は〝淡水の海〟つまり琵琶湖のこと。近江の国にある名ばかりが海である淡海のように「会う身」は名ばかりで、淡水湖には海藻の「海松布」がないように、あなたに「見る目」がないので波のように自分も引き返そうか、と掛詞を駆使して詠んでいるのである。

(Ⅱ) Bの歌は、女が男となかなか会うことができない状態を詠んだものであることをつかむ。二人の間に「浪」が立つせいで二人の仲はうまくいかないというのである。前半の内容から、二人の仲がうまくいかない原因は親の反対であることがわかる。現代でも「波立つ」という表現は〝平穏でなくなる・もめごとが起こる〟ということの比喩として使われる。「関山」は、都から近江に行く途中にある「逢坂の関」のことで、そこに吹く嵐というのも、二人が会うことに障害があることの比喩である。

問五 「さてやみぬ」は〝そのまま終わってしまった〟の意であり、終わってしまったのは二人の仲。その理由として、男側は「なにの身の高きにもあらず、親、かく憎げにいふ」ことを「めざまし」と感じていたことが挙げられている。「めざまし」はここでは〝気にくわない・心外だ〟の意。「なにの身の高きにもあらず」なのは女の親。たいした身分でもないくせに、親が二人の仲を裂こうとして憎々しげに非難してくることに、男は腹が立ったのである。女側の理由は「親につつみければ」とある。「つつみ（つつむ）」は〝気兼ねをする・遠慮する〟の意。設問の要求に「文章全体を踏まえて」とあるので、二人の仲が女の親に反対されたという内容をおさえた上で両者の理由をまとめる。

四

出典 白居易『白氏文集』〈養竹記〉

解答

問一 乱伐されて残った竹は短いものばかりで本数も少なく、周囲には雑草や雑木が生い茂っている状態が、まるで竹の存在が無視されているようだということ。

問二 雑草やけがれた土が取り除かれ、すき間ができて盛り土も新しくなった環境で、日があたると清らかな竹の陰がで

解説

問一　(ア)　直前の「門鎖し」の動作主と同一人物。接続助詞「て」でつながっていると、同じ人物が主語であることが多い。逆に接続助詞「ば」でつながっていると、異なる人物が主語になりやすい。「うかがひければ」のあとに「女は」とあるので、「うかがひ」の動作主は女以外で家の門を閉ざす人物。

(イ)　直前の会話の内容と「いはせ」の「せ」が使役の意味であることから考える。築地を越えてやって来たことを「常にものいひ伝へさする人」を使って女に伝えさせた人物。

(ウ)　直前の会話の内容から考える。「今宵帰りね」の「ね」は完了の助動詞「ぬ」の命令形。すなわち、今夜は帰ってほしいと男に伝言した人物が動作主である。その前にも「いひいだしたりければ」とあるが、ここで主語の転換はない。両方とも「いひいだし」の動作主は女。「言ひ出だす」は〝部屋の中から外にいる人に言葉をかける〟の意。

問二　「いひ伝へさする」の「いひ伝へ（言ひ伝ふ）」は〝取り次ぐ〟の意。「さする」は使役の助動詞「さす」の連体形。通常、男からの手紙は、その屋敷に仕える女房などが取り次ぎをする。「たまさかに」は〝偶然に〟の意。男が築地を越えて屋敷に侵入したら、たまたまそこにいつも取り次ぎをしてくれる女房がいたということ。〔解答〕では「女房」としたが、そのまま「人」でもよいだろう。

問三　傍線部分の直訳は〝まったく対面することができない〟。女がそのように言った理由は、直前に「親、気色見て、いみじく騒ぎののしりければ」とある。「ののしり（ののしる）」は〝大騒ぎをする〟の意。「気色」は〝様子〟の意。設問には「この時の状況を踏まえて」とあるので、親が、具体的にどのような様子を見て、もしくはどのようなことに気づいて大騒ぎをしたのかについても説明に盛り込む。

問四　(I)　「なみ」は頻出の掛詞で、「浪（波）」と「無み」が掛けられる。「無み」は形容詞「無し」の語幹に接尾語「み」が接続した形で〝～がないので〟の意。和歌冒頭の「みるめ」も掛詞で、海藻の「海松布《みるめ》」と〝会う機会〟の意の「見る目」が掛けられている。「近江《あふみ》」も「会ふ身」との掛詞である。近江は今の滋賀県だが、この「あふみ

全訳

また、この男は、親が近江の守である女に、たいそう人目を避けて通っていた。そういう間に、この女の親が、（娘のところに男が通っている）様子に感づいたのだろうか、文句を言い、監視し、（娘を）激しく叱って、日が少しでも暮れかかると、門を固く閉ざして、（男が来るのを）見張っていたので、女は思いを妨げられ、男は（女に）会う方法もなくて、やっとのことで、土塀を越えて、この男は（屋敷の中に）入ったのであった。（すると）いつも取り次ぎをさせる人に、偶然に会った。そこで、その人に、（女への伝言として）「土塀を越えて（やっとのことで）やってきた」と言わせたところ、親が、（男が忍び込んだ）様子に気づいて、ひどく大声で騒いだので、（女は）「まったく対面はできそうもない。すぐ、帰りなさい」と、（取り次ぎの人を通じて）言ってよこしたところ、（さらに重ねて）「将来のことはともかく、少しでも（あなたが私のことを）いとしいと思っていらっしゃるのなら、（親が騒いでいる）今夜は帰りなさい」と、（親を恐れて）一心に言ってよこした。（そこで）帰ろうとして、男は、

[A]（海藻の）海松布《みるめ》がないように、「見る目」（＝あなたに会う機会）がないので、波のように引き返そうか。近江《あふみ》路の海（＝琵琶湖）は（実際は淡水湖で）名ばかりの海であるように、「会《あ》ふ身」というのも名ばかりで、実際には会うこともできないのを恨めしく思いながら。

と詠んで、帰った。そこで、女が、返歌（を送ることには）、

[B]（近江の国の）逢坂の関の山に吹く激しい風が寒いので、湖の波が立ち騒ぐように、二人の仲をさえぎる親の監視が厳しくて、あなたにお会いする身の私には困難なことばかりです。

しかしながら、この男は、返事を送ることさえしなくなってしまった。どれほどの身分の高さでもない、その親が、このように憎々しげに反対するのが、（男は）気にくわない。女も親に気兼ねしていたので、そのまま（二人の仲は）終わってしまった。

いのかというと、その品物にまつわる「話」である。「話し手に近ければ近いほど面白い。逆にただの品物自慢だとまず面白くない」とあるように、品物自体の価値ではなく、元の持ち主にまつわるエピソードが面白いのである。つまり、傍線部分(2)の段落にある「シン（新）」ではなく「フル（古）」であることの価値のひとつが、元の持ち主がいて、その人にまつわるエピソードがある、ということなのである。次に傍線部分(4)の「だから」が具体的に何を指すのかを確認すると、前に「そうするとさ、壺だけじゃなく、毎日自分たちが使っている物や、店にある他の品物に対する目も変わってくるんだな」とあるので、今度は「そうすると」が何を指すのかを問三でのアプローチから考えると、〈大切な人の思い出や生活の記憶が品物と結びついている〉ということになると理解する。そしてそうした思いや気づきを持って「毎日自分たちが使っている物や、店にある他の品物」を見ると、それぞれの品物が〈使っていた人にまつわる大切な思い出や記憶と結びついたもの＝大切なもの・価値のあるもの〉に見えてくる。「だから」「『ああいうもの』も置いてる」のだと理解し、これらを踏まえて記述をまとめる。

三

出典　『平中物語』〈二十四段〉

解答

問一　**(ア)**―③　**(イ)**―①　**(ウ)**―②

問二　いつも取り次ぎをさせる人に、偶然に会った。

問三　男が忍び込んできたことに、親が気づいて大騒ぎをしていて、会えそうもないから。

問四　**(Ⅰ)**無み　**(Ⅱ)**二人の仲に反対する親の妨害

問五　男のほうはたいした身分でもない親が二人の仲を裂こうとして男を憎々しげに非難することがしゃくにさわり、女のほうは男との交際を反対する親に気兼ねしたため。

い。古道具も骨董品も私の手にはあまりあった」とあるので、ここから〈幼い私や友達にとって、コットーヒンは「音声」に過ぎず、骨董品が何を意味するのか説明（理解）や価値づけができない〉〈古道具や骨董品に関して、それらを的確に理解・意味づけ・価値づけすることができないほど、私や友達が幼い〉という状態をカタカナで示していると理解する。こうした点を踏まえて記述をまとめる。

問三　波線部分（A）にある「亡くなったご主人」「壺」を手がかりにして後の記述を追う。まず（A）の直後を見ると「いわれは特に聞いてませんから」「つまらなそうにさっさと置いて出ていこうとした」より、〈壺＝婦人にとってマイナスイメージのもの〉であることを確認する。次に「地震があった」「隣に寝ているはずのご主人……はすでにいなかった」「棚に飾ってあった壺を抱えていた」「子供たちが……壺に触れそうになり、ご主人が血相を変えて怒鳴った」より、〈壺＝亡くなったご主人にとって妻や子供よりも大切なもの〉〈壺＝亡くなったご主人＝婦人にとってマイナスイメージのもの〉であることを確認する。ところがその後に「壺にまつわるご主人との思い出を二時間も話すうち、婦人は壺を大事そうに撫ではじめた」とあるので、ここから〈壺＝婦人にとって亡くなったご主人を思い出させるもの＝マイナスイメージからプラスイメージへの変化〉〈ご主人＝婦人にとって大切な存在→壺＝婦人にとって大切な存在→壺を大事そうに撫でる〉という構図を確認する。この心情の変化が〈婦人が大切な存在だった亡きご主人を思い出す大事なものとして、壺を家に引き取る〉という波線部分（B）の行為に至らせたと考え、これらをまとめて記述を行う。

問四　まず、傍線部分（4）の「ああいうもの」が具体的に何を指すのかを確認する。波線部分（A）の前に「どうしてああいうものを置くの」とあるので、さらにその前を見ると「生活の塊がごろごろするコーナー」「町の人たちから預かった品々」「委託品」とあるので、ここから〈ああいうもの＝町の人たちから預かった、生活の塊である委託品〉と理解する。これらの委託品は、「生活の塊」で、「私」が「好きになれなくて、無論父の好みでもないはず」なものであるから、その物自体に骨董品としての価値があるわけではない。それなのに父は「面白いだろ」と言う。何が面白た。店には由緒正しい道具類が並ぶが、町の人から預かった、生活臭のする品々もある。「どうしてああいうものを置くの」と聞く私に、父は亡くなったご主人が大切にしていた壺を持ってきた年配の婦人の話をした。婦人は店でご主人との思い出を二時間話し、大事そうに壺を撫で、その後いったん店に置いて帰った壺を引き取りにきたそうである。そういう話を聞いていると、毎日自分たちが使っているものや店にある他の品物に対する目も変わってくる、と父は言った。

解説

問一 まず、「田舎のわけないだろ」という父の発言には、自分の住む町に対する愛着や誇りが込められている、ということを読み取ろう。そして、直後の「父は言う。うちみたいな商売は田舎じゃ成り立たないよ。それが父の自負だ。……田舎か、都会か、うちが食べていけるかどうかにかかっているというのがおかしい。……父が町に認められるようでうれしい」に着目する。ここから〈父の基準＝うちが食べていければ都会、うちが食べていけなければ田舎〉であると理解する。「うちみたいな商売」は、傍線部分（2）以降に「フルドーグヤ（古道具屋）」とあり、「フルでも売れるの?……首を傾げた」ともあるので、ここから〈生活必需品ではない商売〉と理解する。さらに、「うちみたいな商売は田舎じゃ成り立たないよ。それが父の自負だ」について、ここまでの引用部分後半に「『町は店で決まる』それも父得意の言い分だった」ともあり、父は、自分の商売がこの町で成り立っていること、古道具屋という商売を成り立たせてくれる町、そして自分の店がそのような町の一部として町の性格を形作っていること、こうしたことに対して自負を抱いていることがわかる。これらを踏まえて記述をまとめる。

問二 まずこの設問で述べられている「表現効果」が〈「漢字」で書けるものをわざわざ「カタカナ」で書くことの表現効果〉である点を理解する。次に傍線部分（2）の後を見ると「友達はフルに納得がいかない」「なんでシンじゃないの」「フルでも売れるの? 幼かった私は一緒になって首を傾げた」とあるので、ここから〈私や友達は幼いので、古道具という言葉の意味はわかるが、それがなぜ商売として成立するのかわからない〉という状態をカタカナで示していると理解する。また傍線部分（3）の直後を見ると「コットーヒンってなに? 友達が訊いても私に説明はできなういうことかを説明する必要がある。直前にあるように、「純粋」とは「絶対的に独立した」ということであり、「不純」は「さまざまな要素に影響を受ける」ということである。また、解答用紙（非公表）の大きさにもよるが、「その程度のこと」の指示する前段落（「たとえば、ある人が……」）の内容（＝②の具体的内容）も説明するほうがよいだろう。

二

出典　宮下奈都『スコーレNo．4』〈No．1〉（光文社文庫）

解答

問一　父の田舎かどうかの基準は、父のやっている商売がその町で成り立つかどうかというものであり、その基準の背景には、生活必需品ではない古道具のような品物を扱う商売が成り立つ町と、自分の店がそうした町の一部として町の性格を形作っていることに対する誇りがあるから。

問二　古道具屋や骨董品店の意味や漢字表記、店の品物の価値、それらを扱う商売が成立する理由などを十分理解できない「私」や友達の幼さを強調する効果を持っている。

問三　婦人ははじめ、自分や子供たちより壺を大事にしていたご主人の記憶を思い出させる嫌な存在として、壺をさっさと手放そうと思っていたが、思い出を話すうちに亡くなったご主人への愛情がよみがえり、それとともに壺がご主人を思い出させる大切な存在へと変化したため、やはりその壺を家に置いておきたいと思うようになった。

問四　町の人たちから預かった、価値のなさそうな品物を店に置くのは、人の手を経た物には、その物自体の価値だけではなく、元の持ち主たちの思い出や生活の記憶も含まれているのだと気づくことで、毎日自分たちが使っている物や店にある他の品物も、そうした思い出や記憶が結びついた、かけがえのないものだと思えてくるからである。

要旨

父の商売は「フルドーグヤ」だったが、それがどんな店なのか、何のためにあるのか、「私」は友達に説明できなかっ

問三　傍線部分(3)の前の「過去からの帰結としてある選択の脇に突然現れて、無理やりにそれを過去から切り離そうとする概念である」、および二段落後（第八段落）の「責任が問われねばならなくなったとしよう。責任を問うためには、この選択の開始地点を確定しなければならない。その確定のために呼び出されるのが意志という概念である。この概念は私の選択の脇に来て、選択と過去のつながりを切り裂き、選択の開始地点を私のなかに置こうとする」、さらにその次の第九段落の「選択は不断に行われている。意志は後からやってきてその選択に取り憑く」に着目する。

ここから意志の特性として、次の二点が挙げられる。

①行為（＝選択の結果）の責任が問われる際に、選択の開始地点を確定する必要が生じる。

②行為の後から、選択の開始地点を確定するための概念が意志である。

この〈必要があるから求められる〉ということが「呼び出される」という比喩の意味だと理解し、これらを踏まえて記述をまとめる。

問四　直前の「その程度のことを……否定の対象として取り上げることで」を踏まえて傍線部分(4)を解釈する。「『みなさんが純粋だと思っていたそれは、純粋ではなかったのです』と言っているのだ」の「それ」とは、「意志」のことであり、「純粋ではなかったのです」とは〈「意志」は不純なものである〉という意味である。また、「……と言っているのだ」は、「不純な」「選択」を扱っているのに、途中で「純粋な」「意志」とすり替えることで、「意志」を否定している、という批判を表している。これらを次のような手順で説明するとよい。

①「不純な」「選択」が、「純粋な」「意志」に取り違えられてしまう。

②「選択」が不純だ、という当たり前の指摘がされる。

③あるところから「選択」と「意志」がすり替えられる。

④結論として「意志」の純粋さが否定されてしまう。

解答をまとめる際には、まず、「純粋だ」「純粋ではなかった（＝「不純」）という記述をそのまま使わず、それはど選択の開始地点を確定する概念であり、行為を開始する能力のことを指す。その点を混同すると、本来さまざまな要因に影響を受けるという意味で不純な「選択」が、絶対的に独立したという意味で純粋な「意志」に取り違えられて、「意志など幻想だ」として意志の独立を否定することになる。

解説

問一 直前に「ならば次のように結論できよう」とあるので、傍線部分(1)の理由は、さらにその前の「選択はそれが過去からの帰結であるならば、意志の実現とは見なせない」の部分にある。キーワードは「過去」で、「選択」が過去からの帰結であるのに対し、「意志」は過去から「切り離」されている（第六段落）。そして、なぜ「過去からの帰結」ならば「意志の実現とは見なせない」のか、ということは、第一段落に「その行為はその人によって開始されたものではないからである」「選択は諸々の要素の相互作用の結果として出現したのであって、その行為者が己の意志によって開始したのではないことになる」と説明されている。ここでのキーワードは「開始」である。つまり、「選択」は「過去からの帰結（＝諸々の要素の相互作用の結果）」であり、「開始」されたものではないのに対し、「意志」は「過去」から切り離され、「行為者」によって「開始された」、という違いがある。したがって両者は区別されるべきなのである。

問二 「その意味で」とあるので、前にある「選択とはこの世界に満ちあふれている事実である。行為は常に実現されなかった行為を伴っている。たとえば……という選択肢ではない方の選択肢を選んだのである」に着目する。「行為」は常に何らかの「選択」がなされた結果として実現されるものであるから、「あらゆる行為は選択である」と言えるのである。「行為」の具体例として「私がリンゴを食べた」が示されているので、これを一般化してまとめること。また、前段落（第二段落）にも傍線部分(2)と同じ「あらゆる行為は選択である」という文言があり、その前の「日常において、選択は不断に行われている。人は意識していなくとも常に行為しており」が「この世界に満ちあふれている」の内容であると考えられるので、この部分も利用して、「あらゆる」の部分の説明とするとよい。

国語

一

出典　國分功一郎『中動態の世界――意志と責任の考古学』〈第5章　意志と選択　4　意志と選択の違いとは何か?〉（医学書院）

解答

問一　選択は過去の諸々の要素の相互作用の結果として生じるのに対し、意志は行為を過去から切り離して開始し、実現するものであるから。

問二　人は意識していなくても常に行為しているが、行為は常に実現されなかった行為を伴っており、行為が実現されたとすれば、それは実現されなかった行為ではない方の行為を選択した結果であるから、すべての行為は選択そのものの表れだと見なせるということ。

問三　不断に行われている選択の中で、行為の責任が問われるような場合に、選択と過去とのつながりを切り離して、選択の開始地点を確定するために、行為の後から概念として要請されるのが意志であるということ。

問四　過去のさまざまな影響から切り離せないという意味で不純な「選択」が、過去から絶対的に独立した始まりと見なされるという意味で純粋な「意志」に取り違えられてしまうために、「選択」は過去のさまざまな要素から影響を受けており、選択行為を意識するよりも前から始まっている、という当たり前の指摘であるにもかかわらず、あるところから論述対象を「選択」から「意志」へとすり替えることで、「意志」の独立を否定している、ということ。

要旨

ある行為が過去からの帰結であるならば、それは選択であって、意志によって開始されたものではない。選択は過去の諸要素の相互作用の結果であって、意識していなくとも不断に行われている。意志とはそうした選択を過去から切り離し、

////////////////////// · memo · //////////////////////

2023年度

問題と解答

■前期日程

問題編

▶試験科目・配点

【総合選抜*】

<table>
<tr><th>選抜区分</th><th>教　科</th><th>科　　目</th><th>配　点</th></tr>
<tr><td rowspan="3">文系</td><td>外国語</td><td>「コミュニケーション英語Ⅰ・Ⅱ・Ⅲ，英語表現Ⅰ・Ⅱ」，ドイツ語，フランス語，中国語から１科目選択</td><td>500点</td></tr>
<tr><td>選　択</td><td>日本史Ｂ，世界史Ｂ，地理Ｂ，倫理，「数学Ⅰ・Ⅱ・Ａ・Ｂ」から１科目選択</td><td>500点</td></tr>
<tr><td>国　語</td><td>現代文Ｂ・古典Ｂ</td><td>500点</td></tr>
</table>

【学類・専門学群選抜】

<table>
<tr><th colspan="2">学群・学類</th><th>教　科</th><th>科　　目</th><th>配　点</th></tr>
<tr><td rowspan="6">人文・文化</td><td rowspan="3">人文</td><td>外国語</td><td>「コミュニケーション英語Ⅰ・Ⅱ・Ⅲ，英語表現Ⅰ・Ⅱ」，ドイツ語，フランス語，中国語から１科目選択</td><td>600点</td></tr>
<tr><td>地歴・公民</td><td>日本史Ｂ，世界史Ｂ，地理Ｂ，倫理から１科目選択</td><td>600点</td></tr>
<tr><td>国　語</td><td>現代文Ｂ・古典Ｂ</td><td>600点</td></tr>
<tr><td rowspan="3">比較文化</td><td>外国語</td><td>「コミュニケーション英語Ⅰ・Ⅱ・Ⅲ，英語表現Ⅰ・Ⅱ」，ドイツ語，フランス語，中国語から１科目選択</td><td>400点</td></tr>
<tr><td>地歴・公民</td><td>日本史Ｂ，世界史Ｂ，地理Ｂ，倫理から１科目選択</td><td>400点</td></tr>
<tr><td>国　語</td><td>現代文Ｂ・古典Ｂ</td><td>400点</td></tr>
</table>

<table>
<tr><td rowspan="6">社会・国際</td><td rowspan="2">社会</td><td>外国語</td><td colspan="2">コミュニケーション英語Ⅰ・Ⅱ・Ⅲ，英語表現Ⅰ・Ⅱ</td><td>400点</td></tr>
<tr><td>選択</td><td colspan="2">日本史B，世界史B，地理B，「数学Ⅰ・Ⅱ・A・B」，「現代文B・古典B」から1科目選択</td><td>400点</td></tr>
<tr><td rowspan="4">国際総合</td><td>外国語</td><td colspan="2">「コミュニケーション英語Ⅰ・Ⅱ・Ⅲ，英語表現Ⅰ・Ⅱ」，ドイツ語，フランス語，中国語から1科目選択</td><td>400点</td></tr>
<tr><td>地歴</td><td>日本史B，世界史B，地理Bから1科目選択</td><td rowspan="3">から1科目選択</td><td rowspan="3">400点</td></tr>
<tr><td rowspan="2">数学</td><td>数学Ⅰ・Ⅱ・A・B</td></tr>
<tr><td>数学Ⅰ・Ⅱ・Ⅲ・A・B　〈省略〉</td></tr>
<tr><td rowspan="11">人間</td><td rowspan="5">教育、心理</td><td>外国語</td><td colspan="2">「コミュニケーション英語Ⅰ・Ⅱ・Ⅲ，英語表現Ⅰ・Ⅱ」，ドイツ語，フランス語，中国語から1科目選択
※心理学類は英語必須で，ドイツ語，フランス語，中国語は選択できない。</td><td>250点</td></tr>
<tr><td>地歴・公民</td><td>日本史B，世界史B，地理B，倫理から1科目選択</td><td rowspan="4">から1科目選択</td><td rowspan="4">250点</td></tr>
<tr><td>数学</td><td>数学Ⅰ・Ⅱ・Ⅲ・A・B　〈省略〉</td></tr>
<tr><td>理科</td><td>「物理基礎・物理」，「化学基礎・化学」，「生物基礎・生物」，「地学基礎・地学」から1科目選択　〈省略〉</td></tr>
<tr><td>国語</td><td>現代文B・古典B</td></tr>
<tr><td rowspan="6">障害科</td><td>外国語</td><td colspan="2">コミュニケーション英語Ⅰ・Ⅱ・Ⅲ，英語表現Ⅰ・Ⅱ</td><td>250点</td></tr>
<tr><td>地歴・公民</td><td>日本史B，世界史B，地理B，倫理から1科目選択</td><td rowspan="5">から1科目選択</td><td rowspan="5">250点</td></tr>
<tr><td rowspan="2">数学</td><td>数学Ⅰ・Ⅱ・A・B</td></tr>
<tr><td>数学Ⅰ・Ⅱ・Ⅲ・A・B　〈省略〉</td></tr>
<tr><td>理科</td><td>「物理基礎・物理」，「化学基礎・化学」，「生物基礎・生物」，「地学基礎・地学」から1科目選択　〈省略〉</td></tr>
<tr><td>国語</td><td>現代文B・古典B</td></tr>
</table>

<table>
<tr><td rowspan="4">医</td><td rowspan="4">看護</td><td>外国語</td><td colspan="2">「コミュニケーション英語Ⅰ・Ⅱ・Ⅲ，英語表現Ⅰ・Ⅱ」，ドイツ語，フランス語から1科目選択</td><td>300点</td></tr>
<tr><td>理　科</td><td>「物理基礎・物理」，「化学基礎・化学」，「生物基礎・生物」から1科目選択
〈省略〉</td><td rowspan="2">から1科目選択</td><td rowspan="2">200点</td></tr>
<tr><td>国　語</td><td>現代文B</td></tr>
<tr><td>個別面接</td><td colspan="2">看護学を志向する動機，適性，感性，社会的適応力等について総合的に判断する</td><td>300点</td></tr>
<tr><td colspan="2" rowspan="2">体育専門</td><td>実　技</td><td colspan="2">〈省略〉</td><td>600点</td></tr>
<tr><td>論　述</td><td colspan="2">保健体育理論に関する論述試験（保健体育に関する基礎的学力及び文章表現能力をみる）</td><td>100点</td></tr>
<tr><td colspan="2">芸術専門</td><td>実　技</td><td colspan="2">〈省略〉</td><td>700点</td></tr>
</table>

▶選抜方法

- 「総合選抜」「学類・専門学群選抜」の２つの選抜方式により実施する。「総合選抜」と「学類・専門学群選抜」は併願できない。総合選抜の４区分から一つ，もしくは学類・専門学群選抜の21学類・２専門学群から一つの募集区分に出願することができる。

＊『総合選抜』の仕組み

①受験者は「文系」「理系Ⅰ」「理系Ⅱ」「理系Ⅲ」のいずれかの選抜区分を選択して受験する。

②１年次では総合学域群に所属し，専門分野の異なる複数の科目を履修し，自分の学びたい専門分野を探す。

③２年次以降に所属する学類・専門学群は，志望に基づき１年次の成績や適性等によって決まる。その際，志望する学類・専門学群の指定する科目を履修していることが条件となる。なお，特定の選抜区分（文系・理系Ⅰ・理系Ⅱ・理系Ⅲ）で入学した学生を優先して受け入れる学類もある。

④いずれの選抜区分で入学しても，体育専門学群を除く全ての学類・専門学群に進める。ただし，それぞれの学類・専門学群には定員がある。

▶備　考

- 学類・専門学群選抜の選択科目のうち，社会・国際（国際総合）学群の「数学Ⅰ・Ⅱ・Ⅲ・A・B」，人間学群の「数学Ⅰ・Ⅱ・Ⅲ・A・B」と理科，医（看護）学群の理科は『筑波大学（理系―前期日程）』に掲載。
- ドイツ語，フランス語，中国語は省略。
- 数学Bは「数列，ベクトル」を出題範囲とする。
- 人文・文化（日本語・日本文化）学群では，前期日程（学類・専門学群選抜）を実施していない。

英語

(120 分)

I 次の英文を読んで，下の問いに答えなさい。
(星印(＊)のついた語には本文の後に注があります。)

Hear the word "circle," and you'll probably think of something round. Hear "razor," and you'll think of something sharp. But what about a seemingly nonsense word such as "bouba" or "kiki"?

In a famous linguistics* study, researchers showed these words make English speakers think of blobby and sharp shapes, respectively. Now, the most extensive study of this finding yet — testing 917 speakers of 25 languages that use 10 different writing systems — has found that 72% of participants across languages associate the word "bouba" with a blobby shape and "kiki" with a sharp one.

<u>Such "cross-sensory" links</u>(1) — here, between speech and vision — show people can use nonsense words and other vocal noises to evoke* concepts without using actual language. That could help explain how language evolved in the first place, says Aleksandra Ćwiek, a linguistics doctoral researcher at the Leibniz-Centre General Linguistics who led the new study.

"It's exciting to see more work on this phenomenon with a greater diversity of languages," says Lauren Gawne, a linguist at La Trobe University who was not involved with the study. Testing speakers from different writing systems is especially useful, she says, because it helps figure out exactly what underlies the finding.

Past research has (ア) to the spikiness of the letter K, and roundness of the letter B, as the primary reason for the effect of "kiki" and "bouba" on English speakers. But other work has found that children who haven't yet (イ) to read also make the association, as do Himba people in Namibia, who have (ウ) contact with Westerners and don't use (エ) language.

To understand how much of a role writing plays in the finding, Ćwiek and her colleagues wanted to test speakers from a much wider sample of languages — and, crucially, different writing systems. She and her colleagues were already running a large international experiment across multiple countries, and they realized they could easily add on the bouba-kiki test (2) at the end of the task. They included speakers of languages from around the world — from Albanian to isiZulu in South Africa — and writing systems as different as Thai, Georgian, and Korean. The researchers recorded Ćwiek saying the two words aloud, and asked participants to choose whether a pointy, starlike shape or a blobby, cloudlike shape best matched each recording.

The volunteers overwhelmingly matched "bouba" with the round shape and "kiki" with the spiky one, the authors report today in the *Philosophical Transactions of the Royal Society B.* The finding suggests people make a genuine link between the sounds and the shape. It also adds to a growing pile of evidence (3) that challenges an old linguistic dogma: the belief that the sounds that make up a word have no relationship to its meaning.

But there were important differences across languages. Whereas 75% of speakers whose languages use the Roman alphabet — including English and other European languages — made the link, only 63% of speakers of other languages such as Georgian and Japanese did. (4) And three languages — Romanian, Turkish, and Mandarin Chinese — didn't show the effect at all.

There are good reasons why the finding might look different across languages, says Suzy Styles, a linguist at Nanyang Technological University. Different languages have their own rules for what sounds and syllables* can fit together; in English, for example, you can't start a word with the sound "ng," although this is perfectly fine in isiZulu. When the test words in an experiment don't match these rules, speakers don't have strong cross-sensory associations, Styles says: "An English speaker finds it hard to decide whether 'srpski' is spiky or round, because it doesn't sound 'wordy' in our language.(5)"

It could also be that the made-up words have real meanings in certain languages, Ćwiek says. *Buba* is a Romanian word used for a small child's wound — like "ouchy"— which could feel more like a "spiky" association for Romanian speakers, she says. And *cici*, pronounced "gee-gee," means "cute" in Turkish. That could give "kiki" associations with round-headed, chubby babies, Ćwiek adds.

Some evolutionary linguists have suggested language may have started not with speech, but with gesture, because it's so much easier to illustrate an idea with hands — like miming the shape of a tree, Ćwiek says. But that explanation just raises a new question: Why did speech emerge at all? The growing evidence that vocal noises can also evoke ideas like shape or size helps close that gap(6), she says, hinting that both gesture and speech "have played a significant role at the very core of language."

The study is robust*, and its control of writing systems is "useful and important," says Mark Dingemanse, a linguist at Radboud University. But linguists also need to better understand how cross-sensory associations like these play a role in real-world languages, he says: "For that, we need to move beyond bouba and kiki."

出典：Cathleen O'Grady (2021, November 14) "Nonsense Words Make People Around the World Think of the Same Shapes," https://www.science.org/content/article/nonsense-words-make-people-around-world-think-same-shapes より抜粋，一部改変

(注)　linguistics　言語学
evoke　～を喚起する
syllable　音節
robust　しっかりした，手堅い

（注意） 解答する際，句読点は1マスに1つ，英数文字は（大文字小文字ともに）1マスに2文字記入すること。

1. 下線部(1)は何と何のつながりを意味するか，以下の語群から2つ選び，記号で答えなさい。（順不同）

語群

(A) sight (B) smell (C) sound

(D) taste (E) touch

2. 空欄（ ア ）～（ エ ）を埋めるのに最も適した語を以下の語群から選び，記号で答えなさい。ただし，不要な語がひとつある。

語群

(A) hinted (B) learned (C) limited

(D) pointed (E) written

3. 下線部(2)の the bouba-kiki test の具体的な内容について，本文に即して50字以内の日本語で説明しなさい。

4. 下線部(3)の evidence とはどういうものか，本文の内容に即して30字以内の日本語で説明しなさい。

5. 下線部(4)について，ルーマニア語で bouba-kiki 効果が出なかったのはなぜだと考えられているか，その理由を，具体例を挙げて70字以内の日本語で説明しなさい。

6. 下線部(5)について，筆者がこのように考えるのはなぜか，“wordy” の意味するところが明らかになるように本文の内容に即して40字以内の日本語で説明しなさい。

7. 下線部(6)の close that gap が具体的に何を表すかの言い換えとして，最も適したものを以下から選び，記号で答えなさい。

(A) answer the question of how language survived

(B) discover the origin of gesture

(C) explain why speech emerged

(D) raise a new question

Ⅱ 次の子守唄についての英文を読んで，下の問いに答えなさい。
（星印（＊）のついた語には本文の後に注があります。）

There is a growing body of research about how lullabies help soothe both caregiver and child. Laura Cirelli, professor of developmental psychology at the University of Toronto, studies the science of maternal song. She found that when mothers sang lullabies, stress levels dropped not just for the baby but for mothers as well. In her most recent work, she found that familiar songs soothed babies the most — more than speaking or hearing unfamiliar songs.

A new mother herself, Cirelli sees singing lullabies as (1) a "multimodal experience" shared by mother and child. "It's not just about the baby hearing music," she says. "It's about being held by the mom, having her face very close, and feeling her warm, gentle rocking."

From culture to culture, lullabies "tend to have collections of features that make them soothing or calming," says Samuel Mehr, director of Harvard University's Music Lab, which studies how music works and why it exists. (2) The lab's project, the Natural History of Song, found that people can hear universal traits in music — even when they are listening to songs from other cultures. The project asked 29,000 participants to listen to 118 songs and identify whether it was a healing song, a dance song, a love song, or a lullaby. "Statistically, people are most consistent in identifying lullabies," he says.

In a separate study, Mehr's lab found that (ア) when infants were listening to lullabies that were not sung by their own caregiver, or were not from their own culture, they were (イ) soothed. "There seems to be some kind of parenting-music connection that is not only universal around the world but also old, sort of ancient. This is something that we've been doing for a really long time."

Lullabies reflect the present, but they are often (①) in the past. In Mongolia the *buuvei* lullaby has been sung by nomads* for generations. Its refrain, "buuvei," (②) "don't fear." "Love is the most important thing — passed on like a heritage," Bayartai Genden, a Mongolian traditional singer and dancer, and grandmother of 13, tells us as she describes "the magic of (③) love to your child through melodies." With more than half of Mongolia's children living in Ulaanbaatar, where pneumonia* is the second (④) cause of death of children under age five, UNICEF declared that the city's air pollution has become a child health crisis.

"I use these words to protect my children. They help my children heal," Oyunchimeg Buyankhuu says of the lullabies she sang when her two daughters were often sickened by the pollution. Her family moved out of the city so her children could breathe fresher air. Oyunchimeg sings the traditional *buuvei* lullaby, but between refrains she whispers healing words, (3)reshaping a long-established song for today.

As the COVID-19 pandemic began altering life worldwide, physical distancing drastically changed the way we connect. Elizabeth Streeter, a nurse in Massachusetts, works on the COVID-19 floor of her hospital. As the pandemic escalated, she made the difficult decision to isolate herself from her four boys in early April, to avoid exposing them to the virus. She stayed in a camper outside of her parents' home for a month while her husband stayed home to care for their children. During the evenings, Elizabeth connected with her family over the phone. She would sing her three-year-old son's favorite lullaby while fighting through tears, unclear about when she might get to hold him again.

"To separate such a sacred bond between mother and child, there are no words," she says in a journal post on Facebook. For Elizabeth, making her children safe meant being physically present. But to serve her community during the pandemic, that has shifted(4). These days, living away from her children has become her way of keeping them safe. "It looks entirely different than what I always thought protection looked like."

Allison Conlon, a nurse from Bridgewater, Massachusetts, who works in a hospital's intensive care unit, also separated from her family. At night she called Lucas, two, to read to him and sing "The Wheels on the Bus" and "Itsy-Bitsy Spider" before he went to bed. On Sundays she visited her family's home but did not enter, instead reading stories to him through a glass storm door*. (ウ), Allison gave her son a high five and a kiss. "My son was so resilient* and adapted to the change very well, and for that I am super thankful," she says.

To sing a lullaby to someone is to make a connection. The songs connect caregiver to child, but perhaps less noticeably, they also tell stories that connect us to our past, and to each other. Bayartai Genden describes the lullaby as "an exchange of two souls." Lullabies are part of the fabric from which caregivers create safe spaces that are necessary for dreams to unfold. These songs remind us that we are not (エ), and in the dark of night, they seem to hold a promise that on the other side waits the light of morning.

出典：Hannah Reyes Morales (2020, December) "Songs to Soothe," *National Geographic* より抜粋，一部改変

(注) nomads　遊牧民
pneumonia　肺炎
storm door　防風用補助ドア
resilient　立ち直りが早い

(注意)　解答する際，句読点は1マスに1つ，英数文字は(大文字小文字ともに)1マスに2文字記入すること。

1. 下線部(1)について，子守唄がどのような意味でmultimodalな経験になると述

べられているのか，本文に即して50字以内の日本語で答えなさい。

2. 下線部(2)の the lab's project によって子守唄について明らかになったことを30字以内の日本語で答えなさい。

3. 空欄(ア)と(イ)に入る単語の組み合わせとして，文脈上最も適切なものを次の中から選び，記号で答えなさい。

(A) (ア) especially (イ) already
(B) (ア) especially (イ) never
(C) (ア) even (イ) less
(D) (ア) even (イ) still

4. 本文の空欄(①)～(④)に入る単語を下の語群から選び，適切な形に変えて答えなさい。1つの単語は1回のみ使用すること。

語群： give lead mean root

5. 下線部(3)について，reshaping が意味するところを40字以内の日本語で説明しなさい。

6. 下線部(4)の that has shifted とはどのようなことを意味しているのか，that の内容を明らかにしながら60字以内の日本語で説明しなさい。

7. 空欄(ウ)に入る語句として，文脈上最も適切なものを次の中から選び，記号で答えなさい。

(A) Breaking through the door
(B) By his bedside
(C) From her side of the glass
(D) On the same side of the storm door

8. 空欄(エ)に入る語として，文脈上最も適切なものを次の中から選び，記号で答えなさい。

(A) aged

(B) alike

(C) alone

(D) awake

Ⅲ 次の[A]，[B]に答えなさい。

[A] 次の英文の文脈に適合するように，(1)から(3)の(　　)内の語または句を並べ替えるとき，それぞれ3番目と5番目にくるものを選び，記号で答えなさい。

Researchers in Japan have created a new technology that uses food waste in a surprising way. The operation can turn food waste into a strong but bendable material like cement. It is four times stronger than regular concrete, and is sustainable. And, you can eat it, the researchers found.

Food waste is a big problem in Japan and the world. In 2019, Japan produced 5.7 million tons of food waste. The government is working on reducing this to 2.7 million by 2030. The food waste that would typically end up in landfills, rotting, and releasing methane gas, can now be used to make the concrete. Moreover, the new material, if not needed, (1)(① the ground ② buried ③ be ④ without ⑤ can ⑥ in) affecting the environment.

The team has used different types of food waste to make the cement, including tea leaves, orange peels, coffee grounds, and leftover lunch materials. Since the cement can be eaten, the researchers have changed the flavors with different spices and enjoyed the different colors, smell, and even the taste of the cement. They said that in order to eat it (2)(① needs ② a person ③ break ④ apart ⑤ to ⑥ it) and boil it.

The researchers are working with other companies to use the material to make products for the home. The process of creating the cement could be used to make temporary housing (3)(① a disaster ② eaten ③ if ④ be ⑤ that ⑥ can) happens. For example, if food cannot be delivered to evacuees, they could eat temporary beds made out of food cement.

出典："Japan's New Edible Cement," *VOA Learning English*, June 4, 2022 より抜粋，一部改変(https://learningenglish.voanews.com/a/japan-s-new-edible-cement/6600962.html)

(1) 3番目＿＿＿ 5番目＿＿＿

(2) 3番目＿＿＿ 5番目＿＿＿

(3) 3番目＿＿＿ 5番目＿＿＿

［B］ 次の英文を読んで，下の問いに80語程度の英語で答えなさい。ただし，句読点は語数に含めません。

In a 2008 article for *The Atlantic*, Nicholas Carr asked, "Is Google Making Us Stupid?" Carr argued that the internet as a whole, not just Google, has been weakening his capacity for concentration and reflection. He was concerned that the internet was "reprogramming us." However, Carr also noted that we should "be skeptical of his skepticism," because maybe he is just worrying too much. He explained, "Just as there's a tendency to glorify technological progress, there's a counter-tendency to expect the worst of every new tool or machine." Carr raised a continuing debate on and off the internet about how the medium is changing the ways we think, how we interact with text and each other, and the very fabric of society as a whole.

出典："Is the Internet Making Us Stupid?," *ProCon/Encyclopaedia Britannica*, April 5, 2022 より抜粋，一部改変(https://www.procon.org/headlines/is-the-internet-making-us-stupid-top-3-pros-and-cons/)

Question:

How is the internet influencing your life? Following the discussion above, write your opinion from your own experience.

日本史

（120分）

次の各問について，それぞれ400字以内に解答せよ。

Ⅰ　6世紀と8世紀の政治制度の違いについて，次の(ア)～(エ)の語句を用いて論述せよ。解答文中，これらの語句には下線を付せ。ただし，語句使用の順序は自由とする。

(ア)部　(イ)位階　(ウ)氏　(エ)公民

Ⅱ　鎌倉幕府御家人の所領とその相続形態の推移について，次の(ア)～(エ)の語句を用いて論述せよ。解答文中，これらの語句には下線を付せ。ただし，語句使用の順序は自由とする。

(ア)一期分　(イ)単独相続　(ウ)承久の乱　(エ)御恩

Ⅲ　江戸幕府における儒学受容の推移について，次の(ア)～(エ)の語句を用いて論述せよ。解答文中，これらの語句には下線を付せ。ただし，語句使用の順序は自由とする。

(ア)寛政異学の禁　(イ)湯島聖堂　(ウ)文治主義　(エ)荻生徂徠

Ⅳ　次の史料は国民新聞社社長の徳富猪一郎(蘇峰)に宛てられた書簡である。傍線部を説明しながら，作成年と差出人を推定し，この事件前後の政治状勢と社会状勢の変化について論述せよ。

本日午前以来之都下之情勢遺憾千万なり。午後に至り漸く警察之力不足之感ある故，先以東京衛戍総督之権限に而取り得らるべき丈け之所置を取らせ居候。明日に至れば更に厳重之所置に出で，政府の威厳をして遺憾無きに至らしむるの決心なり。右御答迄。且つ社員諸君之勇猛なる決心を承知し不堪感激候也。

九月五日　　　　太郎

徳富君侍史

(注)　東京衛戍総督：東京の治安維持に関する権限を有する陸軍の司令官。

(史料は『徳富蘇峰関係文書』〈近代日本史料選書〉7－2，山川出版社，より。表記を一部改めた。)

世界史

（120 分）

次の各問について，それぞれ 400 字以内で解答しなさい。なお，解答文中では指定された語句に下線を施すこと。

Ⅰ　紀元前 6 世紀から紀元前 1 世紀までのローマにおける共和政の成立と変遷について，以下の語句を用いて説明しなさい。

エトルリア人　　カエサル　　グラックス兄弟　　元首政
ホルテンシウス法

Ⅱ　10 世紀半ばから 14 世紀末までの中国王朝における国内商業と対外貿易の展開について，流通のネットワークに留意しながら，以下の語句を用いて説明しなさい。

駅伝制　　開封　　泉州　　草市　　朝貢貿易

Ⅲ　13 世紀から 17 世紀半ばまでの北インドの歴史について，諸王朝による支配のあり方および宗教・芸術・言語における文化融合に留意しながら，以下の語句を用いて説明しなさい。

アクバル　　カースト制度　　シク教　　タージ＝マハル
デリー＝スルタン朝

Ⅳ　1910年代から1980年代までのチェコスロヴァキアの歴史について，以下の語句を用いて説明しなさい。

共産党によるクーデタ　　ズデーテン地方　　ハプスブルク帝国
「プラハの春」　　ペレストロイカ

地理

（120 分）

次の設問Ⅰ～Ⅳについて，それぞれ 400 字以内で解答せよ。

Ⅰ　図 1 および図 2 は，国土地理院発行 2 万 5 千分の 1 地形図「上尾」・「与野」の一部(原寸)である。なお，図 1 の原図は 2 色刷(いずれも 1967 年改測，一部改変)，図 2 の原図は多色刷(いずれも 2018 年調製，一部改変)である。これらを読図し，集落立地，土地利用，およびそれらの変化を，地形の特性や人間による地形の改変と結びつけながら説明せよ。

Ⅱ　表 1 は，地球上の主な貯水体における貯水量と入れかえ時間*，ならびに世界全体の水利用に占めるそれぞれの割合を示したものである。この表を参考にして，各貯水体の水資源としての特徴について，下記の 3 つの語句をすべて用いて説明せよ。なお，語句の順序は問わない。用いた語句には下線を付せ。

*貯水量を流入量(＝流出量)で除した値で，全貯水量の入れかえに要する時間を表す。

枯渇　　費用　　偏在

Ⅲ　図 3 は 2021 年における世界の三大宗教にもとづく休日の有無を国・地域別に示したものである。それぞれの分布や重なりにみられる特色を指摘して，その地域的背景について説明せよ。

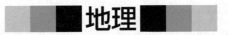

Ⅳ　表 2 は，2019 年におけるヨーロッパの複数国の農業生産に関する統計数値を示したものである。表中の A～D はイギリス，スペイン，デンマーク，フランスのいずれかである。A～D に対応する国名を指摘したうえで，ヨーロッパ全体の農業にみられる地域的特徴について，下記の語句をすべて用いて説明せよ。なお，語句の順序は問わない。用いた語句には下線を付せ。

気温　　丘陵地　　降水量　　平野　　酪農

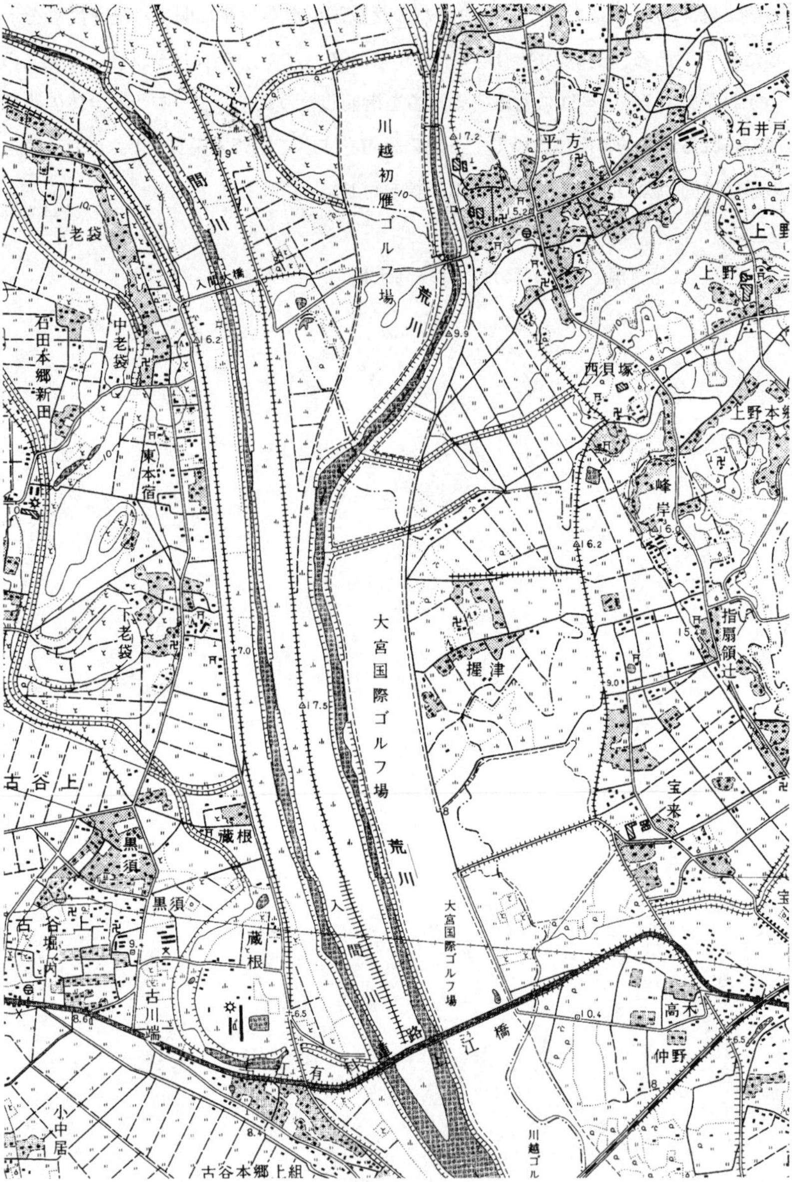
川越初雁ゴルフ場
平方
石井戸
上野
入間川
上老袋
入間大橋
荒川
石田本郷新田
中老袋
西貝塚
東本宿
峰岸
指扇領辻
下老袋
大宮国際ゴルフ場
握津
古谷上
宝来
黒須
蔵根
古川端
大宮国際ゴルフ場
高木
仲野
小中居
古谷本郷上組

図 1

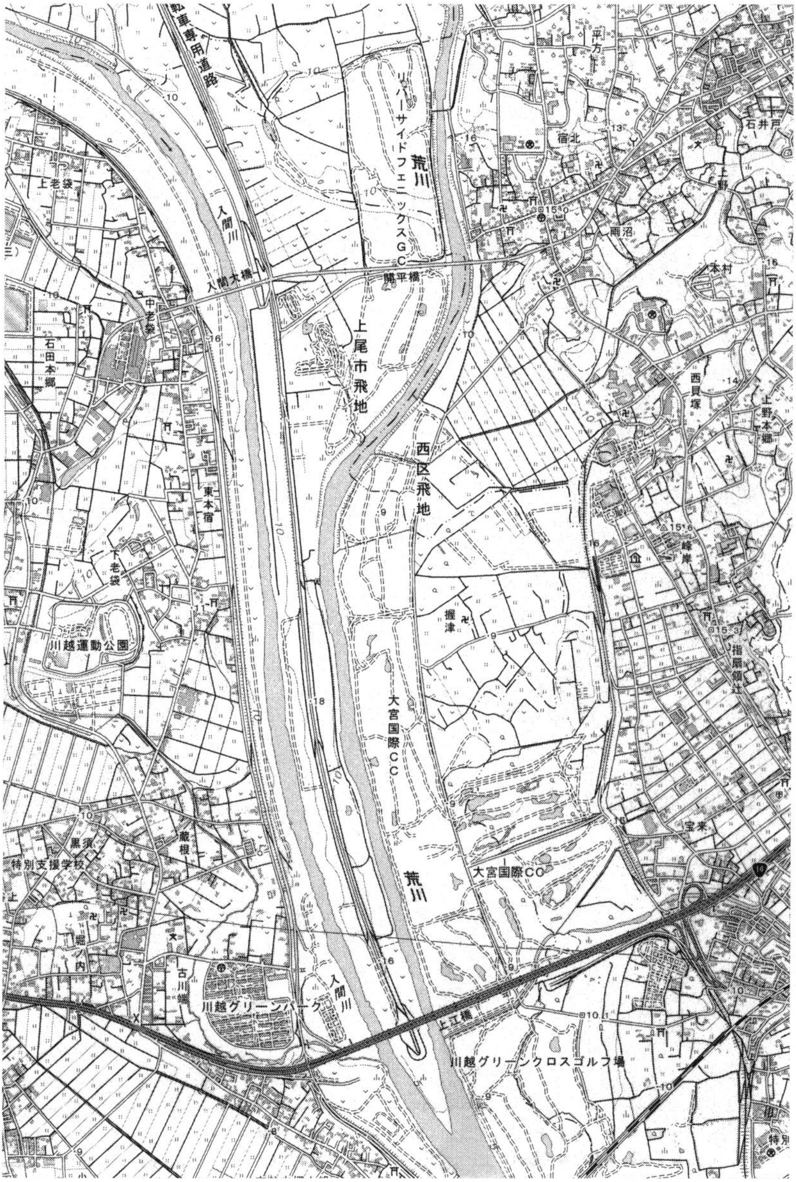

図 2

編集部注：編集の都合上，図 1・図 2 は 80％に縮小

表 1

<table>
<tr><th>貯水体</th><th>貯水量(× 1,000 km^3)</th><th>入れかえ時間</th><th>水利用に占める割合(%)**</th></tr>
<tr><td>海洋</td><td>1,338,000.00</td><td>2,500 年</td><td>0.1</td></tr>
<tr><td>河川水</td><td>2.12</td><td>17 日</td><td rowspan="2">80.4</td></tr>
<tr><td>湖沼水*</td><td>176.40</td><td>17 年</td></tr>
<tr><td>地下水*</td><td>23,400.00</td><td>1,400 年</td><td>19.5</td></tr>
<tr><td>氷雪</td><td>24,064.00</td><td>1,600～9,700 年</td><td>0.0</td></tr>
</table>

*塩水・汽水を含む。
** 小数第 2 位を四捨五入した値。
(杉田・田中(2009)ほかによる)

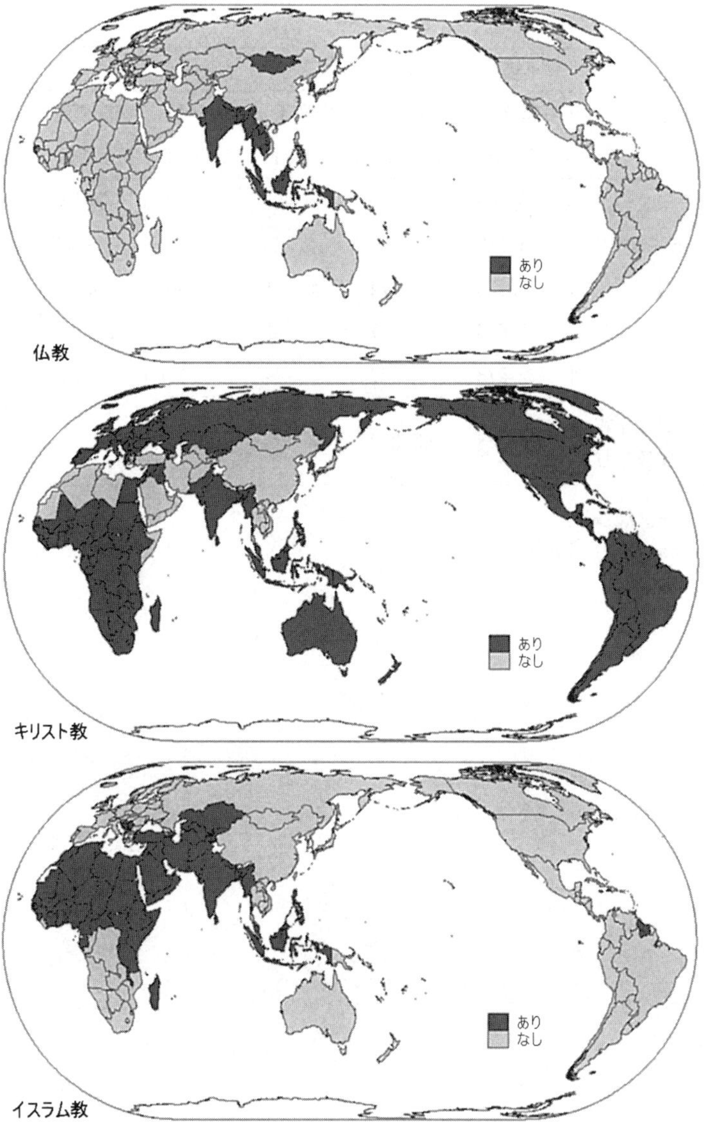

帰属未定地域を除く。中国の値にはホンコン，マカオを含まない。

（Time and Date AS の資料による）

図 3

表2

国	小麦	ライ麦	ブドウ	オリーブ	羊	乳牛
	収穫面積	収穫面積	生産量	生産量	飼育頭数	飼育頭数
	1,000 ha	1,000 ha	1,000 t	1,000 t	1,000 頭	1,000 頭
A	5,244	29	5,490	24	7,105	3,491
ドイツ	3,118	636	1,125	0	1,557	4,012
B	1,920	174	5,745	5,965	15,479	813
C	1,816	31	0	*	22,756	1,867
D	573	147	*	0	138	563
EU 28か国（イギリス含む）	26,028	2,340	24,235	*	85,226	22,633

*はデータなし。
(Eurostat および FAO による)

倫理

（120分）

次の設問Ⅰ～Ⅳのうち2問を選び，それぞれ600字～800字で答えなさい。ただし，解答用紙に記載された問題番号のうち，解答する問題番号に丸をつけること。

Ⅰ　「戦争に勝つ」とはどういうことか。古今東西の思想家を一人取りあげて自由に論じなさい。

Ⅱ　以下は中島敦の小説『文字禍』の中で，言語と現実との関係をめぐる思考が展開される一節である。下線部について，思想史上の知見を活《い》かしつつ自身の考えを述べなさい。

ナブ・アヘ・エリバはこう考えた。埃及《エジプト》人は，ある物の影を，その物の魂の一部と見做《みな》しているようだが，文字は，その影のようなものではないのか。獅子《しし》という字は，本物の獅子の影ではないのか。それで，獅子という字を覚えた猟師は，本物の獅子の代りに獅子の影を狙い，女という字を覚えた男は，本物の女の代りに女の影を抱くようになるのではないか。文字の無かった昔，歓《よろこ》びも智慧もみんな直接に人間の中にはいって来た。今は，文字の薄被《ヴェイル》をかぶった歓びの影と智慧《ちえ》の影としか，我々は知らない。

（中島敦『文字禍』，引用は適宜改変した。）

※ナブ・アヘ・エリバ　古代アッシリアの学者。

Ⅲ　「生まれ変わり」について，A．あると信じる立場，B．ないと信じる立場のいずれかに立ち，その立場のメリットとデメリットを論じなさい。その際，まず「生まれ変わり」について自由に定義した上で論じなさい。

Ⅳ　ドゥルーズは，以下のように述べている。下線部について，あなたの考えを自由に論じなさい。

「哲学科では「知識の累進性」という原則を拒否しました。同じひとつの授業が第一学年の学生とｎ学年の学生を集めておこなわれ，学生も学生でない者も，哲学の学生も哲学科以外の学生も，若い人も年配の人も，全員が同等のあつかいを受けたばかりか，学生の国籍もまちまちでした。」

（ドゥルーズ「哲学について」『記号と事件』宮林寛訳，河出書房新社）

数学

(120 分)

(注)〔1〕～〔3〕から 2 題を選択解答すること。

〔1〕 曲線 $C : y = x - x^3$ 上の点 A(1, 0)における接線を ℓ とし，C と ℓ の共有点のうち A とは異なる点を B とする。また，$-2 < t < 1$ とし，C 上の点 P$(t,\ t - t^3)$ をとる。さらに，三角形 ABP の面積を $S(t)$ とする。

(1) 点 B の座標を求めよ。

(2) $S(t)$ を求めよ。

(3) t が $-2 < t < 1$ の範囲を動くとき，$S(t)$ の最大値を求めよ。

〔2〕 α，β を実数とし，$\alpha > 1$ とする。曲線 $C_1 : y = |x^2 - 1|$ と曲線 $C_2 : y = -(x - \alpha)^2 + \beta$ が，点$(\alpha,\ \beta)$と点$(p,\ q)$の 2 点で交わるとする。また，C_1 と C_2 で囲まれた図形の面積を S_1 とし，x 軸，直線 $x = \alpha$，および C_1 の $x \geqq 1$ を満たす部分で囲まれた図形の面積を S_2 とする。

(1) p を α を用いて表し，$0 < p < 1$ であることを示せ。

(2) S_1 を α を用いて表せ。

(3) $S_1 > S_2$ であることを示せ。

〔3〕 座標空間内の原点 O を中心とする半径 r の球面 S 上に 4 つの頂点がある四面体 ABCD が,

$$\overrightarrow{OA}+\overrightarrow{OB}+\overrightarrow{OC}+\overrightarrow{OD}=\vec{0}$$

を満たしているとする。また三角形 ABC の重心を G とする。

(1) $\overrightarrow{OG}$ を $\overrightarrow{OD}$ を用いて表せ。

(2) $\overrightarrow{OA}\cdot\overrightarrow{OB}+\overrightarrow{OB}\cdot\overrightarrow{OC}+\overrightarrow{OC}\cdot\overrightarrow{OA}$ を r を用いて表せ。

(3) 点 P が球面 S 上を動くとき, $\overrightarrow{PA}\cdot\overrightarrow{PB}+\overrightarrow{PB}\cdot\overrightarrow{PC}+\overrightarrow{PC}\cdot\overrightarrow{PA}$ の最大値を r を用いて表せ。さらに, 最大値をとるときの点 P に対して, $|\overrightarrow{PG}|$ を r を用いて表せ。

② 避席＝敬意を示すために立ち上がる。
③ 反＝臨機応変である。

問一　傍線部分（1）「子夏問孔子曰、顔回之為人奚若」を現代語訳せよ。

問二　傍線部分（2）「然則四子者、何為事夫子」とあるが、子夏がこのように言ったのはなぜか、述べよ。

問三　傍線部分（3）「所以事吾而不弐也」を書き下し文にせよ。

問四　この話の中で孔子が伝えたかったことは何か、説明せよ。

第四問　次の文章を読んで、後の問に答えよ。（設問の都合上、返り点・送り仮名を省略したところがある。）

(1)子夏問孔子曰、「顔回之為人奚若。」子曰《ク》、「回之仁、賢《まさルト》二於丘《ヨリ》一也。」曰《ク》、「子貢之為《リ》レ人《ト》奚若《ト》。」子曰《ク》、「賜之弁、賢《ルト》二於丘《ヨリ》一也。」曰《ク》、「子路之為《リ》レ人《ト》奚若《ト》。」子曰《ク》、「由之勇、賢《ルト》二於丘《ヨリ》一也。」曰《ク》、「子張之為《リ》レ人《ト》奚若《ト》。」子曰《ク》、「師之荘注①、賢《ルト》二於丘《ヨリ》一也。」子夏避注②席《シテ》而問《ヒテ》曰《ク》、(2)「然則四子者、何為事夫子。」曰《ク》、「居《レ》、吾語《ゲン》レ汝《ニ》。夫《レ》回《ハ》能《ク》仁《ナルモ》而不レ能《ハ》反《ナル》注③、賜《ハ》能《ク》弁《ナルモ》而不レ能《ハ》訥《ナル》、由《ハ》能《ク》勇《ナルモ》而不レ能《ハ》怯《ナル》、師《ハ》能《ク》荘《ナルモ》而不レ能《ハ》同《ナル》。兼《ネテ》二四子之有《ヲ》一以《テ》易《フルハ》レ吾《ニ》、吾弗《ル》レ許《サ》也。此《レ》其《ノ》(3)所以事吾而不弐《うたがハ》也。」

（『列子』による）

〈注〉① 荘＝堂々としている。

(ウ)聞こえたてまつりける。

［B］　来ぬ人をまつの葉にふる白雪の消えこそかへれあはぬ思ひに

とてなむ、(2)「ゆめこの雪落とすな」と、使に言ひてなむ、(エ)たてまつりける。

(『大和物語』による)

問一　波線部分(ア)「聞き給うて」、(イ)「泣く泣く病になりて」、(ウ)「聞こえたてまつりける」、(エ)「たてまつりける」は、それぞれ誰の動作か。①「承香殿の御息所」、②「中納言の君」、③「故兵部卿の宮」の中から選んで番号で答えよ。

問二　傍線部分(1)「時々おはしましてのち、この宮、をさをさとひ給はざりけり」を、現代語訳せよ。

問三　Aの歌の掛詞を用いた表現に着目し、詠み手が「君」をどのような人物と考えているか説明せよ。

問四　傍線部分(2)「ゆめこの雪落とすな」と言ったのはなぜか、Bの歌を踏まえて説明せよ。

問一　傍線部分(1)「女学生の一人は、巨大なガラスの壁の向こうで飛行機が飛んでいくのを見ていた」とあるが、「女学生の一人」は「巨大なガラスの壁」をどのようなものとしてとらえているのか、述べよ。

問二　傍線部分(2)「ここではなにかしら目的を持っていることに気づいて、父親は驚いた」とあるが、なぜそのことに「驚いた」のか、説明せよ。

問三　傍線部分(3)「乗る度に不安だった」、傍線部分(4)「飛び立つたびにもう戻れないかもしれないという思いが背中にはりついていた」とあるが、二人とも空港をどのようなものとしてとらえているのか、説明せよ。

問四　傍線部分(5)「その先に、別の場所があるのだ」とあるが、この文章で、空港は様々な登場人物の視点を通してどのように描かれているのか、説明せよ。

第三問　次の文章を読んで、後の問に答えよ。

先帝の御時に、承香殿の御息所の御曹司に、中納言の君といふ人さぶらひけり。それを、故兵部卿の宮、若男にて、一の宮と聞こえて、色好み給ひけるころ、承香殿はいと近きほどになむありける。らうあり、をかしき人々ありと、(ア)聞き給うて、ものなどのたまひかはしけり。さりけるころほひ、この中納言の君に、しのびて寝給ひそめてけり。(1)時々おはしましてのち、この宮、をさをさとひ給はざりけり。さるころ、女のもとより詠みてたてまつりける。

［A］　人をとくあくた川てふ津の国のなにはたがはぬ君にぞありける

かくてものも食はで、(イ)泣く泣く病になりて恋ひたてまつりける。かの承香殿の前の松に雪の降りかかりけるを折りて、かくなむ女は一人で飛行機に乗らなければならないこともあった。列に並ぶ彼女は、飛び立つ飛行機を恨めしく眺めた。こんな乗り物を作ったから、怖い思いをしなければならないし、時差で体調も悪くなる。

まだ若かった彼女が不安げな顔で荷物を預けているときに、どうってことないさ、と父親が声をかけた。見送りに来た彼女の父親は、その二十五年前にこの空港から飛行機を操縦して飛び立ったことがあった。それは戦争中のことだった。彼が乗っていたのは、戦闘機ではなく輸送機だったが、(4)飛び立つたびにもう戻れないかもしれないという思いが背中にはりついていた。飛行中に敵機に遭遇したこともあった。偵察機だったらしく、そのまま飛び去っていったが、あのときは血の気が引いた。同じ町の出身だった仲間は、飛び立ったまま戻らなかった。海に落ちたのだろう、と報告された。結局機体も見つからないままだった。

この飛行場は、以前はゴルフ場だったのだと、地元出身の上官は言っていた。遠くから金持ちたちがやってきて、一日中楽しむ場所だったのだ、と。その上官は戦争が終わる直前に死んだ。自分が生きているのはなにかの間違いではないのか、と父親は白く光る空港のターミナルで娘を見送って、思った。

戦争が終わってから、父親は飛行機に乗ったことがなかった。縁あって飛行場の近くに工場がある会社に勤め、そこの事務員をしていた女と結婚し、子供を三人持った。その間に、飛行場は国際空港になった。ターミナルが建設され、飛行機の格納庫が並び、父親が乗っていた輸送機とは比べものにならない大きさのジェット機が、轟音《ごうおん》をまき散らしながら飛んでいった。

一日に何百回も、離陸と着陸が繰り返された。白い飛行機は空の彼方へ消え、そして空の彼方からまた別の飛行機が現れた。

(5)その先に、別の場所があるのだと、女学生は思った。あの白い雲の、霞《かす》んでいる空の向こう。ここにいる信じられない数の人たちが帰る場所が、その先に存在している。やっと搭乗時刻がやってきた。学生生活も、旅行も、もうすぐ終わりだった。来月からは、新しい生活が始まる。女学生たちは立ち上がり、土産物で膨らんだ重い鞄《かばん》を各々が持ち、列に並んだ。

（柴崎友香『百年と一日』による）

を乗り継いで、故郷のその街へ赤ん坊を初めて連れていくところだった。

　母親は腕に抱いた赤ん坊を揺らして笑みを向け続けていたが、傍らで荷物を提げた父親は落ち着きなく周囲を見回していた。空港には、信じられないほどの人がいた。隣のゲートにも、その向こうに延々と続くどのゲートにも、大勢が待っていた。免税店や土産物屋で買い物する客がおり、警備員や掃除係も歩き回っていた。こんなにもたくさんの、数え切れない人たちが、（2）ここではなにかしら目的を持っていることに気づいて、父親は驚いた。どこかに行こうとしている人か、自分の仕事をしている人しかいない。なにもせずただそこにいるだけの人が存在しないとは、なんということだろうか。父親はその事実にぼんやりとしてしまって、列が進んでいるのに動かなかったので、うしろの客に声をかけられた。母親は赤ん坊をあやしながら先に進んでいた。

　彼らは、この空港では乗り継ぎをするだけだった。この経路の乗り継ぎ便を利用するのは四度目だったが、毎回忙《せわ》しなくターミナルの中を移動するだけで、空港の外に出たことはなかった。入国審査でパスポートを見せ、管理官にじろじろと検分されるのに、この国のことはなにも知らなかった。

　赤ん坊は泣き止まなかった。すぐそばに並んでいた年老いた、美しい銀髪の女が、だいじょうぶよ、と声をかけた。赤ちゃんはね、泣くのが仕事だから。それを聞いて父親は、この子は少なくとも自分の目的地を自覚してはいない、と思い、なぜか安堵《あんど》した。

　赤ん坊をあやした銀髪の女は、ガラス越しの滑走路と空を懐かしく眺めた。

　彼女が初めてこの空港から飛行機に乗ったのは、四十年前のことだった。今は三つあるターミナルは、そのころは一つだった。当時、彼女は夫の仕事のために外国に住んでいて、年に一度はこの空港とその国の空港を行き来した。まだ飛行機に慣れていなかった。（3）乗る度に不安だった。大きな事故が起きたニュースもときどきあったし、夫は仕事が忙しくて先に仕事に戻り、彼

第二問　次の文章を読んで、後の問に答えよ。

空港で、女学生たちは話をしていた。

十日間の旅行から帰国する便の出発まで、まだ一時間はあった。二つの国の四つの街へ行った。楽しかったね、と女学生は言った。どこがいちばん楽しかった、と別の女学生が聞いた。あの港町の食堂おいしかったねえ、と別の女学生が言った。

国際空港のターミナルは、細長い形をしていた。端から端まで歩いたら一時間近くかかりそうだった。長い長い動く歩道が、いくつも連なっていた。人混みを避けて器用にカートが走り、アナウンスが繰り返し流れた。(1)女学生の一人は、巨大なガラスの壁の向こうで飛行機が飛んでいくのを見ていた。一機飛ぶと、しばらくしてまた同じように飛び立っていく。ガラスに遮られているから、音は聞こえない。とてつもなくうるさいはずなのに不思議だ、と女学生は思っていた。ガラスがあるだけで、なにも聞こえないなんて。飛行機はジオラマ模型の仕掛けのように、軽く浮きあがって、見る間に白い雲の先へと消えていく。もうすぐ自分たちがあれに乗って、同じように空の彼方《かなた》へと去っていくとは信じられなかった。十時間以上もかかる途方もない距離を、一瞬も休まずに飛び続けることも。

次はどこに行きたい？　ねえ？

友人から何度か聞かれて、女学生は我に返った。そうだね、今回は海辺が多かったから砂漠かな。答えると、友人たちは笑った。砂漠かー、唐突だねえ、海の次だからって単純すぎない？　砂漠に行きたい女学生はなぜ笑われるのかわからなかったが曖昧に笑い返した。

隣のゲートでは、搭乗が開始された。すぐに長蛇の列ができた。赤ん坊が一人泣き、そうするとつられて他の子供たちも泣き出した。飛行機の行き先は、女学生の知らない地名だった。最初に泣き出した赤ん坊の両親は、現在暮らしている国から飛行機知り、ラジオやＣＤで音楽を聴きます。複製を否定することは、文化に触れることを拒絶するに等しいでしょう。また、拒んでみても、直接体験が最初の位置に来る、という保証は少しもありません。知りもしない名画を見たくなるひとはないでしょう。たしかに、オリジナルの体験が複製体験のあとに来て、複製の再認になっているというのは、倒錯した事態のように見えます。複製が生まれる過程からすれば、倒錯に相違ありません。しかし経験の実態から見れば、それが当たり前の状況である、と認識しなければなりません。このことを確認するとともに、（４）複製の存在価値についての肯定的な根拠の一端を得たことになります。

（佐々木健一『美学への招待』による）

問一　傍線部分（１）「その自明性を崩すような事例」とあるが、この後の事例がどのように「自明性」を崩しているのか、説明せよ。

問二　傍線部分（２）「観念が味つけをします」とあるが、「観念」が「味つけを」するとはどういうことか、説明せよ。

問三　傍線部分（３ａ）「複製がオリジナルになっている」、傍線部分（３ｂ）「原物というオリジナル」とあるが、この二つの「オリジナル」はどのように異なるか、説明せよ。

問四　傍線部分（４）「複製の存在価値についての肯定的な根拠の一端を得た」とあるが、どのようなことか、文章全体を踏まえて説明せよ。

復活します）にサクレ・クール寺院、それにカフェのたたずまいなどは、どこで知ったと言えないほどによく知っています。本やテレビや、あるいは映画の情景を通して知ったのに相違ありません。

ルーヴル美術館へ行きます。そこでミロのヴィーナスやサモトラケのニケー、モナリザやマリー・ド・メディシスの連作（ルーベンス）などを見ることでしょう。これらについてもよく知っています。もちろん画集と呼ばれる図版、つまり複製を通してのことです。そして、ノートルダムへ行っても、モナリザを見ても、これ知ってるよ、と言って喜び、これ本物だよと言って感動します。つまり、再認の喜びです。

なぜこのようなことが起こるのでしょうか。それは、われわれの経験のうえでは（3a）複製がオリジナルになっているからです。たしかに、複製が作られる過程においては、（3b）まず原物というオリジナルがあり、あとからその複製が作られるので、この関係は決して逆転しません。ところが、ここに挙げたような事例においては、われわれの経験は複製から始まり、その複製を繰り返しくりかえし味わったあとで、運がよければ、あるとき、そのオリジナルにめぐり合うことになります。このようなことは、いつの時代にもあったはずのことです。たとえば、友人の土産話を聞かされ、まだ見ぬ土地への憧れをさんざんにかきたてられた挙げ句の果てに、その土地に旅行する機会に恵まれる、というようなケースはいくらでも考えられるでしょう。土産話は複製ではありませんが、直接体験ではないという意味で複製に似たものです。時代の発展とともに、言葉が写真になり、さらに写真の複製になったというだけのことです。

このように考えてみると、われわれの経験のなかで、何らかの意味で直接体験と呼びうるものが最初に来るようなケースはほとんどない、と言えるでしょう。われわれを取り囲んでいる文化環境のなかでは、複製の存在が圧倒的なヴォリュームをもっています。それはわれわれの文化環境が、テクノロジーによって形成され、そのテクノロジーが複製を増殖させているからです。世界については、情報の九九％はテレビや新聞、インターネットからやってきます。藝術については、まず画集を開いて名画をかれと分かる、というのが正確なところでしょう。ポピュラー歌手でマイクなしで歌うひとは稀《まれ》なようですが、何より驚いたのは、そのマイクを通した音響のひどいことでした。はじめは装置が故障しているのかと思いました。しかし、プログラムはそのまま進行してゆきます。しかも大音量でさえあればそれでよい、と考えているかのようです。音質の悪さに加えての耳を聾《ろう》する大音量の二重苦で、逃げ出したくなりました。歌手自身でないにしても、音楽産業に携わる専門家が調整したはずですが、どのような耳をしているのでしょう。

たった一度の経験に基づいて、すべてがそうだと断定することはできませんが、武道館ライヴとか、東京ドームのコンサートなどと言われるものが、これよりましなものとは信じにくいと思います。見える姿は豆粒のようになり、音響は拡声器を通したようなものにならざるをえないでしょう。このようなコンサートのどこが「ライヴ」なのでしょう。すぐれた装置で聴くＣＤの方がよほど歌手の肉声を伝えてくれるでしょうし、テレビやＤＶＤの映像の方が細やかな表情を教えてくれると思います。

ではなぜ、ひとはこのようなコンサートに出かけるのでしょうか。言うまでもないことですが、テレビやＣＤを通してその歌手のうたを知り、それをよいと思ったひとが、コンサート会場に足を運ぶのです。そして、その劣悪な視覚的音響的な条件のなかで、好きな曲を再認識している、と考えられます。そうでなければ、どこにも面白いところはありません。そのうえで、(2)観念が味つけをします。スターと同じ時間と空間を共有している、という(事実というよりもむしろ)観念です。

このようなことは、われわれの生活のなかでそう珍しいことではありません。旅行に行くとします。行き先は、そう、パリにしましょう。何しろ例として考えるだけなのですから。それが初めて行くパリであっても、われわれは行くまえからパリを知っています。日本のなかの観光都市、たとえば仙台や松江、札幌などよりも、パリの方をよく知っている、というひとが少なくないでしょう。エッフェル塔や凱旋《がいせん》門、ノートルダム聖堂(この中世の貴重な遺産が大きな火災に見舞われたのは、本書の組版作業をしている時期でした。重要な教会建築はこのような災害に繰り返し耐え、その生命を更新してきました。今回も間違いなく

国語

（学類・専門学群選抜（医学群看護学類）　九〇分
総合選抜（文系）、学類・専門学群選抜（その他の学群・学類）　一二〇分）

（注）　学類・専門学群選抜（医学群看護学類）は第一問および第二問を、総合選抜（文系）、学類・専門学群選抜（その他の学群・学類）は第一問～第四問を解答すること。

第一問　次は、芸術（藝術）の複製について論じた文章の一部である。これを読んで、後の問に答えよ。

いま問題にしている複製は、音楽で言えば、もとの演奏があり、それを録音したもののことですから、どちらがいいか、と問われるならば、誰でももとの生演奏の方をとるでしょう。しかし、同一の演奏について、その生と録音という比較では、はじめから答えは決まっており、あらためて問うまでもありません。いま複製が問題になるのは、ＣＤやＤＶＤがわれわれの藝術《げいじゅつ》生活にかつてなかった新しいかたちの経験をもたらしたという事実に関することなのですから、こんな比較をしても意味がありません。(1)その自明性を崩すような事例に注目すべきでしょう。

かつて、つきあいでポピュラー歌手のコンサートに出かけたことがあります。二〇〇〇人以上入る大ホールで、上の方の座席から見ると、主役のスター歌手の姿は、ようやくそうと分かる程度にしか見ることができません。テレビで見て知っていたので

保健体育

(60分
解答例省略)

(注)　解答用紙の使用にあたっては，句読点やカギ括弧，数字などについても一マス使用してください（例えば100は三マス使用する)。その際，行のはじめに句読点などがきたとしても構いません。

1　応急手当に関する次の問題に答えなさい。

①　捻挫や打撲に対しておこなうRICEとは何か述べなさい。さらに，「E」の処置をおこなう際に注意すべき点と期待される効果を答えなさい。(150字以内)

②　けがや急病で倒れている人（傷病者）を発見した際におこなう応急手当の手順について説明しなさい。(250字以内)

2　日本のスポーツ振興に関する次の問題に答えなさい。

①　スポーツ振興法を改正して制定された法律の名称をあげ，その理念と内容について説明しなさい。(150字以内)

②　地域スポーツクラブとはどのようなものか説明しなさい。また，それ以外に民間でおこなわれているスポーツ振興を2つあげ，その主体と取り組みについて述べなさい。(250字以内)

解答編

英語

I　解答　1 —(A)・(C)

2．ア—(D)　イ—(B)　ウ—(C)　エ—(E)

3．被験者に bouba と kiki という無意味語を聞かせ，丸い形ととがった形のどちらを連想するかを答えさせる。(50 字以内)

4．単語を構成する音と意味は無関係だという古い定説を覆す証拠。(30 字以内)

〔別解〕単語を構成する音と意味が結びついていることを示す証拠。(30 字以内)

5．ルーマニア語には，無意味語 bouba と近い音の buba という語があり，その語が小さな子供の怪我を意味するために，とがった形の方が強く想起されたから。(70 字以内)

6．各言語には，語らしく聞こえるための音と音節の組み合わせに関する規則があるから。(40 字以内)

7 —(C)

◆全　訳◆

≪言語音がイメージに与える影響≫

“circle”（円）という単語を耳にすると，おそらく何か丸いものを思い浮かべるだろう。“razor”（かみそり）という単語だと，何か鋭利なものを思い浮かべるだろう。だが，“bouba” や “kiki” のような，一見意味のなさそうな単語の場合はどうだろうか。

ある有名な言語学研究では，英語を話す人々がこれらの語を聞くと，それぞれ丸っぽい形と，とがった形を思い浮かべるということが示された。現在，この発見をした，これまでで最も広範囲の研究――10 個の異なる文字体系を用いる 25 言語にわたる 917 人の話者を調べた――で，これらの言語全体で 72％の人が，“bouba” という語では丸っぽい形を，“kiki”

という語ではとがった形を連想するということがわかっている。

このような「感覚をまたぐ」つながり――ここでは言葉と視覚とのつながり――で示されているのは，実在の言語を使わなくても，意味のない単語と他の音声を使って概念を喚起できるということである。そのことは，そもそも言語がどのように進化したのかを説明するのに役立つであろう。こう語るのは，ライプニッツ総合言語学センターの言語学博士研究員のアレクサンドラ=チュイックで，彼女はこの新しい研究を指揮した。

「より多様な言語について，この現象の研究をもっと見ていくと，胸がわくわくします」 この研究に関わっていないラ・トローブ大学の言語学者ローレン=ガウンはこう述べる。彼女の言によると，様々な文字体系出身の話者を調べることは特に有益である。発見の背後にあるものを正確に理解するのに役立つからだ。

過去の研究では，“kiki”と“bouba”が英語を話す人に影響を与える主な理由として，Kの文字のとがったイメージとBの文字の丸いイメージが示されている。しかし，他の研究では，まだ字を読めるようになっていない子供たちでも，同じような連想をすることがわかった。これはナミビアのヒンバ族も同様であった。彼らは西洋人との接触が限られていて，しかも書き言葉を使用しないのである。

発見の中で，文字がどの程度の役割を果たしているのかを理解するために，チュイックたちはもっと広範な言語サンプル――そしてこれは重大なことだが，広範な文字体系――の話者を調べたいと考えた。彼女らはすでに，多数の国にわたる国際的で大規模な実験を取り仕切っていたので，作業の最後に bouba-kiki テストを加えるのは容易だった。彼女らは世界中の言語――アルバニア語から南アフリカのズールー語まで――とタイ語，グルジア語，韓国語など，さまざまな文字体系の話者を被験者に含めた。研究者たちはチュイックが2つの単語を音読するのを録音し，参加者には，それぞれの録音に最も合致するのが星のようなとがった形なのか，雲のような丸っぽい形なのかを選ぶように求めた。

ボランティアの被験者たちは，圧倒的に，“bouba”を丸い形と，“kiki”をとがった形と一致させたと，現在，『フィロソフィカル・トランザクションズB』の中で筆者たちは報告している。この発見が示唆しているのは，人間は音声と形とを間違いなく関連させているということである。加えて，言語学上の古い定説に挑戦する証拠は増加しているが，その1つともなっている。その定説とは，単語を構成する音はその意味とは何の関係もないとする考えである。

とはいえ，言語によって重大な差異も存在した。アルファベットを使う言語——英語や他のヨーロッパ系言語——を話す人の 75％が関連づけたのに対して，グルジア語や日本語のような他の言語を話す人は，63％しか関連づけなかった。そして，3つの言語——ルーマニア語，トルコ語，北京官話——では，その影響がまったく示されなかった。

ナンヤン工科大学の言語学者スージー=スタイルズによると，発見の様子が言語によって異なるのには，ちゃんとした理由がある。どの音とどの音節が結合するかについては，さまざまな言語ごとに独自の規則がある。たとえば，英語では，“ng”という音で単語が始まることはあり得ないが，ズールー語ではまったく問題ない。実験で使われる単語がこれらの規則に合致しない場合，話者は感覚をまたぐ連想を強く抱くことがないのだとスタイルズは述べている。「英語を話す人は‘srpski’がとがっているのか丸いのか決めづらくなります。自分の言語では『単語的』でないように聞こえるからです」

特定の言語では，作った語が実際に意味を持つせいかもしれない，とチュイックは言う。彼女によると，buba は——“ouchy”のように——小さな子供の怪我に対して用いられるルーマニア語の単語であり，ルーマニア語を話す人にとっては，「とがった」への連想が強くなる可能性がある。また，cici は，“gee-gee”（ギーギー）という発音で，トルコ語で“cute”（かわいい）という意味である。この単語のために，“kiki”は，頭が丸い，まるまると太った赤ちゃんを連想させるかもしれない，とチュイックは述べている。

チュイックによると，木の形を身振りで表すように，イメージを手で表す方がはるかに簡単なので，言語は話し言葉からではなく身振りから始まったのかもしれないと主張している進化言語学者もいる。しかし，この説明はある新しい疑問を引き起こす。それは，そもそも話し言葉はなぜ出現したのかということだ。音声が，形や大きさのようなイメージを喚起することもできるという証拠が増すことは，その隔たりを埋めるのに役立つのだと，彼女は身振りと話し言葉の両方が「言語のまさに核の部分で重大な役割を果たしてきた」と暗示しながら述べている。

その研究はしっかりとしたもので，研究が文字体系を統制することは「有益で重要である」と，ラドバウド大学の言語学者マーク=ディンゲマンスは話す。しかし，言語学者たちは，このような感覚をまたぐ連想が，現実世界の言語の中でどのように役割を果たしているかをもっと理解する必要もあると彼は語る。「そのために，私たちは bouba と kiki の向こう側へ行く必要があります」

◀解　説▶

1．下線部(1)の意味は「このような『感覚をまたぐ』つながり」となり，五感のうちの２つの感覚につながりが生じるという意味である。本文の場合，直後で―here, between speech and vision―「ここでは言葉と視覚とのつながり」と説明が加えられている。vision は当然 sight「見ること」であり，第２段（In a famous …）で紹介されている研究によると，ある言葉を聞いて形を想像するという内容であることから，speech は sound「音声」のことだと予想される。よって(A)と(C)を選択する。

2．ア．主語が Past research「過去の研究」となっているので，これに対応する動詞は「見つける」「示す」「明らかにする」などになると予想される。また，直後に前置詞 to が続いていることもあわせて考えると，正解は(D)の pointed である。point to ～「～を指摘する，示唆する」

イ．直前の表現が haven't yet ～ となっているので，「まだ～していない」，直後が to read「読むこと」という意味であることを考えると，(B)の learned が最も適切である。learn to ～「～できるようになる」

ウ．当該部分の意味は「彼らは西洋人と…な接触がある」である。また，ここで言及されているのはナミビアのヒンバ族で，当然西洋人との接触は少なかったと予想される。よって正解は(C)の limited「限られた」である。

エ．直後の language を修飾する形容詞的用法であると考えられる。前述部分で，まだ字を読めない子供たちの例が挙げられていることから，「書かれた言語」のことであると予想できる。よって(E)の written が正解である。

3．the bouba-kiki test の内容については，下線部(2)を含む文のある第６段の最終文（The researchers recorded …）と，第１段最終文（But what about …）から第２段にかけて説明されている。解答の骨子となるのは，「意味のない語から，どのような形を連想するかを調べること」である。

4．evidence がどのような証拠であるかについては，直後の that 以下で言及されている。つまり，これまでの定説——単語を構成する音はその意味とは何の関係もない——に挑戦する証拠のことである。この主旨を30字以内でまとめたのが〔解答〕である。また，bouba-kiki テストの文脈を踏まえた上で説明すると，〔別解〕のようになる。

5．当該段（第8段）では，言語によって bouba-kiki テストの結果に違いが生じたことが述べられているが，ルーマニア語についての理由は，第10段第1・2文（It could also …）で例を挙げて述べられている。設問では「具体例を挙げて」という指示があるので，ここで挙げられているルーマニア語の buba の例に言及する必要がある。

6．下線部(5)は「自分の言語では『単語的』でないように聞こえる」という意味になる。この理由については，当該段（第9段）の第2文（Different languages have …）で説明されている。単語らしく聞こえない理由は，音と音節の組み合わせには，言語ごとに独自の規則があり，srpski は英語の規則に合致しないからである。この点を40字以内でまとめる。〔解答〕の他にも「…規則に沿っていないから」など，色々なまとめ方が考えられるが，参照箇所が合っていればよいと考えられる。「“wordy”の意味するところが明らかになるように」という指示が難しいが，〔解答〕では wordy の意味を書くことだと考えた。

7．下線部(6)の意味は「その隔たりを埋める」となるが，何と何との隔たりなのかについては，当該段（第11段）第1・2文（Some evolutionary linguists …）より，「身振り」と「話し言葉」との隔たりのことであると考えられる。身振りから始まったと思われる言語に，話し言葉がなぜ出現したのかを説明することが，この隔たりを埋めることになると考えられる。よって正解は(C)の「話し言葉が出現した理由を説明する」である。(A)「言語がどのように生き延びたかという疑問に答える」 (B)「身振りの起源を発見する」 (D)「新しい疑問を提起する」

II **解答**　1．歌を聞きながら，母親に抱かれて近くに顔を見ることができ，暖かく優しい揺さぶりも感じられるという意味。(50字以内)

2．異文化の歌にも，人は子守唄の普遍的特徴を聞き取れること。(30字以内)

3－(D)

4．① rooted　② means　③ giving　④ leading

5．伝統的な子守唄の繰り返しの間に癒しの言葉をはさんで，今の状況に沿わせること。(40字以内)

6．安全とは母親が子供のそばにいることだったが，新型コロナウィルス感染症のため，安全とは離れて暮らすことになったこと。(60字以内)

7－(C)　8－(C)

◆全　訳◆

≪子守唄の科学分析≫

子守唄が保護者と子供の両方をどれくらい落ち着かせてくれるかについては，研究量が増えつつある。トロント大学の発達心理学教授のローラ＝シレリーは，母親が歌う歌の科学を研究している。彼女は，母親が子守唄を歌うと，赤ちゃんだけでなく母親もストレスレベルが下がるということを発見した。彼女の最新の研究では，聞き覚えのある歌が――話しかけることや，なじみの薄い歌を聞いたりする以上に――最も赤ちゃんを落ち着かせるということを見つけた。

自身が母親になったばかりでもあるシレリーは，子守唄を歌うことを母親と子供が共有する「複数感覚にわたる経験」だと考えている。「それは赤ちゃんが音楽を聞いているということだけに関するのではありません」と彼女は言う。「母親に抱かれ，母親の顔が至近距離にあり，母親の暖かく優しい揺さぶりを感じていることにも関係しています」

どの文化においても，子守唄は「落ち着かせたり静めたりする特徴の集積となる傾向がある」と，ハーバード大学音楽研究所の所長のサミュエル＝メヘルは述べる。この研究所では，音楽がどのように作用し，なぜ存在するのかを研究している。研究所の研究事業である『歌の自然史』で，人は音楽の中に――違う文化の歌を聞いているときでさえも――普遍的な特徴を聞き取ることができるとわかった。この事業では，29,000人の被験者に，118曲の歌を聞いて，それが癒しの歌なのか，ダンス曲なのか，ラブソングなのか，子守唄なのか特定するよう求めた。「統計的に言って，人々は子守唄の特定で最も一致しています」と彼は述べている。

別の研究で，メヘルの研究所は，自分自身の保護者が歌っていないし，自身の文化でもない子守唄を子供が聞いているときでさえ，彼らはやはり落ち着くのだということを発見した。「子育ての音楽には，世界中で普遍的なだけでなく，古くて，ある種古代的でもあるつながりが存在するようです。これは私たちが本当に長い間ずっと行ってきたことです」

子守唄は現在を反映しているが，しばしば過去にも根差している。モンゴルでは，buuveiという子守唄が，遊牧民たちによって何世代にもわたって歌われている。その中の“buuvei”という繰り返しは，「怖がらなくていいよ」という意味である。「愛は――遺産のように受け継がれている――最も大切な物です」と，モンゴルの伝統的な歌手・ダンサーで，13人の孫を持つバヤルタイ=ゲンデンは，「メロディーを通じて子供に愛情を与えるという魔法」を説明しながら私たちに話してくれる。モンゴル人の子供の半数以上がウランバートル――そこでは5歳未満の子供の死の要因の第2位が肺炎である――に居住しているのだが，ユニセフはその市の大気汚染が子供の健康の危機となっていると宣言した。

「私はこれらの言葉を，子供たちを守るために使います。それは子供たちが治るのに一役買ってくれるのです」と，オユンチメグ=ブヤンクーは，自身の2人の娘がしばしば汚染で体調不良になったときに歌っていた子守唄について語っている。彼女の一家は市外に転居したので，子供たちはより新鮮な空気を呼吸することができるようになった。オユンチメグは伝統的なbuuveiの子守唄を歌うのだが，繰り返しの間に彼女は，昔に出来上がった歌を現在向きに作り変えて，癒しの言葉をささやく。

新型コロナウィルスの流行が世界規模で生活を変え始めると，物理的な距離が，私たちのつながり方を徹底的に変えた。マサチューセッツの看護師のエリザベス=ストリーターは，病院のコロナウィルス棟に勤務している。流行が激化したので，彼女は4月初めに，4人の息子から自分を隔離するという難しい決断をした。それは彼らがウィルスにさらされるのを避けるためであった。彼女は両親の家の外のキャンピングカーで，1カ月間寝泊まりし，一方，夫は家にいて子供たちの世話をしていた。晩の間に，エリザベスは電話を通じて家族と連絡を取った。彼女は，いつになったら再び抱きしめてやることができるのかわからず，涙をこぼしながら，３歳の息子のお気に入りの子守唄を歌ったものだった。

「母親と子供の間のそのような神聖な絆を切り離せるような言葉はありません」と，彼女はフェイスブック上の日々の投稿で述べている。エリザベスにとっては，子供たちを安全でいさせることは物理的に一緒にいることを意味していた。しかし，感染爆発中は地域社会に役立つために，そのことは変わった。現在では，子供たちから離れて暮らすことが彼らを安全でいさせる方法になっている。「保護がどういうものか，私がいつも思っていたこととまったく違っているようです」

マサチューセッツ州ブリッジウォーターの看護師アリソン=コンロンは，病院の集中治療室で働いているが，彼女も家族と離れて暮らしている。夜になると，彼女は２歳のルーカスに電話して，彼が寝る前に朗読してあげ，『バスの車輪』と『ちっちゃいクモ』を歌ってあげた。日曜日には，家族の家を訪ねるのだが，中には入らないで，ガラスの防風ドアの自分側から彼にお話を読んであげた。ガラスのドアのこちら側から，アリソンは息子にハイタッチとキスをした。「私の息子はとても立ち直りが早く，変化にとてもうまく対応しました。そのことに対して私はとても感謝しています」と彼女は述べている。

誰かに子守唄を歌うことは，つながりを作ることである。子守唄は保護者を子供とつないでいるが，あまり気づかれないところで，私たちと過去を，そしてお互いをつなぐ物語を語ってもくれる。バヤルタイ=ゲンデンは，子守唄を「２つの魂の交換」と称する。子守唄は織物の一部で，保護者は夢が展開するのに必要な安全な空間をそこから創り出す。これらの歌は私たちに，自分たちは一人じゃないということを思い出させてくれ，夜の暗闇の中で，それらは反対側で朝の光が待っているということを約束してくれているように思えるのである。

◀解　説▶

１．下線部(1)の意味は「多くの様態を持つ経験」となり，後続の２文でその趣旨が説明されている。つまり，母親が子守唄を歌うと，子供はいくつもの感覚にわたる経験ができるということである。具体的には，being held by the mom, having her face very close, feeling her warm, gentle rockingの3つである。これらを50字以内でまとめる。

2．下線部⑵は当該文の主語であり，後続がfound that … で「研究所のプロジェクトが…であることを見つけた」という意味になるので，that以下のことが明らかになったのだと考えられる。この部分は「音楽」について述べられたものなので，同じ段の最終文（“Statistically, people are …）にある子守唄についての記述とあわせて30字以内でまとめる。

3．この文を読むときに前提として頭に置いておかなければならないのは，「母親〔保護者〕がその文化の言葉で子守唄を歌うと，それを聞いた子供は落ち着く」ということである。これに対して，歌い手が母親〔保護者〕でなかったり，異なる文化の歌であったりした場合がどうであったかを述べているのが当該文である。空欄(イ)のすぐ後の文にuniversal around the worldとあり，前段の内容とあわせて考えると，子守唄には，文化を問わず普遍的な落ち着かせる性質があると考えられる。したがって「そのような条件であっても，子供はやはり落ち着いた」という趣旨になると考えられる。正解は(D)（(ア)「～でさえ」，(イ)「やはり」）である。

4．①述語動詞の部分がare often … なので，受動態になっていると考えられ，過去分詞の形が入ることになる。意味の上で考えると，現在時制でありながら直後にin the past「過去に」とあるので，「根付かせる」の意味を持つrootを選択してrootedの形で補う。なお，rootedはこれ自身が形容詞で，「(～に）根ざしている」という意味になる。

②当該部分をよく見ると，直前の“buuvei”はモンゴル語で，直後の“don't fear”は“buuvei”の英語の意味であると考えられる。よって選択する動詞はmeanで，主語の“buuvei”は1つの単語なので三単現のsを補う。

③直後に名詞と思われるloveがあり，さらに後続のto your childから，give *A* to *B*の形で「子供に愛を与える」となると考えられる。前置詞ofの後には名詞が入るため，正解は動名詞のgivingとなる。

④直後に名詞のcauseがあることから，分詞が入って形容詞的に働くと考えられる。さらに，後続がof death of children「子供たちの死の」となっており，直前にsecond「第二の」があることから，「主要な，大きな」といった意味になっていると想像できる。よってleadを選択し，形はleadingとする。

5．動詞 reshape は「～を作り変える」という意味である。ここでは，当該文の前半部分で述べられているように，昔から変わらない伝統的な子守唄の繰り返しと繰り返しの間に，癒しの言葉を語って現代向きにすることを指している。この部分を40字以内でまとめる。

6．下線部(4)の意味は「それは変わってしまった」となるが，that が指しているのは直前の文（For Elizabeth, making …）の内容，つまり「子供の安全とは母親がそばにいることだった」である。さらに，これが今ではどのように変わったのかは，直後の文（These days, living …）で「子供たちから離れて暮らすのが安全のための手段」と説明されている。この2つを60字以内でまとめる。

7．直前の文（On Sundays she …）によると，アリソンは家族がいる家を訪ねるが中には入らない。つまり，ガラスの防風ドアの両側から，ドア越しにハイタッチやキスをしているのである。この光景を描写しているのは(C)の「ガラスの自分側から」である。(A)「ドアを打ち砕いて」 (B)「息子のベッド際で」 (D)「防風ドアの同じ側で」

8．用いられている動詞が remind「～を思い出させる，気づかせる」であることから，すでにわかっていることを念押ししている表現であると推測できる。本文の主題が子守唄である点や，新型コロナウィルスの流行で家族が離ればなれで暮らしている様子を述べている点などから，ここでの既定の事実は「私たちが一人ではない」ということだと考えられる。よって(C)の alone「ただ一人」が最も適切である。(A)「年とった」 (B)「似ている」 (D)「目が覚めている」

Ⅲ　解答

［A］(1)3番目：②　5番目：①
(2)3番目：⑤　5番目：⑥
(3)3番目：④　5番目：③

［B］＜解答例＞ I think the Internet is a convenient tool, so it is basically changing my life in a positive way. By using the Internet, I can get useful information or communicate with friends easily. But convenience isn't always perfect. For instance, I can get various types of information through the Internet so easily, which sometimes leads me to believe the information without considering whether it is true or not. We should be careful when using the Internet because it offers not only advantages but also disadvantages. (80 語程度)

◆全　訳◆

[A] ≪食べられるセメント≫

日本の研究者たちは，食品廃棄物を驚くべき方法で利用する新しいテクノロジーを生み出した。その作業は，食品廃棄物をセメントのような頑丈で曲げることのできる材料に変えることができる。それは通常のコンクリートの 4 倍も頑丈で，環境を破壊しない。さらに，それを食べられるということも研究者たちは発見した。

食品廃棄物は，日本でも世界でも重大な問題である。2019 年，日本では 570 万トンの食品廃棄物が生じた。政府は 2030 年までにこれを 270 万トンに減らすべく取り組んでいる。食品廃棄物は，一般的には埋め立てゴミとなり，腐敗し，メタンガスを放出することになるのだが，今やコンクリートを作るために利用することができるのである。さらに，その新しい材料は，必要がなくなれば，環境に影響を与えることなく地中に埋めることが可能である。

研究チームは，そのセメントを作るために，茶葉，オレンジの皮，コーヒーの粉，昼食の食材の残り物など，いろいろな種類の食品廃棄物を利用してきた。このセメントは食べられるので，研究者たちはいろいろなスパイスで風味を変え，セメントの色，香り，そして味でさえもいろいろと楽しんだ。彼らの言によると，それを食べるためには，砕いてばらばらにし，茹でる必要がある。

研究者たちは，その材料を利用して家庭用の製品を作るために，他の企業と協働している。セメントの製造過程は，災害が起これば食べることができる仮設住宅を作るのに利用することができるだろう。たとえば，食料を避難者のもとへ届けられない場合には，彼らは食用セメントでできた仮設ベッドを食べることができるのだ。

[B] ≪インターネットが及ぼす影響≫

『アトランティック』の 2008 年の論説の中で，ニコラス=カーはこう尋ねた。「グーグルは私たちを愚かにしつつあるのか？」 カーは，グーグルだけでなくインターネット全般が，自分の集中や熟考の能力を弱め続けていると主張した。彼はインターネットが『私たちを再プログラミング』しているのではないかと不安に感じたのだ。しかし，カーは「自分（＝カー）の懐疑的な態度についても疑う」必要があるとも述べた。なぜならただ心配し過ぎているだけかもしれないからだ。「テクノロジーの進歩を美化しようとする傾向があるのと同じように，新しい道具や機械はどれも最悪だと予想しようとする反対の傾向も存在するのです」と彼は説明した。カーは，その媒体が私たちの考え方をどのように変えているか，テキストや人間との関わり方をどのように変えているか，そして社会全体の構造そのものをどのように変えているかについて，オンラインでもオフラインでも継続的な論争を引き起こした。

◀解　説▶

［A］⑴直前の if not needed は挿入句なので，the new material が主語となって動詞以下が続いていると考えられる。したがって助動詞 can が直後に来て，動詞の原形 be がそれに続く。can be となるので，buried は過去形ではなく過去分詞であり，be とともに受動態を作って can be buried となることがわかる。動詞の意味は「埋められることが可能である」となるので，これに続くのは in the ground となり，最後に前置詞 without が動名詞 affecting の前に来て「～に影響を与えずに」という意味になる。完成文は（if not needed,）can be buried in the ground without（affecting the environment.）となる。

⑵直前の in order to ～ は，「～するためには」という意味の副詞句であると考えられるので，並べ替えは主語からスタートする。この主語は，直後の boil it の主語にもなっているので，a person である。これに続く動詞は三単現の s がついている needs，さらに to 不定詞の to break が続く。break apart ～ で「～をばらばらに壊す」という意味になるが，目的語が it で人称代名詞なので break it apart の語順になる。完成文は（in order to eat it）a person needs to break it apart（and boil it.）となる。

⑶文全体の主語と述語動詞は the process could be used で，受動態が成立しているので，接続詞の that が続くとは考えにくい。よって選択肢⑤ that は，直前の temporary housing を先行詞とする主格の関係代名詞であると推測でき，その動詞が can be eaten となる。さらに，if は条件節を導く接続詞で，その主語が a disaster，動詞が直後の happens であると考えると文が完結する。完成文は（to make temporary housing）that can be eaten if a disaster (happens.) となる。

［B］「インターネットはあなたの生活にどのような影響を与えているか。上の議論を踏まえて，自分自身の経験を元に意見を述べなさい」

本文の主旨は，「(大げさに考え過ぎているだけかもしれないが，) インターネットの影響で私たちの思考力や集中力が損なわれている」というものなので，基本的には，この点を軸に自身の経験を踏まえて英文を作っていくことになるだろう。ただし，カーの意見として「インターネットが悪い影響を与えている」とある一方で，そのカー自身の意見も疑うべきだとなっているので，論述の方向としては，インターネットの影響について良い面と悪い面のどちらを書いてもよいと考えられる。「80 語程度」という指示があるので，75～85 語くらいになるようにしたい。

❖講　評

2023 年度も例年とほぼ同様の出題内容で，ⅠとⅡは長文読解問題，Ⅲは語句整序問題と英作文問題という構成であった。なお，Ⅲの英作文問題は，2022 年度には要約問題も出題されたが，2023 年度は意見論述のみとなっている。

Ⅰ　単語の音声からの形の連想を扱った言語学の論文である。動詞の過去分詞を補う空所補充問題が 1 問，言い換え問題が 1 問，内容説明問題 5 問（うち 4 問は日本語による論述）となっている。日本語の論述問題は，いずれも下線を施された部分について説明するもので，字数制限がある。正解となる箇所を本文中から見つけるのはさほど困難ではないが，字数が超過しないように自分なりの表現に変える必要がある。

Ⅱ　子守唄の効果を科学的に分析している英文。空所補充問題が 4 問（うち 1 問は語形変化を含む），内容説明が 4 問（いずれも日本語による論述で字数制限あり）となっている。Ⅰ，Ⅱともに英文の分量が多いので，何度も読み返す時間はない。先に設問に目を通しておくと，英文を読むときの指標になりやすい。

Ⅲ　［A］の語句整序問題は，並べ替えたときに 3 番目と 5 番目にくるものを選ぶ形式である。日本語が与えられていないので，文法や構文の知識で対応することになる。述語動詞になる部分から組み立てていくと間違えにくいであろう。［B］の英作文問題は，2022 年度に続いてインターネットを取り上げた英文が出題されているが，内容の要約はなく，意見の論述のみである。「自分の経験を踏まえて」という条件があるので，この部分が欠けることがないようにしたい。

日本史

I　解答

ヤマト政権は大王と豪族の連合政権として，6世紀に氏姓制度による支配を整えた。大王は支配下の豪族を同族集団の氏に編成し，身分を示す姓を与えて職務を分担させ，臣・連の有力者の中から大臣・大連を任用して国政にあたらせた。また祭祀や軍事など特定の職務は伴造という氏に分担させ，伴造は世襲的な職業集団である品部を従えて奉仕した。大王や豪族は隷属する人々を部という集団に組織し，大王は直属民として名代・子代の部を設け，豪族は私有民として部曲を支配した。8世紀に律令制度が整うと，畿内の有力豪族は家柄や能力に応じて位階が与えられ，相当する官職について律令国家の運営にあたった。官僚たちには様々な特権が与えられ，特に五位以上の貴族は蔭位の制などで優遇された。一方，律令制度下の人々は公地公民制を原則に戸を単位に国家に直接支配された。公民は戸籍・計帳に登録され，口分田を支給されて生活は保証されたが，重い税を負担した。(400字以内)

◀解　説▶

≪6世紀と8世紀の政治制度≫

●設問の要求

〔主題〕6世紀と8世紀の政治制度の違いについて述べる。

〔条件〕指定語句（(ア)部，(イ)位階，(ウ)氏，(エ)公民）を用いる。

●論点の抽出

6世紀は氏姓制度，8世紀は律令制度を想起し，その政治制度の違いを指定語句を使って述べる問題。指定語句(ア)「部」と(ウ)「氏」からヤマト政権の氏姓制度や部民制を，(イ)「位階」と(エ)「公民」から律令制度による官僚制と戸籍支配による農民を想起しよう。「違い」に留意すると，ヤマト政権は私的な豪族（「氏」）と私有民（「部」），律令国家は公的な貴族（「位階」）と「公民」という対比となり，「政治制度」が問われているので支配者と被支配者の特徴をそれぞれ指摘しよう。6世紀は大王と豪族の連合政権で氏姓制度を整え，それぞれ私有部民を支配していたこと，また8世紀は律令制度のもとで豪族を官僚化し，人々を公民として国家が一元的に戸籍支配した状況を述べればよい。

●解答の枠組み

①6世紀の政治制度（氏姓制度）

・ヤマト政権ー大王と(ウ)「氏」（豪族）の連合政権

・姓の付与

・政治組織ー大臣・大連・伴造など

・部民制ー(ア)「部」（私民の支配）

②8世紀の政治制度（律令制度）

・律令官僚制ー(イ)「位階」（豪族の官僚化）

・官僚の特権

・(エ)「公民」ー戸籍支配

●解説

①6世紀の政治制度（氏姓制度）

6世紀は古墳時代後期にあたり，ヤマト政権が氏姓制度を整えた時期である。

・ヤマト政権ー大王と(ウ)「氏」（豪族）の連合政権

ヤマト政権は大王を中心に畿内の諸豪族で構成された政治勢力の連合体であった。まだ統一的国家としての体裁は確立していないが，前方後円墳の分布などから5世紀には九州から関東地方までを王権の統制下に組み込んだと考えられている。ヤマト政権は豪族を同族集団の氏に編成し，統率者の氏上は一般構成員の氏人を従えてヤマト政権に奉仕した。

・姓の付与

ヤマト政権は5世紀後半から6世紀にかけて氏姓制度を整えた。大王は氏を構成する豪族たちに政権内での政治的地位を示す姓を与えて組織した。臣・連の姓は主に畿内の有力豪族に与えられ，地方の豪族には君や直を与え，国造の地位につけて在地の支配を任せた。

・政治組織ー大臣・大連・伴造など

ヤマト政権は臣・連を与えた有力豪族の氏上を大臣や大連に任じて国政を担わせ，大臣には平群・葛城・蘇我氏らが，大連には大伴・物部氏らが就任した。また職業集団の品部やそれを率いる伴を統率するものは伴造といわれ，首や連などの姓が与えられた。軍事を司る連姓の大伴氏や物部氏は伴造の上位者であった。解答に有力諸氏の名を指摘してもよいであろう。

• 部民制—(ア)「部」（私民の支配）

ヤマト政権において大王や豪族などに隷属して労役や貢納物を提供する人々の集団を部（部民）という。ヤマト政権の組織として各種の手工業に従事する部が品部で，織物を生産する錦織部，鉄製品を製造する韓鍛冶部，須恵器を生産する陶部など多種の職業部民があり，主に渡来人が組織された。大王に隷属する私有部民として名代・子代の部があり，名代は大王家の生活維持費，子代は皇室子女の養育費などを確保するため地方豪族（国造）の民を割いて設置したと考えられている。また直轄地の屯倉を耕作する田部という農民集団も存在した。ヤマト政権の構成員である豪族も私有地の田荘を耕作する部曲を領有した。解答に名代・子代・部曲など部の具体例を指摘しておこう。

② 8世紀の政治制度（律令制度）

701年に大宝律令が制定され，律令制度に基づく統一国家の建設が進むと，律令の規定に則って画一的に国政を行うため，それまでの豪族を律令官僚として再編成していった。

• 律令官僚制—(イ)「位階」（豪族の官僚化）

律令国家を運営するにあたり，太政官など中央官庁のポストはヤマト政権の構成員であった畿内有力豪族の氏上らが独占した。律令官僚は勤務評定などにより位階を昇進させ，官位相当の制により相応の官職に就いた。こうしてヤマト政権の連合体を構成していた有力豪族は，律令国家の官僚として公権を行使する支配層となった。

• 官僚の特権

支配階層を構成した律令官僚は位階や官職に応じて多くの封戸や田地が支給されるとともに，庸・調・雑徭など重い人頭税は免除された。また五位以上の貴族には，21歳以上になれば一定の位階を授けられる蔭位の制の特権があり，これにより上級貴族らは官位を独占できるようになった。

• (エ)公民制—戸籍支配

律令制度ではそれまでの私地私民（部民制）に対して公地公民制を原則とした。公民は租税や労役を負担する被支配者層の人々のことである。律令制下の公民（農民）は，郷戸（大家族）単位に編成され，戸籍や計帳に登録されて班田収授法により口分田が班給された。しかし，生活を保証された一方で，租・庸・調・雑徭など重い負担が課せられた。

Ⅱ　解答　鎌倉幕府は源頼朝と主従関係を結んだ東国の御家人を中心に武家政権として成立した。東国の御家人は御恩として先祖伝来の所領支配を地頭に任命されることで保証され，これに対して一門で軍役などの奉公に励んだ。御家人社会は血縁集団の惣領制で結束しており，一族の所領は分割相続を原則とし，女子にも相続権があった。承久の乱後，武功のあった東国の御家人は新補地頭として畿内・西国地方に所領を増やし，さらに荘園領主らと争いながら現地の支配権を拡大した。やがて分割相続による所領の細分化に加え，貨幣経済の進展による出費の増大や元寇の負担と不十分な恩賞により，所領を売却・質入で失う御家人が増加した。幕府は永仁の徳政令で救済をはかったが効果はなかった。御家人たちはすべての所領を惣領の単独相続に改め，女子は一代限りの相続とする一期分で対応した。しかし所領を回収された庶子は一族から離脱し，女子の地位も低下して惣領制は崩壊した。（400 字以内）

◀解　説▶

≪鎌倉幕府御家人の所領とその相続形態の推移≫

●設問の要求

〔主題〕鎌倉幕府御家人の所領とその相続形態の推移を述べる。

〔条件〕指定語句（㋐一期分，㋑単独相続，㋒承久の乱，㋓御恩）を用いる。

●論点の抽出

鎌倉幕府の将軍と御家人が所領を媒介に㋓「御恩」と奉公の主従関係によって成り立っていること，また「相続形態の推移」が問われているので「惣領制」を想起し，その仕組を関連させながら解答しよう。所領については地頭補任によって安堵されたこと，㋒「承久の乱」後の新恩給与により新補地頭として所領を増やしたことを述べ，やがて分割相続などの弊害から所領を失う過程を指摘し，その打開策として㋐「一期分」や㋑「単独相続」に改めたことを述べるとよい。

●解答の枠組み

①鎌倉幕府の特徴

• 地頭補任―㋓「御恩」としての所領安堵

• 御家人の奉公

②惣領制

• 一門の結束
• 所領の分割相続

③御家人の所領拡大

• (ウ)「承久の乱」―新補地頭
• 現地支配の拡大

④御家人の所領喪失

• 分割相続の弊害や貨幣経済の進展など
• 永仁の徳政令による救済

⑤惣領制の崩壊

• (イ)「単独相続」への移行
• (ア)「一期分」

●解説

①鎌倉幕府の特徴

鎌倉幕府は土地の給与を通じた御恩と奉公の封建的主従関係によって成り立っており，源頼朝（鎌倉殿）に臣従した東国の御家人を中心に成立した武家政権であった。

• 地頭補任―(エ)「御恩」としての所領安堵

将軍からの御恩は先祖伝来の所領を安堵されることであり，それは地頭補任という形をもって行われた。地頭はおもに東国の荘園・公領（国衙領）に置かれ，土地の管理や治安維持及び，年貢の徴収と荘園領主や国衙への納入を任務とした。

• 御家人の奉公

御家人は有事には軍役を務め，平時には京都大番役や鎌倉番役などを務めた。

②惣領制

• 一門の結束

武士団を率いる一族の長を惣領といい，その地位を引き継ぐ嫡子以外の子を庶子といった。惣領を中心とする一族の血縁的結合体制を惣領制といい，御家人体制の基盤となった。惣領は一門を統率し，団結して奉公に励んだ。

• 所領の分割相続

御家人の所領は，惣領制のもと一族の庶子にも分与された。また女性も分割相続の対象となり，なかには御家人や地頭になる例もあった。

③御家人の所領拡大

• (ウ)「承久の乱」―新補地頭

承久の乱の勝利は東国の御家人が所領を拡大する契機となった。鎌倉幕府は上皇方の所領3,000余カ所の所領を没収し，戦功のあった東国の御家人らに新恩給与として地頭職を与えて新補地頭とした。新補地頭の設置により，幕府の支配力が畿内・西国地方にも直接及ぶことになった。

• 現地支配の拡大

承久の乱に勝利した幕府の権威を背景に，地頭の荘園侵略が激しくなった。特に畿内・西国地方の新補地頭たちは年貢の滞納や横領などを行い荘園領主との争いを増加させた。幕府は御成敗式目を制定して対応したが，地頭は荘園領主と地頭請や下地中分などの契約を結び土地を浸食していった。

④御家人の所領喪失

• 分割相続の弊害や貨幣経済の進展など

鎌倉時代後期になると，繰り返された分割相続の結果，それぞれの所領が細分化され，御家人が窮乏する一因となった。また，宋銭の普及による貨幣経済の発展に巻き込まれたことも，御家人たちの窮乏の一因となった。さらに追い打ちをかけたのが2度の元寇（蒙古襲来）であった。戦闘による消費に加え，その後も異国警固番役や石塁の修築などの奉公は御家人らの経済的負担を増大させた。また，防衛戦争であったため，満足な恩賞は得られず出費を補うことができなかった。その結果，困窮した御家人たちは所領を売却・質入することで家計を補い，負債を抱えて所領を失っていった。

• 永仁の徳政令による救済

御家人が所領を失うことは，土地を媒介とする御恩と奉公の主従関係が崩れ，御家人制による封建制度に重大な支障をきたした。幕府は御家人救済を目的に永仁の徳政令を発令し，御家人領の無償返還などをうち出したが効果はなかった。

⑤惣領制の崩壊

• (イ)「単独相続」への移行

やがて御家人らは分割相続の弊害を防ぎ，宗家の存続を第一として所領の一元的領有をはかるため，単独相続に改められた。所領を失った庶子は惣領家に従属する家臣という立場に置かれた。こうした変化は武士の家に内部対立を引き起し，血縁的結合から地縁的結合を重視するように変化していった。相続形態の変容による惣領制の動揺は，鎌倉幕府滅亡の背景となった。

• ㈠「一期分」

一期分は女性に多く，本人一代に限って知行させ，死後は惣領に返還させるという相続形態である。所領を相続できなくなった女性の地位も低下することになった。

III 解答

江戸幕府は上下の身分秩序や礼節を重んじる朱子学を封建教学として重視した。徳川家康が林羅山を侍講として以来林家は儒者として代々幕府に仕えた。羅山は武家諸法度寛永令を起草するなど幕政に深く関与した。文治主義の傾向を強めた徳川綱吉は儒学を重視し，武家諸法度を改定して忠孝・礼儀を尊ぶことを明記した。さらに孔子を祀る湯島聖堂を建立し，林鳳岡を大学頭に任じて文教政策に当たらせた。徳川家宣・家継の時代には朱子学者の新井白石が徳治主義の立場で正徳の治を主導した。朱子学以外では，古文辞学者の荻生徂徠が経世論にも通じ，享保の改革で徳川吉宗の政治顧問の役割を担った。寛政の改革では寛政異学の禁を発し，朱子学を正学として聖堂学問所での朱子学以外の講義を禁じた。また儒官に柴野栗山など寛政の三博士を登用し，厳しい学問吟味を行って士風の引締めをはかった。その後，聖堂学問所は昌平坂学問所と改称され，幕府の官立学校になった。(400 字以内)

◀解　説▶

≪江戸幕府における儒学受容の推移≫

●設問の要求

〔主題〕江戸幕府における儒学受容の推移について述べる。

〔条件〕指定語句（㈠寛政異学の禁，㈡湯島聖堂，㈢文治主義，㈣荻生徂徠）を用いる。

●論点の抽出

江戸幕府の封建教学として重視された朱子学が，文治政治の展開の中で幕府に深く受容され，寛政異学の禁を契機に官学化した流れを述べよう。

解答では文教政策に参与した林家の存在も欠かさず指摘できるかがポイント。指定語句の(イ)「湯島聖堂」や(ウ)「文治主義」から徳川綱吉の儒教政策を想起し，武家諸法度天和令の内容まで踏み込み，続く新井白石の正徳の治も簡潔に指摘しておきたい。また(エ)「荻生徂徠」は古文辞学者であるが経世論に通じ，徳川吉宗に仕えたことを指摘しよう。(ア)「寛政異学の禁」で朱子学が正学として幕府の官学の地位を確立したこと，そのさいに昌平坂学問所（もと聖堂学問所）の内容も付け加えておこう。

●解答の枠組み

①江戸幕府の朱子学受容

・林羅山の登用

②(ウ)「文治政治」の展開－徳川綱吉・新井白石の儒教政治

・武家諸法度天和令－忠孝と礼儀の強調

・湯島聖堂の建立

・新井白石の正徳の治

③朱子学以外の儒学との関係

・(エ)「荻生徂徠」の登用－享保の改革

④朱子学の官学化

・(ア)「寛政異学の禁」

・昌平坂学問所

●注意点

幕政の推移と儒学者の関係を中心に解答すればよいが，将軍名や儒学者名の羅列にならないように注意しよう。またその事績について詳細に記すと指定字数を超えてしまう。朱子学が官学化される流れを視野に入れて重要事項をピックアップして解答しよう。

●解説

①江戸幕府の朱子学受容

朱子学は12世紀に南宋の朱熹によって大成された儒学の一派である。鎌倉時代に臨済宗の僧の教養として取り入れられ，大義名分と上下の身分秩序を支える原理は，戦国時代に下剋上を克服する理論として注目され，徳川幕府が成立すると封建的統治理論に相応する学問として重視された。

・林羅山の登用

近世朱子学の祖となった藤原惺窩の弟子林羅山が徳川家康に登用される

と，朱子学は幕府の御用学問として用いられるようになった。林羅山は家康から4代家綱までの幕政に参与し，禁教関係の外交文書や参勤交代を制度化した武家諸法度寛永令（1635 年）を起草するなど幕政初期の政策に貢献した。

②(ウ)「文治政治」の展開―徳川綱吉・新井白石の儒教政治

17 世紀半ばに幕藩体制は安定期を迎え，4代将軍徳川家綱の時代から武断政治を改め，儒教理念の徳治主義にもとづく文治政治への転換がはかられた。

• 武家諸法度天和令―忠孝と礼儀の強調

5代将軍徳川綱吉は武家諸法度天和令（1683 年）を発令，第一条の「文武弓馬の道」を「文武忠孝を励まし，礼儀を正すべき事」と改め，儒教倫理を強調して文治主義への転換を宣言した。

• 湯島聖堂の建立

聖堂とは儒学の祖である孔子を祀った建物である。徳川綱吉は，林羅山が上野忍ケ岡に建てた聖堂を湯島に移すとともに，林家の私塾であった学問所を幕府直轄の聖堂学問所として整備し，林鳳岡（信篤）を大学頭（長官）に任命した。その地位は幕末まで代々林家が世襲した。

• 新井白石の正徳の治

6代徳川家宣・7代家継の時代に朱子学者新井白石は儒教的理想主義に立脚した正徳の治を主導した。上に立つ将軍の権威を高めるため，良質の正徳金銀への改鋳，朝鮮通信使への対応改革，朝廷との協調を深める閑院宮家の創設などを実施した。なお，〔解答〕では字数を考慮して具体的な政策は記さず，正徳の治が儒教的な「徳治主義」であったことを指摘するにとどめた。

③朱子学以外の儒学との関係

朱子学に対して実践を重んじる陽明学派や直接孔子・孟子の原典をさぐる古学派がおこった。これらの学派は危険視されることもあり，陽明学者の熊沢蕃山や聖学（古学派）の山鹿素行らは幕政を批判したため弾圧を受けた。「儒学受容」がテーマなので，これらを指摘してもよいが，極力簡潔にしたほうがよいであろう。

• (エ)「荻生徂徠」の登用―享保の改革

朱子学以外の儒学者として幕府に登用された荻生徂徠は，古学派の流れを継ぎ，聖人の教えを原典成立時の言葉で解釈する古文辞学を提唱した。また現実社会の政治・経済に適応する経世論にも通じていたため，柳沢吉保や 8 代将軍徳川吉宗（享保の改革）に仕えて活躍した。吉宗の諮問に応えた『政談』では武士の帰農や参勤交代の弊害などを説き，幕政改革の具体案を示した。

④朱子学の官学化

• ㈠「寛政異学の禁」—寛政の改革

寛政の改革では武士の権威を高めるために徹底した文武奨励策を打ち出した。寛政異学の禁は幕府による学派統一で，旗本・御家人らが学ぶ聖堂学問所での朱子学以外の講義を禁止した。封建教学として重視してきた朱子学を正学と位置付け，その他の陽明学・古文辞学・折衷学などの儒学を異学とし，異学者の役人登用を禁じた。また朱子学の教養を基準とする公的な試験制度（学問吟味）も整え，優秀者を幕臣に登用するなど士風の引締めをはかった。

• 昌平坂学問所

寛政異学の禁にともない，聖堂学問所に林家以外に柴野栗山・岡田寒泉・尾藤二洲ら寛政の三博士を教授陣に迎え，1797 年には学舎も拡大整備して「昌平坂学問所」と改称し，旗本・御家人ら官吏教育機関として官立学校の地位を確立した。

Ⅳ　解答

日露戦争の前に藩閥政府と政党の提携が進み，強力な保守政党として立憲政友会が成立した。藩閥官僚を中心とする第 1 次桂太郎内閣は日英同盟を締結してロシアの勢力拡大に対抗した。国内では社会主義者らの非戦論もあったが少数に過ぎず，大半は開戦論で占められた。臥薪嘗胆のスローガンのもと，日露戦争は大幅な増税や国民の人的損害をもたらしながら遂行されたが，賠償金がない講和条約に対し，国民は不満を爆発させて 1905 年に日比谷焼打ち事件を起こした。大国ロシアに勝ったことで国民は列強に並んだことを自負したが，一方で国家主義的関心は薄れ，自由主義や享楽主義の風潮が高まった。第 2 次桂太郎内閣は戦後の弛緩した国民意識を再統合するため戊申詔書を発して国民道徳の浸透につとめ，さらに地方改良運動を進めて国家の末端を担う町村の財政強化をはかり国力増強を目指した。また台頭する社会主義に対しては大

逆事件で弾圧し，国家主義的傾向を強めた。(400 字以内)

◀解　説▶

≪日比谷焼打ち事件前後の政治と社会状勢≫

●設問の要求

〔主題〕史料で示された事件前後の政治状勢と社会状勢の変化を述べる。

〔条件〕書簡の傍線部の説明をしながら，作成年と差出人を推定して解答する。

●論点の抽出

「国民新聞社社長の徳富猪一郎（蘇峰）」と差出人「太郎」との関係を知っているかがポイント。徳富蘇峰の国民新聞は桂太郎を支援する政府御用新聞であった。書簡の内容から傍線部「都下之情勢」は日比谷焼打ち事件と判断できるであろう。よって「作成年」は日露講和条約（ポーツマス条約）が調印された 1905 年（9 月 5 日，事件同日）となる。「差出人」は当時の首相桂太郎と推定でき，解答は日比谷焼打ち事件前後の政治と社会状勢の変化を述べることになる。日露戦争前は政治・社会も開戦派が主流だったが，講和内容の不満から民衆の暴動が発生し，戦後は国家主義の反動から多様化する人心に政府（第 2 次桂内閣）がどのように対応したかを具体的に述べるとよい。やや難問である。

●解答の枠組み

①日露戦争前
- 藩閥政府と政党の連携
- 立憲政友会の成立
- 日英同盟
- 国内世論

②日比谷焼打ち事件
- 日露戦争と講和条約
- 日比谷焼打ち事件（「都下之情勢」）

③日露戦争後の状勢―第 2 次桂太郎内閣の対応
- 戦後の国民の意識変化―国家主義の反動
- 戊申詔書―国民意識の再統合
- 地方改良運動―国力増強
- 社会主義の弾圧

●注意点

「事件前後の政治状勢と社会状勢の変化」が問われているので，〔解答〕では立憲政友会の成立から第 2 次桂太郎内閣までを枠組みとして作成した。なお，〔条件〕の「作成年」「差出人」は解答作成のヒント（推定）なので，〔解答〕では「1905 年」や「桂太郎」を指摘せず作成した（桂太郎は内閣として指摘）。

●解説

①日露戦争前

• 藩閥政府と政党の連携

日清戦争後の三国干渉を機に，藩閥政府は軍備増強の予算案を円滑に成立させるため，政党との妥協をはかるようになったが，地主を支持基盤とする政党との提携は不安定であった。初の政党内閣である第 1 次大隈重信内閣が短命に終わると，続く第 2 次山県有朋内閣は政党の影響を排除する政策をおこなった。

• 立憲政友会の成立

議会に多数の議席を持つ政党勢力と協力関係を深めることが重要と考えた伊藤博文は，1900 年に憲政党（旧自由党）と連携して立憲政友会を結成し自ら総裁となった。この立憲政友会を基盤とする第 4 次伊藤内閣が短命に終わると，山県有朋の後継者桂太郎が内閣を組織した。

• 日英同盟

北清事変を契機にロシアが事実上満州を軍事占領すると，日本は韓国の権益を守る必要に迫られた。伊藤博文らは戦争を回避するため日露協商論（満韓交換論）を唱えたが，第 1 次桂太郎内閣は対露強硬方針を採用し，イギリスの力でロシアをけん制するため日英同盟協約（1902 年）を結び，1904 年日露戦争に突入した。

• 国内世論

「社会状勢」という視点から日露戦争に対する世論にも触れておこう。幸徳秋水や堺利彦は『平民新聞』を発行して社会主義の立場から，またキリスト教徒の内村鑑三も人道主義の立場から非戦論を唱えた。しかし，国民の多くは臥薪嘗胆のスローガンや対露同志会などの扇動によって主戦論に流れていった。

②日比谷焼打ち事件

• 日露戦争と講和条約

日露戦争は経済的・人的な消耗をともない，やがて日本は戦費や兵器なども不足し，ロシアでも革命が起こるなど戦争の継続が困難になったため，アメリカの仲介で講和会議が開かれた。日本は韓国における優越権や南満州の利権を得たが，待望の賠償金は獲得できなかった。

• 日比谷焼打ち事件（「都下之情勢」）

日露戦争は戦費を内債・外債に依存した戦争であり，また国民は増税や新税の創設に苦しんだ。賠償金のない不十分な講和条約は国民の期待を裏切り，各地で講和反対の集会が開かれた。特に東京の日比谷公園で開かれた講和反対の集会は都市下層民も参加して暴動に発展した。そのさい，桂太郎（「太郎」）との関係が深く政府御用新聞であった徳富蘇峰の国民新聞社も講和を支持していたため襲撃を受けた。史料の書簡（1905年9月5日）は桂太郎が日比谷焼打ち事件で襲撃された徳富蘇峰（国民新聞社）に送ったものである。日比谷焼打ち事件で国民の支持が急落した第1次桂太郎内閣が退陣すると，立憲政友会を与党とする第1次西園寺公望内閣が成立した。

日比谷焼打ち事件は戦争協力によって民衆に芽生えた権利意識がはじめて爆発した事件でもあり，大正デモクラシーの起点となった出来事と評価されることもある。

③日露戦争後の状勢―第2次桂太郎内閣の対応

「社会状勢」という視点から日露戦争後の様相にも触れておこう。

• 戦後の国民の意識変化―国家主義の反動

日露戦争の勝利は明治維新以来の富国強兵の目標を達成し，一流の帝国主義国家として列強と肩を並べたという自負をもたらした。しかし国家主義的価値観のもと多大な犠牲を払いながら到達した反動から，国家より個人を重視する傾向や自由主義・享楽主義的な風潮が高まった。また虚無感の中で人生の意義に煩悶する青年層も現れた。

• 戊申詔書―国民意識の再統合

第2次桂太郎内閣は戊申詔書（1908年）を発布し，日露戦争後の個人主義・享楽的風潮の是正や社会主義抑制をはかった。国民全体に対して生活の規範を示したもので，国民意識を国家主義のもとに縛り付けようとしたものである。以後，教育勅語（1890年）とともに戦前の国民教化の基本方針となり，祝祭日などの儀式で奉読され，国民は暗誦することを強要された。

• 地方改良運動―国力増強

戊申詔書で国民に節約と勤労を求め，その流れとして地方改良運動が推進された。第 2 次桂太郎内閣のもとで 1909 年から内務省を中心に進められ，国力増強を支えるための納税に耐えうる，国家機関の末端としての町村を強化して再編するのがねらいであった。また地方改良運動の一環として，小学校卒業後の青少年を国家主義に取り込むための青年会の再編，および軍隊と地方社会を連結させる帝国在郷軍人会の設立など，これらを指摘してもよいであろう。

• 社会主義の弾圧

日露戦争後の国家主義的な国民統合の流れの中で，反国体的な社会主義は排除すべき対象となり，厳しい弾圧を受けることになった。
幸徳秋水らが大逆事件で死刑になると，社会主義運動は「冬の時代」を迎えた。

❖講　評

2023 年度も例年と同様，全問論述問題であった。論述量は，4 題すべて 400 字以内で総字数 1600 字と例年通りであった。時代別の構成もⅠ古代，Ⅱ中世，Ⅲ近世，Ⅳ近代となっている。例年通り，120 分の試験時間で設問の要求から論旨にそってまとめるのは容易ではない。特にⅣはやや難問である。

Ⅰは「6 世紀と 8 世紀の政治制度」をテーマにした問題。ヤマト政権と律令国家の政治制度の違いを述べる論述問題である。指定語句から，氏姓制度と律令官僚制の違い，また私的な部民制と律令制下の公民制の違いを認識できているかが問われている。6 世紀の「私」と 8 世紀の「公」のニュアンスを表現できるかがポイントである。

Ⅱは「鎌倉幕府御家人の所領とその相続形態の推移」をテーマにした問題。論述問題では定番のテーマである。同類の問題に一度は取り組んだであろう。指定語句の「承久の乱」から隠れ指定語句として新補地頭を想起できるか，また「単独相続」への移行の原因となった御家人の窮乏について具体的に指摘できるかがポイント。また論旨の根底として隠れ指定語句の「惣領制」を指摘し，また留意した解答作成ができるかが勝負どころである。

Ⅲは「江戸幕府における儒学受容の推移」をテーマにした論述問題。幕府に仕えた朱子学者をピックアップして解答できるかがポイント。将軍や朱子学者の羅列に陥らないようにして，封建教学の朱子学が官学化する流れを述べたい。指定語句ではないが，林家の「林羅山」「林鳳岡」,「新井白石」などについても指摘できるか，また綱吉時代の「文治主義」の証左として武家諸法度天和令の内容にも触れられるかが勝負どころである。

Ⅳは「日比谷焼打ち事件前後の政治と社会状勢」をテーマにした論述問題。桂太郎から国民新聞社の徳富蘇峰に宛てた手紙の史料から傍線部の日比谷焼打ち事件を想起できないと解答不能となる。また想起できても「事件前後」をどこからどこまでと設定するのかが難しい。狭すぎても広がりすぎても論旨が薄れてしまうので注意したい。解答後半にあたる国民意識の変化とそれに対する政策を的確に述べられるかが勝負どころである。やや難問である。

世界史

I　**解答**　エトルリア人の国王を追放し共和政を実現したローマでは，従来の支配階層である貴族と重装歩兵として国防を担った平民の身分闘争が起こった。護民官設置や十二表法によって平民の権利が向上し，リキニウス=セクスティウス法を経てホルテンシウス法で貴族と平民の権利は平等となった。しかし，実際は貴族に上層平民を加えたノビレスが権力を握り，元老院支配が続いた。ローマは前3世紀にイタリア半島を統一し，西地中海の覇権をめぐってカルタゴとポエニ戦争を戦った。長期の戦争で中小農民が没落するなか，グラックス兄弟による自作農再建は挫折し，以後「内乱の一世紀」という混乱期となった。元老院を中心とする共和政の維持は難しくなり，三頭政治を経て権力を握ったカエサルの暗殺後，地中海世界統一を達成したオクタウィアヌスはアウグストゥスの称号を与えられ，共和政の伝統を尊重しながら市民のなかの第一人者として統治する元首政を始めた。(400字以内)

◀解　説▶

≪ローマにおける共和政の成立と変遷≫

●設問の要求

〔主題〕ローマにおける共和政の成立と変遷

〔条件〕前6世紀から前1世紀まで

●論述の方向性と指定語句

指定語句に「エトルリア人」と「元首政」があるので，前6世紀末の共和政成立から前1世紀のアウグストゥスによる元首政成立までの共和政の変遷を時系列に従って述べていけばよい。

①共和政の成立（指定語句：エトルリア人，ホルテンシウス法）

②地中海世界の統一

③内乱の一世紀（指定語句：グラックス兄弟，カエサル，元首政）

●論述の構成

①共和政の成立

ラテン人が建設した都市国家ローマは，有力な先住民族エトルリア人が国王として君臨していた。エトルリア人はギリシア人などとの交易で栄え，優れた土木技術を持っており，その政治組織とともにローマに大きな影響を与えた民族である。そのエトルリア人の国王が前 509 年に追放され，ローマは貴族中心の共和政体に移行した。当時のローマには市民として貴族（パトリキ）と平民（プレブス）がいたが，貴族が公職を独占して政治の中心となっていたのは，彼らが重装騎兵として国防の中心だったからである。中小農民からなる平民が重装歩兵として国防に参加すると，彼らも政治的な要求を強めて貴族との間に身分闘争を展開した。護民官の設置や平民会の公認に続いて十二表法（前 450 年頃）やリキニウス=セクスティウス法（前 367 年）などの整備が進んだ。貴族と平民の法的権利が平等となったのはホルテンシウス法（前 287）制定の結果である。この法律により平民会の決議が元老院の承認なくして国法となることが定められた。しかし，ローマでは貴族と平民との身分差は依然として存在し，従来の貴族にコンスル経験者など上層の平民を加えた新しい支配層の新貴族（ノビレス）が政治的な実権をもつ状態が続いた。

②地中海世界の統一

この身分闘争が行われている時期にローマはイタリア半島の統一を進めたが，半島南部のタレントゥムを占領して統一を達成したのはホルテンシウス法制定直後の前 272 年である。半島統一戦争には平民からなる重装歩兵部隊が活躍しており，そのことも彼らが政治的権利を拡大させることができた要因と言える。

イタリア半島統一直後に始まったカルタゴとのポエニ戦争（前 264～前 146 年）でローマは西地中海の覇権を獲得したが，一方で長期間続いたこの戦争はローマの社会を大きく変容させていった。特に第 2 次ポエニ戦争（前 218～前 201 年）ではカルタゴの将軍ハンニバルがイタリア半島に侵入したため，半島の混乱と荒廃が広がった。長期間の戦争に参加した平民層は疲弊し，農地も荒廃して没落していき，無産市民となってローマに流入した。一方，対外戦争で拡大した属州での徴税請負などで利益をあげた貴族や騎士階級は，奴隷を利用するラティフンディアを経営し，大規模な農場経営を行うようになった。

③内乱の一世紀

中小農民層を復活させて重装歩兵制度を再建することをめざしてグラッ

クス兄弟が行った改革は，結局は有力者たちの反対で挫折してしまう。以後ローマでは貧富の差の拡大を背景に閥族派と平民派の政治闘争が続き，加えて同盟市戦争や剣闘士奴隷スパルタクスの反乱などの騒乱も発生した。この混乱期が「内乱の一世紀」である。こうした混乱に対して従来の元老院を中心とした政治システムは対応できず，三頭政治が形成された。その中からカエサルが独裁体制を樹立したが，共和政に固執する保守派によって暗殺され，その後再び行われた三頭政治を経て勝ち残ったのがカエサルの養子オクタウィアヌスだった。彼はプトレマイオス朝を滅ぼして地中海世界を統一し，元老院からアウグストゥス（尊厳者）の称号を与えられた。自身はプリンケプス（市民のなかの第一人者）を自称したが，こうしてプリンケプスが国家の重要な役職を独占して元老院と共同統治を行うという政治体制が生まれた。この体制を元首政（プリンキパトゥス）といい，帝政の事実上の始まりであり，共和政の終焉となった。

Ⅱ **解答**

宋では，草市から発展した市や鎮が開封などの都市と農村をつなぎ，陶磁器や茶・絹織物などの特産物が流通する拠点となった。都市における商業活動が活発化し，貨幣経済が発達して銅銭の他，交子や会子などの紙幣も使用され，行や作といわれる同業組合が生まれた。陸路では遼や金，西夏と北辺の貿易場を通じて交易が行われ，海路では中国商人が海外に進出を開始し，ムスリム商人が来航して泉州にも市舶司が設置された。元では，宋に引き続いて商業が発展し，紙幣として交鈔が発行された。泉州や広州などの港市が繁栄し，陸路では大都を中心に整備された駅伝制が各地を結び，大運河が修復される一方，新たに江南から山東半島を回る海運が開かれて江南の物資が大都に運ばれた。明では，元末の混乱への反省から農村を保護・統制し，商業活動は当初低調であった。また，倭寇対策から海禁を採用して対外交易を朝貢貿易に限定し，民間商人の海上交易は禁止された。（400字以内）

◀解　説▶

≪10世紀半ばから14世紀末までの中国王朝における国内商業と対外貿易の展開≫

●設問の要求

〔主題〕中国王朝における国内商業と対外貿易の展開について

〔条件〕10世紀半ばから14世紀末まで

●論述の方向性と指定語句

10世紀半ばから14世紀末は，宋（北宋：960～1127年，南宋：1127～1276年），元（1271～1368年），明（1368～1644年）の初期に該当する。王朝ごとに，次の3つの時期に分けるとよい。

①宋代（指定語句：草市，開封，泉州）

②元代（指定語句：泉州，駅伝制）

③明初期（指定語句：朝貢貿易）

※泉州は宋と元，どちらでも使用できる。

●論述の構成

①宋代（指定語句：草市，開封，泉州）

五代十国時代の混乱を終わらせ，遼が支配する燕雲十六州を除いて中国を統一した宋（北宋）は都を開封に置いた。開封は黄河と大運河の接点にあたる交易の拠点でもあった。開封が金によって占領されて北宋が滅亡（靖康の変）すると，江南に南宋が成立したが，都の杭州（臨安）も大運河の南端に位置する。北宋も南宋も大運河の交通を重視したといえる。

唐代の都市は政治都市であり，商業活動は場所と時間が制限されていた。この状況は唐代の後半から崩れ，宋代には商業活動の制限はなくなった。唐代後期から定期市として成立していた草市は宋代に市として市場町に発展し，また節度使が拠点に設けた鎮も地方都市となった。これらの市や鎮が設けられたのは交通の要衝であり，流通の拠点として都市と農村を結ぶ役割を果たした。村落が全国的な交易網とつながったのである。絹や塩など各地の特産物や景徳鎮の陶磁器などの生産も増大し，国内・国外に流通した。都市では同業組合として商人は行を，手工業者は作を組織して利益の確保を図った。商業の発達とともに貨幣経済も進展した。銅銭の発行は過去最高に達し，高額な取引には金や銀が使用された。すでに唐代に手形として飛銭が用いられていたが，北宋では世界最古の紙幣として交子が用いられ，南宋でも会子が発行された。

対外交易については陸路と海路があった。陸路については遼や金，西夏など周辺異民族と北辺の貿易場を通じての交易が行われた。南海貿易はムスリム商人らの来航が盛んになった。唐では広州だけに設置された，貿易事務を管理する市舶司は，明州や泉州などにも拡大された。またジャンク船を用いて中国商人が南インドにも進出するようになった。

②元代（指定語句：泉州，駅伝制）

元は宋以来の商業の発展を受け継ぎ，遊牧民族の伝統も影響して商業活動を保護した。商業の発達という点では宋代と変わらないので，論述では元に特有の特徴を挙げればよい。チンギス=ハンが創始したジャムチと呼ばれる駅伝制が，元では都の大都を中心に整備されてムスリム商人を中心とする商業ネットワークの形成に寄与した。海路については，宋代に引き続いて民間交易が発達した。中国の沿岸では杭州，明州，泉州，広州などの港市が発達し，特に泉州はザイトンの名でマルコ=ポーロやイブン=バットゥータらが世界最大の港と言及している。大都とこれらの港市は運河の修築や新設，また山東半島沖の海運の発達などで結び付き，ユーラシアに陸路と海路が結合した巨大なネットワークが誕生した。交易では銀が基軸通貨として用いられ，紙幣である交鈔が補助通貨として利用された。

③明の初期（指定語句：朝貢貿易）

元の末期に財政悪化と社会不安から白蓮教徒を中心に紅巾の乱が起こったが，そこから台頭して明を建国したのが朱元璋（洪武帝）である。宋・元代は民間貿易が発達したが，長い戦乱を経て成立した明では，小規模な自作農に立脚する経済と財政の形成が目指され，当初は人の移動や貨幣の流通が制約された。また，洪武帝は，前期倭寇が中国の沿岸部を荒らしていたことへの対抗のため，対外的には海禁を採用した。民間の交易を禁じ，冊封を行った国家にのみ朝貢貿易を認めたのである。

Ⅲ　解答

インドでは，13世紀初頭にアイバクがデリーを都としてインド最初のイスラーム王朝である奴隷王朝を建てて以降，デリー=スルタン朝といわれるイスラーム王朝が連続して成立した。この時代，イスラーム教は強制されず，ヒンドゥー教徒とムスリムは共存し，バクティ信仰との共通性やカースト制度への不満からイスラーム教改宗者が次第に増加した。バーブルが建国したムガル帝国ではアクバルが北インドを統一し，行政制度や税制，官僚制のマンサブダール制を整備して中央集権化を進め，ジズヤを廃止しヒンドゥー教徒との融和を図った。これらの諸王朝では，イスラーム文化とインド文化が融合したインド=イスラーム文化が発展し，宗教ではナーナクが16世紀初頭にシク教を創始した。ムガル帝国では日常語のヒンディー語と公用語のペルシア語が融合してウルドゥー語が成立，美術ではイランの細密画の影響でムガル絵画が誕生し，建築ではタージ=マハルが造営された。(400 字以内)

◀解　説▶

≪13 世紀から 17 世紀半ばまでの北インドの歴史≫

●設問の要求

〔主題〕13 世紀から 17 世紀半ばまでの北インドの歴史

〔条件〕諸王朝の支配のあり方および宗教・芸術・言語における文化融合に留意する

●論述の方向性と指定語句

13 世紀は北インドで奴隷王朝（1206～90 年）が成立した時期，17 世紀半ばはシャー=ジャハーン（位 1628～58 年）の治世末期にあたる。この間の諸王朝，すなわち，デリー=スルタン朝とムガル帝国について，以下のようにそれぞれ述べればよい。

①デリー=スルタン朝（指定語句：デリー=スルタン朝，カースト制度）

②ムガル帝国（指定語句：アクバル）

③文化融合について（指定語句：シク教，タージ=マハル）

●論述の構成

①デリー=スルタン朝

アフガニスタンに成立したゴール朝はインドに侵入し，北インドを支配したが，ゴール朝のマムルークだったアイバクがインドで自立した。これが奴隷王朝で，以後デリーを都とするイスラーム 5 王朝が展開した。これらを総称してデリー=スルタン朝といい，奴隷王朝の後にハルジー朝，トゥグルク朝，サイイド朝，ロディー朝と続いた。この時期，ヒンドゥー教寺院が破壊されることもあったが，現実にはイスラーム教が強制されることはなく，イスラーム教徒とヒンドゥー教徒がそれぞれ共存しつつ，次第にイスラーム教が北インドに浸透していくようになった。唯一神アッラーへの信仰がヒンドゥー教における神への献身をもとめるバクティ信仰と類似する点があり，スーフィー（イスラーム神秘主義者）たちの活動がインドの聖者崇拝と結び付いたことがイスラーム教浸透の背景にある。インドでイスラーム教が拡大した要因としては他にもムスリム商人の活動やカースト制度への反発などが考えられる。低位カースト層が神の前の平等を説くイスラーム教を受け入れたのである。

②ムガル帝国

ムガル帝国の建国者バーブルはティムールの子孫である。中央アジアでティムール朝の復興をめざしたが失敗し，北インドに侵入した。パーニーパットの戦いでロディー朝を破るとデリーを都にムガル帝国を建てた。

ムガル帝国の統治体制を実質的に整えたのが第3代アクバル（位1556～1605年）である。領土面ではラージプート諸勢力を平定して北インドを統一し，征服事業を進めた。支配した領土は行政区分が整えられ，また検地に基づいて徴税制度も整備された。マンサブダール制という官僚制度も定められ，官僚は位階（マンサブ）に応じて土地を与えられ，税額に応じて騎馬と騎兵の保持が義務づけられた。インドに多いヒンドゥー教徒との関係に配慮してジズヤを廃止したのもアクバル帝である。

③文化融合について

北インドにイスラーム勢力が侵入したため，彼らの持ち込んだイスラーム文化と伝統的なインド文化の融合が生じた。これがインド=イスラーム文化である。この文化はデリー=スルタン朝の頃から生まれており，ムガル帝国のシャー=ジャハーンのころに最盛期を迎えた。そのため時代ごとに言及することは難しいので，論述の最後にまとめると書きやすいと思われる。具体的なインド=イスラーム文化の事例としては宗教面ではシク教を，芸術面ではムガル絵画やタージ=マハルを，言語面ではウルドゥー語をあげたい。シク教はスーフィズムとカビールの影響を受けたナーナクが16世紀初頭に創始した。シク教の成立はムガル帝国成立以前なので論述をする際には気をつけたい。ウルドゥー語は北インドの日常語ヒンディー語とムガル帝国の公用語ペルシア語が融合した言語であり，現在はパキスタンの国語として用いられている。ムガル絵画はイランから伝わった細密画（ミニアチュール）の技法を用いた絵画である。またムガル絵画の影響を受けてヒンドゥー教の神々を描くラージプート絵画も生まれている。タージ=マハルはシャー=ジャハーン帝がアグラに建てた愛妃の廟である。

Ⅳ　解答

チェコスロヴァキアは，第一次世界大戦後のサン=ジェルマン条約でハプスブルク帝国から独立し，工業化が進み西欧型民主主義が発展した。ヒトラー政権がドイツ人も多く居住するズデーテン地方の割譲を要求すると1938年ミュンヘン会談が開催され，英仏が宥和政策をとったことからズデーテン地方はドイツに割譲された。翌1939年ドイツはチェコスロヴァキアを解体し，西側のチェコは保護領，東側のスロヴァキアは保護国とされた。第二次世界大戦後，独立を回復したチェコスロヴァキアは，マーシャル=プラン受入をめぐって共産党によるクーデタが起こり，ソ連の衛星国となった。経済停滞を背景として成立したドプチェク政権の下で民主化運動「プラハの春」が始まったが，ソ連はワルシャワ条約機構軍を介入して弾圧した。その後，ソ連でゴルバチョフがペレストロイカを始めると，1989年に共産党単独政権が倒れて複数政党制に移行し，自由化と民主化が達成された。(400字以内)

◀解　説▶

≪1910年代から1980年代までのチェコスロヴァキアの歴史≫

●設問の要求

〔主題〕チェコスロヴァキアの歴史

〔条件〕1910年代から1980年代まで

●論述の方向性と指定語句

チェコスロヴァキアの1910年代から1980年代までを時系列に従ってまとめればよい。時代としては第一次世界大戦期から東欧革命の時代までであるから，次の2つの時期に分けて考えると整理しやすいだろう。

①第一次世界大戦～第二次世界大戦（指定語句：ハプスブルク帝国，ズデーテン地方）

②第二次世界大戦後（指定語句：共産党によるクーデタ，「プラハの春」，ペレストロイカ）

●論述の構成

①第一次世界大戦～第二次世界大戦

第一次世界大戦以前，チェコスロヴァキアの地域はオーストリア領ベーメン（現在のチェコ）とハンガリー領スロヴァキア（11世紀以降ハンガリーが領有していた）に分かれていた。オーストリアとハンガリーはハプスブルク家が帝位をもつオーストリア=ハンガリー帝国を形成していたので，チェコもスロヴァキアもハプスブルク帝国の一部といえる。第一次世界大戦で同盟国側に属したオーストリアが敗れたことでハンガリーは独立し，オーストリアはサン=ジェルマン条約を，ハンガリーはトリアノン条約を結んで講和した。この際，両国が手放した領土からともにスラヴ系の住民からなるチェコとスロヴァキアが合併してチェコスロヴァキア共和国が成立した。

第一次世界大戦後の東欧に成立した新興の独立国の多くは農業国であり独裁体制が生じやすかったが，チェコスロヴァキアは例外的に工業化が進んでおり，マサリクやベネシュの指導のもとで西欧型の民主主義が実現した。東ヨーロッパの新興独立国では国内に少数民族が居住していたが，チェコスロヴァキア国内でも，特に西部に位置するズデーテン地方は約8割がドイツ系の住民であり，しかもこの地域はチェコスロヴァキアでも特に工業化が進んでいた。

ドイツでヒトラー政権が成立し（1933年），1935年に再軍備宣言が行われると，脅威を感じたチェコスロヴァキアはフランスやソ連と相互援助条約を締結して安全保障の確保に努めた。ヒトラーがズデーテン地方の割譲を要求すると，チェコスロヴァキアはそれを拒絶したが，戦争のそぶりを見せるヒトラーに対して英のネヴィル=チェンバレンや仏のダラディエは宥和政策をとりミュンヘン会談（1938年）でヒトラーの要求を認めてしまう。この会談にチェコスロヴァキアは当事国にもかかわらず参加ができず，また同盟国だったソ連も招聘されなかった。これ以上の領土要求はしないと宣言したヒトラーだったが，その言葉を覆して翌年にはチェコ（ベーメンとメーレン）を保護領とし，独立国となったスロヴァキアを保護国として，チェコスロヴァキアを解体させた。

②第二次世界大戦後

第二次世界大戦後にチェコスロヴァキアは独立を回復し，冷静勃発に対してはどちらの陣営にも参加しない方針をとった。しかしアメリカがマーシャル=プランを発表すると，その受入の可否をめぐって国内が分裂した。こうした混乱を背景にクーデタを起こした共産党が政権を獲得し，チェコスロヴァキアは東側を構成する一国となり，コメコン（経済相互援助会議）やワルシャワ条約機構にも参加した。先述の通りチェコスロヴァキアは工業国であり，軍事力も高かったため，その共産化は西側に衝撃を与え，NATOの雛形となる西ヨーロッパ連合条約（ブリュッセル条約）が成立している。しかし，もともと経済力が高かったチェコスロヴァキアではあったが，戦後の冷戦体制下では他の東側諸国と同様に経済が停滞していった。そうした中で改革を求める運動が始まり，ドプチェクの下で民主化運動「プラハの春」が起こった。改革や自由化の影響が周辺国に及ぶことを恐れたソ連のブレジネフはワルシャワ条約機構軍をチェコスロヴァキアに介入させ，改革を弾圧した（チェコ事件）。

1985 年ソ連でゴルバチョフが書記長に就任し，ペレストロイカと呼ばれる改革を始めると，東欧各国でも自由化改革が進んだ（東欧革命：1989 年）。チェコスロヴァキアでも共産党の一党独裁体制から複数政党制へと移行したが，この変化が混乱なく行われたため「ビロード革命」と呼ばれている。論述はこの時点までを対象とすればよいが，その後チェコスロヴァキアでは民族主義の台頭を背景にチェコとスロヴァキアに分裂し（1993 年），現在に至っている。

❖講　評

例年通り 400 字の長文論述が 4 題出題された。指定語句も例年通り各問 5 つずつである。出題地域はヨーロッパが 2 題，中国が 1 題，南アジア（インド）が 1 題で，時代は古代が 1 題，中世～近世が 2 題，そして 20 世紀の現代が 1 題だった。試験時間は 120 分であり，400 字の論述を 4 題書き上げるのは，高い学力とともに国語力，そして集中力が必要であろう。

Ⅰ　ローマにおける共和政の成立と変遷：共和政の変遷に関連する一つひとつの歴史的事件を詳細に言及してしまうと字数が足りなくなる恐れがある。歴史事項の取捨選択を行い，共和政の変遷を一般化してまとめることができれば点数に結び付くだろう。

Ⅱ　10 世紀半ばから 14 世紀末までの中国王朝における国内商業と対外貿易の展開：経済史からの出題なので，苦手と感じる人が多いだろう。時系列で述べればよいが，経済的特徴をまとめていく必要があるので，書きづらく感じられる問題である。宋・元の類似性と明での変化を指摘したい。

Ⅲ　13 世紀から 17 世紀半ばまでの北インドの歴史：北インドの歴史的な展開だけなら，それほど難しくは感じられないだろうが，文化融合への言及が必要であり，特にシク教の成立がムガル帝国成立以前なので全体の構成を考えて内容に矛盾が生じないように説明していきたい。

Ⅳ　1910 年代から 1980 年代までのチェコスロヴァキアの歴史：時系列の問題なので，書きにくくはないが，東欧史からの出題なので学習量の差が出てしまう。指定語句の「共産党によるクーデタ」という表現が使用しづらいだろう。

地理

I **解答** 一帯には，荒川と入間川が氾濫を繰り返しながら形成した沖積平野が広がり，北東部には台地もみられる。高燥な台地面には比較的規模の大きい集落が分布し，郵便局，学校なども立地している。さらに，砂質土壌が堆積した水はけのよい自然堤防などの微高地にも集落が分布しており，かつては工場の立地や桑畑としての利用もみられた。ただし近年，桑畑は大部分が畑に変わり，一部には運動公園も整備されている。また，入間川右岸に立地していた工場も計画的な新興住宅地に改変されている。一方，増水時に浸水しやすい河川敷にはゴルフ場が開設されているが，荒地も目立つ。粘土質の土壌が堆積して水はけの悪い低平な後背湿地は，主に水田として利用されてきたが，近年は一部で畑への転換もみられ，荒川左岸の後背湿地のうち水害の危険性が比較的低い堤防の東部では，盛土を施した上で宅地などの造成も行われており，国道16号の直線化とも相まって開発が進んでいる。(400字以内)

◀解　説▶

≪埼玉県さいたま市付近の地形図読図≫

問1．本問では，まず対象地域の集落立地と土地利用の特徴を地形の特性と関連づけて説明する必要がある。さらに1960年代と現在（2018年）の地形図を比較し，その間にみられる集落立地と土地利用の変化についても，地形の特性のほか，人間による地形の改変に注意して説明する。

対象地域は，流水方向の地図記号から確認できる通り，北から南に向かって流れる荒川と入間川の両岸地域で，標高が10m程度の沖積平野（氾濫原）が大半を占めているが，建物の密度が比較的高い北東部や東部には，水準点や三角点から標高15m以上の高燥な台地が分布することもわかる。図1より，氾濫原に田が広がっている様子に加え，入間川右岸（西岸）の「上老袋」から「下老袋」にかけての地域や南東部の「黒須」「堀ノ内」などに集落が立地していることが読み取れる。読み取った内容を「地形の特性」と結びつけるため，稲作が営まれている土地は低湿な後背湿地に当たることと，集落が立地し桑畑の記号もみられる土地は，砂が堆積して水はけのよい自然堤防などの微高地に当たることを指摘する。さらに水害の危険性が高い荒川の河川敷は，ゴルフ場として利用されていることもわかる。

続いて図2からは，後背湿地に田が広がる様子や荒川沿岸に複数のゴルフ場が整備されている点は大きく変わらないことが確認できる。一方，自然堤防では桑畑に代わって畑が散見されるほか，「下老袋」に「川越運動公園」が整備されたこと，「蔵根」に立地していた工場の跡地に「川越グリーンパーク」という新興住宅地が造成されていることが読み取れる。図1では水田が広がっていた南東部で，国道16号が直線化されるとともに市街地化が進んでいることにも注意する。水田が営まれていた土地は低湿な軟弱地盤なので，「人間による地形の改変」として埋め立てや盛り土が施された後に住宅や施設が建設されたことが指摘できる。

II　解答　地球上の水資源の大部分は海洋に存在しているが，塩水であるためそのままでは生活・農業・工業などの用水として利用できない。海水を活用するためには専用設備で淡水化する必要があり，費用が高額となることから，その利用は乾燥気候に覆われた国の中でも，石油収入に恵まれる一部の国に限られる。地下水は，貯留量が比較的多いが，地中に長期間留まるうちに塩分を吸収するため，牧畜用に利用されているオーストラリアのグレートアーテジアン盆地などを例外として，淡水としての利用量は全体の約5分の1に過ぎない。氷雪は，地下水と同程度の水資源を淡水のまま貯留しているが，人類が定住していない極地や高山地域に偏在しているため，その利用はほとんどみられない。したがって人類は，水資源の大部分を河川水や湖沼水に頼っているが，特に入れかえ時間の短い河川水は，降雨がみられない期間が続くと枯渇しやすく，貯水体としての不安定さをかかえている。（400字以内）

◀解　説▶

≪地球上の主な貯水体と水資源≫

本問は，表1を参考にして，海洋，河川水，湖沼水，地下水，氷雪の水資源の特徴を説明するように求めている。そこで表1からそれぞれの貯水体の特徴を読み取り，水資源の特徴とその背景について，指定語句を踏まえて考察していく。

海洋は，「貯水量」の大部分を占めているが，「水利用に占める割合」はわずか0.1％に過ぎない。大量に存在する海水の利用が進んでいない理由は，もちろん塩水であるためである。塩水の状態では用水として利用できないため，石油収入の潤沢な産油国では淡水化施設の整備が行われていることを思い出せば，水資源を確保するためには余分な「費用」が必要になることが指摘できる。

では，「貯水量」が比較的多い地下水と氷雪はどうだろうか。地下水は，「塩水・汽水を含む」とあるように，土壌や岩石から塩分を吸収している場合が多く，淡水として利用可能な水資源量は限られることから，「水利用に占める割合」も約20％に留まっている。氷雪は，淡水を供給するが，分布範囲が南極，グリーンランドおよび高山地域に限られる。すなわち人類がほとんど居住していない地域に「偏在」していることから，利用が進んでいないと判断できる。

これらに対して，河川水と湖沼水は「水利用に占める割合」で約80％に達しているが，「貯水量」そのものが少なく，「入れかえ時間」も他の貯水体と比べて短いという特徴が読み取れる。とりわけ河川水は，淡水のみを供給するものの，17日で全貯水量が入れかわることから，雨が降らないなどの気象状態によっては「枯渇」する恐れがある。「貯水量」の少なさと合わせて，水資源の供給が不安定になる可能性に気づきたい。

III　解答

インドで興った仏教は，上座仏教がスリランカや東南アジアに，大乗仏教が東アジアに伝播したほか，チベット仏教がチベット高原およびモンゴルに広まった。ただし，宗教に対する規制が強い社会主義国の中国や政教分離を重視する日本では仏教に基づく休日は設けられていない。アラビア半島で創始されたイスラム教は，まもなく西アジア周辺の北アフリカ，中央アジア，南アジアに広まり，交易活動に伴ってアフリカ中部や東部，東南アジア島嶼部などにも伝播した。ローマ帝国の統治下にあった地中海東岸で興り，ヨーロッパで勢力を伸ばしたキリスト教は，近代以降にヨーロッパ諸国の植民地が拡大するとともに，イスラム教の影響が強い北アフリカや西アジアなどを除き，南北アメリカ，アフリカ，南アジア，東南アジアなど世界中に広まった。とりわけ仏教が早期に広まった南アジアと東南アジアは，植民地化する以前にイスラムも

普及したため，三大宗教が重なっている。(400字以内)

◀解　説▶

≪三大宗教の分布と地域的背景≫

本問では，三大宗教に基づく休日の有無を手がかりに，仏教，キリスト教，イスラム教の分布状況とその地域的背景について，三大宗教の重なりがみられる地域があることにも注意して説明することが求められた。

仏教に基づく休日は，南・東南アジア諸国のほか，モンゴルと韓国で設けられている。仏教は，インドで創始され，上座仏教が南アジアから東南アジアに，大乗仏教がシルクロードを経由して東アジアに伝播し，さらに独自に発達したチベット仏教は，モンゴル人にも受容された。これらを踏まえ，仏教は南アジア，東南アジア，東アジアに広まったことを指摘すればよいが，中国では宗教が共産党政権の安定を脅かすことを防ぐために規制されてきたことに注意する。

キリスト教の休日は，世界中で設けられていることが読み取れる。ローマ帝国の統治下で成立し，ヨーロッパで勢力を伸ばしたキリスト教は，近代以降にヨーロッパ諸国によって植民地化が進められたアフリカ，南・東南アジア，南北アメリカ，オセアニアで普及した。ただし，欧米諸国を旧宗主国としない東アジアのほか，植民地支配を受けた西アジアや北アフリカでは，アラビア語が公用語とされているように，一神教のイスラム教の信者が多数を占めるため，キリスト教の影響は小さい。

アラビア半島で創始されたイスラム教は，上述の通り西アジアや北アフリカで強く信仰されており，その周辺地域にも広まっている様子が窺える。さらに「地域的背景」を意識して，西アフリカや東アフリカ，東南アジアにはサハラ砂漠を往来する遊牧民や海上交易に従事したムスリム商人によってイスラム教が伝わったことに言及するのもよい。

以上を踏まえて，南アジアから東南アジア島嶼にかけて三大宗教の重なりがみられること，一帯は植民地化を進めたヨーロッパからキリスト教が伝わる以前に仏教とイスラム教が広まっていたことを指摘したい。

Ⅳ　解答

Aはフランス，Bはスペイン，Cはイギリス，Dはデンマークである。混合農業が普及しているヨーロッパでは，全般に主食となる小麦が栽培されているが，気温が低い北部や東部ではライ麦も栽培され，平野の広い国が穀物の主産国となっている。温暖で夏季の降水量が少ない地中海沿岸では果樹栽培を特徴とする地中海式農業が営まれ，特にスペインはテラロッサを基盤にオリーブの生産量が多い。ブドウはヨーロッパ中部でも栽培が可能で，排水条件のよい丘陵地などが産地となっている。羊は，乾燥した地中海沿岸のほか，伝統的な繊維素材である羊毛が得られるため各地で飼育されている。気候が冷涼で，氷河に侵食された土地が広がる一方，市場規模の大きい都市が立地するフランス，ドイツ，イギリスなどバルト海や北海の周辺地域では，酪農が盛んで，乳牛の飼育頭数が多い。さらにデンマークでは氷食地を土壌改良して飼料作物を栽培し，集約的な酪農が発達している。(400 字以内)

◀解　説▶

≪ヨーロッパの農業にみられる地域的特徴≫

本問ではヨーロッパ全体の農業にみられる地域的特徴が問われているが，表２で「小麦」「乳牛」「オリーブ」などがとりあげられていることから，近代以降のヨーロッパで発達した混合農業，酪農，地中海式農業を中心に，それぞれの地域的な分布や特徴について，指定語句に注意しながら解答を作成する。

穀物や飼料作物を栽培し，肉用家畜も飼養する混合農業は，ヨーロッパ各地で営まれているが，特に「平野」に恵まれ，面積も広いフランスは経営規模が大きく，小麦の生産量や輸出量が EU（ヨーロッパ連合）加盟国で最も多い。ただし，より「気温」の低いヨーロッパ北部や東部では，小麦に代わってライ麦の生産も行われている。

牧草を栽培し，乳牛を飼育する「酪農」は，北海・バルト海の沿岸地域やアルプス山脈周辺で盛んである。表２でイギリス，フランス，ドイツが取り上げられていることを意識すれば，特に北海・バルト海沿岸の地域的特徴として，気候が冷涼で，氷河の侵食を受けたやせ地が広がる一方，生乳や乳製品の市場となる大都市が多く立地することを説明したい。なかでもデンマークは，19 世紀に氷食地が土壌改良によって飼料作物などを栽培する耕地に転換され，集約的な酪農が発達していることで知られる。

地中海式農業は，夏季の「降水量」が少ない地中海沿岸において，小麦と耐乾性の強い果樹を栽培する農業で，オリーブは代表的な作物である。一方，ブドウは栽培される範囲が広く，北限線はフランス北部からドイツ中部を通過する。パリ盆地東部に発達しているケスタ地形の「丘陵地」で栽培されるブドウが発泡性ワイン（シャンパン）の製造に活用されていることはよく知られる。また，乾燥した地中海沿岸では羊の移牧も盛んであるが，毛織物生産の基盤となる牧羊は，中世以来のイギリスでも発達してきた。

園芸農業は，市場向けにさまざまな野菜や花卉を集約的に栽培する農業で，大都市の近郊に立地してきたほか，市場への輸送手段が発達した近年は温暖な地中海沿岸諸国でも成長している。ただし，園芸農業は局地的に分布しているため，「ヨーロッパ全体」を概観する本問では特に言及しなくてもよいだろう。

以上より，「小麦」の収穫面積が最大で，「ブドウ」の生産量や「乳牛」の飼育頭数も多いＡはフランスである。「ブドウ」「オリーブ」の生産量と「羊」の飼育頭数が多いＢはスペインである。対照的に「ブドウ」「オリーブ」の生産が確認できないＣとＤは高緯度に位置するイギリス，デンマークのいずれかである。両国の国土面積を考慮すると「小麦」の収穫面積が広く，「羊」「乳牛」の飼育頭数も多いＣをイギリス，残ったＤをデンマークと判断する。

❖講　評

例年同様に論述法４題（各 400 字）の出題であった。

出題内容としては，頻出の地形図読図が求められたほか，自然環境や社会・経済をテーマとするいずれの設問でも資料が用いられ，その背景についての理解が問われた。

Ⅰ　荒川と入間川の合流点付近を示した新旧の地形図から，集落立地や土地利用の特色や変化を読み取ることが求められた。氾濫原のほか，東部に台地が存在することにも注意したい。変化が小さいので，２枚の地図を慎重に読み取る必要があるが，「人間による地形の改変」を指摘するのはやや難しい。

Ⅱ　海洋など５つの貯水体の水資源について，表から考察することが求められた。「入れかえ時間」が何を意味しているのかを理解しないと，河川水についての記述が不十分になってしまう恐れがある。

Ⅲ　三大宗教の世界的な広がりの差異について説明することが求めら

れた。資料から，それぞれの宗教の分布の特徴は読み取りやすいが，日本や中国など東アジアについてはやや書きにくく，背景の説明には歴史的な知識も必要である。

Ⅳ　統計表の国名を判定したうえで，ヨーロッパにおける農業の地域的特徴について論述する内容である。5つの語句を使用することが求められたが，いずれも使い方に苦慮するようなものではなかった。

倫理

I　**解答**　「戦争に勝つ」ということにはいくつかの意味があるだろうが，私は「自国の立場を他国より有利にすること」がもっとも本質的な点だと解釈している。この点では，軍事力を行使する戦争と軍事力を用いない政治的手段とのあいだには，根本的な相違点はない。国際政治においては他国より優位に立つことがつねに目指されているからである。このように，「戦争に勝つ」ということの目的が軍事力以外でも果たされるのであれば，戦争はできるかぎり回避されるべきである。

できるだけ戦争を避けるべきであるという考え方を，私は孫子の兵法から学んだ。『孫子』に「兵は国の大事にして，死生の地，存亡の地なり。察せざるべからず」という言葉がある。戦争は国家の大事であって，国民の生死，国家の存亡がかかっているからよく考えなければならないという意味である。また，「相手の軍団を降伏させるのが上策であって，軍団を打ち破るのは次善である。戦わずして勝つのが最善である」という意味の言葉もある。たとえ勝利しても自国も損害を被るので，戦わずに勝つのが最善の策といえるという考えからは，戦争の重みを理解し，自国の国民の命や生活を守ろうという姿勢が読み取れる。私は孫子の教えから，やむをえず軍事力を行使する場合でも損害を最小限に食い止めることを第一に考えるべきであると気づかされた。たとえば，ロシアによるウクライナ侵攻は，はたして理性的に判断したうえでの戦争だったのか，ロシア国民の幸福を考えての行動か，大いに疑問である。自国の成長につながる本当の勝利とは何なのか，世界中の人々が真剣に考えなくてはいけないと思う。

（600～800字）

◀解　説▶

≪「戦争に勝つ」ことの意味≫

〔解答〕は，最も有名な戦争書のひとつである『孫子』の思想を参考にして，軽々しく戦争を起こすべきではなく，軍事力以外の方法で自分の立場を有利に運ぶことこそ「戦争に勝つ」ことであるという主張でまとめた。

春秋時代に諸子百家の一派である兵家と呼ばれる軍略家たちが現れ，戦争に勝つための理論や戦術を研究するようになった。そのなかで書かれた著作が『孫子』であり（著者については諸説ある），その思想は「孫子の兵法」として，日本の戦国大名にも読まれ，現代でもビジネスシーンなどで参考にされることが多い。

この他にも，マキャヴェリの『君主論』を参考にして，統治者の立場から戦争について考察することなどができるだろう。また，戦争の対義語である平和について，カント『永遠平和のために』を基に考察し，平和を実現するという方向から「戦争に勝つ」ことの意味を考察することなども可能である。

Ⅱ　解答

目の前にいる獅子や女ではなく，その影であるはずの「獅子」という文字，「女」という文字を本物であると思い込んでしまう。小説『文字禍』で語られるこうした文字と事物の関係は，プラトンのイデア論と通じる点があると考えられる。古代ギリシアのプラトンは，イデアこそが実在で，現象界に存在する事物はイデアの影にすぎないと考えた。しかし，人々はしばしばイデアではなく，感覚によってとらえられる個々の事物のほうを実在であると思い込んでしまう。個物に気を取られてイデアを忘却するように，私たちは文字を知るということによって，本物を取り逃がしてしまうことになる。

個々の事物に名前をつけ，それを書き表した文字に意味を見出すことができるのは，事物の本質を理解できる証であり，それは人間が動物と異なって理性をもつからこそ可能なことである。その反面，理性によって対象について判断したり，分析や反省を行うことは，目の前の実在を直接体験できなくなることにもつながる。

西洋哲学はまさに理性による考察が多くを占め，抽象化された概念によって理論を構築する学問であるが，これを批判し，直接の経験を重視したのは西田幾多郎である。彼によれば，直接に経験することは，自己と対象の区別がなく，ものごとを分析・反省する以前の状態であるが，私はこの「純粋経験」と呼ばれる状態こそ，文字を知る以前の人間が経験していた世界であると考える。

『文字禍』は文明が誕生しつつあった古代アッシリアを舞台としているが，文字が誕生することによって世界のとらえ方が大きく変化した時代だったと考えられる。文明が発達した現代の私たちは，理性的判断に偏りがちであるが，時には直接の体験を体感することで，人間本来の世界のとらえ方に気づくことができるのではないだろうか。(600～800 字)

◀解　説▶

≪「文字」がもたらす禍についての考察≫

中島敦『文字禍』の引用文を読んで，下線部について自身の考えを述べる。その際，「思想史上の知見を活かしつつ」という条件があるので，「倫理」で学習した事項から言語の抽象性に関連する内容を活用して解答を作成しよう。

小説『文字禍』は，古代アッシリアを舞台に，大王から文字の霊についての調査を命じられたナブ・アヘ・エリバ博士が「文字への盲目的崇拝」の危険性を指摘するというストーリーである。「文字の霊」のしわざによって，人々が以前よりも調子が悪くなっていく様子が描かれるが，これが，文字によらない直接の体験から，文字によって分析的に世界を解釈していくことの変換を表しているといえるだろう。

〔解答〕では，文字の抽象性と個々の事物の具体性との関係を考察し，直接の経験がとらえられなくなるという問題が文字によって引き起こされるという展開でまとめた。その際，プラトンのイデア論と西田幾多郎の純粋経験の概念を参考にして，人間の理性への批判・検討を行った。情報化が進んだ現代では，記号としての文字が，実態とは異なる誤ったイメージを与えてしまうという弊害もある。文字の功罪について考察を深めるきっかけになる問題である。

III　解答

「生まれ変わり」とは，身体が朽ち果てた後も魂は残り，魂が別の生命体に入って再び生まれてくることであると私は考える。キリスト教やイスラーム教では，生まれ変わりはないとされ，魂は終末の日まで神の審判を待つことになるが，古代インドでは，人間の魂は形を変えて無限に生死を繰り返すという輪廻転生が説かれていた。私は「生まれ変わり」はあるという立場であり，以下では輪廻転生を参考にして，「生まれ変わり」を信じることのメリットとデメリットを考えてみたい。

古代インドでは，輪廻転生の思想に，生存中の行為（業）の結果として来世での生まれる世界が決まるという因果応報の思想が結びついたウパニシャッド哲学が人々の生き方に深い影響を与えていた。現世での在り方が来世の姿を決定するという教えを信じる人々は，来世によりよい身分や環境に生まれてくることを望んで現世での行動を善いものにしようと努力する。つまり，輪廻転生の思想のメリットは人々に倫理的に善い行いを勧める規制力として働き，それによって社会を安定させる役割を担っていたということにある。

一方，こうした思想のデメリットとして，身分差別を正当化してしまう点が挙げられる。というのも，苦しい境遇や低い身分に生まれてきた人々は，その原因が前世での行いの報いにあると考えられたため，人々が抱える苦しさが個人の責任にされてしまうからである。

このように，輪廻思想は「生まれ変わり」という考え方によって，生の苦しさから逃れたいという人々の気持ちに応える側面がある一方で，ときにその苦しさを正当化する側面もあったといえるだろう。(600～800字)

◀解　説▶

≪「生まれ変わり」についての考察≫

「生まれ変わり」があると信じる立場，ないと信じる立場のいずれかに立ち，それぞれの立場のメリット・デメリットを論じる問題。まず，「生まれ変わり」について自分の定義と立場を明確にしたうえで，関連する思想を挙げて論じるとよい。東西の代表的な宗教を比較してみると，バラモン教やヒンドゥー教，ジャイナ教は輪廻転生の思想を基盤にして独自の教えを説くのに対し，ユダヤ教・キリスト教やイスラーム教には生まれ変わりという思想はなく，死後，天国または地獄へ行くことは説かれるが，次の人生があるという教えは見られない。

〔解答〕では，「生まれ変わり」を信じるという立場のメリットとデメリットについて意見をまとめたが，もちろん「生まれ変わり」を信じないという立場で展開してもよい。その場合は，ユダヤ教・キリスト教やイスラーム教の死生観を参考にするとよいだろう。

また，ヘレニズム時代のギリシアでは，デモクリトスの原子説を継承したエピクロスが，死とはチリのような物質に分解されるだけであるという死生観を語っている。彼によれば，だから死を恐れることはないという考え方につながるので，「生まれ変わり」を信じないメリットとして，楽観的な人生を送ることができるということがあげられる。その反面，刹那的になってしまうことがデメリットともいえるだろう。

Ⅳ　解答　「知識の累進性」とは，哲学を学んだ経歴の長さや学年によって知識が蓄積していくことを意味していると思われる。これを拒否するということは，誰もがそれまでの経歴をいったん白紙にして学ぶということである。さらに，専門性や年齢，国籍さえも問わないとされていることから，考える基盤の異なる人同士が集まり，そうした基盤そのものさえも議論して作り上げていくことを意図していると読み取ることができる。

何のためにこのような方法が取られたのだろうか。それを考えるために，ソクラテスの活動を手がかりとしたい。「哲学」とはギリシア語で「フィロソフィア」つまり「知を愛する」という意味の言葉であるが，ここでいう「知」とは，真理そのものを指す。つまり，「知を愛する」とは，真理探究そのものを意味している。蓄積された知識は必ずしも真理探究に結びつくわけではなく，むしろ，今までの知識を疑ってみる姿勢が求められる。ソクラテスは人々の中にある思い込みを指摘し，まず人々に自分が真理について無知であることを自覚させることから始め，そこから対話という方法によって真理に近づこうとした。彼の人生を賭けた活動から，哲学本来の意味を見ることができる。

このように，「哲学」は本来，哲学史や哲学者の学説を研究するのが目的ではなく，自分の人生を賭けて真理を見つけようとする営みそのものである。「哲学科」といえば，哲学に関する知識を習得することであるという固定観念を持って集まった学生に対し，「哲学する」ということの本来の意味に気づかせるため，ドゥルーズはいったん前提知識なしに思考することを提案したのではないだろうか。（600～800字）

◀解　説▶

≪哲学における「知識の累進性」について≫

ドゥルーズ（1925～95年）の言葉について，自分の考えを自由に論じる設問である。ドゥルーズの思想についての知識は必ずしも必要ではないが，下線部の意図を考察したうえで，哲学の意味について自分なりに考えることが求められている。

〔解答〕では，ソクラテス（前 469 年頃～前 399 年）の活動を参考にしながら，哲学という学問の本来の意味を考察するという論旨でまとめた。ドゥルーズ以外の思想家を取り上げることは必須条件ではないが，自分の意見を伝えるためにも，積極的に思想家の思想を紹介してよいだろう。

❖講　評

2023 年度は出題形式に変化があった。2022 年度までは，400 字の字数制限の大問 4 題を解答する形式であったが，2023 年度は 4 題中 2 題を選択解答し，字数制限は 1 題につき 600～800 字となった。書きやすいテーマを選べる利点はあるが，1 題につき 600～800 字となると，用語の正確な説明や関連事項の知識も必要で，より掘り下げた理解と的確な論述力が求められる問題であった。

Ⅰ　古今東西の思想家を一人取り上げて，「戦争に勝つ」ということの意味を考える問題。世界情勢を踏まえた出題であり，戦争の意味についていかに真剣に考えているかが問われているといえよう。

Ⅱ　小説の引用から，文字の力について考察させる問題。下線部の内容から，主観／客観，抽象／具体といった論点に結びつけて考察できるかがカギとなる。さらに哲学の大きなテーマである人間の理性能力の検討にも踏み込んでほしい。

Ⅲ　「生まれ変わり」の思想が人々に与える影響を考察させる問題。世界の各地域や文化で見られる死生観や宗教観への幅広い知識と深い理解が必要である。

Ⅳ　ドゥルーズの言葉から，哲学が本来めざすものを考えさせる問題。倫理で学習した内容を総括して，哲学の意味・目的を自分なりに見つめ直すことが必要である。

数学

1 **解答** (1)　$y=x-x^3$ の両辺を x で微分すると $y'=1-3x^2$ なので，$x=1$ における微分係数は，$1-3\cdot1^2=-2$ であり，これが曲線 C の点 A(1，0) における接線 l の傾きである。よって，接線 l の方程式は

$$y-0=-2(x-1)$$

つまり

$$y=-2x+2$$

となる。

曲線 C と接線 l の共有点の座標を求めるために

$$\begin{cases} y=x-x^3 \\ y=-2x+2 \end{cases}$$

を解く。y を消去して

$$-2x+2=x-x^3$$

$$x^3-3x+2=0$$

点 A(1，0) が接点であることから，$x=1$ が2重解であることはわかっているので，左辺は

$$(x-1)^2(x+2)=0$$

と因数分解でき

$$x=-2,\ 1$$

1は点Aの x 座標で，-2 が点Bの x 座標であり

$x=-2$ のとき　　$y=-2(-2)+2=6$

よって，点Bの座標は　　$(-2,\ 6)$　……(答)

参考　$\begin{cases} y=x-x^3 \\ y=-2x+2 \end{cases}$ より y を消去して $x^3-3x+2=0$ を得る。この3次方程式の解は曲線 C と接線 l の共有点の x 座標である。これらは A(1，0) で接しているので，2重解として，$x=1$ を解にもち，x^3-3x+2 は $(x-1)^2$ を因数にもつことになるので，$(x-1)^2(x+2)=0$ となることに注意しよう。因数定理を利用して解いているわけではない。

(2)　$y=x-x^3=x(1-x)(1+x)$ のグラフは x 軸と点 $(-1,\ 0)$，$(0,\ 0)$，$(1,\ 0)$ で交わることと，微分した $y'=1-3x^2$ のグラフが上に凸の放物線であることから増減も考えて概形を描き，点A，B，Pも描き込むと右のようになる。

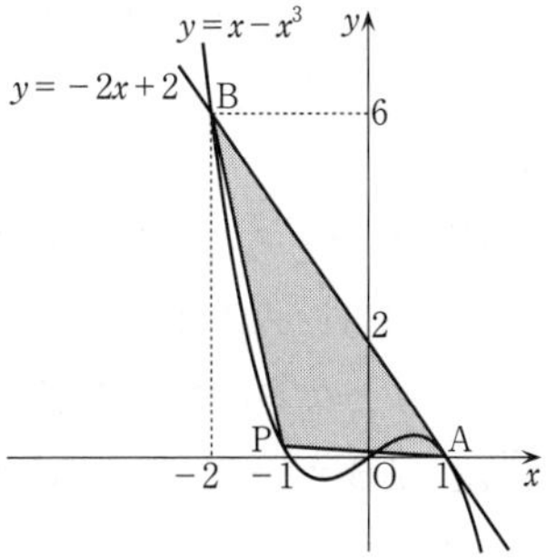

三角形 ABP の面積 $S(t)$ を求める。

辺 AB を底辺とみなす。線分 AB の長さは

$$\sqrt{\{1-(-2)\}^2+(0-6)^2}=\sqrt{45}=3\sqrt{5}$$

点 $\mathrm{P}(t,\ t-t^3)$ と直線 l : $y=-2x+2$ $(2x+y-2=0)$ の距離は

$$\frac{|2t+(t-t^3)-2|}{\sqrt{2^2+1^2}}=\frac{|-t^3+3t-2|}{\sqrt{5}}$$

ここで，絶対値の中の

$$-t^3+3t-2=-(t-1)^2(t+2)$$

は，$-2<t<1$ においては

$$-(t-1)^2(t+2)<0$$

であるから

$$|-t^3+3t-2|=t^3-3t+2$$

よって，三角形 ABP の面積 $S(t)$ は

$$S(t)=\frac{1}{2}\cdot\mathrm{AB}\cdot[\text{点 P と直線 } l \text{ の距離}]$$

$$=\frac{1}{2}\cdot3\sqrt{5}\cdot\frac{t^3-3t+2}{\sqrt{5}}$$

$$=\frac{3}{2}(t^3-3t+2)\quad\cdots\cdots(\text{答})$$

参考　点 $\mathrm{P}(t,\ t-t^3)$ と直線 l : $2x+y-2=0$ の距離を求めると $\dfrac{|-t^3+3t-2|}{\sqrt{5}}$ となり，絶対値の中が $-(t-1)^2(t+2)$ と因数分解できる。

直線 l : $2x+y-2=0$ に曲線 C の媒介変数表示にあたる $\begin{cases}x=t\\y=t-t^3\end{cases}$ を代入すると，結果として，C と l の方程式を連立することになるので，共有点の x 座標が得られる形で $-(t-1)^2(t+2)=0$ と同じく因数分解ができる。

この左辺が絶対値の中と等しいので，因数分解できると気づける。このように因数分解できれば，$-2<t<1$ において $-(t-1)^2(t+2)<0$ となることがわかる。

因数分解できることに気づかなければ，$f(t)=-t^3+3t-2$ とでもおいて，$f'(t)=-3(t+1)(t-1)$ をもとに $f(t)$ の増減を調べて，$-2<t<1$ で $f(t)<0$ となることを確認すればよい。

別解　$\overrightarrow{AB}=(-3,\ 6)$，$\overrightarrow{AP}=(t-1,\ t-t^3)$ であるから

$$S(t)=\frac{1}{2}|-3(t-t^3)-6(t-1)|$$
$$=\frac{1}{2}|3t^3-9t+6|$$
$$=\frac{3}{2}|t^3-3t+2|$$
$$=\frac{3}{2}(t^3-3t+2)$$

(3)　$S(t)=\frac{3}{2}(t^3-3t+2)$ の両辺を t で微分すると

$$S'(t)=\frac{3}{2}(3t^2-3)=\frac{9}{2}(t+1)(t-1)$$

$-2<t<1$ において $S'(t)=0$ のとき，$t=-1$ である。よって，$-2<t<1$ における $S(t)$ の増減は右のようになる。

t	(-2)	$\cdots$	-1	$\cdots$	(1)
$S'(t)$		$+$	0	$-$	
$S(t)$	(0)	↗	6	↘	(0)

よって，t が $-2<t<1$ の範囲を動くとき，$S(t)$ の最大値は 6 である。　……(答)

別解　三角形 ABP の面積が最大となるのは，底辺を辺 AB とみなしたときに，高さが最大となるときである。高さが最大となるのは，曲線 C の接線の傾きが -2 になる点A以外の接点を頂点Pとするときである。

直線 AB の傾きが -2 であることから

$$f'(x)=-2$$

として

$$1-3x^2=-2$$
$$x^2=1$$
$$x=\pm 1$$

1は点Aの x 座標で，-1 が点Pの x 座標であり，点Pが点 $(-1,\ 0)$ のときに $S(t)$ が最大となる。

よって，三角形 ABP の面積 $S(t)$ の最大値は

$$S(-1)=\frac{1}{2}\cdot \mathrm{AB}\cdot[\text{点Pと直線}\ l\ \text{の距離}]$$

$$=\frac{1}{2}\cdot 3\sqrt{5}\cdot\frac{|-(-1)^3+3(-1)-2|}{\sqrt{5}}$$

$$=6$$

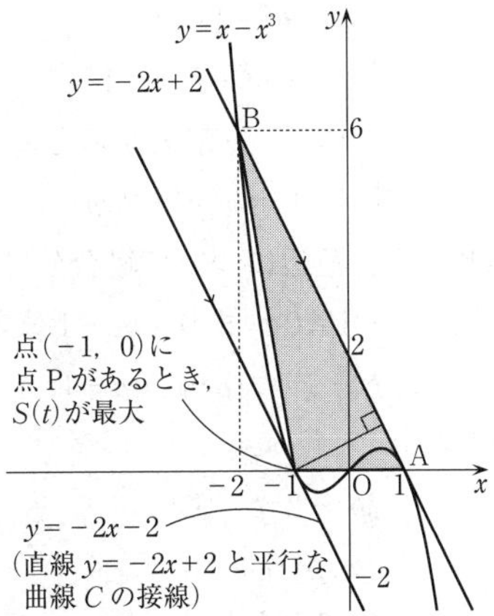

◀解　説▶

≪三角形の面積の最大値≫

(1) $\begin{cases} y=x-x^3 \\ y=-2x+2 \end{cases}$ を連立して，得られる解が，曲線 C と接線 l の共有点の x 座標である。〔参考〕をよく理解し，要領よく計算すること。

(2) 三角形 ABP の図を描き考察し，固定されている辺が辺 AB であることに注目する。これを底辺とみなすことにする。高さは点Pと直線 AB の距離になる。点と直線の距離を求める公式では絶対値が出てくるので，それを外さなければならない。〔参考〕のように考えて絶対値を外せばよい。〔別解〕のように，ベクトルを用いて求めることもできる。

(3) 三角形 ABP の面積 $S(t)$ の最大値を求めるので，$S(t)$ が t の3次関数であることから，〔解答〕のように t で微分して増減を調べる解法が考えられる。また，どのようなときに三角形 ABP の面積が最大となるのかに気づけば，〔別解〕のような解法をとることもできる。その場合，(2)で求めたものが流用でき，要領のよい解答が作れる。

2 解答

(1) $\alpha>1$ なので，曲線 $C_1：y=|x^2-1|$ つまり $y=x^2-1$ 上に曲線 $C_2：y=-(x-\alpha)^2+\beta$ の頂点 $(\alpha,\ \beta)$ が存在し，$\beta=\alpha^2-1$ が成り立つ。よって，曲線 C_2 の方程式は $y=-(x-\alpha)^2+\alpha^2-1$ つまり $y=-x^2+2\alpha x-1$ と表せる。これは定点 $(0,\ -1)$ を通る。

点 $(p,\ q)$ は C_1，C_2 上の点なので

$$\begin{cases} q=|p^2-1| \\ q=-p^2+2\alpha p-1 \end{cases}$$

が成り立つ。q を消去すると

$$|p^2-1|=-p^2+2\alpha p-1$$

となる。左辺について場合分けをする。

(ア)　$p^2-1\geqq 0$ つまり $p\leqq -1$ または $1\leqq p$ のとき

$$p^2-1=-p^2+2\alpha p-1$$

となり

$$2p^2-2\alpha p=0$$

$$2p(p-\alpha)=0$$

$$p=0 \quad \text{または} \quad p=\alpha \quad (\alpha>1)$$

$p=0$ は $p\leqq -1$ または $1\leqq p$ の範囲にはない。また，$p=\alpha$ のとき，曲線 C_1 と C_2 の2つの交点が一致し，2点で交わることにはならない。よって，条件を満たさない。

(イ)　$p^2-1<0$ つまり $-1<p<1$ のとき

$$-p^2+1=-p^2+2\alpha p-1$$

となり

$$p=\frac{1}{\alpha}$$

ここで，$\alpha>1$ なので，$0<\dfrac{1}{\alpha}<1$ となり，$-1<p<1$ のうち，特に $0<p<1$ を満たす。

よって　　$p=\dfrac{1}{\alpha}$　……(答)

であり，$0<p<1$ である。　　　　(証明終)

参考

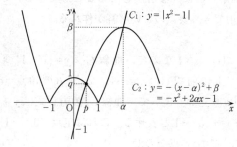

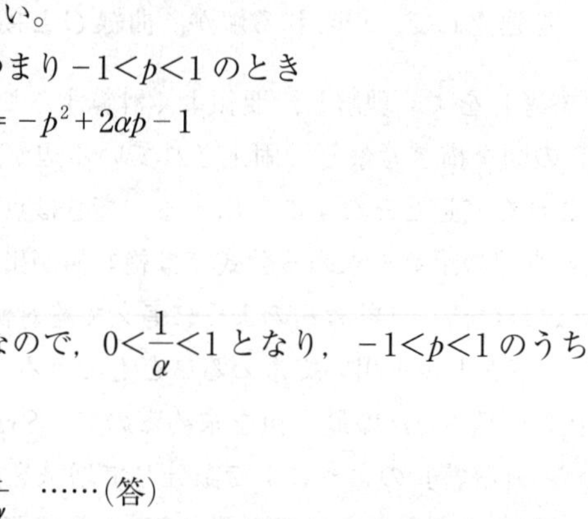

曲線 C_2 は，$0<x<1$ において曲線 C_1 の $y=-x^2+1$ の部分と点 $(p,\ q)$ で交わることを証明する問題である。

(2)　面積 S_1 は下図の網かけ部分の面積である。

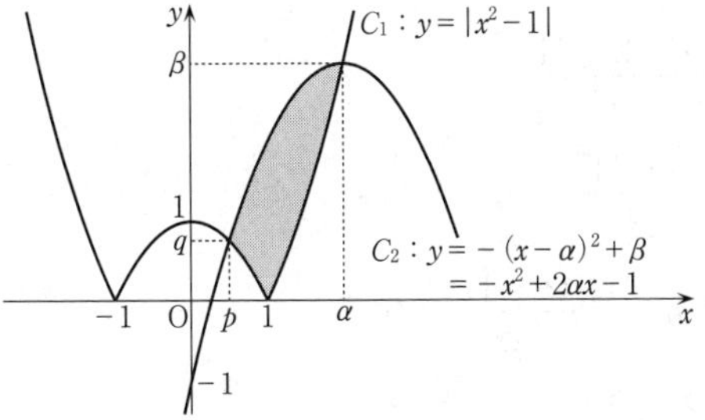

$$S_1=\int_{\frac{1}{\alpha}}^{1}\{(-x^2+2\alpha x-1)-(-x^2+1)\}dx$$

$$+\int_1^{\alpha}\{(-x^2+2\alpha x-1)-(x^2-1)\}dx$$

$$=\int_{\frac{1}{\alpha}}^{1}(2\alpha x-2)\,dx+\int_1^{\alpha}(-2x^2+2\alpha x)\,dx$$

$$=\Big[\alpha x^2-2x\Big]_{\frac{1}{\alpha}}^{1}+\Big[-\frac{2}{3}x^3+\alpha x^2\Big]_1^{\alpha}$$

$$=(\alpha-2)-\left(\frac{1}{\alpha}-\frac{2}{\alpha}\right)+\left(-\frac{2}{3}\alpha^3+\alpha^3\right)-\left(-\frac{2}{3}+\alpha\right)$$

$$=\frac{1}{3}\alpha^3+\frac{1}{\alpha}-\frac{4}{3}\quad\cdots\cdots(答)$$

(3)　面積 S_2 は下図の網かけ部分の面積である。

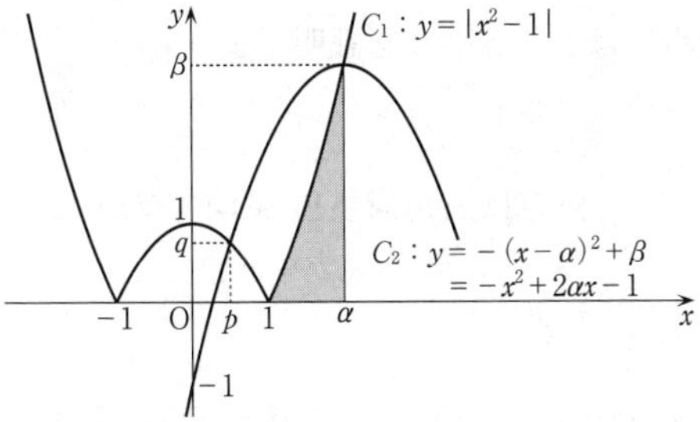

$$S_2=\int_1^{\alpha}(x^2-1)\,dx=\left[\frac{1}{3}x^3-x\right]_1^{\alpha}=\frac{1}{3}\alpha^3-\alpha+\frac{2}{3}$$

であるから

$$S_1-S_2=\left(\frac{1}{3}\alpha^3+\frac{1}{\alpha}-\frac{4}{3}\right)-\left(\frac{1}{3}\alpha^3-\alpha+\frac{2}{3}\right)$$

$$=\left(\alpha+\frac{1}{\alpha}-2\right)$$

$$=\frac{\alpha^2-2\alpha+1}{\alpha}$$

$$=\frac{(\alpha-1)^2}{\alpha}$$

ここで，$\alpha>1$ より　$\dfrac{(\alpha-1)^2}{\alpha}>0$

よって，$S_1-S_2>0$ ゆえに　$S_1>S_2$　　（証明終）

◀解　説▶

≪曲線で囲まれた図形の面積≫

(1)　$\alpha>1$ なので，曲線 C_2：$y=-(x-\alpha)^2+\beta$ の頂点 $(\alpha,\ \beta)$ が曲線 C_1：$y=|x^2-1|$ つまり $y=x^2-1$ 上に存在する。よって，$\beta=\alpha^2-1$ となるので，曲線 C_2 の方程式は $y=-(x-\alpha)^2+\alpha^2-1$ つまり $y=-x^2+2\alpha x-1$ と表せ，これは y 軸と点 $(0,\ -1)$ で交わるので，2つの交点のうち，点 $(p,\ q)$ の x 座標について，$0<p<1$ であることは，〔参考〕のように図を描けばある程度明らかである。問題用紙などに図を描いておき，それをもとにしてきちんとした証明を組み立てていこう。曲線 C_1 上に曲線 C_2 の頂点があるということで，もう1つの交点が曲線 $y=-x^2+1$ の $0<x<1$ の部分にあることを示せばよい。

(2)・(3)　S_1 と S_2 がどの部分の面積なのか図で確認し定積分で求めよう。$S_1>S_2$ を示すためには $S_1-S_2>0$ を証明しよう。

3　**解答**　(1)　点Gは三角形ABCの重心なので

$$\overrightarrow{OG}=\frac{\overrightarrow{OA}+\overrightarrow{OB}+\overrightarrow{OC}}{3}$$

と表せて，四面体ABCDが $\overrightarrow{OA}+\overrightarrow{OB}+\overrightarrow{OC}+\overrightarrow{OD}=\vec{0}$ を満たしていることから

$$\overrightarrow{OA}+\overrightarrow{OB}+\overrightarrow{OC}=-\overrightarrow{OD}\quad\cdots\cdots①$$

よって

$$\overrightarrow{OG}=-\frac{\overrightarrow{OD}}{3}\quad\cdots\cdots(答)\quad\cdots\cdots②$$

(2)　①より

$$|\overrightarrow{OA}+\overrightarrow{OB}+\overrightarrow{OC}|=|-\overrightarrow{OD}|$$

が成り立ち，両辺を 2 乗すると

$$|\overrightarrow{OA}+\overrightarrow{OB}+\overrightarrow{OC}|^2=|-\overrightarrow{OD}|^2$$

$$|\overrightarrow{OA}|^2+|\overrightarrow{OB}|^2+|\overrightarrow{OC}|^2+2\overrightarrow{OA}\cdot\overrightarrow{OB}+2\overrightarrow{OB}\cdot\overrightarrow{OC}+2\overrightarrow{OC}\cdot\overrightarrow{OA}=|\overrightarrow{OD}|^2$$

ここで，$|\overrightarrow{OA}|=|\overrightarrow{OB}|=|\overrightarrow{OC}|=|\overrightarrow{OD}|=r$ であるから

$$r^2+r^2+r^2+2(\overrightarrow{OA}\cdot\overrightarrow{OB}+\overrightarrow{OB}\cdot\overrightarrow{OC}+\overrightarrow{OC}\cdot\overrightarrow{OA})=r^2$$

$$\overrightarrow{OA}\cdot\overrightarrow{OB}+\overrightarrow{OB}\cdot\overrightarrow{OC}+\overrightarrow{OC}\cdot\overrightarrow{OA}=-r^2\quad\cdots\cdots(答)\quad\cdots\cdots③$$

(3)

$$\overrightarrow{PA}\cdot\overrightarrow{PB}+\overrightarrow{PB}\cdot\overrightarrow{PC}+\overrightarrow{PC}\cdot\overrightarrow{PA}$$

$$=(\overrightarrow{OA}-\overrightarrow{OP})\cdot(\overrightarrow{OB}-\overrightarrow{OP})+(\overrightarrow{OB}-\overrightarrow{OP})\cdot(\overrightarrow{OC}-\overrightarrow{OP})$$

$$+(\overrightarrow{OC}-\overrightarrow{OP})\cdot(\overrightarrow{OA}-\overrightarrow{OP})$$

$$=\overrightarrow{OA}\cdot\overrightarrow{OB}+\overrightarrow{OB}\cdot\overrightarrow{OC}+\overrightarrow{OC}\cdot\overrightarrow{OA}-2(\overrightarrow{OA}+\overrightarrow{OB}+\overrightarrow{OC})\cdot\overrightarrow{OP}+3|\overrightarrow{OP}|^2$$

$$=-r^2+2\overrightarrow{OD}\cdot\overrightarrow{OP}+3r^2\quad(\because\ ①,\ ③,\ |\overrightarrow{OP}|=r\ より)$$

$$=2r^2+2|\overrightarrow{OD}||\overrightarrow{OP}|\cos\angle POD$$

$$=2r^2(1+\cos\angle POD)\quad(\because\ |\overrightarrow{OD}|=|\overrightarrow{OP}|=r\ より)$$

$\overrightarrow{OD}$ と $\overrightarrow{OP}$ のなす角が 0 つまり点 P が点 D に一致するときに，$\cos\angle POD$ は最大値 1 をとるから

$\overrightarrow{PA}\cdot\overrightarrow{PB}+\overrightarrow{PB}\cdot\overrightarrow{PC}+\overrightarrow{PC}\cdot\overrightarrow{PA}$ の最大値は　$2r^2(1+1)=4r^2$　……(答)

この点 D に一致する点 P に対して

$$|\overrightarrow{PG}|=|\overrightarrow{OG}-\overrightarrow{OP}|$$

$$=\left|-\frac{1}{3}\overrightarrow{OD}-\overrightarrow{OD}\right|\quad(\because\ ②より)$$

$$=\left|-\frac{4}{3}\overrightarrow{OD}\right|$$

$$=\frac{4}{3}|\overrightarrow{OD}|$$

$$=\frac{4}{3}r\quad\cdots\cdots(答)$$

参考　各点は右図のような位置関係にある。

$|\overrightarrow{OA}|=|\overrightarrow{OB}|=|\overrightarrow{OC}|=|\overrightarrow{OD}|=|\overrightarrow{OP}|=r$

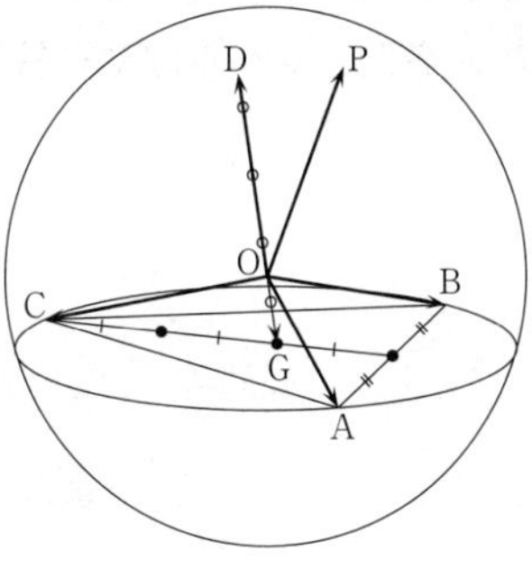

◀解　説▶

≪内積の値の最大値≫

(1)　点Gは三角形 ABC の重心なので $\overrightarrow{OG}=\frac{1}{3}(\overrightarrow{OA}+\overrightarrow{OB}+\overrightarrow{OC})$ と表せる。$\overrightarrow{OA}+\overrightarrow{OB}+\overrightarrow{OC}+\overrightarrow{OD}=\vec{0}$ であることも繋げて利用しよう。

(2)　手持ちの条件で，$\overrightarrow{OA}$，$\overrightarrow{OB}$，$\overrightarrow{OC}$ を互いに組み合わせた内積の和が出てくる式を表すのにどのようにすればよいのかを考えてみると，(1)でも利用した $\overrightarrow{OA}+\overrightarrow{OB}+\overrightarrow{OC}+\overrightarrow{OD}=\vec{0}$ より得られる $\overrightarrow{OA}+\overrightarrow{OB}+\overrightarrow{OC}=-\overrightarrow{OD}$ の大きさをとり，2乗し内積の計算に持ち込むことが考えられる。

(3)　点Pは球面 S 上を動く。球面 S の中心は点Oである。$\overrightarrow{PA}\cdot\overrightarrow{PB}+\overrightarrow{PB}\cdot\overrightarrow{PC}+\overrightarrow{PC}\cdot\overrightarrow{PA}$ と始点が点Pで表されているが，これを点Oに変換してみることで，ここまでで求めたものが利用できることに気づこう。

❖講　評

1　3次関数の接線に関係する三角形の面積の最大値を求める問題である。底辺に対して高さが最大となるための条件に気づくかどうかで解法が複数考えられる。

2　2つの図形の面積の比較をする問題である。図を描き考察してみよう。(1)の証明はグラフから明らかであるから，それを数式に落とし込んで証明しよう。面積を求める定積分の計算は基本的なものである。

3　空間ベクトルの内積の値の最大値を求める問題である。図は描かなくても，計算を進めていけばすべての問題に対処できる。内積の計算も基本的なレベルである。

いずれの問題も方針の立て方で困るようなところはない，各分野で典型的な手法を用いる素直な問題である。

各問題レベルはやや易しめ，という印象である。

らえる問題で難度が高い。問四は、傍線部分を正確に解釈した上で、松の枝の雪が何を象徴しているかをとらえる必要がある。

四の漢文は、春秋戦国時代の道家、列禦寇によるといわれる『列子』の一節。孔子とその弟子である子夏が、他の四人の弟子の人柄について対話をするという内容で、話の筋は比較的つかみやすい。問一の現代語訳と問三の書き下し文は基本レベル。問二は、その前の子夏・孔子の質疑応答の内容理解、さらに傍線部分の正確な解釈が要求される。問四は、すぐれた人柄の四弟子がなぜ孔子に仕えているのかについて、孔子がどのように答えているのかをとらえる。

ぐれすぎているためにそれとは対照的なふるまい（悪いこととは限らない）ができない。四人の長所を集めても、自分の人格には代えられない。それこそ彼らが自分（＝孔子）に師事する理由だ〟と述べる。これを言い換えれば、〝自分（＝孔子）はほどよく彼らの長所を兼ね備えているからこそ、彼らは自分を師と仰ぐのだ〟ということになる。一つのことに秀でていることが大切なのではなく、ほどよく能力を兼ね備え、場面によって臨機応変にふるまえるようなバランスがとれていることの重要さを孔子は解いているのである。

❖講　評

一の現代文（評論）は複製の価値について論じた文章。内容は平易で対比も明確である。設問は各問の〈設問の意図〉を明確に踏まえる必要があった。たとえば、問一では直前の内容を単純に〈対比〉の形でまとめず「この後の事例」の意味を確認しにいくことが求められていたし、問二でも単なる〈切り貼り〉ではなく「観念」「味つけ」の中身をヒントに基づいて明らかにする必要があった。こうした〈ヒント＋気づき〉という発想が筑波大学の設問では一貫して求められている。

二の現代文（小説）は空港の存在を、そこに居合わせた人々の状況や思いに重ね合わせて描かれている。内容は平易だが、登場人物間の〈関係〉が薄いので〈テーマを読み取る〉のがやや難しい。設問はいずれも抽象的だが、それでもその〈意図〉をよく理解しないと的確なヒントを探しにくい。ポイントは問四。登場人物の視点を具体的に書くのではなく、その視点を〈総合〉して見えてくるものは何か、という〈より高い視点〉から記述をまとめる必要があった。

三の古文は、平安時代前期成立の歌物語『大和物語』の一節。承香殿の御息所に仕える中納言の君のもとに恋仲にあった故兵部卿の宮が通ってこなくなり、中納言の君がつらい思いを詠んだ歌を雪の積もった松の枝とともに送ったという話。問一は、承香殿の御息所がこの場面に実際には登場しないこと、和歌二首がいずれも中納言の君が詠んだものであることをとらえられるかが重要。問二の現代語訳は基本レベル。問三は、和歌の掛詞について理解した上で歌意をとさざるなり。此《こ》れ其《そ》の吾に事へて弐《うたが》はざる所以《ゆゑん》なり」と。

▲解　説▼

問一　「顔回」は人名、孔子の弟子の一人。「為人」は「人と為《な》り」と読み、〝生まれつきの人柄・性質〟の意。そのあとで顔回以外の弟子についても尋ねているが、そこには「為人」の部分に訓点がついているので読み方はわかったはず。現代でも「人となり」という。「奚若」は「何如」に同じで「いかん」と読み、〝どうであるか〟の意。

問二　子夏は、顔回・子貢・子路・子張ら四人の弟子の人柄について孔子に尋ねた。すると孔子は、各人の長所を挙げ、それに自分はかなわないと述べる。子夏は、孔子よりもすぐれた点を持つ四弟子がなぜ孔子を師として仕えているのか、疑問に思ったのである。孔子の答えの中の「丘」は孔子の諱《いみな》で、ここでは自称として用いている。字《あざな》の「仲尼《ちゅうじ》」という呼称もよく登場するので覚えておくとよい。傍線部の「然則」は「しからバすなはチ」と読み、〝そうであるならば〟の意。その前の孔子の答えの内容を指す。「何為」は「なんすレゾ」と読み、〝どうして・どういうわけで〟の意。「事」は動詞で「つかフ」と読み、ここでは〝師として仕える・師事する〟の意。「夫子」は男性に対する敬称で、ここでは孔子を指して〝先生〟の意。

問三　「所以」は「ゆゑん」と読み、〝理由〟の意。傍線部(2)の子夏の質問に対して、〝これが彼らが私（＝孔子）に仕えている理由である〟という答えになっているように読まなければならない。「事」は問二の〔解説〕のように〝師事する〟の意なので、「吾」を先に読む。問題は「不弐」をどこで読むかだが、「不弐」を最後に読むと〝私に仕える理由であって疑わない〟という不自然な解釈になる。ここは「事吾而不弐」全体を「所以」の内容と考え、〝私に師事して疑わない理由である〟と解釈するのが自然。よって、読む順番は「吾→事→(而)→弐→不→所→以→也」となる。「而」は接続のはたらきをする置き字で、順接の場合は直前に読む語に送り仮名「テ・シテ」をつける。「不」は打消の助動詞「ず」だが、次の「所以」は名詞なので連体形「ざる」にする。「也」は断定の助動詞。

問四　孔子は子夏の質問に対して、〝四弟子たちは確かにある一点については自分よりもすぐれているが、その長所がす

問三　吾に事へて弐はざる所以なり(と)

問四　一つのことに秀でるよりは、ほどよく優れた点を兼ね備え、バランスがとれていることの重要さ。

◆全　訳◆

子夏が孔子に尋ねて言うことには、「顔回の人柄はどのようでしょうか」と。先生がおっしゃることには、「回の仁愛は、(私)丘よりもすぐれている」と。(子夏がまた)言うことには、「子貢の人柄はどのようでしょうか」と。先生がおっしゃることには、「賜(=子貢)の弁舌は、(私)丘よりもすぐれている」と。(子夏がまた)言うことには、「子路の人柄はどのようでしょうか」と。先生がおっしゃることには、「由(=子路)の勇気は、(私)丘よりもすぐれている」と。(子夏がまた)言うことには、「子張の人柄はどのようでしょうか」と。先生がおっしゃることには、「師(=子張)の堂々とした態度は、(私)丘よりもすぐれている」と。子夏がうやうやしく座席から立ち上がって尋ねて言うことには、「そうであるならば(顔回・子貢・子路・子張の)四人は、どういうわけで先生に師事しているのでしょうか」と。(先生が)おっしゃることには、「座りなさい、私はおまえに話してやろう。そもそも回は仁者ではあるが臨機応変に対応することができない、賜は雄弁家ではあるが寡黙でいることができない、由は勇気ある者ではあるがおびえおそれることができない、師は堂々とした態度をそなえてはいるが人と協調することができない。この四人が持っている長所をすべてそろえて私(の能力)と取り換えるとしても、それには私は承諾しないのである。これこそ彼らが私に師事して疑い迷うことのない理由なのだよ」と。

読み　子夏《しか》孔子に問ひて曰《いは》く、「顔回《がんくわい》の人《ひと》と為《な》り奚若《いかん》」と。子曰く、「回の仁、丘《きう》より賢《まさ》る」と。曰く、「子貢《しこう》の人と為り奚若」と。子曰く、「賜《し》の弁、丘より賢る」と。曰く、「子路《しろ》の人と為り奚若」と。子曰く、「由《いう》の勇、丘より賢る」と。曰く、「子張《しちやう》の人と為り奚若」と。子曰く、「師の荘《さう》、丘より賢る」と。子夏避席《ひせき》して問ひて曰く、「然《しか》らば則《すなは》ち四子《しし》は、何為《なんす》れぞ夫子《ふうし》に事《つか》ふる」と。曰く、「居《を》れ、吾汝《なんぢ》に語《つ》げん。夫《そ》れ回は能《よ》く仁なるも反なる能《あた》はず、賜は能く弁なるも訥《とつ》なる能はず、由は能く勇なるも怯《けふ》なる能はず、師は能く荘なるも同なる能はず。四子の有を兼ねて以《もつ》て吾に易《か》ふるは、吾許と「名には」が掛けられている。この歌の主たる意図は川の名前や地名を伝えるものではないので、掛詞の裏の意味をつなげて考えるとよい。漢字に直して書くと、「人を疾《と》く飽《あ》く（た川）てふ（津の国の）名には違はぬ君にぞありける」である。「てふ」は「といふ」がつづまったもの。これを直訳すると〝人を早く飽きるという評判には違わないあなたであったことよ〟となる。つまり「君」には、女性と交際してもすぐに飽きるという評判があって、実際にその評判どおりであったということを言っている。〝すぐに心変わりをする人物〟の部分は、和歌中の表現を用いて〝すぐ女性に飽きてしまう人物〟、または〝浮気者〟などとしてもよいだろう。

問四　まず、Bの歌に用いられた掛詞と歌意をとらえる。「まつ」に「松」と「待つ」、「ふる」に「降る」と「経る」、「思ひ」の「ひ」に「火」が掛けられているが、「思ひ」が掛詞であることに気づかずとも歌意はとらえられる。ただし、「消えこそかへれ」の部分には注意が必要。これは「消え返る」という複合動詞の間に係助詞「こそ」が割り込み、「かへれ」と已然形になったもの。「消え返る」は〝すっかり消える〟の意。「返る」は「静まり返る」というように程度の甚だしいさまを表す語。「かへれ」は命令形ではないので、「消え返る」のは詠み手自身である。すなわち〝来ない人（＝宮）を待って過ごす自分は松の葉に積もるこの白雪のように消えそうだ（＝死にそうだ）〟ということ。使いの者が雪を落として単に松の葉だけを持っていっては、この歌に込めた切実な思いが伝わらなくなってしまう。そこで、中納言の君は〝この雪を落とすな〟と言ったのである。

四

出典　『列子』〈仲尼第四　第四章〉

解答

問一　子夏が孔子に尋ねて言うことには、「顔回の人柄はどのようでしょうか」と。

問二　四人には孔子よりもすぐれているところがあると孔子自身が認めるほどなのに、なぜその四人が孔子に師事しているのか疑問に思ったから。

こうして（中納言の君は）ものも食べないで泣きたいくらいのつらい気持ちで病になるほど（宮を）恋い慕い申し上げた。その承香殿の前の松に雪が降りかかったのを折って、（中納言の君は）このように手紙をさし上げた。

私のもとに訪れてはくれない人を待って過ごしている私は、この松の葉に降り積もる雪がとけて消え失せるように、
死ぬほど思いつめております。あなたに逢えないつらい思いの火によって。

と詠んで、「けっしてこの雪を落とすな」と、使いの者に言って、（手紙を）さし上げた。

▲解　説▼

問一　この場面に実際に登場するのは②「中納言の君」と③の「故兵部卿の宮」のみ。①「承香殿の御息所」は「中納言の君」が仕えていた主人として名前が挙げられているだけである。中納言の君と故兵部卿の宮は恋愛関係にあったのだが、そのきっかけは「らうあり、をかしき人々ありと、聞き給う」たこと。素敵な女性がいると聞いてアプローチをしたのだから、（ア）は男性である③「故兵部卿の宮」の動作と考える。その後、宮が訪れなくなってしまい、中納言の君は病になるほど宮を恋い慕った。そして、自分が仕えている承香殿の前に生えていた松の枝を折って、「来ぬ人を……」の歌を詠み、宮のもとに届けるよう使いの者に託した。よって、（イ）～（エ）はすべて②「中納言の君」の動作である。なお、故兵部卿の宮に対しては敬語表現が用いられていることも人物指摘の手がかりになる。（ア）は尊敬の補助動詞があり、（イ）は敬語表現なし、（ウ）（エ）は謙譲語（経緯の対象は動作の受け手である故兵部卿の宮）がある。

問二　「おはしまし（おはします）」は尊敬動詞で、〝いらっしゃる〟の意。ここは、恋愛関係にあった中納言の君のもとに通ったということ。〝いらっしゃる〟と訳して構わないが、〝どこに〟に相当する語を補いたい。「をさをさ」は副詞で、下の打消の助動詞「ざり（ず）」呼応して〝めったに・ほとんど（～ない）〟の意。「とひ」は「訪ふ」で〝訪れる〟の意。尊敬の補助動詞「給は（給ふ）」の訳出も忘れないように。

問三　Aの和歌に用いられている掛詞は、「あく」に「芥川《あくたがは》」の「あく」と動詞の「飽《あ》く」、「なには」に地名の「難波《なには》」

の人の人生の節目を〈ある場所から別の場所へ〉〈過去から現在、そして未来へ〉とつなぐ役割をもち、彼らの人生の経験と思いのすべてが〈空間的・時間的〉に積み重なった〈場所〉として、空港が描かれていると理解し、記述をまとめる。

三

出典　『大和物語』〈百三十九段〉

解答

問一　(ア)―③　(イ)―②　(ウ)―②　(エ)―②

問二　時々中納言の君のもとに通いなさった後、この宮は、めったにお訪ねにならなかった

問三　評判にたがわず、すぐに心変わりをする人物。

問四　雪の積もっていないただの松の葉を添えたのでは、雪がとけて消え失せるように自分も死んでしまうほど相手のことを思っているという歌の切実な思いが伝わらないから。

◆全　訳◆

先帝の御代に、承香殿の御息所のお部屋に、中納言の君という人がお仕えしていた。それで、故兵部卿の宮が、（まだ）若者であって、一の宮という名で呼ばれていて、色好みなさっていたころ、承香殿はたいそう近い場所にあったのだよ。（その承香殿に）もの慣れていて、風流な人々がいると、（宮は）お聞きになって、言葉をかわしなどなさった。そうしたころ、（宮は）この中納言の君に、人目を避けて共寝をなさるようになった。時々（中納言の君のもとに）通いなさった後、この宮は、めったにお訪ねにならなかった。そのようなころ、女のところから歌を詠んで（宮に）お送り申し上げた（歌）。

芥川《あくたがわ》という川が摂津の国の難波《なにわ》にありますがその「あく」のように、人に対して早く飽きるという評判にたがわぬあなたでありますことよ。

かりにする。「なんということだろうか」という表現は〈信じられないという気持ちの表明〉なので、〈なぜ信じられないのか？〉ということを逆算して考えると、驚きの前提として〈これほど多くの人がいれば、通常は何も目的をもたない人間がいるはずだという考え（常識的信念）があった〉という構図が見えてくる。この〈信念〉が〈事実〉によって否定されたので父親は驚いたのだと理解し、こうした点を反映した形で記述をまとめる。

問三　「銀髪の女」とその「父親」の〈共通する空港観〉を問う設問である。まず、「飛行機」に関連する記述を各傍線前後で確認すると、「銀髪の女」に関しては傍線(3)の直後に「大きな事故が起きたニュース」「怖い思い」とあり、「父親」に関しては傍線(4)の直後に「敵機に遭遇」「血の気が引いた」「仲間は……戻らなかった」とある。両者に共通するのは〈飛行機＝死と隣り合わせの危険な乗り物〉という共通項が見えてくる。しかし、設問は「空港」に対する考えを求めているので、〈空港＝自己の生存を脅かし、死を覚悟するような体験を自分に強いるもの＝生の安心から死への不安に至る境目にあるもの〉と考え、そうした点を踏まえて記述をまとめる。

問四　まず、傍線後部を丁寧に分析すると「ここにいる信じられない数の人たちが帰る場所が、その先に存在している」「学生生活も、旅行も、もうすぐ終わりだった。来月からは、新しい生活が始まる」がそれぞれ〈空間的な移動のつなぎ目〉〈時間的な移動のつなぎ目〉となっていることを理解する。そして、そうした〈つなぎ目〉としての役割を空港が担っていると考える。それが「女学生」の場合は〈学生生活から新生活へという空間的・時間的な移動のつなぎ目＝人生の節目〉であり、「父親」の場合は〈赤ん坊を初めて故郷へ連れていくという空間的・時間的な移動のつなぎ目＝人生の節目〉であり、「銀髪の女」の場合は〈外国と自国の往来という空間的・時間的な移動のつなぎ目＝人生のつなぎ目〉であり、「銀髪の女」の「父親」の場合は〈死と隣り合わせで輸送を行うという空間的・時間的な移動のつなぎ目＝人生のつなぎ目〉であったと理解できる。そして【問二】で確認したように、空港にいる人は誰もみな「目的を持って」空港にやってきており、さらに【問三】で確認したように、彼らは様々な感情を抱えていて、それが〈過去から現在へと積み重なっている〉ことも読み取れる。つまり空港に目的をもってやってきているすべて

ら。

問三　生の安心から死への不安に至る境目にあって、自己の生存を脅かし、死を覚悟するような体験を自分に強いるもの。

問四　様々な目的と思いをもってやってくる人々の人生の節目に居合わせ、彼らをある場所から別の場所へ、そして過去から現在、未来へとつなぎながら、それぞれの経験と感情のすべてが空間的・時間的に積み重なってできている場所として描かれている。

◆要　旨◆

国際空港のターミナルで、女学生の一人が巨大なガラスの壁の向こうで音もなく飛んで行く飛行機を見ながら、自分たちがあれに乗って飛んでゆくことが信じられない、と思っていたとき、隣のゲートでは赤ん坊を連れた夫婦が故国へ飛行機で行こうとしていた。その赤ん坊をあやした銀髪の女は四十年前にはじめてこの空港から飛行機に乗った。彼女の父親は戦争中に輸送機に乗り、死の恐怖を何度も味わった。女学生は飛行機の行き来する空の彼方に、ここにいる信じられない数の人たちの帰る場所があると思った。

▲解　説▼

問一　まず、直後の「ガラスに遮られているから、音は聞こえない」「とてつもなくうるさいはずなのに不思議だ」より〈ガラスの壁＝音（現実）を遮るもの〉、次にその後部の「飛行機はジオラマ模型の仕掛けのように、軽く浮きあがって」より〈ガラスの壁＝飛行機を模型のように見せるもの＝非現実的なイメージをもたらすもの〉という構図を理解する。またその後部「自分たちがあれに乗って……去っていくとは信じられなかった」「十時間以上……一瞬も休まずに飛び続けることも（信じられなかった）」からも〈ガラスの壁＝現実を遮断するもの〉という構図を理解する。最後に二段落後の「女学生は我に返った」より〈ガラスの壁＝女学生を夢想へと誘うもの〉という構図を理解し、これらをまとめて記述を行う。

問二　傍線後部の「なにもせずただそこにいるだけの人が存在しないとは、なんということだろうか」という記述を手が

後の「あとからその複製が作られる」とあるので、ここから〈オリジナル＝原物として時間的順番でいちばんはじめに作られたもの〉と理解し、これらをまとめて記述を行う。

問四　まずは傍線前部で「肯定的な根拠」のヒントをさがす。同段落に「われわれを取り囲んでいる文化環境のなかでは、複製の存在が圧倒的なヴォリュームをもっています」「われわれの文化環境が、テクノロジーによって形成され、そのテクノロジーが複製を増殖させている」「複製を否定することは、文化に触れることを拒絶するに等しい」「経験の実態から見れば、それが当たり前」とあるので、これらを〈経験の実態＝テクノロジーによる複製の形成・増殖＝われわれの文化環境＝複製の存在価値〉とまとめる。次にこのまとめに基づいて設問の「文章全体を踏まえて」という指示の意味を考える。傍線が「複製の存在価値についての肯定的な根拠」を重視していることから、〈対比〉に基づいて複製の存在価値についての〈否定的な記述〉が存在するはずだと理解し、該当する箇所をさがすと、第一段落に「複製は……どちらがいいか、と問われるならば、誰でももとの生演奏の方をとるでしょう」「生と録音という比較では、はじめから答えは決まっており」とあるので、この部分を〈否定的な記述〉だと理解し、これらをまとめて記述を行う。

二

出典　柴崎友香『百年と一日』〈娘の話　3　国際空港には出発を待つ女学生たちがいて、子供を連れた夫婦がいて、父親に見送られる娘がいて、国際空港になる前にもそこから飛行機で飛び立った男がいた〉（筑摩書房）

解答

問一　うるさいはずの飛行機の音を遮ることで自分を目の前の現実から切り離し、夢想の世界へと連れていくもの。

問二　普通はこれほど多くの人がいれば目的もなくそこにいるという人が必ずいるはずなのに、この空港にいる数え切れないほど多くの人たちの中に、なにもせずただそこにいるだけの人が存在しないということが、信じられなかったかの経験のうえでは複製がオリジナルになっていて、それを本当のオリジナルを通して再認識し、味わうためである。われわれの経験のなかでは、むしろ直接体験が最初に来るようなケースはほとんどなく、まずわれわれの文化環境がテクノロジーによって形成され、そのテクノロジーが複製を増殖させて経験に結びついているので、複製を否定することは文化を否定することに等しく、この状況は経験の実態から見れば、倒錯ではなく当たり前だと認識すべきなのである。

◀解　説▶

問一　傍線の「事例」のもたらす意味については、第七段落に「ここに挙げたような事例においては」とあるのでその前後を見ると「複製がオリジナルになっている」（前部）、「われわれの経験は複製から始まり、その……あとで、……オリジナルにめぐり合う」（後部）とある。このことは最終段落で「オリジナルの体験が複製体験のあとに来て、複製の再認になっているというのは、倒錯した事態」と言い換えられており、その「倒錯した事態」が「自明性を崩す」ということの意味だと理解する。また、このことから逆算して、傍線前部の「自明性」の焦点は〈オリジナルとは「原物」のことを指す〉ということにあると判断し、これらをまとめて記述を行う。

問二　傍線の「観念」に関しては直後の「スターと同じ時間と空間を共有している、という〈事実というよりもむしろ〉観念」という記述を踏まえる。ここから〈観念＝事実とはいえない〉ということを理解する。そしてこうした思い込みがもたらす感情として〈幸福感・ときめき・高揚感〉などを想定する。次に傍線の「味つけ」が〈何に対して、何を行うことか？〉を確認する。「味つけ」とは〈味のないものに味をつける＝良くないものをより良くする〉ことなので、前部で〈味のないもの〉をさがすと「コンサート会場……の劣悪な視覚的音響的な条件のなか（での体験）」とある。この体験を〈より良くする〉とは〈良い体験だった・良い演奏だったと思わせる〉ことだと理解して、これらをまとめて記述を行う。

問三　まず（3a）については、直前に「われわれの経験のうえでは」とあるので、ここから〈オリジナル＝経験の時間的順番でいちばんはじめに来るもの〉と理解する。次に（3b）については、傍線の「原物というオリジナル」および直

一

出典　佐々木健一『美学への招待』〈第四章　コピーの藝術　3　オリジナルとコピーの倒錯した関係〉（中公新書）

解答

問一　われわれは通常〈原物がオリジナル〉という認識を自明としているが、この後の事例は先行する複製体験をオリジナルとして、その後に原物としてのオリジナルを複製の再認として体験する、というかたちで〈原物がオリジナル〉という自明性を崩している。

問二　スターと同じ時間と空間を共有している、という思い込みがもたらす幸福感が、劣悪な視覚的音響的条件下でのひどい体験を美化し、オリジナルの不十分さを補ってより良い演奏だと思わせてくれるということ。

問三　（3a）の「オリジナル」はわれわれの経験の一番はじめに位置するもので、（3b）の「オリジナル」は複製が作成される元となる一番はじめのものであるから、両者は〈時間的にはじめに来るものが人間の経験か原物か〉という点で異なる。

問四　われわれは通常複製は原物よりも劣ったものと考えがちだが、テクノロジーによって複製が形成・増殖され、文化環境として圧倒的なヴォリュームをもってわれわれを取り囲んでおり、それらの複製によって現物の再認が可能となるという経験の実態に基づいて考えれば、複製はわれわれの文化の不可欠な要素としてその存在を肯定的にとらえられるべきだということ。

◆要　旨◆

われわれが複製の方をよく知っているにもかかわらずコンサートに行ったり美術館に足を運んだりするのは、われわれ

2022年度

問題と解答

■前期日程

問題編

▶試験科目・配点

【総合選抜*】

選抜区分	教科	科目	配点
文系	外国語	「コミュニケーション英語Ⅰ・Ⅱ・Ⅲ，英語表現Ⅰ・Ⅱ」，ドイツ語，フランス語，中国語から１科目選択	500点
	選択	日本史Ｂ，世界史Ｂ，地理Ｂ，倫理，「数学Ⅰ・Ⅱ・Ａ・Ｂ」から１科目選択	500点
	国語	現代文Ｂ・古典Ｂ	500点

【学類・専門学群選抜】

学群・学類		教科	科目	配点
人文・文化	人文	外国語	「コミュニケーション英語Ⅰ・Ⅱ・Ⅲ，英語表現Ⅰ・Ⅱ」，ドイツ語，フランス語，中国語から１科目選択	600点
		地歴・公民	日本史Ｂ，世界史Ｂ，地理Ｂ，倫理から１科目選択	600点
		国語	現代文Ｂ・古典Ｂ	600点
	比較文化	外国語	「コミュニケーション英語Ⅰ・Ⅱ・Ⅲ，英語表現Ⅰ・Ⅱ」，ドイツ語，フランス語，中国語から１科目選択	400点
		地歴・公民	日本史Ｂ，世界史Ｂ，地理Ｂ，倫理から１科目選択	400点
		国語	現代文Ｂ・古典Ｂ	400点

<table>
<tr><td rowspan="6">社会・国際</td><td rowspan="2">社会</td><td>外国語</td><td colspan="2">コミュニケーション英語Ⅰ・Ⅱ・Ⅲ，英語表現Ⅰ・Ⅱ</td><td>400点</td></tr>
<tr><td>選　択</td><td colspan="2">日本史Ｂ，世界史Ｂ，地理Ｂ，「数学Ⅰ・Ⅱ・Ａ・Ｂ」，「現代文Ｂ・古典Ｂ」から１科目選択</td><td>400点</td></tr>
<tr><td rowspan="4">国際総合</td><td>外国語</td><td colspan="2">「コミュニケーション英語Ⅰ・Ⅱ・Ⅲ，英語表現Ⅰ・Ⅱ」，ドイツ語，フランス語，中国語から１科目選択</td><td>400点</td></tr>
<tr><td>地　歴</td><td>日本史Ｂ，世界史Ｂ，地理Ｂから１科目選択</td><td rowspan="3">から１科目選択</td><td rowspan="3">400点</td></tr>
<tr><td rowspan="2">数　学</td><td>数学Ⅰ・Ⅱ・Ａ・Ｂ</td></tr>
<tr><td>数学Ⅰ・Ⅱ・Ⅲ・Ａ・Ｂ　〈省略〉</td></tr>
<tr><td rowspan="11">人間</td><td rowspan="5">教育、心理</td><td>外国語</td><td colspan="2">「コミュニケーション英語Ⅰ・Ⅱ・Ⅲ，英語表現Ⅰ・Ⅱ」，ドイツ語，フランス語，中国語から１科目選択
※心理学類は英語必須で，ドイツ語，フランス語，中国語は選択できない。</td><td>250点</td></tr>
<tr><td>地歴・公民</td><td>日本史Ｂ，世界史Ｂ，地理Ｂ，倫理から１科目選択</td><td rowspan="4">から１科目選択</td><td rowspan="4">250点</td></tr>
<tr><td>数　学</td><td>数学Ⅰ・Ⅱ・Ⅲ・Ａ・Ｂ　〈省略〉</td></tr>
<tr><td>理　科</td><td>「物理基礎・物理」，「化学基礎・化学」，「生物基礎・生物」，「地学基礎・地学」から１科目選択　〈省略〉</td></tr>
<tr><td>国　語</td><td>現代文Ｂ・古典Ｂ</td></tr>
<tr><td rowspan="6">障害科</td><td>外国語</td><td colspan="2">コミュニケーション英語Ⅰ・Ⅱ・Ⅲ，英語表現Ⅰ・Ⅱ</td><td>250点</td></tr>
<tr><td>地歴・公民</td><td>日本史Ｂ，世界史Ｂ，地理Ｂ，倫理から１科目選択</td><td rowspan="5">から１科目選択</td><td rowspan="5">250点</td></tr>
<tr><td rowspan="2">数　学</td><td>数学Ⅰ・Ⅱ・Ａ・Ｂ</td></tr>
<tr><td>数学Ⅰ・Ⅱ・Ⅲ・Ａ・Ｂ　〈省略〉</td></tr>
<tr><td>理　科</td><td>「物理基礎・物理」，「化学基礎・化学」，「生物基礎・生物」，「地学基礎・地学」から１科目選択　〈省略〉</td></tr>
<tr><td>国　語</td><td>現代文Ｂ・古典Ｂ</td></tr>
</table>

<table>
<tr><td rowspan="4">医</td><td rowspan="4">看護</td><td>外国語</td><td colspan="2">「コミュニケーション英語Ⅰ・Ⅱ・Ⅲ，英語表現Ⅰ・Ⅱ」，ドイツ語，フランス語から１科目選択</td><td>300点</td></tr>
<tr><td>理　科</td><td>「物理基礎・物理」，「化学基礎・化学」，「生物基礎・生物」から１科目選択
〈省略〉</td><td rowspan="2">から１科目選択</td><td rowspan="2">200点</td></tr>
<tr><td>国　語</td><td>現代文B</td></tr>
<tr><td>個別面接</td><td colspan="2">看護学を志向する動機，適性，感性，社会的適応力等について総合的に判断する</td><td>300点</td></tr>
<tr><td colspan="2" rowspan="2">体育専門</td><td>実　技</td><td colspan="2">〈省略〉</td><td>600点</td></tr>
<tr><td>論　述</td><td colspan="2">保健体育理論に関する論述試験（保健体育に関する基礎的学力及び文章表現能力をみる）</td><td>100点</td></tr>
<tr><td colspan="2">芸術専門</td><td>実　技</td><td colspan="2">〈省略〉</td><td>700点</td></tr>
</table>

▶選抜方法

- 「総合選抜」「学類・専門学群選抜」の２つの選抜方式により実施する。「総合選抜」と「学類・専門学群選抜」は併願できない。総合選抜の４区分から一つ，もしくは学類・専門学群選抜の21学類・２専門学群から一つの募集区分に出願することができる。

＊『総合選抜』の仕組み

①受験者は「文系」「理系Ⅰ」「理系Ⅱ」「理系Ⅲ」のいずれかの選抜区分を選択して受験する。

②１年次では総合学域群に所属し，専門分野の異なる複数の科目を履修し，自分の学びたい専門分野を探す。

③２年次以降に所属する学類・専門学群は，志望に基づき１年次の成績や適性等によって決まる。その際，志望する学類・専門学群の指定する科目を履修していることが条件となる。なお，特定の選抜区分（文系・理系Ⅰ・理系Ⅱ・理系Ⅲ）で入学した学生を優先して受け入れる学類もある。

④いずれの選抜区分で入学しても，体育専門学群を除く全ての学類・専門学群に進める。ただし，それぞれの学類・専門学群には定員がある。

▶備　考

- 学類・専門学群選抜の選択科目のうち，社会・国際（国際総合）学群の「数学Ⅰ・Ⅱ・Ⅲ・A・B」，人間学群の「数学Ⅰ・Ⅱ・Ⅲ・A・B」と理科，医（看護）学群の理科は『筑波大学（理系―前期日程）』に掲載。
- ドイツ語，フランス語，中国語は省略。
- 数学Bは「数列，ベクトル」を出題範囲とする。
- 人文・文化（日本語・日本文化）学群では，前期日程（学類・専門学群選抜）を実施していない。

英語

（120分）

Ⅰ　次の英文を読んで，下の問いに答えなさい。
（星印（＊）のついた語には本文の後に注があります。）

What exactly is a greeting? *The Oxford English Dictionary* gives the following definition: 'a polite word or sign of welcome or recognition; the act of giving a sign of welcome; a formal expression of goodwill, said on meeting or in a written message'. Or there's Lucy's explanation when she finds herself in Narnia* and meets Mr Tumnus, the faun*, who gives her a confused look as she introduces herself and holds out her hand: 'People do it... when they meet each other.' (　1　), our greetings are little routines which we learn and do out of politeness or habit. Yet, although all this might capture the spirit of greetings, something here is missing(2) — something more fundamental that might better explain Lucy's thinking.

I turned, then, to what the academics had to say. The Canadian American sociologist Erving Goffman was one of the most influential thinkers in his field. Unlike most of his peers*, who were trying to make sense of the overarching structures and socio-economic trends that shape society, Goffman turned his attention to much smaller, everyday matters. Observing that most people spend most of their lives surrounded by other people, whether in groups and gatherings or among strangers, he set out to identify the various patterns and rules that govern our day-to-day conduct and social interactions. To this end(3), he zoomed in on the sorts of behaviour that most of us tend to take for granted, such as a passing conversation, ordering in a restaurant or buying something in a shop. Whatever the grand theories, for Goffman, it was in these small-scale, face-toface interactions that society began.

Famously, Goffman even examined the kind of half-exchanges that characterise many of our interactions with strangers, such as a fleeting glance or moving out of someone's way on the street. We may not give them much thought, but it's these small acts that signal our respect for other people's personal space and the fact that we don't mean any harm. They're what make city living and travelling on the Tube* bearable. Goffman coined the term ‘civil inattention’(4) to describe this sort of unfocused interaction. While Goffman didn't use the term himself, he's been widely regarded as the pioneer of ‘microsociology’(5). If we imagine that society is a giant termite* mound, then the microsociologist focuses on the activity of the individual termites to understand how the overall structure holds together.

Goffman's key insight here is on the importance of ‘ritual’. While we tend to associate the term with mysterious tribal practices and religious ceremony, Goffman took a wider and more grounded view. For him, rituals were simply those routines and patterns of behaviour that bring people together, and he saw that our everyday lives are full of them. Everything from sitting down to eat to playing a game — they're all based on what Goffman called ‘interaction rituals’. It's not so much that the activities are important in themselves, but that they bring about joint focus and attention. They are symbols of something bigger. At a more ordinary level, Goffman included all of the little unwritten codes and practices that govern our day-to-day encounters and make our public lives manageable, such as queuing in a shop or letting people off a train. (1), from the remotest tribes to inner cities, rituals are the key to social order.

Goffman showed how our greetings are a vital element in all this. Essentially, these patterns of behaviour, whether an elaborate handshake or simple ‘Hi’, open our interactions, marking the transition* from a distant state of civil inattention to focused communication. We use them to negotiate and incorporate ourselves into a social setting. They're what he called ‘access rituals’ or, along with goodbyes, the ‘ritual brackets’ that frame our encounters(6). Without greetings, our interactions would become unmanageable.

Yet even though Goffman's analysis helps us to see the vital function of greetings, standing in Heathrow Airport, watching the bursts of emotion and even the more sober exchanges behind, (7)I couldn't help feel that he'd missed something. Given how elaborate and intimate these rituals can be, surely they must have some meaning beyond managing our interactions. Here we are helped by the American sociologist Randall Collins. Taking Goffman's notion of interaction rituals, Collins injects them with extra life and meaning. For him, what's most important is not so much that they maintain social order but that, by bringing about our joint focus, they create group consciousness and solidarity*. The most successful rituals trigger a heightened state of physiological arousal*. It's why so many involve a high degree of physicality, in which we try to synchronise our bodies and minds. Think of how many rituals revolve around song and dance — think of the conga. It's these moments of intense energy and emotion that mark the high points in our lives, both as individuals and as social animals.

出典：Andy Scott (2019) *One Kiss or Two?: The Art and Science of Saying Hello*, pp. 12–15, Duckworth, Richmondより抜粋，一部改変

（注）　Narnia　C.S.ルイスによる『ナルニア国物語』における架空の国
faun　ファウヌス（半人半獣の森や牧畜の神）
peer　（職業や社会的地位などが）同等の人，同僚
the Tube　ロンドンの地下鉄
termite　シロアリ
transition　推移，移行
solidarity　団結（性）
physiological arousal　生理的な興奮，高揚

（注意）　解答する際，句読点は1マスに1文字記入すること。また，固有名詞に

限り英語を用いてもよいが，その場合，大文字小文字に関係なく，1マスに2文字記入すること。

1. 空欄（　1　）に共通して入る語句として最も適切なものを次の中から1つ選び，記号で答えなさい。

(A) Above all　　(B) By the way

(C) For example　　(D) In short

2. 下線部(2)の something の内容が本文の後半に説明されている。その内容を40字以内の日本語で答えなさい。

3. 下線部(3)について，this が指す中身を明らかにしつつ，どのようなことを述べているのか，40字以内の日本語で答えなさい。

4. 下線部(4)について，‘civil inattention’ とはどのようなことか，60字以内の日本語で説明しなさい。

5. 下線部(5)の ‘microsociology’ とはどのような学問領域か，本文を参考にしながら60字以内の日本語で説明しなさい。

6. 下線部(6)について，they が指す中身を明らかにしつつ，どのようなことを言っているのか，80字以内の日本語で説明しなさい。

7. 下線部(7)を別の英語表現で言い換えた時，最も近い意味になるものを次の中から1つ選び，記号で答えなさい。

(A) I was able to help myself not feel

(B) I was unable to stop myself from feeling

(C) nobody was able to help me feel

(D) somebody was able to stop me from feeling

Ⅱ　次の英文を読んで，下の問いに答えなさい。

（星印（＊）のついた語には本文の後に注があります。）

Both sound and sight are deeply familiar to us as humans, and it doesn't take much to imagine an alien-inhabited world full of vocal and visual communicators. But neither sound nor light is the oldest signalling modality on Earth. The original and most ancient communication channel is one that we find very difficult to imagine developing into a language; in fact, we often fail to notice it completely. That modality is smell. Animals smell — a lot. Even bacteria 'smell', if we widen the definition to its natural limits, that of sensing the chemicals in the environment around us. The very earliest life forms would have gained a huge advantage from being able to follow the (1)concentration of food chemicals in the water around them and so, rather than blundering around* blindly, evolved to 'follow their nose' (even though they didn't yet have actual noses).

As with vision, once organisms develop mechanisms for sensing something important in the environment (light, food), then that mechanism can be used for signalling, and this is precisely what happened, very early on indeed in the history of life on Earth. Even the interaction between different cells in an individual's body is made possible by chemical signals, and so (2)'chemical communication' in the broadest sense dates back at least to the origin of multicellular life. Today, chemical signalling can be observed almost everywhere across all animal life. (3)So why is there no chemical language, in the sense of a true language? Why can you not write a poem in smells? And is this surprising lack of sophisticated chemical communication merely an accident of Earth's environmental and developmental history, or can we expect that every planet we visit will be similarly free of flatulent* Shakespeares?

The idea of a smell-based language may sound (　4　) because you might think that there simply are not enough distinct smells — chemical compounds —

to supply the huge variety of concepts that we use in our own language — words, essentially. (5) However, this may not be true. Even with a modest number of distinct smells, the number of possible combinations is huge. We know that our own rather unimpressive noses have detectors for about 400 different chemicals, dogs have 800 and rats can detect as many as 1, 200 distinct stimuli. That means we have the ability — in theory — to detect about 10^{120} different chemical combinations — many, many more than the number of atoms in the entire universe. Although this does not necessarily mean that we can consciously distinguish between any and all of those possible combinations of chemicals, at the very least we can say that a chemical modality could theoretically have the necessary complexity to transfer information on a scale we associate with language.

In addition, there is no neurological* reason to think that a smell-language should be impossible. Insects are, of course, (6) the Earth's champions of complex chemical communication. Smells are used to attract mates, to identify members of one's own colony, to mark the path to food, and to signal the presence of an enemy. In many cases, even when a relatively small number of active chemical compounds have been identified, perhaps twenty, we can see that closely related insect species combine those compounds slightly differently, so that the messages of one species aren't confused with those of another.

However, as with our other modalities, the chemical sense must meet certain physical conditions if it is to be a candidate for complex communication. Sight and sound are fast — chemical signals are not. A firefly's flash* reaches its recipient immediately; a cricket's chirp* perhaps with a delay of a second or two. At any scale larger than that of a few centimetres, the speed at which chemicals spread out from their source is hundreds, if not thousands of times slower. Although it is almost impossible to calculate the 'speed of smell', it is usually true that passive spread is much slower than a smell carried in the wind. So, one might consider the absolute upper limit to the speed of smell to be the speed of the wind: typically of the order of 10 m/s compared to sound at 340 m/s. Suppose you are waiting for your wind-borne* message to arrive from a signaller on the other side of the road. On a very windy day, it could take a second or two. But on a still summer evening, you could be waiting a minute or more to get the message. Of course, on a planet where winds are regularly strong and reliable, perhaps chemical signalling could provide a fast communication channel. (7) Unfortunately, it would be an exceptionally one-way channel — good luck getting your reply back to the sender when your smells are fighting against a very strong wind!

出典：Arik Kershenbaum (2021) *The Zoologist's Guide to the Galaxy: What Animals on Earth Reveal About Aliens — and Ourselves*, pp. 121–124, Penguin Press, New York より抜粋，一部改変

（注） blunder around　うろうろする
flatulent　（においを出す）ガスをためた
neurological　神経学上の
firefly's flash　ホタルの光
cricket's chirp　コオロギの鳴き声
wind-borne　風で運ばれる

（注意） 解答する際，句読点は 1 マスに 1 文字記入すること。

1. 下線部(1) concentration を別の語で言い換えた場合，最も近い意味になるものを次の中から 1 つ選び，記号で答えなさい。

(A) attention　　(B) collection
(C) focus　　(D) guide

2. 下線部(2) 'chemical communication' とはどのようなコミュニケーション様式を意味するのか，50 字以内の日本語で説明しなさい。

3. 下線部(3)の問いに対して，本文に即して 50 字以内の日本語で答えなさい。

4. 空欄(　4　)に入る最も適切な語を次の中から 1 つ選び，記号で答えなさい。

(A) meaningful　(B) pleasant

(C) ridiculous　(D) completed

5. 下線部(5)のように言えるのはなぜか，90 字以内の日本語で説明しなさい。

6. 昆虫が，下線部(6)のように言われているのはなぜか。70 字以内の日本語で説明しなさい。

7. 下線部(7)について，これにより筆者はどのようなことを伝えようとしているのか。本文の内容から推測して，最も近い答えになるものを次の中から 1 つ選び，記号で答えなさい。

(A) 強風が吹く惑星であれば，においをコミュニケーションに利用できるため，その惑星に光や音でメッセージを送ったとしても，返事は返って来ないということ。

(B) 風は，光や音を使ったのと同じくらい有効なコミュニケーションの手段であるにもかかわらず，それが利用されていないのは，不幸な状況であるということ。

(C) においを強風に乗せれば素早くメッセージを送れるが，風下からは返事が送れず，通常のコミュニケーションのような双方向性は期待できないということ。

(D) においを使って素早いコミュニケーションができるのは，強風が安定して吹くような惑星など，特別な環境に限定されてしまうということ。

Ⅲ　次の[A]，[B]に答えなさい。

[A]　次の英文の文脈に適合するように，(1)から(3)の（　　　）内の語または句を並べ替えるとき，それぞれ 3 番目と 5 番目にくるものを選び，記号で答えなさい。

Veganism is a lifestyle choice where a person avoids causing harm to or using animals. This means people who are vegan do not eat meat, eggs or fish and do not use products made from leather or other animal parts. People who are vegan often love animals in a big way. You might think being vegan is a choice about diet alone, but lots of vegans around (1)(① think　② as　③ the world　④ of　⑤ a lifestyle　⑥ it).

The word "vegetarian" has been used since the 1800s and, even before that, people in ancient India would sometimes practice vegetarianism. The word "vegan" was first used in 1944 by Donald Watson and his wife Dorothy Morgan. They were both vegetarians who decided to also cut out milk and eggs. They described this new style of vegetarianism as "veganism."

Although veganism is relatively new in Japan, there are a lot of restaurants that (2)(① the lifestyle gains　② vegan options　③ offer　④ popularity　⑤ as). But did you know that a lot of traditional Japanese food is also vegan? Natto, soba, and mochi are all vegan.

Some vegans and scientists think that veganism might be helpful for our planet. We use a lot of resources (3)(① we　② that　③ eat their meat　④ to raise animals　⑤ so　⑥ can). This includes water, land and air. Animals also produce a lot of greenhouse gases. Some scientists believe that if we move toward vegan or vegetarian diets we might be able to help cut climate change.

出典："4 interesting facts about veganism," *The Japan Times Alpha*, June 4, 2021, p. 8 より，一部改変

(1)　3 番目＿＿＿　　5 番目＿＿＿

(2)　3 番目＿＿＿　　5 番目＿＿＿

(3)　3 番目＿＿＿　　5 番目＿＿＿

［B］ 次の英文を読んで，下の問いに英語で答えなさい。ただし，句読点は語数に含めません。

Some people say that censorship of the internet is against the principles of a free and open society, but I think that some form of internet censorship is justified for the following reasons.

Firstly, total freedom of speech does not exist in any society. There are limits to what people can say in even the most democratic countries. If you didn't have laws against racist hate speech or threats, citizens would not be able to live secure lives. Why should the internet be different? Some censorship of social media posts or sites that encourage such things as terrorist acts is necessary.

Secondly, elections in democratic countries including the USA are often being influenced by fake news stories generated online. Online sites linked to the information gathering agencies of non-democratic countries can use fake news sites to spread misinformation and to influence the way people vote in democracies. Surely, it is necessary to censor such sites to protect the democratic process from propaganda and lies.

Of course, to have as little censorship as possible of the internet should be the goal. However, if the internet were totally free of regulation, the security and stability of society would be seriously threatened.

出典："Should the internet be free from censorship?" *The Japan Times Alpha*, May 28, 2021, p. 28.

1. 本文の内容を 50 語程度の英語でまとめなさい。

2. インターネット検閲(internet censorship)についてのあなた自身の考えを50 語程度の英語で述べなさい。

日本史

（120 分）

次の各問について，それぞれ 400 字以内で解答せよ。

Ⅰ　摂関政治について，次の(ア)〜(エ)の語句を用いて論述せよ。解答文中，これらの語句には下線を付せ。ただし，語句使用の順序は自由とする。

(ア)　氏長者　　(イ)　阿　衡　　(ウ)　藤原頼通　　(エ)　外　戚

Ⅱ　戦国大名による領国支配について，次の(ア)〜(エ)の語句を用いて論述せよ。解答文中，これらの語句には下線を付せ。ただし，語句使用の順序は自由とする。

(ア)　喧嘩両成敗　　(イ)　城下町　　(ウ)　寄親・寄子制　　(エ)　検　地

Ⅲ　次の史料を読み，下線部「公武合体」に関する幕府側・朝廷側双方の考え方を整理しつつ，当該期における幕府と朝廷の関係の推移について論述せよ。

初メ戊午歳(1858(安政５)年)十月朔日，近衛忠煕ハ酒井忠義ヲ其ノ邸ニ引見シ，具《つぶ》サニ朝旨ト幕意齟齬《そご》スルノ状ヲ語リ，其ノ調和ノ計ヲ咨《(諮)》問ス。(中略)忠煕曰ク，前日加納繁三郎ト面晤《めんご》セシニ，繁三郎ハ和宮ニシテ将軍家ニ降嫁セラルベキ勅約ノ成ルコト有ラバ，公武合体ヲ天下ニ示シテ戎夷《じゅうい》ノ条約ヲ引戻スベキノ計策モ速カニ建ツコトヲ得ベシト言ヒタリ，予ハ，其ノ事ニシテ行ナハルルコトヲ得バ天下ノ幸福ナルモ，和宮ハ已《すで》ニ有栖川宮ノ御息所《みやすどころ》トナスベキコトニ勅約アラセラレタルヲ以テ，今日ハ如何トモナシ難シト語レリ，(中略)翌己未歳(1859(安政６)年)ニ至リ，忠義，竊《ひそか》ニ九条尚忠ニ皇女降嫁ノ事ヲ商《はか》ル。(中略)後ニ幕府ニ於テ和宮降嫁ノ事ヲ内願スベシトノ議アリ。(中略)今茲庚申歳(1860(万延元)年)ニ至リ，九条家家来島田左近ハ，実麗ヲ見テ和宮降嫁ノ事ニ尽力センコトヲ請フ。実麗，(中略)心益《ますます》駭《おどろ》キ依違答ヘズ。左近ハ井伊直弼ノ家来長野主膳ト親善ナルヲ以テ直弼ノ内意ヲ承ケテ和宮降嫁ノ事ニ周旋スト云フ。

庚申歳四月，酒井忠義，老中連署ノ書翰ヲ九条尚忠ニ呈シテ和宮降嫁ノ事ヲ内願ス。(中略)五月朔日，尚忠参内シ，具サニ幕吏ガ和宮降嫁ヲ内願スルノ事情ヲ奏上シテ老中連署ノ書翰ヲ御覧ニ供ス。(中略)

五月四日，上久我建通ニ命ジテ勅書ヲ九条尚忠ニ賜ハリ，和宮降嫁ノ内願ハ勅允《ちょくいん》シ難キ旨ヲ酒井忠義ニ諭サシメ給フ。其ノ文ニ曰ク，今度関東ヨリ内願ノ一件，公武合体ノ辺ニテ黙止シ難ク候ヘドモ，和宮ニハ已ニ有栖川宮エ内約モ致シ候事，今更違約ニ及ビ候モ名義如何ナル哉，且ツ先帝ノ皇女義理合モコレ有リ，斟酌《しんしゃく》ノ事ニ候，且ツ又和宮イマダ幼年且ツ女子ノ心中ニ当時関東ニハ蛮夷来集故，只々恐ロシク存ゼラレ候事モ兼テ咄《はなし》コレ有リ候間，是レ又不便《(憫)》ニ存ジ候。右等ノ次第故，折角申シ来タルノ旨無心ニ理《(断)》リ申候モ，如何カト熟考候ヘドモ，実ニ余儀無キ辺ニ候間，此ノ縁ハ先ヅ見合ハセタク存候。(後略)

(注)　近衛忠煕：左大臣。　　酒井忠義：京都所司代。
　　加納繁三郎：京都町奉行所与力。　　有栖川宮：熾仁親王。
　　九条尚忠：関白。　　実麗：橋本実麗。和宮の生母の兄。

周旋：当事者間を取り持つこと。　上久我建通ニ命ジテ：天皇は議奏である久我建通に命じて。

（史料は香川敬三総閲・多田好問編修『岩倉公実記』上巻（1906 年）による。割注を略し，表記を一部改めた。）

Ⅳ　昭和 10 年代の新体制運動をめぐる思想動向について，次の(ア)～(エ)の語句を用いて論述せよ。解答文中，これらの語句には下線を付せ。ただし，語句使用の順序は自由とする。

(ア)　日独伊三国同盟　(イ)　社会大衆党　(ウ)　後藤隆之助　(エ)　内閣情報局

世界史

（120 分）

次の各問について，それぞれ 400 字以内で解答しなさい。なお，解答文中では指定された語句に下線を施すこと。

Ⅰ　ヘレニズム時代におけるエジプトとその周辺の歴史について，以下の語句を用いて説明しなさい。

アントニウス　　カルタゴ　　属州　　ディアドコイ　　ムセイオン

Ⅱ　17 世紀から第二次世界大戦勃発前までのオランダの東南アジア進出について，他のヨーロッパ諸国や現地勢力との関係に言及しながら，以下の語句を用いて説明しなさい。

インドネシア国民党　　オランダ東インド会社　　強制栽培制度
ポルトガル　　マレー半島

Ⅲ　中国共産党に関係する 1910 年代から 1930 年代にかけての歴史について，以下の語句を用いて説明しなさい。

延安　　上海クーデタ　　帝国主義的特権の放棄　　八・一宣言
李大釗

Ⅳ　1920 年代のアメリカ社会の特徴について，以下の語句を用いて説明しなさい。

移民法　　クー＝クラックス＝クラン　　孤立主義　　債権国

フォード

地理

（120分）

次の設問Ⅰ～Ⅳについて，それぞれ400字以内で解答せよ。

Ⅰ　図1は，国土地理院発行2万5千分の1地形図「伊予小松」(2005年更新)の一部(原寸)である(一部改変)。ただし原図は3色刷りである。この地域の地形の特徴を述べた上で，その特徴と土地利用，集落立地との関係について説明せよ。

Ⅱ　図2は，流域面積がほぼ等しい2つの河川流域a，bについて，流域の日雨量と河川の日流量(ただし，それぞれの流域面積で割ってある)の時間変化を示したものである。a，bについて，どちらが都市流域あるいは森林流域かを示したうえで，そのように判断した理由を日流量の時間変化の特徴にもとづいて説明せよ。

Ⅲ　太平洋北西部と太平洋南東部は世界屈指の漁獲量を誇る。それらが好漁場となる理由と漁獲物の特色について，下記の5つの語句を全て用いて説明せよ。なお，語句の順序は問わない。用いた語句には下線を付せ。

魚種　　潮境　　大陸棚　　プランクトン　　湧昇流

Ⅳ　図3は韓国における製造業出荷額(2015年)上位30都市の分布と出荷額，図4は韓国の市郡別人口密度(2015年)を示している。これらの図をもとに，韓国における工業立地の特色，および人口分布にみられる地域的特徴とその社会経済的背景について説明せよ。

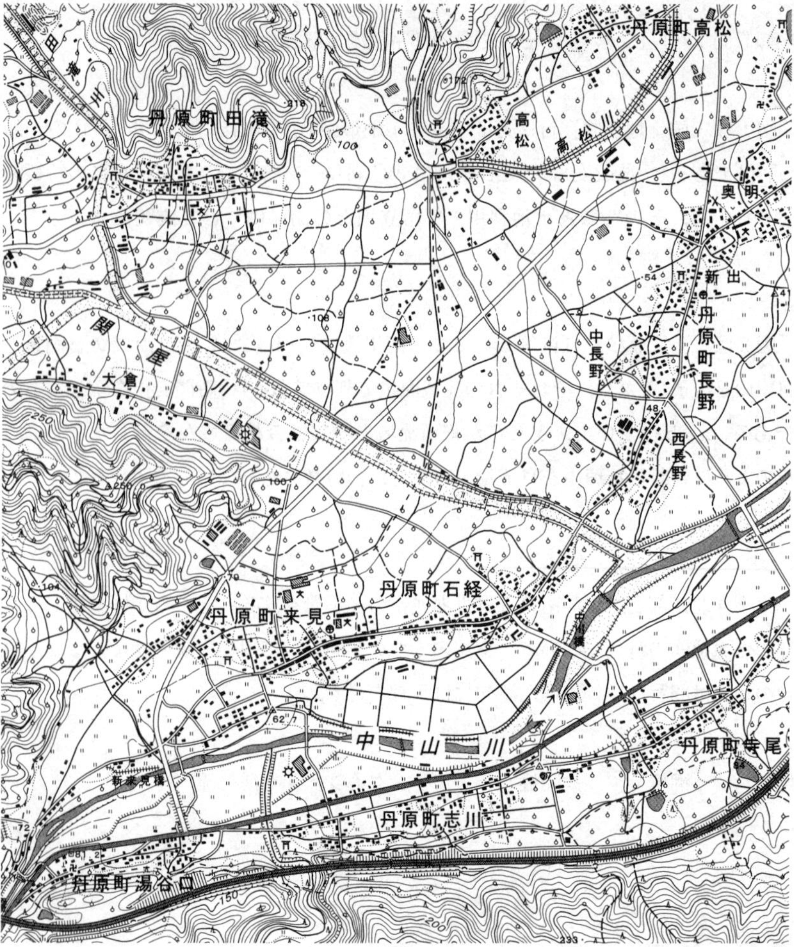

図1

編集部注：編集の都合上，80％に縮小

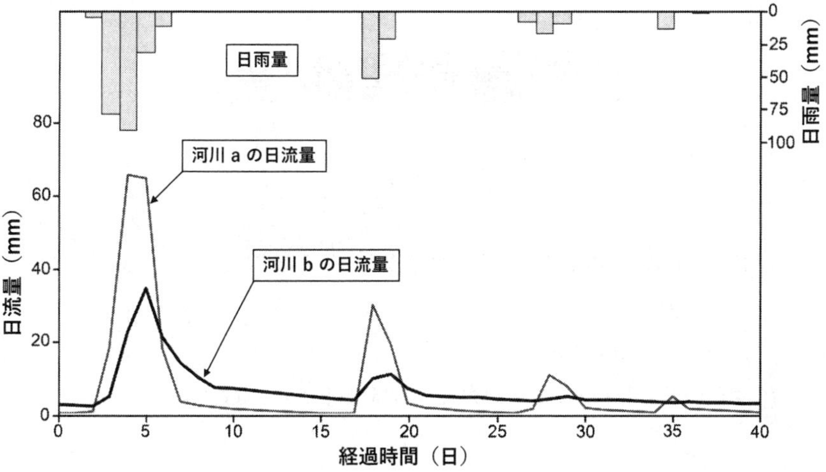

図 2

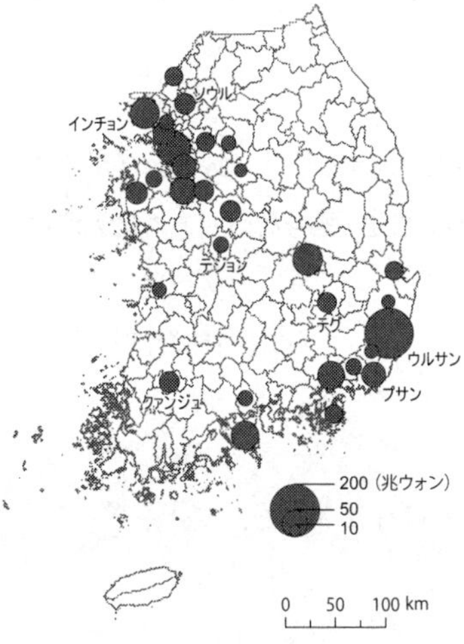

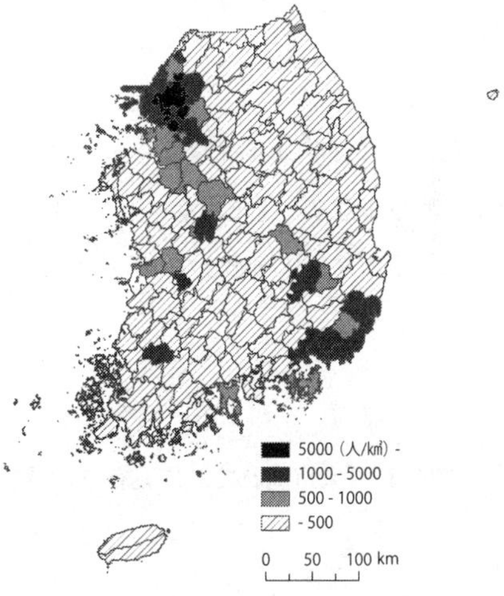

（Korean Statistical Information Service のデータによる）

図 3　　図 4

倫理

（120 分）

次の設問Ⅰ～Ⅳについて，それぞれ 400 字以内で答えなさい。

Ⅰ　「がんばることは良いことである。」

古今東西の思想家を一人取り上げて，この命題を論駁《ろんばく》しなさい。

Ⅱ　以下の文章を参考にした上で，このような「二重性格」をもつ人間に求められる倫理とはどのようなものか，「自由」というキーワードを用いてあなたの考えを述べなさい。

「人間とは「世の中」であるとともに，その世の中における「人」である。だからこそそれは単なる「人」ではないとともに，また単なる「社会」でもない。ここに人間の二重性格の弁証法的統一が見られる。」

（和辻哲郎『倫理学』）

Ⅲ　老子は，「大道廃れて，仁義有り」と説くが，それはなぜか。

Ⅳ　以下の文章は，プラトンが「哲学という事柄」について論じたものである。なぜ下線部のように言われるのか，哲学と他の学問の相違に注目しながら，あなたの考えを自由に書きなさい。

「しかし私から聞いてなり，あるいは他の人々から聞いてなり，あるいは自分が発見したような顔をしてなり，私の熱心に考えている事柄について知っていると主張して書物を書いた人々やこれから書く人々のすべてについてこれだけのことは言うことができます。すなわちそれは，これらの人々が，私の見解によれば，その事柄について何ものかを理解しているということはありえないということなのです。その事柄については私の書物というものはけっしてありません，また今後あることもないでしょう。というのは，その事柄はその他の学科と違って語ることのできるものではなくて，事柄そのものに関してなされる多くの共同研究と共同生活とから，いわば飛火によって焚《た》きつけられた光のように突如として魂のうちに生じてきて，やがて自分で自分を養うものなのです。」

（プラトン『書簡集』山本光雄訳）

数学

（120 分）

（注）〔1〕～〔3〕から 2 題を選択解答すること。

〔1〕 t, p を実数とし，$t>0$ とする。xy 平面において，原点 O を中心とし点 A(1, t) を通る円を C_1 とする。また，点 A における C_1 の接線を ℓ とする。直線 $x=p$ を軸とする 2 次関数のグラフ C_2 は，x 軸と接し，点 A において直線 ℓ とも接するとする。

(1) 直線 ℓ の方程式を t を用いて表せ。

(2) p を t を用いて表せ。

(3) C_2 と x 軸の接点を M とし，C_2 と y 軸の交点を N とする。t が正の実数全体を動くとき，三角形 OMN の面積の最小値を求めよ。

〔2〕 整数 a_1, a_2, a_3, … を，さいころをくり返し投げることにより，以下のように定めていく。まず，$a_1 = 1$ とする。そして，正の整数 n に対し，a_{n+1} の値を，n 回目に出たさいころの目に応じて，次の規則で定める。

（規則） n 回目に出た目が 1，2，3，4 なら $a_{n+1} = a_n$ とし，5，6 なら $a_{n+1} = -a_n$ とする。

たとえば，さいころを 3 回投げ，その出た目が順に 5，3，6 であったとすると，$a_1 = 1$，$a_2 = -1$，$a_3 = -1$，$a_4 = 1$ となる。

$a_n = 1$ となる確率を p_n とする。ただし，$p_1 = 1$ とし，さいころのどの目も，出る確率は $\frac{1}{6}$ であるとする。

(1) p_2, p_3 を求めよ。

(2) p_{n+1} を p_n を用いて表せ。

(3) $p_n \leqq 0.5000005$ を満たす最小の正の整数 n を求めよ。
ただし，$0.47 < \log_{10} 3 < 0.48$ であることを用いてよい。

〔3〕 $0<t<1$とする。平行四辺形ABCDについて，線分AB，BC，CD，DAを$t:1-t$に内分する点をそれぞれA_1，B_1，C_1，D_1とする。さらに，点A_2，B_2，C_2，D_2およびA_3，B_3，C_3，D_3を次の条件を満たすように定める。

（条件） $k=1$，2について，点A_{k+1}，B_{k+1}，C_{k+1}，D_{k+1}は，それぞれ線分A_kB_k，B_kC_k，C_kD_k，D_kA_kを$t:1-t$に内分する。

$\overrightarrow{AB}=\vec{a}$，$\overrightarrow{AD}=\vec{b}$とするとき，以下の問いに答えよ。

(1) $\overrightarrow{A_1B_1}=p\vec{a}+q\vec{b}$，$\overrightarrow{A_1D_1}=x\vec{a}+y\vec{b}$を満たす実数$p$，$q$，$x$，$y$を$t$を用いて表せ。

(2) 四角形$A_1B_1C_1D_1$は平行四辺形であることを示せ。

(3) $\overrightarrow{AD}$と$\overrightarrow{A_3B_3}$が平行となるようなtの値を求めよ。

他席他郷送ルノレ客ヲ杯。
人今已ニ厭フ二南中ニ苦シムヲ一、
鴻雁那ゾ従リ二北地一来タル。

（『唐詩紀事』による）

〈注〉① 檄鶏文＝沛王に仕えていた王勃が闘鶏を題材に作った戯文。これが原因で高宗を怒らせた。
② 新都尉＝蜀地方の行政官。

問一　傍線部分（1）「斥出沛王府」を現代語訳せよ。

問二　傍線部分（2）「有遊玄武山賦詩」を書き下し文にせよ。

問三　［B］（盧照隣の詩）は、［A］（邵大震の詩）に対するどのような心情を詠んでいるか、述べよ。

問四　［C］（王勃の詩）全体の趣旨を、「人」と「鴻雁」との対比に注目して説明せよ。

遊人幾度菊花《ノ》叢。

盧照隣和《シテ》云《フ》、

［B］九月九日眺《メ》二山川《ヲ》一、

帰心帰望積《ム》二風煙一。

他郷共《ニ》酌《ム》金花《ノ》酒、

万里同《ニ》悲《シム》鴻雁《ノ》天。

玄武山《ハ》在《リ》二今《ノ》東蜀一《ニ》。高宗《ノ》時、王勃以《テ》二檄《スル》注①レ鶏《ニ》文《ヲ》一、(1)斥ヨ出沛王府一、既《ニ》廃《セラレ》、客《タリ》二剣南一《ニ》。(2)有下遊二玄武山一賦上レ詩。照隣為《リ》二新注②都《ノ》尉一、大震其《レ》同時《ノ》人也。

勃詩《ニ》云《フ》、

［C］九月九日望郷台、

（b）　虫の音も長き夜あかぬ故郷になほ思ひ添ふ松風ぞ吹く

（c）　立ち別れいなばの山の峰におふる松とし聞かばいま帰り来む

（d）　見し人の松の千歳に見ましかば遠く悲しき別れせましや

②　現代語訳せよ。

問三　Aの歌の修辞を説明せよ。

問四　Bの歌は、光源氏が、女三宮のどのような様子を詠んだ歌か、説明せよ。

第四問　次の文章は、［A］の邵大震の詩をめぐって書かれたものである。これを読んで、後の問に答えよ。（設問の都合上、送り仮名を省略したところがある。）

九日登リテ㆓玄武山ニ㆒旅眺シテ云フ、

［A］九月九日望ミ㆓遙空ヲ㆒、
　　秋水秋天生ズ㆓夕風㆒。
　　寒雁一向《ひたすら》南飛スルコト遠ク、

第三問　次の文章は、『源氏物語』鈴虫巻で、光源氏が、出家した妻、女三宮のもとを訪れた場面である。これを読んで、後の問に答えよ。

「秋の虫の声いづれとなき中に、松虫なんすぐれたるとて、中宮の、遥《はる》けき野辺をわけていとわざとたづねとりつつ放たせたまへる、(イ)しるく鳴き伝ふるこそ少なかなれ。(1)名には違ひて、命のほどはかなき虫にぞあるべき。心にまかせて、人聞かぬ奥山、遥けき野の松原に声惜しまぬも、いと隔て心ある虫になんありける。鈴虫は心やすく、(ロ)いまめいたるこそらうたけれ」などのたまへば、宮、

［A］　おほかたの秋をばうしと知りにしをふりすてがたき鈴虫の声

と忍びやかにのたまふ、いとなまめいて、あてに(ハ)おほどかなり。「いかにとかや。いで思ひのほかなる御言《こと》にこそ」とて、

［B］　心もて草のやどりをいとへどもなほ鈴虫の声ぞふりせぬ

など聞こえたまひて、琴《きん》の御琴《こと》召して、めづらしく弾きたまふ。

（『源氏物語』鈴虫巻による）

問一　傍線部(イ)「しるく」、(ロ)「いまめいたる」、(ハ)「おほどかなり」の意味を答えよ。

問二　傍線部(1)「名には違ひて、命のほどはかなき虫にぞあるべき」について、次の①、②に答えよ。

①　この光源氏の言葉と同じ発想をふまえるものとして最も適切なものを、次の(a)から(d)の中から選び、記号で答えよ。

(a)　秋の野に道も迷ひぬ松虫の声する方に宿やからまし

「お茶でも飲むかね」

夫の声である。

「はい、頂きましょう」

(3)私は出来るだけ元気な声を出す。夫は、枕元へお茶を運んでくれた。皿に干柿が二つ並んでいる。

「おばあちゃんが送ってくれたんだ」

突然にあふれそうな涙を、懸命にこらえた。なぜ、こんな甘えた気持になるのか、私にはわからない。今まで、母を守ろうとしたことはあるけれども、母に甘ったれた覚えは、物心ついてからはないように思う。それが今頃になって、なぜ母を思うのか。

遺書を書くことは、その先に死を覚悟してからのことである。それも、あまり遠いその日ではなくて、近い将来に迫っていると気づいてからのことである。

(4)夜がこわい。闇の中で、肉親のしがらみを断ち切るために、私はもがいた。

(藤原てい『旅路』による)

問一　傍線部分(1)「そのあさつきのみそ汁を思った」とあるが、「あさつきのみそ汁」にどのような気持ちが込められているか、述べよ。

問二　傍線部分(2)「遺書を遺す」とあるが、何のために、どのような遺書を遺そうと思ったのか、説明せよ。

問三　傍線部分(3)「私は出来るだけ元気な声を出す」とあるが、なぜそのようにしたのか、説明せよ。

問四　傍線部分(4)「夜がこわい」とあるが、それはどういうことか、説明せよ。

「もうすぐ、よくなるからね」

誰でもそう励ましてくれるが、自分の身体は、自分が一番よく知っていた。

その日から、フトンの上に腹這《はらば》いになって、遺書を書き出した。子供達が、その頭の上を歩きまわる。この幼い子供達に、今、私の遺《のこ》してやれるものは、遺書だけである。まだ幼すぎて、母親の苦しみのわかる年ではないけれども、やがて、深い悲しみの日もあるだろう。お母さん、と、呼びたいような日に、私は、(2)遺書を遺すことによって、それに応えてやりたい。

「どうか、お前達も、お母さんに負けないように、一生懸命に生きてゆきなさいよ」と。

それにはどうしても、北朝鮮放浪の生活を書き込まなくてはならなかった。あのような苦難を、一つ一つ、全力で乗り越えて来た私の姿を書いて、彼等《かれら》を励ましてやりたかった。その長い人生の道すがら、くずれそうな日、失意にさいなまれる日、挫折の日もあるだろう。その時に、勇気と、乗り越える努力を教えてやりたかった。

ひたすらに書いた。ある時は焦りながら、ある時は祈りながら、マクラを胸に当てて、身体をささえながら、一字一字に心をこめて書きつづけた。一日でも早く、一字でも多く、とにかく私の命のあるうちに書かなければならない。それも、夫に気づかれないように、留守中の昼の時間だけを利用するせいか、なかなかはかどらなかった。

なぜだろう。書いている時は、冷静で、涙など全く出ないのに、夜、フトンの下へかくしたノートのことを考えると、涙がとめどなくあふれて来た。子供達の並んだ寝顔がいとおしい。この子供達のためにも、一日でも一時間でも、一分でも、多く生きてやりたいとは思う。母親のない子にはしたくない。夫は相変わらず、ミカン箱の机の上で、勉強をしている。やせている肩が、電灯の逆光線で、鋭角に見える。その後姿は、精一杯の悲しみを背負っていた。決して、直接には、愚痴や泣きごとを言わないだけに、いつまでも健康になれない妻に、どれほどのいらだちを持っていることか。その心情はよくわかった。

私はフトンを頭までかぶって、声を殺して泣いた。

第二問　次の文章は、主人公が、第二次世界大戦中、夫とともに旧満州(中国東北部)に渡り、終戦後、夫と離れ子供を連れて朝鮮半島を経由して、苦労して日本に引き揚げたのち、病気で死を覚悟している状況を描写したものである。これを読んで、後の問に答えよ。

やはり遺書を書こうと思いたった。そのさわやかな朝の空の色。春はそこまで来ていて、焼け跡の日だまりに、すみれの花が咲き出した。その紫が眼にしみる。幼い頃、あの笹原《ささはら》の土手の枯草にまじって咲き出したすみれの花とが重なって、なんともなつかしかった。

「母さん、あさつきを摘みに行って来るからね」

オカッパ頭を寒い風になびかせながら、坂を下って行った。その先の原っぱの隅に泉が湧いていて、春一番に雪が解けて、あさつきが黄色い芽を水の中にのぞかせていた。それを友達が見つけないうちに、いち早く摘みに行くのである。八ヶ岳を吹きおろして来る風はまだ寒いが、空にはわた雲が浮かんでいた。(1)そのあさつきのみそ汁を思った。もう一度、健康を取り戻して、それを食べてみたいと、しきりに思った。今頃、丁度、あの泉の中には芽を出しているだろう。母に頼んでみようかとも思う。しかし、あまりに年を取りすぎていて、頼むのは気がひけた。その上に、私の病気のことは出来ることなら内緒にしておきたかった。

這《は》うような格好で、洗濯物を干した。夫に見つかれば、叱られるとは思うのだが、やはり、子供達の洗濯物は気になった。

「絶対に安静だよ」

夫はきびしく、にらみつけるけれども、私は夫の眼をぬすむようにして、台所をも這いまわった。目まいと、吐気と、心臓の痛みと。医者は、はっきりと病名は言わないけれども、全身が狂ってしまっていることは自分でよくわかっていた。

通じてそのコミュニティの一員で居続ける。(4)コミュニティのメンバーになるということは、ゴシップの対象になることであり、ゴシップを交わし合うメンバーになることでもある。

（松田美佐『うわさとは何か』による）

問一　傍線部分(1)「昔話は「共通の話題」である」とあるが、「昔話」のほかに「共通の話題」の例として本文で取り上げられているものは何か。

問二　傍線部分(2)「このような状況をやり過ごす」とあるが、どうして「やり過ごす」必要があるのか、述べよ。

問三　傍線部分(3a)「ゴシップから学んだり」、傍線部分(3b)「ゴシップを通じて集団規範を確認したりする」とあるが、それぞれどのようなことか、述べよ。

問四　傍線部分(4)「コミュニティのメンバーになるということは、ゴシップの対象になることであり、ゴシップを交わし合うメンバーになることでもある」とあるが、どうしてゴシップを交わし合うメンバーでないと、コミュニティのメンバーであると言えないのか、ゴシップの機能を踏まえて、説明せよ。

岡によれば、海部町は物理的密集度がきわめて高く、住民同士の接触頻度は高い。しかし、その関係性は必要があれば過不足なく援助するというようなもので、緊密なものとはいえない。どちらかというと淡泊な関係性だという。人びとは複数のネットワークに属しており、人間関係が固定されておらず、赤い羽根募金や老人倶楽部《クラブ》入会を拒む住民がいるなど多種多様な価値観が混在している。古くからの小さな村落にありがちな「密接で、閉鎖的な人間関係」とは対極をなしているのである。

それだけではない。矛盾するようだが、海部町の人たちは「人に関心がある」という。ただし、「関心」は「監視」とは別物であり、とにかく他人に興味津々なのである。

たとえば、岡の調査期間中に海部町に引っ越してきた女性がいた。しばらくのあいだ、町の人たちは寄ると触ると彼女の動向を報告し合い、盛り上がった。とはいえ、彼女に対する評価は固定したものではない。多様性を重視するこの町ではうわさを通じてマイナスの評価もプラスの評価も併せた総合評価が行われるのである。そして、うわさ話の熱が冷める頃には、彼女はコミュニティにすっかり溶け込んでいたという。

つまり、海部町のゴシップは、よそ者をコミュニティに受け入れるためのゴシップでもあるのだ。岡はこのように海部町の人びとが「人に関心がある」原因を、この町が歴史的に人の出入りが多い土地柄であり、人びとは新参者の気質や能力を興味津々で観察し、評価してきたからではないかと推測している。

もっとも、私たちの日常生活ではコミュニティの規範に背くような行動がうわさにのぼり、陰口となることも多い。さらに、仲間はずれという犠牲者を出すことでコミュニティとしてまとまろうとする際に、ゴシップが利用されることもある。しかし、その人に関心を寄せるからこそ、ゴシップは生まれるのである。

極端な言い方をすれば、「ゴシップの対象にならない」とは人から関心を持たれないことであり、「うわさになる人がいない」とはみんなが関心を寄せる人がいないということである。ゴシップを通じて人はコミュニティに受け入れられていき、ゴシップをなるだけでなく、初対面の相手との距離を縮めてくれるのだ。

そもそも、ゴシップにはどのような機能があるのだろうか。

社会心理学者の川上善郎はゴシップの機能を三つに整理している（『うわさが走る』）。

まずは、情報機能である。ゴシップはある人についての情報を知らせてくれると同時に、社会環境に適応するための情報を伝えてくれる。たとえば、仲間の一人がデートで失敗したというゴシップは、デートでどのように振る舞うべきかを間接的に教えてくれる。また、仲間の評価を知ることで、自分の考えや意見の「位置」を知ることもできる。

二つ目は、集団規範の形成・確認機能である。一般的に「暴力はよくない」という規範は共有されているが、一方で「体罰」を許容する集団がある。その集団では、具体的な事例などを通じて「愛のある体罰は許される」という集団規範を作り出す。具体的な事例——人についての情報を集団で評価することで、その集団における規範が作られ、確認されるのである。

三つ目は、エンターテインメントの機能である。人と人との会話の促進剤としてのゴシップである。私たちは単純に楽しいからゴシップをするのだ。

ゴシップは話題にしやすいだけではない。（3a）ゴシップから学んだり、（3b）ゴシップを通じて集団規範を確認したりする。さらに、ゴシップは個人にとってもコミュニティにとっても必要なものである。

コミュニティと住民の精神衛生の関係について保健学的立場から研究を行っている岡檀は、日本のなかできわめて自殺率の低い田舎町、徳島県海部町（現海陽町）で、その「理由」を調べ、自殺予防因子として五つの要素を挙げている（『生き心地の良い町』）。そのなかで注目したいのは、「ゆるやかな絆」が維持されているという要素である。

離移動のときは小説を手にする人が多かったのだが、ケータイ普及以降は手のなかの画面を見つめることがこれに代わったのだ。車内での読書の減少は、「読書離れ」「活字離れ」の象徴として語られたり、仲間志向・内輪志向の象徴として批判されたりする。仲間志向・内輪志向の象徴だとみなされるのは、車内という同じ空間にいる人を無視し、自分だけの世界に閉じこもろうとすることや遠くの知り合いとつながろうとすることをケータイが手助けするからであろう。一九七九年に登場したウォークマン以降顕著となる私生活主義の象徴として「車内のケータイ」は批判されるのである。

しかし、そもそもどうして列車内で読書するのか。ドイツの歴史学者ヴォルフガング・シヴェルブッシュによれば、車内で読書するという「習慣」は鉄道の誕生後すぐに生まれたものだという（『鉄道旅行の歴史』）。

馬車で移動した時代には、たまたま乗り合わせた人と数時間、時には数日一緒に過ごすことがわかっていることもあって、みな談笑に励み、親しくなるものであった。しかし、鉄道により旅がスピードアップすると、話を始めたとしても相手はすぐに降りていき、違う人が乗ってくる。旅人は早く目的地につくことばかり考え、イライラするようになる。お互い話すこともなく、数分ないし数時間、鼻をつき合わせて見つめあうような状況は、鉄道によって初めて生み出されたのだという。

(2)このような状況をやり過ごすための小道具としてキオスクで売られるようになったのが書籍である。ゆえに、車内での読書とは、目の前の人との関係を避けるために生まれた「習慣」なのである。その小道具が書籍からウォークマンやケータイ、スマートフォンに代わっただけであり、「活字離れ」の象徴などと考える必要はないのだ。対面の人間関係からの撤退というなら、それは一九世紀に始まっていると言えるだろう。

話を戻そう。話題に困ったときや場つなぎ、時間つぶしの話題として、共通の知り合いのゴシップ（人に関するうわさ）に花が咲くことは多い。お互いに知っている人の話なら、面白く、話も続くものである。あるいは、初対面の相手と話しているうちに、共通の知り合いがいることがわかって、「世間は狭いですね」などと盛り上がることもある。「共通の知り合い」は場つなぎに

国語

（学類・専門学群選抜（医学群看護学類） 九〇分
総合選抜（文系）、学類・専門学群選抜（その他の学群・学類） 一二〇分）

（注） 学類・専門学群選抜（医学群看護学類）は第一問および第二問を、総合選抜（文系）、学類・専門学群選抜（その他の学群・学類）は第一問～第四問を解答すること。

第一問 次の文章を読んで、後の問に答えよ。

誰かと顔を合わせると、何らかの話題が必要である。久しぶりに会う相手なら、お互いの近況を話すだけでもある程度時間が経つことだろう。しかし、そのうち話すネタがなくなってしまい、お互いの状況が違うと話が盛り上がることもない。そうなると、昔話である。同窓会が典型的なように、「いま、どうしてる?」から始まった話が、いつの間にか昔の話へと移り、大いに盛り上がる。なぜなら、(1)昔話は「共通の話題」であるからだ。

そう親しくない相手ならどうであろうか。自分のことをいろいろ話したくはないし、相手のことを聞き出すのも「詮索好き」だと思われる。しかし、一緒に過ごす時間を埋める必要がある。どうすればいいのだろうか。

ケータイやスマートフォンが普及し、電車内で読書する人が減っている。以前なら、通勤・通学時間には新聞や雑誌を、長距

保健体育

（60 分
解答例省略）

（注）解答用紙の使用にあたっては，句読点やカギ括弧，数字などについても一マス使用してください（たとえば 100 は三マス使用する）。その際，行のはじめに句読点などがきたとしても構いません。

1

医療保険のしくみと保健活動に関する次の問題に答えなさい。

① わが国の医療保険のしくみについて，「医療費」，「保険料」，「医療機関」の用語を用いて説明しなさい。（150 字以内）

② 国際機関による保健活動の役割を述べなさい。また，保健活動を行っている国際連合の機関の名称を 2 つあげ，それぞれの活動内容を説明しなさい。（250 字以内）

2

近代スポーツの始まりと変遷に関する次の問題に答えなさい。

① 近代スポーツはいつ，どこで始まり，どのような特徴があったかを説明しなさい。（150 字以内）

② 近代スポーツから国際スポーツに発展するきっかけとなった出来事を簡潔に説明しなさい。そのうえで，日本生まれの国際スポーツを例として，近代化と国際化の経緯を説明しなさい。（250 字以内）

解答編

英語

I **解答**

1 —(D)

2．挨拶が互いに対する関心をもたらすことによって，集団意識と団結を生むこと。(40 字以内)

3．人々の日々の行為や社会的触れ合いを左右する型や法則を特定するのが目的であること。(40 字以内)

4．他人の空間の尊重と危害の意思がないことを示す，ちらっと見るような行為をしつつも，その人にあまり注意を払わないこと。(60 字以内)

5．社会全体の構造がどのように一体化しているかを理解するために，個々の構成員の日常の小さな行動に焦点を当てる学問領域。(60 字以内)

6．出会いの挨拶は，他人の関係から明確なやり取りを行う間柄になるためのきっかけの儀式であり，別れの挨拶を含めると，一つの出会いという枠組みを作る儀式だということ。(80 字以内)

7 —(B)

◆全　訳◆

≪挨拶の役割≫

挨拶とは，正確にはどういったものだろうか？ 『オックスフォード英語辞典』では，以下のように定義されている。「歓迎や承認を表すための，丁寧な言葉や身ぶり。歓迎のしるしを伝える振る舞い。出会いのときに言ったりメッセージを書くときに述べたりする，好意を表す公式的な表現」あるいは，気づいたらナルニア国に来てしまっていて，ファウヌスのタムナス氏――彼は，彼女が自己紹介をして手を差し出すと，困惑した表情を浮かべた――と出会ったときのルーシーによる説明もある。「お互いが出会ったとき，人間はそうする」というものだ。要するに，私たちの挨拶は，私たちが身につけ，礼儀正しさや習慣から行っている，ちょっとしたお決まりの行為なのである。それでも，これがすべて挨拶の神髄をうまくとらえているかもしれないとしても，ここでは何かが欠落している――ルーシーの考えをもっとうまく説明するかもしれない，もっと根本的な何かである。

次に，私は，研究者たちが言っていることに目を転じてみた。カナダ系アメリカ人の社会学者アーヴィング=ゴフマンは，その分野で最も影響力のある思想家の一人であった。ほとんどの同僚――彼らは社会を形成している包括的構造と社会経済学的傾向を理解しようとしていた――とは違って，ゴフマンは，はるかに小さな，日々の事柄に注意を向けた。大半の人が，他人――集団や群集の中であれ，見知らぬ人の中であれ――に囲まれて人生のほとんどを過ごしていることに気づいて，彼は，私たちの日々の行為や社会的触れ合いを左右するさまざまな型や規則を特定することに乗り出した。この目的のために，彼は私たちの大部分が当然のことと考えがちな行動の類に注目した。それはたとえば，ちょっとした会話，レストランでの注文，店頭での物品の購入などであった。主要な理論が何であれ，ゴフマンにとっては，社会が始まるのはこれらの小規模な対面での触れ合いからであった。

有名な話だが，ゴフマンはさらに，ちらっと目を向けたり，通りで相手に道を譲ったりするような，知らない人との相互作用の多くを特徴づけるようなちょっとした交流も調査した。私たちはそういったことについてたいして深く考えないかもしれないが，他者の個人空間に対する敬意と，何の危害も与えるつもりはないという事実とを伝えるのは，これらの小さな行為なのである。こういった行為があるからこそ，私たちは都会での生活や地下鉄での移動に耐えられるのだ。ゴフマンはこの種の焦点の定まらない相互作用を説明するのに，「儀礼的無関心」という語を造った。ゴフマン自身がこの語を使うことはなかったけれども，彼は「ミクロ社会学」の開祖と広く見なされている。社会というものを１つの巨大なシロアリのアリ塚だと考えた場合，ミクロ社会学者は，全体の構造がどのように一体化しているのかを理解するために，一匹一匹のシロアリの活動に焦点を当てる。

ここでのゴフマンの重要な洞察は，「儀式」の重要性についてである。私たちは儀式という言葉を，部族による謎の慣行や宗教的儀式と関連づけてしまいがちだが，ゴフマンはより広くて基本的な見方をした。彼にとって，儀式は，人々を団結させる決まった作業や行動の型に過ぎず，私たちの日々の生活はそういったものに満ちあふれていると考えた。食事のために着席することから，ゲームをすることに至るまであらゆるもの――それらはすべてゴフマンが「儀礼としての相互行為」と呼んだものに基づいている。活動それ自体が重要であるというよりも，活動を通して共同の焦点と注意がもたらされるのである。それらはもっと大きなものの象徴なのである。より日常的なレベルでは，ゴフマンは，私たちの日々の出会いを左右し，人目につく場での生活を扱いやすいものにするちょっとした暗黙の慣例や慣行をすべて含めた。それはたとえば店内で列を作ったり，電車の乗客を先に降ろしたりするようなことであった。要するに，最も遠くにいる部族から都会の中心地まで，儀式は社会的秩序のカギなのである。

ゴフマンは，私たちの挨拶がこれらすべてにおいてきわめて重要な要素である様子を示した。本質的には，入念な握手であれ，単なる「ハイ」であれ，行動におけるこれらの型が私たちの触れ合いのきっかけとなり，儀礼的無関心という遠い状態から，焦点の定まった意思疎通への移行を示すのである。私たちは交渉したり，ある社会環境に自分が入っていったりするためにそれらを利用する。それらは彼が「接近の儀式」と呼ぶものであり，あるいは，別れの挨拶とともに使われると，出会いを形作る「儀式の括弧」になるのである。挨拶がなければ，私たちの触れ合いは扱いにくいものになるであろう。

けれども，ゴフマンの分析は，私たちが挨拶のきわめて重要な働きを理解するのに役立つとしても，ヒースロー空港に立って，感情を爆発させているところや，その原因となる，もっと冷静な口論を観察しながら，私はゴフマンがあることを見落としているように感じずにはいられなかった。これらの儀式がどれだけ手の込んだ親密なものになり得るかを考慮すると，儀式は私たちの相互作用を操る以上の意味をもっているに違いない。ここで私たちの助けとなるのはアメリカ人社会学者のランドール=コリンズである。儀礼としての相互行為というゴフマンの考えを採用しながら，コリンズはそれに生命と意味を追加注入している。彼にとって最も重要なのは，それらが社会秩序を維持することよりもむしろ，共同の焦点をもたらすことによって，集団意識と団結をつくり出すということである。儀式が申し分なく行われた場合，生理的興奮がより高まった状態を引き起こす。そういうわけで，非常に数多くの儀式では身体性の程度が高く，その身体性の中で私たちは体と心を一致させようとするのである。歌や踊りを中心に展開される儀式がいかに多いか考えてみてほしい――特にコンガを想像してほしい。個人としても社会的動物としても，生活の中での頂点を示すのは，エネルギーと感情が張り詰めた，このような瞬間なのである。

◀解　説▶

1．第1段の空欄の前では，挨拶について，辞書の定義や物語の一場面を具体的に述べ，空欄の後では，挨拶とは決まった行動だとまとめている。また，第4段の空欄についても，空欄の前で，日常における儀式的行為について述べ，直後では，儀式は社会秩序に重要だとまとめている。この流れの中で用いるべき表現は(D) In short「要するに」である。(A)「とりわけ」 (B)「ところで」 (C)「たとえば」

2．下線部(2)にある miss と something が本文後半で登場するのは，第6段第1文（Yet even though …）の文末である。つまり，この段落で説明されている something が解答に関わる部分であると考えられる。具体的にはコリンズの見解が述べられた第6段第5文（For him, …）後半の by bringing 以下が参照箇所である。by bringing … joint focus については，そのまま「共同の焦点をもたらすことで」でもよいだろうが，〔解答〕では，参与者が joint focus「共同の焦点」を結ぶ対象となるのは，挨拶をきっかけに始まるコミュニケーションだと解釈した。参与者がコミュニケーションに焦点を結ぶときには，互いに対する関心が生まれると考え，「挨拶が互いに対する関心をもたらす」と言い換えた。

3．to this end は「この目的で，このために」という意味。this は直前の文の identify the various … interactions を指していると考えられるので，この部分をまとめる。解答は目的の意味を出して「～が目的であること，～ためであること」とまとめるのがよいだろう。

4．civil inattention「儀礼的無関心」は，具体的には第3段第1文（Famously, Goffman even …）で挙げられている a fleeting glance or moving out of someone's way on the street「ちらっと目を向けたり通りで相手に道を譲ったりする」行為である。下線部(4)直後では，これらの行為について「焦点の定まらない相互作用」と述べられている。また，その効果は，同段第2文（We may not …）で説明されている。これらをまとめればよい。〔解答〕では inattention「不注意」の意味でまとめたが，「他人にあまり注意を払わない，ちらっと目を向けるような行為によって，その人の空間を尊重して危害の意思がないと示すこと」「ちらっと目を向けるような行為によって，その人の空間を尊重して危害の意思がないと示す，焦点の定まらない交流のこと」なども許容されるだろう。

5．microsociology「ミクロ社会学」についての説明は，直後の文（If we imagine …）で述べられている。つまり，大きな構造を考えるときに，マクロ的な観点ではなくミクロ的な観点で考える，という手法である。本文ではシロアリで例証されているが，一般的な言い方で答えるべきであろう。

6．They は handshake や 'Hi' などの挨拶を指している。これらが access rituals「接近の儀式」で，別れの言葉と一緒になると the 'ritual brackets'「儀式の括弧」となり，出会いを形成すると説明されている。設問に答えるには，これをさらに説明的に言い換える必要がある。直前の2文（Essentially, these … a social setting.）の説明を参考にすると，「接近の儀式」が意味するのは，他人同士が出会った際には，挨拶をきっかけにして焦点の定まったコミュニケーションが始まることである。また，「儀式の括弧」とは，「儀式によってここから始まり，ここで終わる」ことのたとえで，出会いの挨拶とさようならの挨拶で，一つの出会いという枠組みが作られることだと考えられる。what *A* called ～ は「*A*（人）が～と呼んだもの」の意味。

7．(A)「私は自分が…だと感じないよう助けることができた」

(B)「私は自分が…だと感じるのを止めることができなかった」

(C)「誰も私が…だと感じるのを助けることができなかった」

(D)「私が…だと感じるのを止めることができる人もいた」

can't help *doing* または can't help but *do* の形ならば，問題なく「～せざるを得ない，思わず～してしまう」の意味であると思い当たるのだが，下線部は feeling でも but feel でもない。しかし，直後の文（Given how …）での，挨拶には，ゴフマンが主張する「相互作用をうまく取り扱う」以上の意味があるということから，「私はゴフマンがあることを見落としているように感じずにはいられなかった」という意味になると考えるのが最も適切であると思われる。よって，(B)を正解とする。

II 解答

1 ―(B)

2．化学物質を感知できる生物やそれを構成する細胞が，化学物質を信号として送り合うコミュニケーション様式。(50 字以内)

3．匂いの化学物質が伝わる速度は，風が吹いていたとしても光や音より遅く，複雑な意思疎通に適さないから。(50 字以内)

4 ―(C)

5．匂いの数は限られていても，その組み合わせは膨大で，人間は理論上 10 の 120 乗個の組み合わせを検知できるため，匂いも，人間の言語と同程度に情報を伝えるだけの十分な複雑さをもち得るから。(90 字以内)

6．昆虫は，仲間を引き寄せる，敵の存在を伝えるなどの様々な目的で匂いを利用し，近親種では化学物質の配合をわずかに変えて別の種との混乱を防ぐから。(70 字以内)

7 ―(C)

◆全　訳◆

≪匂いは言語になり得るか≫

聴覚と視覚はどちらも私たち人間に深いなじみがあるので，音声と視覚で伝える者であふれた，異星人が住む世界を容易に想像できる。しかし，音も光も，信号に使われる感覚の相としては地球上で最も古いというわけではない。最も古くからある根源的な伝達手段は，言語に発展したと想像するのが非常に困難なものである。実際，まったく見落としていることも多いのだ。その感覚とは嗅覚である。動物は匂いをかぐ――相当に。定義を無理のない限度，つまり周囲の環境内の化学物質を検知するという定義にまで広げれば，バクテリアでさえ「匂いをかぐ」のである。最初に発生した生命体は，周囲の水中でエサとなる化学物質の凝縮を追跡できることで，巨大な利点を獲得したであろう。そうして，やみくもにうろうろするのではなく，（彼らにはまだ実際の鼻はなかったとしても）「自分の鼻に従う」よう進化したであろう。

視覚の場合と同様に，生物が環境内の重要なもの（光やエサ）を感知するメカニズムを発達させると，そのメカニズムは合図を送るのに利用できるようになる。これはまさしく，地球の生命の歴史上，非常に早い段階で実際に起こったことである。一個体の体内の異なる細胞間の相互作用すらも，化学的信号によって可能になるので，最も広義な「化学的な伝達」は，少なくとも多細胞生命の起源にまでさかのぼる。現在では，化学物質による信号は，すべての動物の生活のほとんどどこででも観察され得る。それでは，真の言語という意味において，化学物質による言語が存在しないのはなぜだろうか。匂いで詩を書くことができないのはなぜなのだろうか。化学物質による洗練された伝達法がないというこの驚くべき事実は，地球の環境と発展の歴史において起こった単なる事故なのだろうか。あるいは，私たちがこれから訪れる惑星には，どれも同様に，匂いを出すガスをためたシェークスピアはいないのだろうか。

匂いをもとにした言語があるという考えは，ばかばかしく聞こえるかもしれない。私たちが自身の言語の中で用いる莫大な数の概念――つまり，単語――を満たすのに十分なだけの異なる匂い――化学的化合物――は，とても存在しないと考えるだろうからだ。しかし，これは間違っているだろう。異なる匂いの数を控えめにみたとしても，可能な組み合わせの数は膨大である。私たちは，自分たちのありきたりと言ってもよい鼻でも約 400 種類の化学物質の検知器を備えており，犬では 800 種類であると知っている。そして，ネズミは 1,200 種類もの異なる刺激をかぎ分けられることを知っている。それはつまり，私たちは――理論的には――10 の 120 乗個の異なる化合物を検知する能力をもっているということである。この数字は，宇宙全体の原子の数よりもはるかに多いのだ。だからと言って，必ずしも私たちが，これらのあり得る化合物の組み合わせをすべて意識的に区別できるとは限らないが，少なくとも，化学物質を検知する感覚は，情報を伝達するのに必要なだけの複雑さを理論的にはもっている可能性があると言ってよい。情報を伝達する程度は，言語に関連づけられるのと同程度である。

加えて，匂いの言語が不可能だと考える神経学上の理由はない。もちろん，昆虫は，化学物質で複雑な伝達を行うという点では，地球上のチャンピオンである。匂いは，仲間を引き寄せるために，自分たちの巣のメンバーを特定するために，エサへの道筋を示すために，敵の存在を伝えるために使われる。多くの場合，特定される活性化合物の数が比較的少ないとき，おそらく 20 くらいであろうときでさえ，同族に近い昆虫の種はそれらの化合物の組み合わせ方をほんの少し変えて，一方の種のメッセージが他の種のメッセージと混同されないようにすることがわかっている。

しかし，他の感覚と同様に，化学物質を感知する感覚も，複雑な伝達のための候補となるには，特定の物理的条件を満たさなければならない。光や音は速いが，化学的信号はそうではない。ホタルの光は即座に受け手のところに届く。コオロギの鳴き声はおそらく1，2秒遅れて届くだろう。数センチを超える規模ならどんな距離でも，化学物質がその出所から広がっていく速度は，数千倍ではないにしても数百倍は遅い。「匂いの速度」を計算するのはほぼ不可能だが，何もしないで広がっていくときの匂いは風に運ばれた場合よりもはるかに遅いというのが通常の認識である。したがって，匂いの速度の絶対的上限は風の速度であると考えてよい。一般的には，音の秒速 340 メートルに対して，秒速約 10 メートルほどである。メッセージの送り手から，あなた宛のメッセージが風で運ばれてくるのを道路の反対側で待っているとしよう。非常に風の強い日には，1，2秒しかかからないだろう。しかし，夏の無風の夕方には，メッセージが届くまでに1分以上待つことになるかもしれない。もちろん，風が常に強く吹いて頼りにできるような惑星ならば，化学物質による信号はおそらく迅速な伝達手段になるだろう。あいにく，それは非常に一方通行の手段であろう──あなたの匂いが強風と戦っているときには，幸運なことに，出した返事を差出人に差し戻してくれるだろう。

◀解　説▶

1．follow the concentration of food chemicals は「エサとなる化学物質の凝縮を追跡する」という意味で，ここでは「凝縮」とは「集まったもの」の意味だと考えられる。選択肢では(B)「集積」が最も近い意味である。(C)の focus は「集中，焦点」の意味で，類語といえなくはないが，ここでの言い換えには(B)がより適当である。(A)「注意」 (D)「案内」

2．chemical communication「化学的コミュニケーション」とは，化学物質を用いたコミュニケーション様式のことである。具体的には当該文の前半部分（Even the interaction … by chemical signals）で説明されている。これは細胞間の伝達のことで，次文（Today, chemical signalling …）では，ほぼすべての動物の生態で化学物質による信号が観察されるとあり，第4段では昆虫の例が挙げられている。また，第2段第1文（As with vision, …）からは，周囲の化学物質を感知する仕組みをもつ生物によって行われるとわかる。〔解答〕での主語は，これらをまとめて「化学物質を感知できる生物やそれを構成する細胞」とした。

3．当該文の意味は「それでは，真の言語という意味において，化学物質による言語が存在しないのはなぜだろうか」となる。これに対する答えは第5段で述べられている。端的には，第1・2文（However, as with … signals are not.）にあるように，光や音に比べて匂いは伝わる速度が遅く，複雑なコミュニケーションに適していないからである。速度については，第6文（So, one …）で，風の速度が匂いの伝わる速度の上限だと述べられている。これらを50字以内でまとめる。また，第8・9文（On a very … get the message.）では，メッセージの到達時間は風に左右されると述べられており，下線部(7)では一方通行の通信手段だと述べられている。字数が足りなければ，これらの内容を入れるとよいだろう。

4．当該文前半は「匂いをもとにした言語があるという考えは，…聞こえるかもしれない」という意味で，後半部分でそう聞こえる理由を述べている。匂いの数は単語の数に及ばないというのが理由で，これは匂いをもとにした言語を否定するのに妥当なものと考えられる。この流れに合致する選択肢は(C)の ridiculous「ばかばかしい」である。(A)「重要な」 (B)「楽しい」 (D)「完成した」

5．下線部(5)は「しかし，これは間違っているかもしれない」という意味。「これ」が指しているのは，前文の「私たちが自身の言語の中で用いる莫大な数の概念――つまり，単語――を満たすのに十分なだけの異なる匂い――化学的化合物――は，存在しない」の部分である。それが「間違いだ」とは，「十分なだけの匂いが存在する，匂いの数は単語に匹敵する」ということで，その根拠は下線部(5)直後の文から同段最終文（Although this …）で述べられている。この部分をまとめる。最終文については，前半は譲歩なので省いて，a chemical modality 以降をまとめるとよい。

6．下線部(6)の意味は「（昆虫は）化学物質で複雑な伝達を行うという点では，地球上のチャンピオンである」となる。匂いを使って様々な内容を伝達し，他の種のメッセージとの混同を避けるためにかなり高度なことをしていると後続の文（Smells are used …）から最終文で述べられているので，理由としてはこの部分をまとめればよい。

7．下線部(7)の意味は「あいにく，それは非常に一方通行の手段になるであろう」となる。「それ」が指すものは，直前の文（Of course, on …）にある「風が常に強く吹く惑星での，化学物質の信号を使った高速の伝達手段」である。匂いは風の吹く方向にしか伝わらないので，一方通行になってしまうという趣旨である。これに合致しているのは(C)である。

Ⅲ　解答

［A］⑴ 3 番目：④　5 番目：②
⑵ 3 番目：⑤　5 番目：④　⑶ 3 番目：②　5 番目：⑥

［B］＜解答例＞ 1．The author thinks that some form of internet censorship is needed for two reasons. First, there are limits to what people can say in any society. Second, the democratic process such as elections can be influenced by fake news on the internet. Internet censorship is thus necessary to protect the security and stability of society.（50 語程度）

2．In my opinion, internet censorship is necessary. The reason is as follows. Without regulations, there is no way to defend the human rights of citizens from irresponsible and harmful messages on the Internet, which may cause victims to commit suicide. I think it is a kind of crime, and we should fight against it.（50 語程度）

◆全　訳◆

［A］≪ビーガニズムとは何か≫

ビーガニズム（完全菜食主義）とは，人が動物に害を与えたり動物を利用したりするのを避けるための生活スタイルの選択肢の一つである。これは，完全菜食主義者の人間は，肉も卵も魚も食べないし，皮革やそれ以外の動物の体の部分でできた製品を使わないという意味である。完全菜食主義者は動物を熱狂的なほどに愛していることが多い。完全菜食主義者になることは食事だけに関する選択肢だと思うかもしれないが，世界中の多くの完全菜食主義者は，それを一つの生活スタイルだと考えている。

「ベジタリアン（菜食主義者）」という語は，1800 年代から使われており，それ以前でも，古代インドの人々は菜食主義を実践することもあった。「ビーガン（完全菜食主義者）」という語は，1944 年にドナルド=ワトソンと妻のドロシー=モーガンによって初めて使用された。2 人はどちらも，牛乳と卵も摂取しないと決めた菜食主義者だった。2 人は菜食主義のこの新しい形を「ビーガニズム（完全菜食主義）」と称した。

ビーガニズムは日本では比較的新しいものであるが，その生活スタイルの人気が増しているため，完全菜食の選択肢を提供しているレストランは数多くある。だが，伝統的な日本食の多くが完全菜食主義でもあることを知っていただろうか。納豆や蕎麦や餅はすべて完全菜食の食品である。

完全菜食主義は地球に役立つかもしれないと考えるビーガンや科学者もいる。私たちは，肉を食べられるように動物を飼育するために多くの資源を使っている。この資源には，水や土地や空気も含まれる。動物もまた多量の温室効果ガスを生産する。ビーガンになるかベジタリアンの食事に移行すれば，気候変動を止めるのに役立つかもしれないと信じている科学者もいる。

［B］≪インターネット検閲の必要性について≫

ある人たちは，インターネットの検閲は自由で開かれた社会の原則に反していると述べているが，私は何らかの形でのインターネット検閲は以下のような理由で正当化されると考える。

第一に，どんな社会においても，完全な言論の自由は存在しない。最も民主的な国でも，人が言ってもよいことには制限がある。人種差別のヘイトスピーチや脅しに対抗する法律がなければ，市民は安全な生活を送ることができないだろう。どうしてインターネットを別扱いすべきなのか。テロ活動を勧めるソーシャルメディアの書き込みやソーシャルメディアサイトに対しては，何らかの検閲が必要である。

第二に，アメリカを含む民主国家の選挙は，ネット上で生み出されたフェイクニュースに影響を受けることが多い。民主的でない国の情報収集機関につながっているインターネットサイトが，フェイクニュースサイトを利用して偽の情報を広め，民主国家での国民の投票の仕方に影響を与える可能性がある。偏向した宣伝工作や嘘から民主的な手続きを守るためには，間違いなくそのようなサイトを検閲する必要がある。

もちろん，インターネットの検閲は可能な限り少なくするというのが目標であるべきだ。しかし，インターネットにまったく何の規制もかからなければ，社会の安全と安定はひどく脅かされるだろう。

◀解　説▶

［A］(1)　lots of vegans がこの文の主語になると考えられるが，around はそれだけでは成立しない。around the world は「世界中の」の意味で，

lots of vegans を修飾していると考える。動詞は think しかないので確定だが，表現としては think of *A* as *B*「*A* を *B* とみなす」が考えられる。*A* が it（＝being vegan），*B* が a lifestyle となる。よって，完成文は（… lots of vegans around）the world think of it as a lifestyle となる。

⑵　直前の that は，a lot of restaurants を先行詞とする関係代名詞であると推測できる。主格の関係代名詞であると考えると動詞が続くことになるが，その場合，三単現の s はつかない。よって，offer「～を提供する」が最初にくる。この目的語は vegan options「完全菜食の選択肢」とするのが最も適切である。また，the lifestyle gains は主語・動詞の組み合わせと考えるべきである。これを offer vegan options と同じ文に入れるためには接続詞か関係詞が必要になる。よって，as を「～なので」の意味の接続詞ととらえ，①の前に置く。⑴の as の用法とは異なるので注意する。最後に，gains「～を増す」の目的語は popularity「人気」で確定し，完成文は（there are a lot of restaurants that）offer vegan options as the lifestyle gains popularity となる。

⑶　選択肢を見ると，so that S can *do*「S が～できるように」という表現が予想される。主語は we で確定し，*do* は動詞なので，eat their meat「それらの肉を食べる」が続く。最後に，to raise animals は，目的を表す副詞的用法と考えれば，「動物を飼育するために」という意味で We use a lot of resources「たくさんの資源を利用する」の後に続くことになる。よって，完成文は（We use a lot of resources）to raise animals so that we can eat their meat となる。

［B］ 1．本文のテーマはインターネット検閲で，筆者はある程度の検閲は必要だと述べている。この点を軸にし，さらにその理由を加えて英文を作っていくことになる。「50 語程度」という指示があるので，45～55 語くらいになるようにしたい。

2．〔解答例〕はインターネット検閲に賛成の立場をとっているが，もちろん反対の立場でもかまわない。まず自分の意見をはっきりと主張し，次いでその理由を加えるという構成が求められる。

❖講　評

2022 年度も例年とほぼ同様の出題内容で，ⅠとⅡは長文読解問題，Ⅲは語句整序問題と英作文問題という構成であった。なお，Ⅲの英作文は，2021 年度までは意見論述のみであったが，2022 年度は要約問題も追加されている。

Ⅰ　挨拶の役割を説明した社会学的論文である。共通語による空所補充が１問，同意表現が１問，内容説明が５問となっている。内容説明は，いずれも下線をほどこされた部分について日本語で説明するもので，字数制限が設けられている。本文の表現をそのまま引用したのではうまくまとまらない設問もあるので，自分の言葉で言い換える訓練が必要である。難度はかなり高い。

Ⅱ　化学物質（匂い）による情報伝達についての英文。同意表現が１問，空所補充が１問，内容説明が５問となっている。英文の量と質および出題傾向は，Ⅰとほぼ同じ。こちらも難度はかなり高い。

Ⅲ　［A］の語句整序問題は，並べ替えたときに３番目と５番目にくるものを選ぶ形式である。日本語が与えられていないので，文法や語法・構文の知識で対応することになるが，前後の流れも大きなヒントになるであろう。［B］の英作文問題は，インターネット検閲に関する英文を読んで，その内容をまとめ，さらに自分の意見を論述するという二段構えの出題である。比較的書きやすいテーマなので，取り組みやすかっただろう。

日本史

I **解答** 9 世紀前半，藤原冬嗣が嵯峨天皇の信任を得て藤原北家台頭のきっかけをつくり，続く藤原良房は承和の変や応天門の変で有力他氏を排斥し，幼少の清和天皇の外祖父として臣下で初めて摂政となった。次の藤原基経は光孝天皇を擁立して事実上の関白となり，さらに宇多天皇即位の際に出された詔書を阿衡の紛議で撤回させ，関白の地位を確立した。基経の死後，醍醐・村上天皇の時代に摂政・関白を置かない時代もあったが，10 世紀末の安和の変で他氏排斥が完了すると，藤原北家の氏長者が摂政・関白を独占するようになった。やがて藤原道長が氏長者の地位をめぐる争いに勝利し，続く藤原頼通は摂関政治の全盛期を築いた。彼らは天皇との外戚関係を利用し，天皇の幼少期には摂政として政務を代行，成人後は後見役の関白として政治を補佐した。政策は彼らが主導する公卿の会議で決定され，太政官を通じて命令・伝達されたが，次第に儀式や先例が重視されて形骸化した。(400 字以内)

◀解　説▶

≪摂関政治≫

●設問の要求

〔主題〕摂関政治について述べる。

〔条件〕指定語句（㈠氏長者，㈡阿衡，㈢藤原頼通，㈣外戚）を用いる。

●論点の抽出

摂関政治の特徴を，指定語句を使用して述べる問題。㈡「阿衡」の紛議までの藤原冬嗣・良房・基経の前期摂関政治の流れを簡略に示し，安和の変を契機に藤原氏の㈠「氏長者」が㈣「外戚」関係を利用して摂関政治を確立し，㈢「藤原頼通」の時代に全盛期を築いたことを述べよう。また，摂政・関白の特徴，さらに，摂関政治においても太政官を通じて政治が行われたこと，それが次第に形骸化したことなども忘れず指摘しよう。

●解答の枠組み

①前期摂関政治

• 藤原冬嗣――北家台頭のきっかけ

• 藤原良房――初の摂政

• 藤原基経――(イ)「阿衡」の紛議で関白の地位確立

②醍醐・村上天皇の時代

• 摂政・関白が置かれなかった時代

③摂関常置体制の到来

• 安和の変――他氏排斥の完了と摂関常置体制

• (ア)「氏長者」の地位をめぐる争い――藤原道長の勝利

• (ウ)「藤原頼通」の全盛期

• 摂政・関白の特徴――(エ)「外戚」関係を利用

• 摂関政治の特徴――太政官政治

• 政治の形骸化――儀式や先例を重視

●注意点

摂関政治が確立されるまでの他氏排斥事件については，事件名・人物などを詳細に指摘しなくてもよい。字数を埋めるための羅列になるので最小限にとどめて解答するようにしよう。

●解説

①前期摂関政治

• 藤原冬嗣――北家台頭のきっかけ

藤原冬嗣は北家出身で嵯峨天皇の信任が厚く，薬子の変に際して蔵人頭となって事件解決に尽力した。また，娘順子を仁明天皇の妃とし，姻戚関係を結んで北家台頭の基礎をつくった。

• 藤原良房――初の摂政

藤原良房は842年の承和の変で伴健岑・橘逸勢を排斥し，858年に外孫の清和天皇が即位すると事実上の摂政となった。さらに，866年の応天門の変で大納言伴善男らを排斥するとともに正式に摂政となった。なお，良房の摂政は，聖徳太子（厩戸皇子）の皇族摂政に対し，臣下として初めての摂政で，これを人臣摂政という。

• 藤原基経――(イ)「阿衡」の紛議で関白の地位確立

藤原基経は甥の陽成天皇の摂政であったが，天皇に奇行が目立つと退位させ，すでに高齢に達していた光孝天皇を擁立して事実上の関白となった。その後，宇多天皇即位の際に出された関白任命の詔書の「阿衡」（中国の官名）が職掌を伴わない官職であるとして基経が執務を放棄すると，天皇側は非を認めて勅書を改定した。この阿衡の紛議で基経は関白の政治的地位を確立し，天皇をしのぐ権威を示した。

②醍醐・村上天皇の時代

• 摂政・関白が置かれなかった時代

〔解答〕では前期摂関政治と後期摂関政治（摂関全盛期）の間に天皇親政の時代があったことを短くまとめた。

藤原基経の死後，宇多天皇は摂政・関白を置かず，次の醍醐・村上天皇も親政を行った。その政治は後に「延喜・天暦の治」と称えられ，理想の時代といわれた。ただし，親政の間の朱雀天皇の時代には藤原忠平が摂政・関白を歴任しているので注意しておこう。

③摂関常置体制の到来

• 安和の変——他氏排斥の完了と摂関常置体制

969 年の安和の変で左大臣源高明が左遷され，藤原氏による他氏排斥は完了し，円融天皇が即位すると藤原実頼が摂政に就任し，以後，摂政・関白は常置の官職となり，藤原氏の氏長者がその地位に就くのが慣例となった。

• ㈠「氏長者」の地位をめぐる争い——藤原道長の勝利

氏長者とは各氏族の首長のことで，一族全体の統率者である。藤原氏の氏長者は摂政・関白を兼ねるようになり，氏神の春日大社，氏寺の興福寺，大学別曹の勧学院などの管理を行い，一族の叙爵推薦など人事権をもった。藤原道長は甥の伊周との権力闘争に勝利して氏長者の地位をつかみ，彰子ら 4 人の娘を中宮（皇后）や皇太子妃とし，後一条・後朱雀・後冷泉 3 天皇の外戚として権勢をふるった。

• ㈦「藤原頼通」の全盛期

藤原道長の子頼通は 1017 年に摂政の地位を譲り受け，後一条・後朱雀・後冷泉天皇の外戚（叔父）として摂政・関白を歴任し，50 年にわたって摂関政治の全盛期を築いた。宇治に壮大な平等院鳳凰堂を建立したので「宇治殿」「宇治関白」と呼ばれた。

• 摂政・関白の特徴——㈨「外戚」関係を利用

外戚とは母方の親戚（祖父・叔父など）のこと。天皇家では皇子が母方で養育されたことから，血縁関係で天皇権威を包摂して実権を得た。藤原氏はこの地位を利用して摂政・関白の地位を独占し，官吏の人事権を掌握して権勢をふるった。なお，摂政は天皇の幼少期に政務を代行する官職，関白は天皇の成人後に政務を補佐する官職で，ともに令外官であった。〔解答〕では摂政と関白の特徴について簡潔に触れた。

• 摂関政治の特徴——太政官政治

摂関政治のもとでも従来の太政官を通じた政治が行われた。政策は摂政・関白の影響下にある公卿会議で審議され，天皇の裁可を得て宣旨や太政官符などで命令・伝達された。また，最重要懸案は皇居警備にあたる左近衛府の陣座（詰所）で行う陣定で審議された。

• 政治の形骸化——儀式や先例を重視

摂関家が官吏の人事権を掌握すると，摂関家に取り入る貴族や官人も現れた。貴族や官人が特定の官職を請け負い世襲するようになり，貴族社会では先例と形式を重視する風潮も生まれた。その積み重ねで一定の作法が生まれ，儀礼化された諸行事を無難に務めて洗練することに努力を払った。こうして政治は形骸化し，年中行事などが発達する一方で，積極的政策はみられなくなった。

II　解答

戦国大名は，戦国乱世のなかで領国内の武士層や農民らの支持を集め，彼らを統率する強力な支配体制を築く必要があった。軍事組織は国人などの有力家臣に地侍などの下級家臣を配属させる寄親・寄子制をとった。また家臣の支配地や農民の耕作地は自己申告に基づく指出検地を行い，その面積・年貢額などを銭に換算した貫高で掌握し，家臣は軍役負担や知行給与，農民は夫役などの基準とした。領国支配の基本法として分国法を定めるものもあり，家臣らの争いを喧嘩両成敗の規定で禁じ，所領相続や婚姻などにも規制を加え，農民の一揆や逃散を禁止した。領国経営の拠点である城下町には有力家臣や商工業者を集住させ，楽市・楽座を実施して商取引の自由化をはかった。また流通を阻害していた関所を撤廃し，宿駅・伝馬を置いて交通制度を整えた。さらに新田や用水路を開発して増産をはかるとともに，金・銀を獲得するため鉱山を開発するなど，積極的な振興策を行った。（400 字以内）

◀解　説▶

≪戦国大名の領国支配≫

●設問の要求

〔主題〕戦国大名の領国支配について述べる。

〔条件〕指定語句（(ア)喧嘩両成敗，(イ)城下町，(ウ)寄親・寄子制，(エ)検地）を用いる。

●論点の抽出

戦国大名の領国支配についての問題である。指定語句の「寄親・寄子制」「喧嘩両成敗」などから家臣団の軍事組織の編制や分国法の法的統制を想起しよう。また，「検地」から土地支配について指出検地と貫高制の内容を，「城下町」は領国経営の拠点として家臣や商工業者を集住させたこと，楽市・楽座など経済振興策がとられたことなどを指摘すること。その他，交通政策・勧農政策・鉱山開発などもつけ加えておきたい。

●解答の枠組み

①軍事組織の編制

- (ウ)「寄親・寄子制」――家臣団の編制・統制

②土地支配

- (エ)「検地」――指出検地
- 貫高制

③法的統制

- 分国法の制定――(ア)「喧嘩両成敗」など

④(イ)「城下町」の形成

- 家臣・商工業者の集住
- 楽市・楽座
- 関所の撤廃――交通制度の整備

⑤富国策

- 新田開発――農産物の増産
- 鉱山開発

●解説

①軍事組織の編制

- (ウ)「寄親・寄子制」――家臣団の編制・統制

戦国大名が経営する領国内は，独立性の強い国人らが一揆を形成して抵抗することもあり，また新興勢力の地侍（名主層）なども活発に活動していた。戦国大名は彼らの下剋上を抑え，組織化して軍事力を強化する必要があった。また一方で，国人や地侍らも自らの所領支配を安定させるために戦国大名の強い後ろ盾を求めるようになった。戦国大名は国人や地侍を取り込み，国人らの有力家臣を寄親とし，地侍などの下級家臣を寄子として配属させ，親子関係に擬制させた軍事組織をつくって統制した。この寄親・寄子制によって鉄砲隊や長槍隊などを組織化することができ，集団戦法が可能となった。

②土地支配

• (エ)「検地」――指出検地

戦国大名が領国で実施した検地は，家臣に取り立てた国人や地侍らが支配する土地，また農民らが耕作する土地の面積や年貢高を調査した台帳（指出）を提出させるものであった。これを指出検地という。その際に検地帳が作成され，残存していた荘園・公領制の枠を超えた土地や農民の直接的支配が可能となった。なお，戦国大名の検地は，後に石高（米の量）を基準に，役人が現地に赴き全国統一的に実施された太閤検地とは異なるので注意しよう。

• 貫高制

検地に関連して解答では貫高制についても指摘しよう。指出検地で申告された土地の面積や年貢高は当時の貨幣単位である貫高で表示された。戦国大名は領国内を貫高で統一的に把握し，国人や地侍の地位や収入を保証するとともに，貫高に見合った軍役を負担させた。また，農民については陣夫役（軍事物資輸送など）などの夫役（労役負担）の基準となった。こうして戦国大名は家臣との主従関係や農民支配の体制を確立し，荘園・公領制による複雑な土地関係を貫高制で包含し，統一的な領国経営を行った。

③法的統制

• 分国法の制定――(ア)「喧嘩両成敗」など

戦国大名は独自の分国法を制定し，厳罰主義をもって対処した。国人や地侍は在地領主として独立性が強かったため，紛争解決に実力行使を強行する傾向にあった。私闘を禁じた喧嘩両成敗の規定は，紛争はすべて大名の裁判のみで解決することを示し，家臣の独立性を抑制した。〔解答〕では所領相続や婚姻の規制（私婚の禁止），また農民の一揆や逃散の禁止についても触れた。

④(イ)「城下町」の形成

戦国大名は殖産政策の一環として城下町を形成した。戦国大名の居城が山城・平山城から平野部の平城に移行するのに伴い発達した。

• 家臣・商工業者の集住

戦国大名は城下に国人などの有力家臣を集住させて権力集中をはかるとともに，商工業者を招致して武士の消費生活と領国経済の発展を担わせた。戦国大名は臨戦状況に対応するため，商工業者を利用して物資調達を進める流通機構を創出する必要があった。在地領主の国人たちを城下町に集住させ支配地から切り離し，彼らが掌握する農村市場を開放・再編することで統一的領国市場の形成をはかった。

• 楽市・楽座

指定語句にはないが，城下町繁栄の経済政策として楽市・楽座政策を指摘しよう。楽市・楽座は従来の座の特権を排除し，新興商人らの自由な営業を認め，領国市場経済の活性化を目的とした。それは同時に旧来の寺社などがもつ市場支配権や特定商人の営業独占権を大名権力の下に集約することを意味した。なお，楽市とは従来の市場税などを免除すること，また楽座とは座そのものを廃止することである。

• 関所の撤廃――交通制度の整備

指定語句にはないが，関所の廃止や宿駅・伝馬などの交通制度の整備も指摘しよう。

領国市場の活性化の一環として関所を撤廃した。関所がなくなると通行税である関銭の支払いがなくなり，商品の流通が促進された。それは関銭を徴収していた寺社など市場支配権力を排除し，代わって大名権力が交通の支配権を掌握することを意味した。さらに，軍事上の理由からも交通制度の整備は必須であり，各地に宿駅を設け，常備の公用馬である伝馬を配備した。

⑤富国策

戦国大名は城下町に物資を供給するため，また兵糧米の増産をはかるため勧農政策を積極的に実施した。

• 新田開発――農産物の増産

戦国大名にとって農業生産物の増産は最重要課題であった。母体である農村経営を安定させ富を創出させることは必須であった。勧農政策の中心は新田と灌漑施設の開発で，戦国大名は育まれてきた技術を統括し，大規模な土木工事を進めた。公共事業化した勧農政策は農村経営の安定をもたらし，在地領主の国人や農民の支持を得ることにもなり，農村支配の強化にもつながった。武田信玄が構築した「信玄堤」などはその好例といえよう。

• 鉱山開発

大規模な軍事動員に伴う武器・弾薬・兵糧の調達，また大規模な勧農政策など富国策を推進するためにも金・銀の確保は必須であった。武田信玄は甲斐国の黒川金山などを開発し，軍資金として甲州金という独自の金貨をつくった。また，西日本の戦国大名は南蛮貿易の輸出品である金・銀獲得のために鉱山開発を積極的に進め，16 世紀半ばに石見大森銀山で精錬技術の灰吹法が成功すると，他の金・銀山にも転用されて生産量を飛躍的に増大させた。こうした戦国大名の鉱山開発や勧農政策によって，日本全土に高い土木工事技術が育まれた。

Ⅲ　解答

ペリー来航に際する幕府の挙国的な対応によって朝廷は権威を高めた。一方，幕府は日米修好通商条約に無勅許で調印したため孝明天皇の怒りを買い，尊王攘夷派の志士たちから非難を浴びた。動揺した幕府は権威を回復するため，朝廷との融和政策として公武合体を画策し，条約破棄の条件をほのめかしながら，孝明天皇の妹和宮を将軍家茂の夫人に迎えることを切望した。朝廷側は和宮が有栖川宮と婚約していることなどを理由に断ったが，幕府が要請を繰り返すと岩倉具視らが呼応し，朝廷の政治的権威を高めるため，条約破棄などを条件に和宮降嫁を認めた。しかし，この政略結婚は尊王攘夷派の怒りを買い，推進した老中安藤信正が襲撃される事件が起こり，幕府はさらに権威を失墜させた。その後，幕府は公武合体の立場をとる薩摩藩の改革を受け入れて政局の安定をはかり，朝廷では八月十八日の政変で尊王攘夷派公家が追放され，公武合体派の公家が実権を掌握した。（400 字以内）

◀解　説▶

≪幕末の公武合体運動≫

●設問の要求

〔主題〕幕末の幕府と朝廷の関係の推移について述べる。

〔条件〕史料を参考に「公武合体」に関する幕府側・朝廷側双方の考え方を整理しつつ述べる。

●論点の抽出

公武合体運動の推進を幕府側と朝廷側の理由を指摘しながら述べる。推移なので幕末の朝幕関係を想起しながら，関連する内容をピックアップして解答しよう。史料は，幕府側が和宮降嫁を要請し，これに朝廷側が難色を示している部分である。「双方の考え方」として，幕府は朝廷との融和をはかることで権威を回復させようとしたこと，またこれを逆手にとった朝廷が公武合体を認めて政治的地位を上昇させようとしたことを指摘しよう。〔解答〕はペリー来航から八月十八日の政変までの枠組みで作成した。

●解答の枠組み

①朝廷権威の高揚

- ペリー来航
- 通商条約の無勅許調印——幕府の動揺

②公武合体運動

- 幕府側の立場——権威回復がねらい（史料）
- 朝廷側の立場——難色を示す（史料）
- 和宮降嫁——公武合体の実現
- 坂下門外の変——幕府権威の凋落

③薩摩藩の公武合体

- 島津久光の幕政改革の要求
- 八月十八日の政変——攘夷派公家の追放

●解説

①朝廷権威の高揚

幕末の朝幕関係を述べる上で，まず朝廷（天皇）が政治舞台に登場することを指摘しよう。

- ペリー来航

軍事力を背景とするペリーの開国要求によって，幕府は従来の独裁的な姿勢を改め，諸大名や幕臣に意見を述べさせ，朝廷にも報告するなど挙国的な対応をとった。従来，天皇は将軍に大政を委任する権威の源泉として京都に封じ込まれていたが，政治の表舞台に登場することになった。幕府は諸大名の意見を集約する「公儀」としての立場を強化するためにも朝廷（天皇）権威がさらに必要となり，実務面においても朝廷（天皇）を利用することは必須であった。幕府は外交問題を頻繁に朝廷に報告し，また大砲鋳造のための梵鐘提供を寺院に命じる太政官符を朝廷に要請した。

• 通商条約の無勅許調印――幕府の動揺

アメリカ総領事ハリスが通商条約の締結を強く求めると，幕府はその対応に苦慮した。そこで，天皇の条約勅許を得て，反対派の勢力を抑えるとともに政治責任を逃れて窮地を切り抜けようとした。しかし，老中堀田正睦が求めた勅許は攘夷派の孝明天皇に拒否され，窮地に立った幕府は大老井伊直弼の判断により，時勢やむなく勅許のないまま日米修好通商条約に調印した。無勅許調印は尊王攘夷派の公家や志士から強い非難を浴び，井伊は安政の大獄で反対派を弾圧したが，かえって桜田門外の変で殺害され，幕府の権威は一気に凋落した。

②公武合体運動

• 幕府側の立場――権威回復がねらい（史料）

公武合体は史料にあるように，1858 年の通商条約調印後の幕政批判が高揚するなかで構想された。大老井伊直弼は情勢を憂慮し，朝廷との融和をはかり尊王攘夷運動の圧力をかわすため，和宮降嫁という政略結婚を画策した。史料には加納繁三郎（京都町奉行所与力）が通商条約破棄の条件をほのめかしながら和宮降嫁を要請していることが記されている。

• 朝廷側の立場――難色を示す（史料）

一方，朝廷側（孝明天皇）は再三にわたる要請に対して，和宮がすでに有栖川宮と婚約していること，また「蛮夷来集」（列国が迫る）の関東に年少の皇妹を行かせることを憂慮し，この縁談を見合わせようとした。

• 和宮降嫁――公武合体の実現

公武合体の構想は井伊直弼殺害後，老中安藤正信によって引き継がれた。朝廷内でも当初難色を示していた岩倉具視（史料の筆者）らが朝廷権威高揚の契機として呼応し，和宮降嫁を条件に条約破棄や重要政務の事前承認などを幕府に約束させ，政治的地位を上昇させることを主張した。やがて孝明天皇はこの意見を受け入れ，1862 年 2 月に和宮と 14 代将軍徳川家茂の婚礼が行われることが決定し，幕府の要請はここに実現した。

• 坂下門外の変――幕府権威の凋落

和宮降嫁は幕府にとって逆効果となった。交換条件としての不可能な条約破棄（攘夷実行）を約束したことや朝廷に政治的発言権を与えたことは，その後の政局で自らを追い込むことになった。また，政略結婚は尊王攘夷派の怒りを買い，婚礼を控えた 1862 年 1 月坂下門外で安藤信正が水戸浪士らに襲撃され負傷する事件が起こった。桜田門外の変に続く要人の遭難は幕府の権威をさらに失墜させることになった。

③薩摩藩の公武合体

島津氏の所領（島津荘）が近衛家領であったことから，薩摩藩は五摂家筆頭の近衛家と関係が深く朝廷に通じていた。また，外様大名でありながら，11 代将軍徳川家斉や 13 代将軍徳川家定の正室に娘や養女を嫁がすなど将軍家との婚姻関係を持つこともあった。幕末には島津斉彬が老中阿部正弘の改革に協力し，将軍継嗣問題では一橋派に属するなど幕政に関与していた。

• 島津久光の幕政改革の要求

政局が混迷するなか，薩摩藩が朝廷との関係と強力な軍事力を背景に公武合体と幕政改革を進め政局を主導した。薩摩藩の島津久光は勅使を奉じて自ら江戸に下向し，朝廷権威を背景に幕府に圧力をかけて，徳川慶喜を将軍後見職，松平慶永を政事総裁職に任命するなど，一橋派を復権させ，公武合体のための政治改革を要求した。幕府もこれを受け入れ，薩摩藩を支えに政局の安定をはかった。

• 八月十八日の政変――攘夷派公家の追放

薩摩藩の公武合体運動は幕府の無力を公然と示し，また勅使を利用したことは尊王攘夷運動を勢いづかせた。朝廷内でも三条実美らの尊王攘夷派が長州藩と結び台頭すると，薩摩・会津藩は 1863 年の八月十八日の政変で彼らを京都から一掃し，公武合体派の公家らが主導権を回復した。しかし，公武合体運動はその後の政局の混迷から意義を失い，その流れは大政奉還における公議政体論に引き継がれた。

Ⅳ　**解答**　泥沼化した日中戦争を打開するため，近衛文麿は総力戦体制を目指して新体制運動を掲げ，陸軍の支持や昭和研究会の後藤隆之助の尽力で第 2 次内閣を組織した。対外的には日独伊三国同盟に調印し，枢軸国の連携を深めた。政治体制においては，一国一党を目指して大政翼賛会を結成し，社会大衆党など各政党がこれに合流した。新体制運動が進められるなか，戦争批判は反国体的として排除され，言論は厳しく統制された。その一方で国民精神総動員運動により，戦争を擁護する全体主義的な思想が主流となり，国民は隣組を通じて相互に監視しあいながら精神的統制を受けた。さらに政府は内閣情報局を設置し，マス＝メディアをはじめ，演劇などの娯楽も含めて検閲を強化し，戦争熱をあおる報道などで国民を熱狂させた。新聞・雑誌も政府や軍部の圧力に屈し，戦争協力の記事を増加させ，不利な戦況は伝えず，いたずらに日本精神の発揚を強調して国民の戦意をあおり続けた。(400 字以内)

◀解　説▶

≪戦時下の思想動向≫

●設問の要求

〔主題〕昭和 10 年代の新体制運動をめぐる思想動向を述べる。

〔条件〕指定語句（(ア)日独伊三国同盟，(イ)社会大衆党，(ウ)後藤隆之助，(エ)内閣情報局）を用いる。

●論点の抽出

昭和 10 年代（1935〜44 年）の戦時下における思想動向をテーマにした問題。戦時体制が強化されていくなか，政府が戦争批判などの思想・言論を弾圧する一方で，戦争協力・戦意高揚のための情報操作で超国家主義的な傾向を強めたことも指摘すること。「新体制運動をめぐる」とあるので第 2 次近衛文麿内閣の政策を中心に解答を作成しよう。外交では指定語句(ア)「日独伊三国同盟」に調印したこと，政治体制として大政翼賛会を想起し，指定語句(イ)「社会大衆党」を絡めて解答しよう。本問のテーマである思想動向については指定語句(エ)「内閣情報局」を使って述べればよい。ただし，指定語句(ウ)「後藤隆之助」を知っている受験生はほとんどいないと思われるだけに扱いが難しい。〔解答〕では近衛文麿を支持する昭和研究会の人物として指摘した。

●解答の枠組み

①新体制運動――総力戦体制の構築

- 第 2 次近衛文麿内閣――(ウ)「後藤隆之助」の尽力
- 外交――(ア)「日独伊三国同盟」
- 政治体制――大政翼賛会の結成，(イ)「社会大衆党」などの合流

②思想動向

- 戦争批判者などの弾圧
- 全体主義（軍国主義）の浸透――国民精神総動員運動，隣組の形成

③(エ)「内閣情報局」――メディア統制

- 検閲の強化――戦争批判など
- 情報操作――国民の戦意高揚

●解説

①新体制運動――総力戦体制の構築

日中戦争を打開するため，第二次世界大戦で勢いづくドイツと連携し，資源確保と援蔣ルート遮断を目的とする南進政策が懸案となった。さらなる軍事行動を実行するためには，国内で強力な総力戦体制を確立する必要があった。

- 第 2 次近衛文麿内閣――(ウ)「後藤隆之助」の尽力

近衛文麿はドイツのナチスにならった一国一党の政治体制を目指す新体制運動を掲げていた。陸軍はこれを支持し，親米英派の米内光政内閣を倒閣に追い込むと，近衛が内閣（第 2 次）を組織した。このとき組閣などに尽力したのが後藤隆之助である。1933 年，近衛を総理にするために昭和研究会を立ち上げ，新体制運動の構想に大きな影響を与えた人物である。大政翼賛会が結成されると組織局長を務めた。

- 外交――(ア)「日独伊三国同盟」

南進政策を遂行すれば，東南アジアに植民地をもつアメリカやイギリスとの対立が惹起され，それに対抗するためにもドイツ・イタリアとの軍事同盟は必須であった。近衛が政治体制を模範とするドイツとイタリアとの軍事同盟は，政治的にも新体制運動の推進力になると考えられた。こうして日独伊三国同盟（1940 年 9 月）が結ばれたが，この枢軸軍事同盟はかえってアメリカ・イギリスとの対立を深める結果となった。

- 政治体制――大政翼賛会の結成，(イ)「社会大衆党」などの合流

近衛文麿は，それまでの議会政治に代わって一国一党の国民組織を目指し，大政翼賛会（1940年10月）を結成した。既存の政党に代わる一大指導政党としてナチス党やファシスト党にならって結成され，これにともない，すでに解散していた合法的無産政党の社会大衆党や，政友会・民政党の二大政党なども解散して合流した。

なお，新体制運動を結実させた大政翼賛会であったが，軍部・右翼・官僚などの意見が一致せず，結成時に紛糾を重ねたため政党色が薄れ，政府・官僚中心の国民統制の官製団体（上意下達機関）となった。

②思想動向

• 戦争批判者などの弾圧

戦争への総力戦体制のなか，戦争批判などは反国体的・非同調者として排除されていった。日中戦争を批判した東大教授矢内原忠雄やファシズムを批判した東大教授河合栄治郎らが次々に教壇を追われ，反ファシズムを掲げた社会主義者たちが検挙された人民戦線事件なども起こり，言論の自由が奪われていった。いずれも1930年代後半（昭和10年代）の事件なので具体例として指摘してもよいであろう。

• 全体主義（軍国主義）の浸透――国民精神総動員運動，隣組の形成

日中戦争が勃発した直後から国民精神総動員運動が展開し，国民の戦争協力が進められ，経済的な制限規則も制定されて，「ぜいたくは敵だ」（1940年），「欲しがりません勝つまでは」（1942年）などの標語を宣伝して国民に耐久生活を強いた。国民は隣組など大政翼賛会に包含された隣保組織や警察などにより行動は制限・統制され，戦争協力のための全体主義が主流となった。日常生活においても連帯責任制のもと相互に監視しあいながら同調圧力を強め，戦争協力の精神的統制を受け続けた。

③㈤「内閣情報局」――メディア統制

内閣情報局は1940年12月に内閣総理大臣の管理下の機関として設置され，言論・思想の統制と情報宣伝業務を一元的に統括した。多くの内部機関には現役の陸・海軍将校を含んだ情報官が配置された。

• 検閲の強化――戦争批判など

内閣情報局は国策遂行上の重要事項に関する情報を収集するとともに，新聞・雑誌・ラジオ放送などのマス=メディアのほか，演劇・音楽（レコード）など娯楽面も含めて検閲・取り締まりを行った。反戦・厭戦などの

噂話でさえ，流言飛語として逮捕の理由とされた。こうした影響から，自由主義的な論評を載せていた『中央公論』『改造』などが廃刊に追い込まれる事件も起こった（横浜事件，1942〜45年）。

• 情報操作──国民の戦意高揚

内閣情報局は国威発揚のための報道・宣伝を行い，思想団体や文化団体の指導も管轄した。その主導のもと日本音楽文化協会（1941年），日本文学報国会（1942年），大日本言論報国会（1942年）などが組織され，また戦争熱をあおるような報道やニュース映画などを上映して国民を熱狂させ，戦争遂行の気運を盛り上げた。やがて同調圧力に屈した新聞・雑誌も次第に戦争協力の記事を増やし，報道規制のなか最高統帥機関である「大本営発表」の偽りの戦況を伝え，国民の戦意をあおり続けた。

❖講　評

2022年度も例年と同様，全問論述問題であった。論述量は，4題すべて400字以内で総字数1600字と例年どおりであった。時代別の構成も，Ⅰ．古代，Ⅱ．中世，Ⅲ．近世，Ⅳ．近代となっているが，Ⅲは江戸時代であるものの幕末なので近代の時代区分となる。よって，近代から2題の出題となった。例年どおり，120分の試験時間で設問の要求を論旨にそってまとめるのは容易ではない。特にⅢとⅣはやや難問である。

Ⅰは「摂関政治」をテーマにした問題。指定語句は基礎的用語なので書きやすい論述問題である。指定語句の「氏長者」「外戚」から摂関政治の権力構造を表現できるかがポイント。また，「阿衡」の紛議を簡潔に説明できるかも勝負どころである。摂関政治の特徴として，太政官を通じての政治であったことや形骸化したことなどを忘れず指摘できるかもポイントである。

Ⅱは「戦国大名の領国支配」をテーマにした問題。基礎的な内容で取り組みやすい問題である。指定語句の「喧嘩両成敗」「寄親・寄子制」から家臣団の統制，「検地」から指出検地と貫高制による土地支配を説明できるかがポイント。また，「城下町」の経営として楽市・楽座や関所の撤廃などの用語を想起して領国経済の発展について触れられるかが勝負どころである。

Ⅲは「幕末の公武合体運動」をテーマにした問題。史料の「公武合体」をテーマに，幕末の朝幕関係の推移を述べるもの。史料の内容が幕府側の和宮降嫁の要請とそれに朝廷側が難色を示している部分だけなので，その前後の情勢を想起して解答を組み立てなければならない。やや難問であろう。「双方の考え方」として，幕府側も朝廷側も公武合体で権威を上げようとしたこと，特に朝廷側の立場についても指摘できるかが勝負どころである。また，坂下門外の変が起こって幕府は思惑がはずれ，かえって権威を失墜させたことを指摘できるかがポイント。

Ⅳは「戦時下の思想動向」をテーマにした問題で，政府や軍部による思想統制が中心になる。昭和10年代（1935～44年）の枠組みで「新体制運動をめぐる」という題意から，第2次近衛文麿内閣の大政翼賛会結成など戦時体制が強化されていく様子を軸に述べられるかがポイント。テーマの思想動向について指定語句「内閣情報局」を使用し，戦争批判などを弾圧・統制しただけでなく，戦意高揚の宣伝など情報操作を行ったことも指摘できるかがポイントである。また，隣組などの組織を通じ，国民みずからが全体主義の思想を同調圧力のなかで醸成していったことも指摘しよう。なお，指定語句「後藤隆之助」は詳細な知識を必要とするので，解答のどの部分で指摘してよいか苦慮するところ。このように本番でどのような人物かわからない人物名が出てきたとしても，あきらめずに他の指定語句と題意から解答作成にチャレンジしよう。

世界史

I **解答** アレクサンドロス大王の東方遠征によりアケメネス朝が滅亡すると，ギリシアからエジプト，インド西北部にいたる大帝国が成立したが，大王死後のディアドコイ戦争により領土はアンティゴノス朝マケドニア，セレウコス朝シリア，プトレマイオス朝エジプトなどの諸国に分裂した。各地にギリシア風の都市が建設されギリシア風文化が広がったが，中でもプトレマイオス朝は地中海交易の中心となり，首都アレクサンドリアに設立された王立研究所ムセイオンでは自然科学が研究され，文化の中心としても繁栄した。しかし，カルタゴに代わり西地中海を制覇したローマはヘレニズム世界への進出を始め，アンティゴノス朝に続いてセレウコス朝を滅ぼした。プトレマイオス朝の女王クレオパトラは，カエサルやアントニウスと結んだが，アクティウムの海戦でオクタウィアヌスに敗れてエジプトはローマの属州となり，地中海世界はローマに統一され，ヘレニズム時代も終わった。(400字以内)

◀解　説▶

≪ヘレニズム時代におけるエジプトとその周辺の歴史≫

●設問の要求

〔主題〕ヘレニズム時代におけるエジプトとその周辺の歴史

●論述の方向性と指定語句

ヘレニズム時代が論述の範囲であるから，アレクサンドロス大王の東方遠征からエジプトを支配していたプトレマイオス朝の滅亡までを，時系列に従う形でまとめればよい。中心はエジプトだが，周辺地域への言及が必要である。指定語句の「カルタゴ」の使い方に工夫が必要だろう。次の2つの時期に分けて考えるとまとめやすくなる。

①ヘレニズム時代の開始と王国の分裂（指定語句：ディアドコイ，ムセイオン）

②ヘレニズム時代の終焉（指定語句：カルタゴ，アントニウス，属州）

●論述の構成

①ヘレニズム時代の開始と王国の分裂

ヘレニズム時代の幕開けはマケドニアのアレクサンドロス大王による東方遠征開始である。この遠征によって，当時エジプトを支配していたアケメネス朝が滅亡し，ギリシアからオリエント世界・インド西北部が統合されて大帝国が成立した。しかし，大王の急死によって大帝国はディアドコイと称する大王の後継者の争いでアンティゴノス朝マケドニア，セレウコス朝シリア，プトレマイオス朝エジプトなどの諸国に分裂した。

アレクサンドロス大王は東方遠征の過程で自身の名をつけた都市アレクサンドリアを各地に建設したが，そこには多くのギリシア系住民が移住した。アレクサンドロス大王の死後もオリエントやその周辺にはギリシア風の都市が建設され，ギリシア文化を伝える中心となった。こうしてギリシア文化とオリエント文化が融合しヘレニズム文化が形成されていった。最も有名なものが，ナイル川の河口に建設されたエジプトの港市アレクサンドリアで，地中海貿易の拠点として繁栄した。ここを首都としたプトレマイオス朝エジプトは大図書館を付設する王立の研究所ムセイオンを設立した。自然科学や人文科学の研究が盛んに行われ，エウクレイデスやアルキメデスらが活躍したことでも知られている。

②ヘレニズム時代の終焉

ヘレニズム諸国が成立したころ，西地中海では北アフリカのカルタゴ（フェニキア人の植民市）が勢力をもっていた。イタリア半島を統一したローマは，3度におよぶポエニ戦争（前264〜前146年）でカルタゴを滅ぼして西地中海の覇権を握った。一方，ローマはポエニ戦争中からヘレニズム世界への進出を始め，第2次ポエニ戦争と並行してマケドニア戦争が始まり，前168年にアンティゴノス朝は滅亡し，その後，マケドニアはギリシアとともにローマの属州となった（前146年）。続いて前64年にはセレウコス朝もローマのポンペイウスに滅ぼされている。

その後，ヘレニズム世界ではプトレマイオス朝エジプトが独立を維持していたが，女王クレオパトラはポンペイウスを打倒して独裁体制を樹立したローマのカエサルと結び，彼の暗殺後はカエサルの部下の武将アントニウスと結婚した。しかし，アントニウスがオクタウィアヌスと対立し，両者によるアクティウムの海戦はオクタウィアヌスの勝利で終わった。アントニウスとクレオパトラが自殺してプトレマイオス朝が滅亡したことでエジプトはローマの属州となり，ローマによる地中海世界の統一が達成された。またプトレマイオス朝の滅亡はヘレニズム時代の終焉をも意味した。

II　解答

ジャワ島のバタヴィアを拠点としたオランダ東インド会社は，アンボイナ事件でイギリスをモルッカ諸島から駆逐し，ポルトガルからマラッカを奪い，香辛料貿易を独占した。また，交易活動から次第に植民地経営に移行し，ジャワ島のマタラム王国やバンテン王国を支配下に入れた。オランダ東インド会社は 18 世紀末に解散したが，代わってオランダ政庁が植民地の直轄支配を開始し，マレー半島に進出したイギリスと境界を定め，ジャワ戦争などによる財政悪化からジャワ島では強制栽培制度を導入した。20 世紀初頭にスマトラ島のアチェ王国を征服すると，北ボルネオとポルトガル領東ティモールを除くインドネシア群島がオランダ植民地となった。20 世紀初頭からインドネシアではオランダ支配に対する民族的自覚が次第に強まり，イスラーム同盟が成立し，第一次世界大戦後にはインドネシア共産党やスカルノが組織したインドネシア国民党が独立運動を進めた。(400 字以内)

◀解　説▶

≪17 世紀から第二次世界大戦勃発前までのオランダの東南アジア進出≫

●設問の要求

〔主題〕17 世紀から第二次世界大戦勃発前までのオランダの東南アジア進出

〔条件〕他のヨーロッパ諸国や現地勢力との関係に言及

●論述の方向性と指定語句

17 世紀はオランダが東インド会社を設立した時期であり，以後オランダは現在のインドネシアのほぼ全域を植民地化していった。条件として「他のヨーロッパ諸国や現地勢力との関係に言及」することが求められているので，次の 3 つの内容に区分するとまとめやすい。

①オランダ東インド会社の活動期（指定語句：オランダ東インド会社，ポルトガル〈〔解答〕では②でも使用〉）

②オランダ領東インドの形成と支配（指定語句：マレー半島，強制栽培制度）

③オランダに対する抵抗運動（指定語句：インドネシア国民党）

●論述の構成

①オランダ東インド会社の活動期

オランダ東インド会社はイギリス東インド会社（1600年設立）の成立よりも遅く1602年に設立され，世界最初の株式会社と言われている。東南アジアではジャワ島のバタヴィア（現在のジャカルタ）に拠点をおいて香辛料貿易を行い，競争相手のイギリスやポルトガルを排除していった。モルッカ諸島（香料諸島）でのアンボイナ事件でイギリス勢力をモルッカ諸島から排除し，ポルトガルに対しては1641年にマレー半島の拠点マラッカを奪い，セイロン島の支配権も握った。なお，オランダの東南アジア以外への進出については，以下の点が挙げられる。南アフリカにケープ植民地を建設すると，喜望峰からインド洋を直航してスンダ海峡（スマトラ島とジャワ島の間の海峡）を通ってバタヴィアにいたる新たな航路を開発した。こうしてオランダが香辛料貿易を独占し，東アジアでも台湾に一時拠点を築き，「鎖国」状態の日本と，ヨーロッパ諸国の中で唯一交易を続けた。

その後，17世紀末にアジアにおける商業活動が停滞すると，オランダ東インド会社は植民地経営に方針を転換した。ジャワ島中・東部のマタラム王国（1755年滅亡）やジャワ島西部のバンテン王国（1813年滅亡）を圧迫し，ジャワ島の大半を支配下に入れた。なお，オランダ本国では，フランス革命の影響で政治が混乱し，その中でオランダ東インド会社は解散している（1799年）。

②オランダ領東インドの形成と支配

東インド植民地の直轄支配のため新たにオランダ政庁が設置され，ナポレオン戦争後のイギリス=オランダ協定（1824年）で両国の勢力圏が定められた。イギリスはインド，マレー半島，シンガポールを，オランダはスマトラ島やジャワ島などの島嶼部を勢力圏とし，両者の境界線はマレー半島とスマトラ島の間，つまりマラッカ海峡におかれた。

一方，オランダの支配に対して現地のイスラーム勢力による抵抗運動も発生した。ジャワ島では王族によるジャワ戦争（1825～30年）が起こった。この結果，オランダの財政が悪化したため，オランダ領東インド総督ファン=デン=ボスがジャワ島で強制栽培制度を開始した。農民に商品作物を強制的に栽培させ，安価で買い上げ売却する制度で，オランダの財政回復に寄与している。

その後もオランダは周辺の島々にも支配を拡大させ，20世紀初頭のスマトラ島北端のアチェ王国の征服（アチェ戦争）によって現在のインドネシア地域の支配を完成させた。オランダ領とならなかった地域としては，イギリス領のボルネオ島北部（現在のマレーシア領北ボルネオとブルネイ）とポルトガル領の東ティモールが挙げられる。

③オランダに対する抵抗運動

多くの島嶼から成り立つオランダ領東インドでは民族運動に統一性は生まれづらかったが，先駆的な運動として女性運動家カルティニやブディ=ウトモの活動が挙げられる。1911年に結成されたイスラーム同盟（サレカット=イスラーム）が最初の大衆的民族運動組織とされ，イスラーム教を団結の柱とした。第一次世界大戦後には重要な2つの組織が結成された。インドネシア共産党はコミンテルンの指導下に1920年に結成されたアジア最初の共産党としても知られている。また，1927年にはスカルノの指導下にインドネシア国民党が結成された。ともにオランダによって弾圧されたが，第二次世界大戦後に再建を果たしている。

Ⅲ　解答

第一次世界大戦後，中国では五・四運動が起こるなど愛国的意識が高まる一方，李大釗が紹介したマルクス主義が広まった。ソヴィエト政権はカラハン宣言で帝国主義的特権の放棄を宣言し，コミンテルン指導下に陳独秀らが中国共産党を結成した。孫文はソ連の援助を受けて第1次国共合作を成立させ，共産党員の中国国民党への参加が認められた。しかし，北伐が進行する中，共産党の勢力拡大を恐れた列強や浙江財閥の支持で蔣介石が上海クーデタを起こし国共合作は崩壊した。以後，紅軍を組織し農村運動に転じた共産党は江西省瑞金に中華ソヴィエト共和国臨時政府を樹立したが，国民政府の攻撃を受けて陝西省延安を目指す長征を行い，その途上，毛沢東が権力を強化した。抗日民族統一戦線の結成を訴えた八・一宣言は蔣介石に拒絶されたが，張学良が起こした西安事件を機に関係は改善し，盧溝橋事件で日中戦争が始まると国共対等の第2次国共合作が正式に成立した。（400字以内）

◀解　説▶

≪1910 年代から 1930 年代の中国共産党≫

●設問の要求

〔主題〕中国共産党に関係する 1910 年代から 1930 年代にかけての歴史

●論述の方向性と指定語句

設問の要求では「1910 年代から」となっているので，中国共産党成立の背景に言及することが必要である。その上で中国共産党の歴史を時系列で捉え，加えて中国共産党の周辺情報にも気を配っていこう。成立の背景も含め，以下の 3 つの時期に分けるとまとめやすくなるだろう。

①中国共産党成立とその背景（～1921 年／指定語句：李大釗，帝国主義的特権の放棄）

②第 1 次国共合作の時代（1921～27 年／指定語句：上海クーデタ）

③国共の対立と第 2 次国共合作の成立（1927～37 年／指定語句：延安，八・一宣言）

●論述の構成

①中国共産党成立とその背景

第一次世界大戦で協商国側に参戦した中華民国は，戦後のパリ講和会議で二十一カ条要求の取り消しと山東の旧ドイツ権益の返還を要求したが実現されず，このため北京大学の学生を中心に抗議デモが発生し，全国的な反帝国主義運動となった。これが五・四運動であり，政府は運動を無視できず，ヴェルサイユ条約の調印を拒否した。

北京大学教授であった李大釗は，この五・四運動の理論的指導者で，マルクス主義を中国に紹介した人物である。一方，ロシア革命後のソヴィエト政権は，カラハン宣言（1919 年，1920 年）で旧ロシア政府が中国に所持していた帝国主義的特権の放棄を宣言し，これを中国国民は歓迎した。

こうして，世界革命を目指して各地の民族運動を支援するコミンテルンの影響の下で中国共産党が上海で設立された（1921 年）。創立時の構成員には李大釗や，後に中華人民共和国の建国を宣言する毛沢東の名前も見られる。委員長の陳独秀は『新青年』を創刊して儒教道徳や封建制度を批判した新文化運動の中心人物でもあった。

②第 1 次国共合作の時代

中国国民党を組織した孫文はソヴィエト政権との関係強化を図り「連

ソ・容共・扶助工農」の新方針の下で中国共産党との協力を実現した。これが第 1 次国共合作（1924 年成立）で，共産党員は個人の資格で国民党への加盟が認められるという国民党中心のものであった。孫文の死後，五・三〇運動が発生すると軍閥政府打倒の意識が高まり，1926 年から蔣介石を総司令とする北伐が開始された。北伐の進展とともに労働運動が活発化して共産党の影響力が拡大したが，こうした動きを警戒した帝国主義列強や浙江財閥は蔣介石を援助して共産党への弾圧を行わせた。この上海クーデタ（1927 年）で多くの共産党員や労働者が虐殺され，第 1 次国共合作も崩壊した。この後，蔣介石は南京に国民政府を樹立して北伐を再開し，1928 年に北京を占領して北伐は完了した。

③国共の対立と第 2 次国共合作の成立

国共分裂後の共産党は紅軍を整備して農村根拠地を拡大した。それらの根拠地を統合し江西省の瑞金を首都とする中華ソヴィエト共和国臨時政府が 1931 年に成立した。同じ年には柳条湖事件により満州事変が始まっていたが，蔣介石は共産党討伐を優先した。そのため共産党は瑞金から撤退を始め，その途中の遵義会議（1935 年）で毛沢東の指導権が確立され，最終的に陝西省延安が新たな根拠地となった。この共産党の撤退は長征（1934～36 年）と呼ばれるが，その最中，モスクワではコミンテルンの第 7 回大会が開催されており，人民戦線の方針が決定された。そこで，中国共産党も八・一宣言（1935 年）を発して抗日民族統一戦線の結成を訴えたが，蔣介石は提案を無視して共産党への攻撃を続けた。その中心となったのが奉天軍閥の首領だった張作霖の息子の張学良である。張学良は西安を拠点に共産党攻撃の指揮を執っていたが，督戦に来た蔣介石を監禁して内戦停止と一致抗日を迫った（西安事件）。この西安事件は，共産党の周恩来の説得もあって解決し，国民党と共産党との協力が実現することになり，盧溝橋事件が勃発して日中戦争が始まった後，国共対等の第 2 次国共合作が正式に成立した（1937 年）。

Ⅳ　解答

第一次世界大戦後，債務国から債権国に転じたアメリカでは，ウォール街が新たに国際金融市場の中心となり，1921 年から 3 代続く共和党政権下で大企業を保護する自由放任政策と保護関税政策がとられた。フォード社の「組み立てライン」方式による自動車生産や家庭電化製品の普及など，大量生産と大量消費にもとづく大衆消費社会が形成され，プロスポーツやジャズ，ラジオや映画などの大衆娯楽も発展した。一方，対外的には孤立主義をとり，アメリカは上院の反対によって国際連盟への加盟を見送った。女性参政権が認められたが，左翼勢力への偏見からサッコ・ヴァンゼッティ事件のような冤罪事件も起こった。社会の中心となったワスプの中では保守的で禁欲的な価値観が強く，禁酒法が制定され，人種差別団体のクー=クラックス=クランが復活し，南欧や東欧からの移民の制限やアジア系移民を事実上禁止する移民法も制定されるなど排外的な風潮が高まった。(400字以内)

◀解　説▶

≪1920年代のアメリカ社会の特徴≫

●設問の要求

〔主題〕1920年代のアメリカ社会の特徴

●論述の方向性と指定語句

主題が「社会の特徴」であるから，時系列でまとめることは難しいので，指定語句から書くべき内容を想起して論述の方向性を考えていきたい。〔解答〕では，以下の3つに分けて構成を考えている。

①1920年代のアメリカ社会の前提（指定語句：債権国，フォード）
②アメリカ社会と対外情勢（指定語句：孤立主義）
③アメリカ社会と国内情勢（指定語句：クー=クラックス=クラン，移民法）

●論述の構成

①1920年代のアメリカ社会の前提

第一次世界大戦の結果，アメリカは戦前の債務国から債権国に転じ，経済的な繁栄期を迎えた。ハーディング，クーリッジ，フーヴァーと3代続いた共和党政権下（1921～33年）で大企業を優遇する自由放任政策と高率保護関税政策が採用された。

企業活動も活発になり，フォード社が「組み立てライン」方式で大量生産したT型フォードは自動車を一般化させ，冷蔵庫や洗濯機などの家庭電化製品が多くの家庭に普及していった。大衆文化が花開き，映画やジャズ，ハリウッド映画，プロスポーツなどが盛んになった。大量伝達手段としてラジオが普及したことも，こうした大衆文化が広がる要因となった。

②アメリカ社会と対外情勢

第一次世界大戦中にアメリカ大統領ウィルソン（民主党）は十四カ条を発表して戦後の秩序を提示したが，戦後のアメリカは，社会の保守化もあって孤立主義に復帰し，共和党が優勢の上院はヴェルサイユ条約を批准せず，国際連盟への加盟も実現できなかった。

なお，アメリカは，アメリカ大陸以外への政治的関与については消極的だったが，アメリカに関わる国際問題については指導力を発揮しようとし，ワシントン会議（1921～22年）を開催して軍縮に貢献し，またアジア・太平洋地域における秩序を構築した。また，ドイツ賠償問題でもドーズ案を提示し，ドイツに資本を提供している。これらの対外問題については，課題の「アメリカ社会」からはずれてしまうので，指定語句に関わる部分のみを対象にした方がよいだろう。

③アメリカ社会と国内情勢

第一次世界大戦中に女性の社会進出が進んだ結果，1920年に女性参政権が認められた。経済的繁栄が続くなか，革新主義の運動は衰退し，ソ連への反発から左翼勢力への偏見も強く，イタリア系移民に対するサッコ・ヴァンゼッティ事件が発生している。また，大戦前の「古き良き時代」への復帰を求める動きも強くなり，保守的で宗教色の強いアメリカ社会を理想とするWASP（ワスプ：プロテスタントのアングロ=サクソン系白人）がアメリカ社会の中心となり，同じ白人でもカトリックのアイルランド系やイタリア系を差別し，黒人に対する人種差別は根深く残り，アジア系移民は人種的偏見の対象となり移民法が制定されている。禁酒法の制定もこの時期のアメリカ社会を象徴する法律として重要である。

❖講　評

例年通り400字の長文論述が4題出題された。指定語句も5つずつで例年と同じである。出題地域はエジプトが1題，東南アジアが1題，中国が1題，アメリカが1題で，時代は古代が1題，近世～現代が1題，そして20世紀の現代史が2題であった。試験時間120分で400字の論述を4題書き上げるのは，高い学力とともに国語力，そして集中力が必要である。

Ⅰ　ヘレニズム時代におけるエジプトとその周辺の歴史：アレクサン

ドロス大王の遠征からローマによる属州化までのエジプトの歴史なので，比較的まとめやすいだろう。エジプトの「周辺」にどの程度言及できたか，指定語句の「カルタゴ」や「属州」をテーマと関連づけられたかで得点差が生じただろう。

Ⅱ　17世紀から第二次世界大戦勃発前までのオランダの東南アジア進出：現在のインドネシア地域の歴史だが，指定語句の「マレー半島」の使い方に工夫がいるだろう。イギリスと関連づけられるかが決め手となった。

Ⅲ　1910年代から1930年代の中国共産党：中国共産党に「関係する」という要求をきちんと読み取って，中国共産党の動向をまとめればよい。指定語句の「帝国主義的特権の放棄」をカラハン宣言の内容だと判断することが少々難しいため注意が必要である。

Ⅳ　1920年代のアメリカ社会の特徴：他の3題が経緯をまとめればよいのに対して，特徴を論述することが課題である。アメリカ社会が繁栄していたことはわかっていても，それを具体的に整理してまとめることに苦労するだろう。「社会」が問われていることに十分注意したい。

地理

I **解答** 中央付近には北西から中山川に合流する関屋川が形成した扇状地の緩やかな斜面が広がっており，南部には東流する中山川に沿って氾濫原がみられる。扇状地の大部分は，水はけがよいため果樹園として利用されており，関屋川には平常時に水流がみられない。ただし，関屋川を南北から挟む山地の麓は水利に恵まれるため，高松や大倉の集落が立地し，部分的に田も営まれている。また丹原町来見から丹原町長野にかけての扇端は，湧水を得やすかった上，中山川の氾濫原より標高が高く，水害を被りにくいため早くから家屋が建ち並び，小・中学校，神社，郵便局，交番なども立地する集落が形成されている。一方，南部の山麓沿いにも緩斜面に果樹園が営まれているほか，丹原町湯谷口から丹原町寺尾にかけて集落が連続して分布している。中山川に沿った氾濫原には段丘が形成されているが，相対的に標高が低く，一部の家屋や工場を除いて，大部分は田として利用されている。(400 字以内)

◀解　説▶

≪愛媛県西条市付近の地形的特徴と集落立地，土地利用≫

図 1 中の中央付近には関屋川が形成した扇状地，南部には中山川が形成した氾濫原（谷底平野）が広がっている。砂礫が厚く堆積した扇状地は水はけが良好で，一面が果樹園として利用されており，水流が伏流するために関屋川も水無川となっている。丹原町長野から丹原町来見にかけて連なる集落は，北西側に広がる果樹園と南東側に分布する田との境界付近に立地しており，湧水を得やすい扇端に当たると判断できる。さらに砂礫が堆積した地形であることから，中山川の洪水被害を受けにくい点にも触れておきたい。そのほか丹原町田滝や高松，大倉などの集落は，関屋川の扇状地を南北に挟む山地の麓で水利に恵まれる場所に立地しており，部分的に田が営まれていることにも気がつく。

一方，中山川に沿って東西に延びる氾濫原は低湿で，大部分が田で占められている。ただし，河道に並行するように崖の記号が読み取れ，小規模な河岸段丘を確認できる。多くの家屋は，水害を避けやすい右岸の段丘面上で，山地の麓や扇状地の扇端に集まっており，緩斜面では果樹園も営まれている。

Ⅱ **解答** 　aが都市流域，bが森林流域である。地表の大部分がアスファルトやコンクリートなど舗装面によって覆われている都市では，降雨の地中への浸透量が少なく，その大部分が排水溝や下水管を経由して速やかに河川に排出される。よって都市流域の河川では，日雨量の増加に伴って日流量も急増するが，雨が降りやむと日流量も急激に減少し，降雨が観測されない期間には日流量が極端に少なくなる。一方，森林では，大雨の際には降雨の一部が地表を流れるものの，大量の樹木や林床の草本類が流下を妨げるため降雨の大部分は地中に浸透し，地下水となって時間をかけながら河川に流出する。よって森林流域の河川では，日雨量の影響が日流量に表れにくく，日雨量が特に多い場合でも都市流域の河川より日流量の増加が抑えられ，その後の流量の減少もゆっくりと進む。降雨のない期間でも一定の日流量が保たれる森林流域の河川は，都市流域の河川と比較して流量が安定している。(400字以内)

◀解　説▶

≪都市流域の河川と森林流域の河川≫

図2には，河川aの日流量が，日雨量に合わせて変化する様子が示されている。一方，河川bの日流量の変化は河川aよりも小さく，日雨量が多い場合でも増加が始まるタイミングが遅れることや，流量の減少にも経過時間がかかることが示されている。さらに，日雨量が少ない場合には，河川bの日流量に変化は表れず，降雨がみられない期間には河川aを上回る流量が保たれていることも読み取れる。

こうした違いを，それぞれの河川の流域に広がる都市と森林の土地被覆の違いに注目して説明していく。降雨に伴う流量変化が顕著な河川aは，舗装面が広いことから雨水の地中への浸透量が少なく，排水溝や下水管から短時間で排水される都市を流域とする河川である。降雨の影響が小さく，増水や減水が緩やかに進む河川bは，樹木や草の影響で降雨の大部分が地中に浸透する森林を流域とする河川である。大量に蓄えた水を，ゆっくりと河川に流出させる森林には，水源の涵養機能や洪水の調節機能がある。

III　解答

太平洋北西部には，日本や中国などの沿岸国から多量の栄養塩類が流れ込んでいる上，東シナ海などに大陸棚が広がり，日本海には大和堆や武蔵堆などのバンクも存在する。浅い海域は海底付近まで太陽光が届きやすいため，プランクトンの繁殖が盛んで，海藻も育って多くの魚類が生息している。さらに日本海流などの暖流と千島海流などの寒流が会合することで形成される潮境付近では，海水がかき混ぜられて栄養塩類が太陽光の届く海面付近に上昇するために大量のプランクトンが発生し，カツオやサバなどの暖海魚もタラやニシンなどの寒海魚も集まってくる。一方，太平洋南東部には大規模な大陸棚が存在しないが，寒流のペルー海流は貿易風によって西方へ運ばれるために，栄養塩類が沈み込んだ深海からの湧昇流が引き起こされて，プランクトンが大量に発生する。ただし深海からの冷水が加わって水温が低い海域であり，漁獲される魚種はアンチョビーなどに偏っている。(400 字以内)

◀解　説▶

≪太平洋北西部と太平洋南東部における漁場の成立条件と漁獲物の特色≫

好漁場となる理由としては，食物連鎖の出発点となる植物プランクトンが大量に発生するという自然条件が不可欠で，漁獲量の多さには魚類に対する需要や漁獲に関わる技術などの社会条件も関わっている。使用することが求められた5つの指定語句に注意すると，本問では自然条件を中心に解答を作成することになる。

植物プランクトンは，リンや窒素などの栄養塩類と光合成に必要な太陽光を得られる浅い海域で多く発生する。太平洋北西部は，水深の浅い大陸棚やバンクが発達すること，暖流の日本海流（黒潮）や対馬海流と寒流の千島海流（親潮）やリマン海流が会合することで形成される潮境付近で湧昇流が発生することなどが原因となってプランクトンに恵まれる。対照的に太平洋南東部には大陸棚の発達がみられず，潮境も形成されないが，貿易風の影響を強く受けるペルー海流では湧昇流が発達するため，大量のプランクトンが発生する。

「魚種」についても記述する必要があるので，暖流と寒流が流れ込む太平洋北西部では，暖かい海域に生息する魚類，冷たい海域に生息する魚類ともに漁獲されるのに対し，水温の低い太平洋南東部で漁獲される魚種はアンチョビー（カタクチイワシ）などに限られることに言及する。

なお，チリ南部ではフィヨルドの入り江を利用してサケ・マスの養殖も盛んであるが，一般に漁獲と養殖は区別されるので本問では触れる必要はないだろう。

Ⅳ 解答

韓国では，首都ソウルとその外港都市インチョン周辺の都市で製造業出荷額が多くなっているほか，港湾機能が立地するプサンやウルサンなど国土東南部の都市で石油化学や造船など臨海型の工業が発達している。また，両地域間を中心に高速道路網が整備されたことで，内陸の拠点都市であるテジョン，テグ，クァンジュなどで工業団地の造成が進んだほか，首都圏南部でも内陸に向かって工業地域が拡大している。1960 年代以降に繊維や雑貨など軽工業を中心とする輸出指向型工業が確立され，まもなく重化学工業も成長した韓国では，地域間の経済格差が拡大するとともに人口移動が促進され，人口が減少した農村に対して工業化が進展した都市の人口密度が高くなっている。さらに韓国の国際的な地位が上昇した近年は，政治・経済・文化などの諸機能が高度に集積し，競争力の高いエレクトロニクス産業や自動車産業が発達している首都圏への人口の集中が顕著になっている。(400 字以内)

◀解　説▶

≪韓国の工業立地の特色，人口分布の地域的特徴と社会経済的背景≫

図 3 より，韓国の製造業出荷額は，首都ソウル周辺地域とウルサン，プサンなど東南部のほか，テグ，テジョン，クァンジュなど内陸の拠点都市で多くなっている様子が読み取れる。内陸の工業都市の多くは，首都圏と東南部の間に分布しているが，両地域の間には高速交通が整備され，人，物資，情報の流動が活発な韓国の国土軸（京釜軸）が形成されていることに注意する。

図 4 からは，人口密度の高い市郡の分布が工業の盛んな都市とおおむね一致していることが読み取れるが，その社会経済的背景として，工業化に伴って地域間の経済格差が拡大し，農村から工業都市への人口移動が促進されたことを指摘する。近年，韓国では付加価値の高いエレクトロニクス産業や自動車産業が成長して，海外投資も増加するなど国際的な地位が上昇し，各種の機能が集まる首都圏への人口集中が加速している。

❖講　評

2022年度も2021年度同様，論述法4題（各400字）の出題であった。頻出の地形図読図が扱われたほか，自然環境と産業分野をテーマとする出題が行われた。字数の多い論述問題に取り組むためには，地形図などの資料を丁寧に読解する力や，具体的な記述につながる豊富な知識が必要である。

Ⅰ　対象地域の地形の特徴は，土地利用に注意すれば扇状地と氾濫原・河岸段丘の両方を取り上げる必要がある。集落立地については，中山川左岸に連なる集落も，右岸に連なる集落も自然堤防上に立地しているわけではない点に注意したい。

Ⅱ　雨量の変化に対して，流量変化の仕方が異なる都市流域の河川と森林流域の河川との比較が求められた。まずは資料を丁寧に読み取ってそれぞれの特徴を明確化し，その背景を土地被覆の違いに注意して説明する。

Ⅲ　太平洋北西部と太平洋南東部が好漁場となる理由と漁獲物の特色を，5つの指定語句を用いながら説明する。水産業に関するオーソドックスな出題内容で，指定語句も使いやすい。

Ⅳ　資料から韓国の工業都市と人口分布の類似性を読み取り，その社会経済的背景について説明することが求められた。工業や人口の分布と韓国の国土軸との関係についても触れておきたい。

倫理

I　**解答**　「がんばることは良いことである」と一般的に言われるが，はたしてそれは正しいのだろうか。私たちは「がんばれば必ず報われる」と信じて努力しがちであるが，今の自分にはない何かを手に入れようとがんばって目標を達成できても，また次の課題が見えて，常に自分に欠けているものばかりが目について満たされない。仏教には「足るを知る」という言葉がある。仏教の開祖ブッダは，苦しみは欲望や執着心から生まれると説いたが，がんばることは執着心に他ならないのではないか。がんばっているときは，無理をして自分自身を見失っていたり，自分を正当化するあまり，周囲の人が努力を怠っているように感じてしまったりすることがある。それはブッダが説く「正しい見解」に基づいた「正しい努力」ができていないからである。幸福になるためには，「がんばること」を捨て，ありのままの自分や世界を受け入れ，足りていることに満足して感謝することが必要である。(400字以内)

◀解　説▶

≪「がんばること」への批判≫

「がんばることは良いことである」という命題について，古今東西の思想家から一人を取り上げて論駁する。倫理で学習したことを，私たちの価値観を問い直す力に応用できるかが試される出題である。

〔解答〕では，ブッダの思想を取り上げ，「がんばること」は執着であり，執着している限り心は満たされないから，がんばることをやめなければならない，という展開で命題の論駁を試みた。ブッダが説いた八正道の内容から「正しい努力（正精進）」とはどういうことか考察している。

仏教用語には，「知足」に関連する言葉がいくつかある。「吾唯知足」（吾ただ足るを知る），「知足者常富」（足るを知る者は常に富めり）など，この機会に理解を深めておくとよいだろう。

ブッダ以外に，中国の諸子百家の道家の開祖である老子も「足るを知る者は富む」と述べているので，老子を取り上げることもできる。

また，同じく道家の思想家である荘子の思想から，まっすぐな木は役に立つため切られて木材として使用されてしまうが，使いようのない木は天寿を全うすることができるという「無用の用」を説く寓話を引いて，有用であることをめざして努力することの愚かさを論ずることも可能である。

II　解答　和辻哲郎は，人間は個人として存在するが，単なる個別的存在ではなく，人と人との関係において人間になるという点で社会的存在でもあると考え，このような二重性格をもつ人間のあり方を「間柄的存在」と呼んだ。しかし，個人と社会は対立・矛盾する可能性をもつ。個人の自由を尊重すれば，他者の自由を奪うこともある。逆に個人の自由を全く認めず，ただ社会全体の利益のみを追求すれば全体主義となる。その対立を解消することは可能だろうか。「弁証法」とは，相反するものの力を保存し否定しあうことで，より高次へと止揚する運動の論理のことであるが，人間の生き方を問う倫理においても弁証法が見られると和辻は述べている。自分と他者の要求が衝突するとき，互いの自由の実現をめざす方法を真剣に考えることが，和辻の述べる弁証法的統一であり，社会をよりよいものにしようと努力する生き方が間柄的存在としての人間に求められる倫理であると私は考える。(400 字以内)

◀解　説▶

≪「間柄的存在」に求められる倫理とは≫

和辻哲郎は日本の代表的倫理学者で，『人間の学としての倫理学』で倫理学を人と人との間の学であると規定する独自の倫理学を打ち立てた。その思想の根底には，人間を孤立した自我としてとらえる西洋近代哲学に対する批判がある。和辻によれば，人間はけっして孤立した個人的な存在ではなく，常に人と人との関係においてのみ人間となるのであり，また同時に社会も空っぽの状態では社会といえず，個々人があってはじめて成立するものであり，人間関係の全体が社会なのである。つまり個人も社会も互いに関係しあいながら存在するのだが，そもそも個人の個別性と社会の全体性は対立・矛盾するものである。和辻は，個人でありながら常に社会性をもつ人間を「間柄的存在」と名づけ，矛盾する 2 つの側面を抱えている「二重性格」をもつ存在としてとらえた。

では，間柄的存在に求められる倫理，つまり人間としての生き方はどうあるべきか。それを考察させるのがこの問題の主眼である。設問には「自由」というキーワードを用いるという条件があるので，個人としての自由と他者の自由を実現する上で，どのように両立しうるかという視点をもって考察するとよいだろう。〔解答〕では，自己の自由のみを追求する利己主義に陥ることなく，また自己の自由や尊厳を見失って社会に埋没することもなく，他者との関わりの中で個人としての自己をとらえ，社会の創造に主体的に関わっていく姿勢を示した。

III　解答　中国の道家の開祖とされる老子は「大道廃れて，仁義有り」と説いた。この言葉は，当時の儒家が仁義などの道徳を重視したことを批判するものである。老子は万物の根源を「道（タオ)」と呼び，人間の感覚や言葉ではとらえることができない，ありのままの自然そのものと考え，人間も作為を捨てて道に従う生き方を理想とした。一方，儒家は「道」を人として守るべき道徳としてとらえ，仁義などの道徳を強調し，社会秩序に従って生きることを説いたが，老子の立場から見れば，人間がつくった道徳を説かなければならない時点で，大いなる自然の道のあり方を見失ってしまっていることになる。道徳は社会が混乱したために人間がやむを得ずつくり出したものであり，自然に反するものであるから，そのような道徳を必要としない世界こそ理想であるという老子の思想は，儒家への批判にとどまらず，人間の価値観が作為的なものにすぎないことを指摘する意味も含んでいる。(400字以内)

◀解　説▶

≪老子の儒家批判の理由≫

老子が「大道廃れて，仁義有り」と説いて儒家の思想を批判した理由を説明する。老子による儒家批判についての理解のみならず，古代中国思想の全体像について把握しておく必要がある。

老子は紀元前5世紀から紀元前4世紀の思想家と推定され，実在は不確かとも言われるが，宇宙の根源的な原理を「道（タオ)」と呼び，万物をありのままに生み育てる自然の道と一体となって生きることを説いたことから道家の開祖とされる。その思想は当時の儒家や墨家の影響を受けて形成されたと考えられる。

儒家の思想と老子の思想で決定的に異なるのは「道」の解釈である。儒家では，道とは人間の守り行うべき道徳の規範ととらえたのに対し，老子は道を宇宙の根源的な原理ととらえ，人間の感覚ではとらえられず，認識することも説明することもできないということから「無」とも呼んだ。

「大道廃れて，仁義有り」とは，本来の大道（大いなる道）が見失われたために，人為的な道徳によって社会を秩序づけようとする儒教が現れたという意味であるが，この言葉の後には次の内容が続く。「大道廃れて，仁義有り。知恵出でて，大偽有り。六親和せずして，孝慈有り。国家昏乱して，忠臣有り」（儒家は，仁義などの人為の道を説くが，自然の道が廃れたから仁義が説かれ，知恵者が現れたからひどい偽りも行われ，一族が不和だから孝行が目立つのである） つまり，知恵や道徳などは人間がつくり出したものにすぎないのに，それらを貴ぶことが偽善や対立・差別を生み，社会を悪くしてしまっていると老子は指摘し，無為自然の道に従う人間の自然なあり方に立ち返ることを説いた。

「無為自然」という理想の生き方や，「小国寡民」という理想社会を表す言葉から，老子の思想を理解しておくとよいだろう。

Ⅳ　解答

ソクラテスの問答法を継承したプラトンにとって，哲学とは「共同研究と共同生活」を行う者同士が対話によって真理を探究することであり，善のイデアを慕うエロースによって生まれた，知を愛する活動そのものである。哲学における真理とは語りえぬものである点で，書物により伝達できる他の学問の知識とは異なる。問答法による真理探究においては，問題を取り上げて対話を重ねていく中で矛盾が明らかになり，相手の意見を聞いて考えるうちに，まるで「飛火によって焚きつけられた光」のように自己の魂の内に真理についての気づきが生じる。そして，生まれた気づきは次の段階へと上るための知性となり，自分の成長を促す力となって自分で自分を養い育てていく。プラトンにとっては，エロースによるイデアの想起によってイデアを求め続ける生き方そのものが哲学であるがゆえに，完成した形で書き記された書物にとどめておけるようなものではなかったと考えられる。(400 字以内)

◀解　説▶

≪プラトンの問答法的哲学の特徴≫

出題の資料は，プラトンの『書簡集』に収められた「第七書簡」の，ディオニュシオス 2 世がいいかげんな知識で哲学に関する書物を著したことをプラトンが批判した箇所である。プラトンは「言葉」をイデアの影にすぎないとして低く評価し，真実在に関する知性を，言葉という不完全な器に入れたり，「書かれたもの」という取り換えの利かぬ状態に盛り込んだりすべきではないと考えていた。ここからイデアそのものについて書物を著すことはできないという資料の内容につながる。

古代ギリシアの哲学者プラトン（紀元前 427～紀元前 347 年）は師ソクラテスの影響を受けて問答法（対話，ディアレクティケー）を重視した。それはプラトンの著作のほとんどが対話の形式で書かれていることからもわかる。ただし，ソクラテスの問答法が無知の知の自覚から出発しているのに対し，プラトンの問答法はイデアの想起を目的としているところに特徴がある。純粋思惟によるイデアの探求は，丁寧な吟味と反駁を繰り返して仮説・前提を排除するという方法で行われ，善のイデアの直知に到達することをめざす。その真理探究は自分の魂から真理を掘り起こすようなものであり，不完全な人間が善のイデアを愛し求め，それによって自己を向上させようとする心の働きである。「共同研究」「共同生活」という記述が対話（問答法）を指していることに気づけるかどうかが解答を作成する鍵となる。

プラトンの数多くの著作を参考にすると，対話とはイデアへ向かって進む純粋思惟の行程である想起そのものであり，対話の技術を用いながら，相手の魂の中に言葉を知識とともにまいて植え付けるとき，その言葉は相手と自分を助ける力をもち，その種子からまた新たなる言葉が新たなる心の中に生まれ，常にその命を不滅のままに保つことができるとある。また，下線部中の「飛火」について，知の燃え移る決定的瞬間は突発的で予測しえないが，それは学ぶ者自身が絶えず吟味され反駁されている間に起こるのであり，知が燃え移るとその人の知性・知識・真なる思いのすべてが，必ず健全なものに育っていくとプラトンは考えている。「知そのもの」へと一歩一歩近づけ，真実を追究する愛知心の原動力となる「知の飛火」の本質について述べた箇所が下線部の記述である。

以上の内容を参考にして，プラトンのイデア論と問答法を関連づけて理解を深めてほしい。

❖講　評

Ⅰ　与えられた命題を，思想家を取り上げて論駁させる問題。自分の意見を展開するうえで，倫理の学習で理解した思想内容を反論の根拠として結びつけることができるか，応用力が問われている。

Ⅱ　和辻哲郎が「間柄的存在」としての人間のあり方について述べた有名な文章を参考にして，「二重性格」をもつ人間に求められる倫理とはどのようなものか，意見を述べさせる問題。西洋近代哲学で説かれた「個人」とは異なる和辻の人間観を理解しておく必要がある。

Ⅳ　プラトンにとって哲学とはどのような意味をもっているかを説明させる問題。他の学問との相違に注目して哲学の特徴をとらえることが条件として与えられている。ソクラテスからの問答法の継承や，イデア論，エロース，想起というプラトンのキーワードを関連づけて理解しておきたい。

数学

1

解答 (1) 円 C_1 は原点Oが中心，点 $A(1,\ t)$ を通ることから，半径が $\sqrt{t^2+1}$ の円なので，方程式は

$$x^2+y^2=t^2+1$$

よって，点Aにおける C_1 の接線 l の方程式は，接線の公式より

$$x+ty=t^2+1 \quad \cdots\cdots① \quad \cdots\cdots(答)$$

別解 接線 l 上に点 $P(x,\ y)$ をとる。直線 l は点 $A(1,\ t)$ を通り，$\overrightarrow{OA}=(1,\ t)$ に垂直な直線である。$\overrightarrow{AP}=(x-1,\ y-t)$，$\overrightarrow{OA}$ と垂直である，つまり，内積の値が 0 となるので

$$1(x-1)+t(y-t)=0$$

よって，直線 l の方程式は

$$x+ty-t^2-1=0$$

(2)

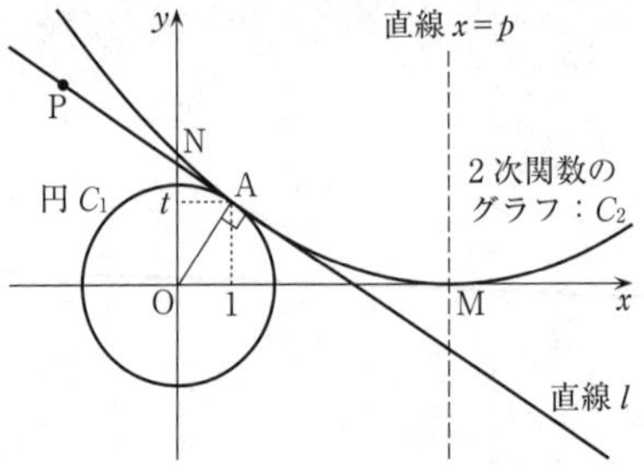

2 次関数のグラフ C_2 の軸は直線 $x=p$ であり，x 軸に接するので，C_2 の方程式は

$$y=a(x-p)^2 \quad (a\neq 0)$$

と表すことができる。両辺を x で微分すると

$$y'=2a(x-p)$$

であるから，点Aにおける接線 l の傾きは，$2a(1-p)$ である。

一方で，①は，$t\neq 0$ より

$$y=-\frac{1}{t}x+t+\frac{1}{t}$$

と変形できるから，接線 l の傾きは $-\frac{1}{t}$ でもある。

C_1 と C_2 が点Aで共通な接線をもつための条件は，C_2 も点Aを通ることと，C_1 と C_2 の点Aにおける接線の傾きが等しいことより

$$\begin{cases} t=a(1-p)^2 & \cdots\cdots② \\ -\dfrac{1}{t}=2a(1-p) & \cdots\cdots③ \end{cases}$$

③より，$2a(1-p)=-\dfrac{1}{t}\neq 0$ であるから

②÷③ より　　$-t^2=\dfrac{1-p}{2}$

$\therefore\quad p=2t^2+1\quad\cdots\cdots$(答)

(3)　(2)の結果と②より

$$a=\frac{1}{4t^3}$$

また，点Mの座標は $(p,\ 0)$，点Nの座標は $(0,\ ap^2)$ である。

$$\begin{aligned} \triangle\mathrm{OMN}&=\frac{1}{2}\cdot\mathrm{OM}\cdot\mathrm{ON} \\ &=\frac{1}{2}p\cdot ap^2 \\ &=\frac{1}{2}\cdot\frac{1}{4t^3}(2t^2+1)^3 \\ &=\left(\frac{2t^2+1}{2t}\right)^3 \\ &=\left(t+\frac{1}{2t}\right)^3 \end{aligned}$$

$t>0$ かつ $\dfrac{1}{2t}>0$ なので，相加平均・相乗平均の関係から

$$\frac{t+\dfrac{1}{2t}}{2}\geqq\sqrt{t\cdot\frac{1}{2t}}$$

$$t+\frac{1}{2t}\geqq\sqrt{2}$$

よって

$$\triangle\mathrm{OMN}\geqq(\sqrt{2})^3=2\sqrt{2}$$

等号は，$t=\dfrac{1}{2t}$ のときだから，$t=\dfrac{\sqrt{2}}{2}$ のときに成り立つ。

したがって，三角形 OMN の面積の最小値は　$2\sqrt{2}$　……(答)

◀解　説▶

≪円と放物線の共通接線≫

(1)　円 $x^2+y^2=r^2$ 上の点 $(a,\ b)$ における接線の方程式は $ax+by=r^2$ である。微分して微分係数を求めることにより曲線の接線の方程式を求めることとは別に，この公式は覚えておいて利用すればよい。

(2)　$y=f(x)$，$y=g(x)$ のグラフが点 $(p,\ q)$ で共通な接線をもつための条件は

$$\begin{cases} f(p)=g(p)=q & \cdots\cdots④ \\ f'(p)=g'(p) \end{cases}$$

が成り立つことである。

本問では C_1 が点Aを通っているので，C_2 も点Aを通ることより，②を④のかわりに立式した。

(3)　三角形 OMN の面積を p，a で表して，それを(2)で得られた関係から，t で置換する。整理していきながら，相加平均・相乗平均の関係が利用できることに気づこう。

2　解答

(1)　p_2 とは $a_2=1$ となる確率のことであり，$a_1=1$ であるから，1回目に出た目が1，2，3，4である確率のことである。

よって　　$p_2=\dfrac{4}{6}=\dfrac{2}{3}$　……(答)

p_3 とは $a_3=1$ となる確率のことである。

右図の推移より

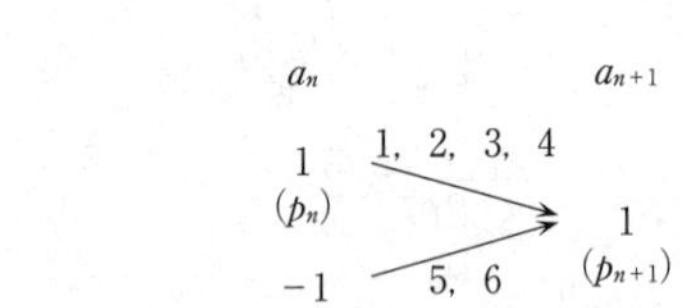

$$p_3=\frac{2}{3}\cdot\frac{2}{3}+\frac{1}{3}\cdot\frac{1}{3}=\frac{5}{9}\quad\cdots\cdots(答)$$

(2)　右図の推移より

$$p_{n+1}=p_n\times\frac{2}{3}+(1-p_n)\times\frac{1}{3}$$

$$p_{n+1}=\frac{1}{3}p_n+\frac{1}{3}\quad\cdots\cdots(答)$$

(3)　　$p_{n+1}=\dfrac{1}{3}p_n+\dfrac{1}{3}$

$$p_{n+1}-\frac{1}{2}=\frac{1}{3}\left(p_n-\frac{1}{2}\right)$$

数列 $\left\{p_n-\frac{1}{2}\right\}$ は初項 $p_1-\frac{1}{2}=1-\frac{1}{2}=\frac{1}{2}$，公比 $\frac{1}{3}$ の等比数列なので

$$p_n-\frac{1}{2}=\frac{1}{2}\left(\frac{1}{3}\right)^{n-1}$$

$$\therefore\quad p_n=\frac{1}{2}\left\{1+\left(\frac{1}{3}\right)^{n-1}\right\}$$

よって

$$p_n\leqq 0.5000005$$

に p_n を代入し，右辺を変形すると

$$\frac{1}{2}\left\{1+\left(\frac{1}{3}\right)^{n-1}\right\}\leqq\frac{1}{2}\left\{1+\left(\frac{1}{10}\right)^{6}\right\}$$

$$\left(\frac{1}{3}\right)^{n-1}\leqq\left(\frac{1}{10}\right)^{6}$$

両辺の常用対数をとると

$$\log_{10}\left(\frac{1}{3}\right)^{n-1}\leqq\log_{10}\left(\frac{1}{10}\right)^{6}$$

$$-(n-1)\log_{10}3\leqq -6$$

$$(n-1)\log_{10}3\geqq 6$$

両辺を正の $\log_{10}3$ で割ると

$$n-1\geqq\frac{6}{\log_{10}3}$$

$$\therefore\quad n\geqq 1+\frac{6}{\log_{10}3}\quad\cdots\cdots①$$

ここで，$0.47<\log_{10}3<0.48$ であることを用いると

$$\frac{1}{0.47}>\frac{1}{\log_{10}3}>\frac{1}{0.48}$$

$$\frac{6}{0.47}>\frac{6}{\log_{10}3}>\frac{6}{0.48}$$

$$\frac{6.47}{0.47}>1+\frac{6}{\log_{10}3}>\frac{6.48}{0.48}$$

$$13.8>1+\frac{6}{\log_{10}3}>13.5$$

よって，これと①より，求める最小の正の整数 n は　　$n=14$　……(答)

参考　＜その1＞　$\dfrac{6.47}{0.47}>1+\dfrac{6}{\log_{10}3}$ において，左辺の $\dfrac{6.47}{0.47}=13.7659\cdots$ であるから，小数第2位以下を切り捨てて，$13.7>1+\dfrac{6}{\log_{10}3}$ とすると，本問の結果にはたまたま影響はないが，数学的には正しくはない。たとえば，13.77 かもしれないので，これでは成り立たなくなってしまう。$13.7659\cdots>13.7$ である 13.7 で押さえるのではなく，$13.8>13.7659\cdots$ である 13.8 で押さえると，正しい表記になる。

＜その2＞　$0.5000005=0.5+0.0000005$

$$=\frac{1}{2}+5\left(\frac{1}{10}\right)^7=\frac{1}{2}+\frac{5}{10}\left(\frac{1}{10}\right)^6$$

$$=\frac{1}{2}+\frac{1}{2}\left(\frac{1}{10}\right)^6$$

◀解　説▶

≪さいころの目に関する確率の漸化式≫

(1)　問題文を正しく読んで，a_n の -1，1 となる推移を考える。ここで，(2)での一般性をもたせた推移につながるように考える準備をしておこう。

(3)　利用できるものが $\log_{10}3$ の値であるから，(2)より数列 $\{p_n\}$ の一般項を求めて，その p_n を $p_n\leqq0.5000005$ に代入し，底が10の常用対数をとる。

3　解答

(1)　点 $\mathrm{A_1}$ は線分 AB を $t:1-t$ に内分する点なので

$$\overrightarrow{\mathrm{AA_1}}=t\overrightarrow{\mathrm{AB}}=t\vec{a}\quad\cdots\cdots①$$

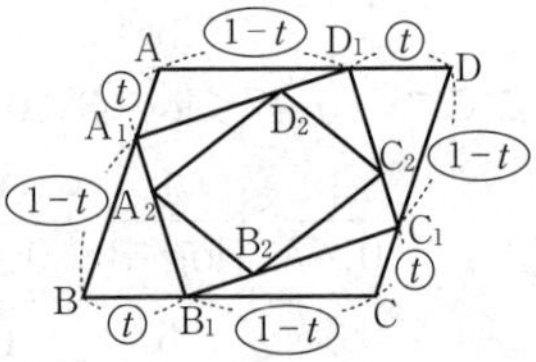

点 $\mathrm{B_1}$ は線分 BC を $t:1-t$ に内分する点なので

$$\overrightarrow{\mathrm{BB_1}}=t\overrightarrow{\mathrm{BC}}=t\overrightarrow{\mathrm{AD}}=t\vec{b}$$

と表せるから

$$\overrightarrow{\mathrm{AB_1}}=\overrightarrow{\mathrm{AB}}+\overrightarrow{\mathrm{BB_1}}=\vec{a}+t\vec{b}\quad\cdots\cdots②$$

点 $\mathrm{C_1}$ は線分 CD を $t:1-t$ に内分する点なので

$$\overrightarrow{\mathrm{DC_1}}=(1-t)\overrightarrow{\mathrm{DC}}=(1-t)\vec{a}$$

と表せるから

$$\overrightarrow{\mathrm{AC_1}}=\overrightarrow{\mathrm{AD}}+\overrightarrow{\mathrm{DC_1}}$$

$$= (1-t)\vec{a} + \vec{b} \quad \cdots\cdots ③$$

点 D_1 は線分 DA を $t : 1-t$ に内分する点なので

$$\overrightarrow{AD_1} = (1-t)\overrightarrow{AD} = (1-t)\vec{b} \quad \cdots\cdots ④$$

①，②より

$$\overrightarrow{A_1B_1} = \overrightarrow{AB_1} - \overrightarrow{AA_1}$$
$$= (\vec{a} + t\vec{b}) - t\vec{a}$$
$$= (1-t)\vec{a} + t\vec{b} \quad \cdots\cdots ⑤$$

$\vec{a} \neq \vec{0}$，$\vec{b} \neq \vec{0}$，$\vec{a} \nparallel \vec{b}$ であるから，$\overrightarrow{A_1B_1} = p\vec{a} + q\vec{b}$ における p，q は

$$\begin{cases} p = 1-t \\ q = t \end{cases} \quad \cdots\cdots (答)$$

①，④より

$$\overrightarrow{A_1D_1} = \overrightarrow{AD_1} - \overrightarrow{AA_1}$$
$$= -t\vec{a} + (1-t)\vec{b}$$

$\vec{a} \neq \vec{0}$，$\vec{b} \neq \vec{0}$，$\vec{a} \nparallel \vec{b}$ であるから，$\overrightarrow{A_1D_1} = x\vec{a} + y\vec{b}$ における x，y は

$$\begin{cases} x = -t \\ y = 1-t \end{cases} \quad \cdots\cdots (答)$$

(2)　③，④より

$$\overrightarrow{D_1C_1} = \overrightarrow{AC_1} - \overrightarrow{AD_1}$$
$$= \{(1-t)\vec{a} + \vec{b}\} - (1-t)\vec{b}$$
$$= (1-t)\vec{a} + t\vec{b}$$
$$= \overrightarrow{A_1B_1} \quad (\because \ ⑤)$$

四角形 $A_1B_1C_1D_1$ は一組の対辺が平行で長さが等しいので，平行四辺形である。　　　　　　　　　　　　　　　　　　　　　　　　　　　　(証明終)

(3)　(1)で，$\overrightarrow{A_1B_1} = p\overrightarrow{AB} + q\overrightarrow{AD}$，$\overrightarrow{A_1D_1} = x\overrightarrow{AB} + y\overrightarrow{AD}$ を計算した過程と同様に考えると，(条件) より

$$\overrightarrow{A_{n+1}B_{n+1}} = p\overrightarrow{A_nB_n} + q\overrightarrow{A_nD_n}$$
$$\overrightarrow{A_{n+1}D_{n+1}} = x\overrightarrow{A_nB_n} + y\overrightarrow{A_nD_n}$$

が成り立つから

$$\overrightarrow{A_3B_3} = p\overrightarrow{A_2B_2} + q\overrightarrow{A_2D_2}$$
$$= p\,(p\overrightarrow{A_1B_1} + q\overrightarrow{A_1D_1}) + q\,(x\overrightarrow{A_1B_1} + y\overrightarrow{A_1D_1})$$
$$= (1-t)\{(1-t)\overrightarrow{A_1B_1} + t\overrightarrow{A_1D_1}\} + t\{-t\overrightarrow{A_1B_1} + (1-t)\overrightarrow{A_1D_1}\}$$
$$= \{(1-t)^2 - t^2\}\overrightarrow{A_1B_1} + \{(1-t)t + (1-t)t\}\overrightarrow{A_1D_1}$$

$= (1-2t)\overrightarrow{A_1B_1} + 2(1-t)t\overrightarrow{A_1D_1}$

$= (1-2t)\{(1-t)\vec{a} + t\vec{b}\} + 2(1-t)t\{-t\vec{a} + (1-t)\vec{b}\}$

$= -(1-t)(2t^2+2t-1)\vec{a} + t(2t^2-6t+3)\vec{b}$

ここで，$\vec{a} \neq \vec{0}$，$\vec{b} \neq \vec{0}$，$\vec{a} \not\parallel \vec{b}$ であるから，この $\overrightarrow{A_3B_3}$ と $\overrightarrow{AD}(=\vec{b})$ が平行であるための条件は，$0<t<1$ である t に対して

$$\begin{cases} -(1-t)(2t^2+2t-1)=0 \\ t(2t^2-6t+3)\neq 0 \quad \cdots\cdots ⑥ \end{cases}$$

が成り立つことである。

$1-t\neq 0$ より　　$2t^2+2t-1=0$

$$\therefore \quad t=\frac{-1\pm\sqrt{1^2-2(-1)}}{2}=\frac{-1\pm\sqrt{3}}{2}$$

$0<t<1$ より　　$t=\dfrac{-1+\sqrt{3}}{2}$

これは，⑥を満たす。

よって，求める t の値は

$$t=\frac{-1+\sqrt{3}}{2} \quad \cdots\cdots(答)$$

◀解　説▶

≪平行四辺形に関わるベクトル≫

(1)　$\vec{a} \neq \vec{0}$，$\vec{b} \neq \vec{0}$，$\vec{a} \not\parallel \vec{b}$ なので，$\overrightarrow{A_1B_1}$ は $\vec{a}$，$\vec{b}$ で必ず1通りの形で表すことができる。また，$\overrightarrow{A_1D_1}$ についても同様である。

(2)　平行四辺形の性質はいくつかあるので，何を表せば，四角形 $A_1B_1C_1D_1$ が平行四辺形であることを示すことができるのかを考えてみよう。ベクトルの問題では，対辺が平行で長さが等しいことを示すことが容易なので，〔解答〕のようにすることが多い。

(3)　(1)を利用して，$\overrightarrow{A_3B_3}$ を $\vec{a}$，$\vec{b}$ で表してみる。$\overrightarrow{AD}=\vec{b}$ と平行となるための条件を求めよう。$\overrightarrow{A_3B_3}=k\overrightarrow{AD}$　$(k\neq 0)$ となるような t の値を求めることになる。(1)の計算の過程から

$$\overrightarrow{A_{n+1}B_{n+1}} = p\overrightarrow{A_nB_n} + q\overrightarrow{A_nD_n}$$

$$\overrightarrow{A_{n+1}D_{n+1}} = x\overrightarrow{A_nB_n} + y\overrightarrow{A_nD_n}$$

が成り立つことがポイントである。

❖講　評

1　円と曲線の共通接線に関する問題である。三角形 OMN の面積の最小値を求めるところでは相加平均・相乗平均の関係を利用する。そこに気づき，そのように変形していく。

2　さいころの目に関する確率漸化式の問題である。さいころの目によって a_n が 1 または -1 になる推移を考えて漸化式をつくり，そこから数列の一般項を求める。常用対数から，条件を満たす最小の n の値を求める。

3　帰納的に定められた点で定義されたベクトルの問題である。四角形が平行四辺形であることの証明や，2 つのベクトルが平行となるための条件を求める。

いずれの問題も方針の立て方で困るようなところはない，各分野で典型的な手法を用いる素直な問題である。

各問題レベルはやや易しめ，という印象である。

ている。

二の現代文（小説）は死を覚悟した主人公の〈子・夫・母〉への思いを綴った物語。書かれている内容は平易だが、行間に含みが多いので意味の理解はやや困難である。設問のポイントは問一と問四。問一では「そのあさつき」の「その」の中身を丁寧に前部で追うことで、後部の「しきりに思った」の重みを正確に捉えることが、問四では〈夜（闇）・肉親・甘え〉の関係を〈昼・子供や夫・覚悟〉との対比で押さえ、「こわい」の重みを正確に捉えることが求められている。

三の古文『源氏物語』は、平安時代中期に成立した物語。本文に登場する人物は光源氏と女三宮の二人だけで（源氏の会話の中に「中宮」が登場）、場面の転換もないので、どのような場面・状況が描かれているかについては比較的つかみやすい。問二の①は、長寿の象徴である「松」を名にもつ「松虫」なのに短命だ、という傍線部分（1）の内容を的確に理解した上で、各選択肢の和歌の主旨を吟味する必要がある。問四は、リード文にある女三宮の説明、さらに［B］の歌の直前にある女三宮についての描写がヒントになっていることに気がつけば容易。なお、古典に登場する「松虫」は現在のスズムシであり、現在のマツムシが「鈴虫」と呼ばれていたと言われている。

四の漢文『唐詩紀事』は、唐代の詩人についてその詩と詩にまつわる話、小伝、評論などが収録された書。本文ではまず、邵大震の詩が取り上げられ、それに唱和した盧照隣の詩、さらにその二人と同じ場所にいて杯を酌み交わしていた王勃の詩が取り上げられる。時は九月九日の重陽の節句、高台に登って節句の祝いとして酒を飲みながら作った詩である。彼らの詩に共通するのは、望郷の念。盧照隣と王勃の詩に登場する「鴻雁」は渡り鳥であり、秋に越冬のため北の地から南に渡ってくるのだが、その鴻雁の姿が、故郷を離れ南の地で暮らす彼らの望郷の思いをさらに強めるのである。問三・問四の説明問題は、その望郷の念が読み取れていないと難しい。

にする。

問三　［B］の詩の直前に「和して云ふ」とあるが、ここの「和」は「唱和」の「和」で〝一方がまず詩歌を作り、他方がそれに応じて詩歌を作る〟ということである。盧照隣は邵大震の詩に触発され、自分も同じような思いを詩にうたったと考えられる。邵大震の詩の表現からははっきりと読み取れないが、盧照隣の詩に「帰心」「帰望」「他郷」という表現があることから、二人とも望郷の念を詩にうたったのだろうと想像できる。邵大震の詩を聞いて、同じように異郷で暮らす盧照隣もそれに共感し、望郷の念が強まった、という方向で解答をまとめればよいだろう。

問四　［C］の詩の前にある文章に「客剣南」とあることから、王勃も故郷を離れているということがわかる。詩の第三句の「人」は作者の王勃のこと。彼は自分の故郷ではない「南中（＝南の地方）」にいて、ここでの生活を「厭」うて故郷に帰りたいと思っている。なのに、渡り鳥の「鴻雁」はどうしてわざわざ北の地からこの南の地まで飛んで渡ってくるのか。以上が後半二句の内容であるが、設問の要求は全体の趣旨なので、前半二句の内容も簡潔にまとめる必要がある。［A］～［C］いずれの詩も「九月九日」で始まっているが、この日は五節句の一つの「重陽の節句」である。古来中国では奇数は縁起のよい「陽数」と考えられ、陽数の最大値である「九」が重なる旧暦の九月九日を「重陽」と呼んだ。この重陽の節句には高い所に登って菊の花びらを浮かべた酒を飲むという風習があったという。前半の趣旨としてこの詩が作られた背景を表す「重陽の節句」は取り上げておいたほうがよいだろう。

❖講　評

一の現代文（評論）はゴシップと人間関係について論じた文章。内容は比較的平易で読解に困難はない。設問も問一から問三までは設問の意図やヒントの箇所が明確なのでそれほど困難なく解けるだろう。ポイントは問四。傍線部分（4）の「メンバーになる」が設問では「どうして……メンバーであると言えないのか」と表記を変えられたことの意味を考えた上で、問三で確認したゴシップの機能などを参考に視点を変更させて記述を行うことを要求する設問となっ帰心《きしん》帰望《きばう》風煙《ふうえん》積む。
他郷《たきやう》共《とも》に酌《く》む金花《きんくわ》の酒、
万里《ばんり》同《とも》に悲しむ鴻雁《こうがん》の天。

玄武山は今の東蜀《とうしよく》に在《あ》り。高宗《かうそう》の時、王勃鶏《わうぼつけい》に檄《げき》する文を以《もつ》て、沛王《はいわう》の府《ふ》を斥出《せきしゆつ》せられ、既《すで》に廃《はい》せられ、剣南《けんなん》に客《かく》たり。玄武山に遊び詩を賦《ふ》する有り。照隣《せうりん》新都の尉《ゐ》たり、大震《だいしん》其《そ》れ同時の人なり。

勃詩に云ふ、

[C]　九月九日望郷台《ばうきやうだい》、
他席《たせき》他郷客を送るの杯《はい》。
人今已《いますで》に南中《なんちゆう》に苦しむを厭《いと》ふに、
鴻雁那《なん》ぞ北地《ほくち》より来《き》たる。

▲解　説▼

問一　「斥出」の「斥」は「排斥」の「斥」であることから〝追い出す、退ける〟の意であることは見当がつくだろう。ただし、主語が「王勃」なので、ここは受身で解釈し〝追い出され〟とする。〈注〉①にあるように、高宗を怒らせたことが「斥出」の原因になっている。「沛王府」の「沛王」は〈注〉①から王の名前であることがわかる。「府」は「政府・国府・幕府」の「府」であることから〝官府、役所〟の意と考える。

問二　返り点に従って読むと「玄武山↓遊↓詩↓賦↓有」の順になる。「遊」は「遊ぶ」という動詞で、「玄武山」は遊ぶ場所を表しているので「玄武山」に送り仮名「ニ」をつけ、「遊」から下につなげるため「遊ぶ」は連用形にして「遊び」、または接続助詞「て」をつけて「遊びて」とする。「賦」はここでは〝詩歌を作る〟意の動詞「賦す」として用いられている。「詩」はその目的語に当たるので送り仮名「ヲ」をつける。最後の「有」は動詞「有り」だが、その前には名詞、または名詞に準ずるものがくる。よって「賦す」を連体形にして「賦する」、または「賦すること」

盧照隣が唱和して言う、

[B] 重陽の節句である九月九日に山川を見渡し、
故郷に帰りたいと望む心は風になびくかすみのごとく積み上がる。
この異郷の地で故郷へ帰る君とともに菊酒を酌み交わす、
はるか遠くまで飛んでいく鴻雁を見てはともに悲しむ。

玄武山は今の東蜀にあった。高宗のとき、王勃は戯れに書いた闘鶏の檄文（＝闘鶏をテーマに諸王を批判するふれ文）によって、（高宗の子である）沛王の官府から追い出され、ことごとく退けられ、剣州の南に身を寄せた。（あるとき）玄武山に遊びに行き詩を作ることがあった。（そのとき出会った）照隣は新都の尉であり、大震も同じ時代の人である。

王勃の詩に言う、

[C] 九月九日の重陽の節句に望郷台に登った、
この異郷の地で折しも節句の祝いと友人の送別会が重なって杯を交わす。
人間である自分は南の地の暑さとつまらない生活にはうんざりしているというのに、
鴻雁はどうして北の地からわざわざこの地にやって来るのか。

読み

九日玄武《げんぶ》山に登りて旅眺《りよてう》して云《い》ふ、

[A] 九月九日遙空《えうくう》を望み、
秋水秋天《しうすいしうてん》夕風《せきふう》を生《しやう》ず。
寒雁一向《かんがんひたすら》南飛《なんぴ》すること遠く、
遊人幾度《いうじんいくど》菊花《きつか》の叢《そう》。

盧照隣《ろせうりん》和《わ》して云ふ、

[B] 九月九日山川《さんせん》を眺め、

宮が「ふりすてがたき鈴虫の声」と詠んだのを受け、［B］の歌で光源氏が同じく縁語を用いて「なほ鈴虫の声ぞふりせぬ」と詠んでいるが、ここでは「ふり」は「古り」の意である。「せぬ」の「せ」はサ変動詞、「ぬ」は打消の助動詞「ず」なので、「ふりせぬ」で〝古びない〟の意になる。リード文に、女三宮は光源氏の「出家した妻」とあることに注意。〝鈴虫の声が古びないのと同じように、出家してもなおあなた（＝女三宮）の若々しさ、美しさは変わらない〟と光源氏は詠んでいるのである。

四

出典 計有功編『唐詩紀事』

解答

問一 沛王の官府から追い出され

問二 玄武山に遊び（て）詩を賦する（こと）有り

問三 自身も地方の行政官として異郷で暮らしており、邵大震の詩に詠まれた望郷の念に共感して故郷へ帰りたいという思いが募る心情。

問四 北の故郷を離れ南の異郷で重陽の節句の杯を酌み交わしている人間の自分は、この地での生活にはうんざりして故郷に帰りたいと思っているのに、なぜわざわざ鴻雁は北の地からこの南の地に渡ってくるのだろうか、ということ。

◆全 訳◆

九日玄武山に登って異郷の地を遠く見渡して言う、

［A］重陽の節句である九月九日にはるか遠くまで広がる空を見渡し、
川には澄みきった秋の水が流れ、秋空からは夕風が吹いてくる。
寒雁はひたすら遠く南に向かって飛び、
旅人の私は幾度も菊花の咲く草むらを横切る。

長寿を象徴する木であることから、その「松」という字を名にもつにもかかわらず命が短いから「名には違ひて」と言っているのである。選択肢の和歌はすべて「松」という語が入っているので、長寿の象徴であるはずの「松」なのに実際には時間的に短い、という内容を詠んでいるものを選べばよい。選択肢の歌の主旨を簡潔にまとめてみる。
（a）帰り道がわからなくなったので、松虫の声がする方へ行って宿を借りようか。（b）秋の夜長に鳴き続ける虫の声に加え、さらに物思いを添える松風が吹く。（c）自分がこれから行く因幡の松の「まつ」ではないが、あなたが私を「待つ」というのならすぐに帰ってこよう。（d）千年もの寿命をもつという松のようにあの子が長生きしていたら悲しい死別はしなかっただろう。したがって、長寿の松と短命だった我が子が対比になっている（d）が正解。

（d）は、任国の土佐で死んだ子供を思って紀貫之が詠んだ歌である。

②「はかなき」は①で説明したとおり、〝寿命が短い、短命な〟などと訳せばよい。「べき」は助動詞「べし」の連体形で、ここでは推量の意で〝～だろう、～にちがいない〟と訳す。①の設問が「松」が長寿であることの連想なので、「名（名前）」の前に「松虫という」「長寿の象徴である『松』の字をもつ」などの表現を加える。

問三　入試における和歌の修辞法についての設問は半数以上が掛詞についてのものであるが、ほかに序詞や縁語についても押さえておきたい。この和歌では季節の「秋」に動詞の「飽き」が掛けられている。掛詞の定番である。女三宮は和歌に〝あなた（＝光源氏）は私に飽きてしまった〟という裏の意味を込めたのだが、光源氏がそれを読み取ったことは、そのあとで「思ひのほかなる御言にこそ（＝思いがけないお言葉だ）」と言っていることで見当がつく。さらにこの和歌には掛詞だけでなく縁語も用いられていることに注意する。縁語とは歌の中のある語と意味の上で縁のある語をわざと用いることで表現の効果をねらう技法。「ふりすて」の「ふり」が「鈴虫」の「鈴」の縁語になっている。これもよく用いられる縁語である。

問四　［B］の歌の前に女三宮についての描写として「いとなまめいて、あてにおほどかなり」とある。「なまめい（なまめく）」は〝若々しく美しい、優美だ、上品だ〟、「あてに（貴なり）」は〝高貴だ、上品だ〟の意。［A］の歌で女三

庭に）お放しになった（松虫が）、はっきりと（野辺にいたときと同じように）鳴き続けることは少ないようだ。（長寿の象徴である「松」の字をもつ）名前とは違って、寿命の短い虫だということであろう。心のままに、人が聞かない奥山や、はるかに続く野辺の松原では声を惜しまず鳴くのも、たいそう人見知りをする虫なのであるよ。（それに対して）鈴虫は気さくな感じで、現代風で華やかなのが愛らしい」などとおっしゃると、女三宮は、

　秋というものはつらいものだとわかっておりました（あなたは私に飽きてしまいました）が、鈴虫の声を聞くとその
　　秋も振り捨てがたいですわ

と小声でおっしゃるのが、たいそう若々しく、気品があっておっとりしている。「なんとおっしゃいましたか。いやはや思いがけないお言葉だ」と（光源氏は）おっしゃって、

　ご自分の心から粗末な草の庵のようなこの住まいを疎ましく思って出家なさったわけですが、それでもやはり鈴虫の
　　声が古びることはありません（同じくあなたの美しさも変わることはありません）

などと申し上げなさって、（光源氏は）七弦琴を持ってこさせなさって、見事にお弾きになる。

▲解　説▼

問一　（イ）漢字では「著《しる》し」と書く形容詞の連用形で〝はっきりしている、明白だ〟の意だが、そのあとに〝人のいない奥山や野の松原では声を惜しまず鳴く〟とあることから、捕まえてきた松虫を家の庭に放しても同じようには鳴かないということを言っているのだとわかる。

（ロ）カ行四段活用の動詞「いまめく（今めく）」の連用形（イ音便）に存続の助動詞「たり」の連体形が接続したもの。「いまめく」は〝現代風だ、当世風だ〟と訳す。〝目新しく、華やかな感じ〟を表す。

（ハ）ナリ活用の形容動詞。〝おっとりしている、おおらかだ〟の意。

問二　①傍線部分（1）は「松虫」について述べたもの。「はかなき」は形容詞「はかなし」の連体形で、〝頼りない、取るに足りない〟など複数の意味をもつが、ここは直前に「命のほど」とあるので〝命が短い〟の意となる。「松」は

こんな甘えた気持になるのか」「母に甘ったれた覚えは……ない」「それが……なぜ母を思うのか」とあるので、ここから〈肉親は、私を子供の立場（＝甘える立場）にしてしまうので、死に対する覚悟が弱り、恐怖や悲しみが生じ、涙が出そうになる〉という関係を把握する。つまり肉親（母）は〈自分を子供という立場に束縛し、私の死への覚悟を邪魔してしまう〉ので、「闇の中で、肉親のしがらみを断ち切るために、私はもがいた」のだと理解する。そして二番目に、傍線部分（4）の「夜」は昼との〈対比〉が想定されているはずなので、「夜」で確認した関係を逆転させて〈昼は「子供に対する母親」（問二）、「夫に対する妻」（問三）の立場でいられるので、彼らのことを考えてしっかりした気持ちでいられる。だから「死」の「覚悟」が揺らぐことはない〉という関係になることを理解する。「夜がこわい」とは、昼の間には保てていたこうした気持ちや関係が「闇」によって遮断され、〈母（肉親）の子供〉になってしまうので、その親に甘える（すがる）気持ちになってしまう、つまり自分の死への恐怖や悲しみと向き合ってしまうことであると考え、これらをまとめて記述を行う。

三

出典　『源氏物語』〈鈴虫〉

解答

問一　（イ）はっきりと　（ロ）現代風である　（ハ）おっとりしている

問二　①―（d）　②長寿の象徴である「松」の字をもつ名前とは違って、寿命の短い虫であるのだろう

問三　「秋」が「飽き」との掛詞で、「ふり」が「鈴」の縁語である。

問四　出家したとはいえ、以前と変わらず若々しく気品あふれる様子。

◆全　訳◆

「秋の虫の鳴き声はどれ（が一番すばらしい）ということがない（ほど甲乙つけがたい）中で、松虫（の声）がすぐれているとおっしゃって、中宮（＝秋好中宮）が、はるかな野辺を分けてまでわざわざ探して捕らえさせてきては（屋敷の

たかった。その長い人生の道すがら、くずれそうな日、失意にさいなまれる日、挫折の日もあるだろう。その時に、勇気と、乗り越える努力を教えてやりたかった」とあるので、これらをまとめると「何のために」の中身になると理解する。次に設問の「どのような」の中身を傍線部分（2）の後部で確認すると、具体的な「遺書」の内容として、「北朝鮮放浪の生活を書き込まなくてはならなかった。あのような苦難を、一つ一つ、全力で乗り越えて来た私の姿を書いて」とあるので、これをまとめると「どのような」の中身になると理解し、両者を組み合わせて記述を行う。

問三　「私」に対する夫の様子を本文で確認すると、傍線部分（1）の後部に「『絶対に安静だよ』夫はきびしく、にらみつける」、傍線部分（3）の前部に「その後姿は、精一杯の悲しみを背負っていた」「決して、直接には、愚痴や泣きごとを言わない」「いつまでも健康になれない妻に、どれほどのいらだちを持っていることか」「『お茶でも飲むかね』夫の声である」とあるので、ここから〈絶対に安静＝妻の健康への心配・気づかい〉〈後姿＝妻が回復しないことへの悲しみやいらだち〉〈愚痴や泣きごとを言わない＝妻の精神状態への配慮〉〈お茶＝妻への気づかい〉という構図を読み取り、これらを〈夫は私の健康状態に対して精一杯の悲しみやいらだちを持っているが、私の心身への配慮から、愚痴や泣きごとも言わずに身体のことを心配して言葉をかけたり、お茶を持って来てくれたりする〉と理解する。次に「私」の気持ちに関して傍線部分（3）の前部を見ると、「その心情はよくわかった」とあるので、自分の病気に起因する夫の悲しみ・いらだち・やさしい気づかいをすべて理解し、夫の心の負担を軽くするために「出来るだけ元気な」声を出して〈心身の健康さ〉をアピールしようと考えたのだと理解して記述をまとめる。

問四　まず最初に、傍線部分（4）直後の「闇の中で、肉親のしがらみを断ち切るために、私はもがいた」の意味を考える。「しがらみ」とは〝束縛するもの、まとわりついて邪魔をするもの〟という意味なので、ここから〈肉親＝邪魔をするもの〉という関係を把握する。次に〈肉親は何を邪魔するのか？〉という観点から前部を見ると、「遺書を書くことは、その先に死を覚悟してからのことである」とあるので、ここから〈肉親は死の覚悟を邪魔する〉と理解する。さらに〈肉親はなぜ死の覚悟を邪魔するのか？〉という観点から前部を見ると、「涙を、懸命にこらえた。なぜ、もよくわかる。夫が枕元にお茶と干柿を運んで「おばあちゃんが送ってくれたんだ」と言ったとき、私は突然涙があふれそうになった。物心ついてから甘えたことのない母に甘えた気持になり、それを断ち切るために私はもがいた。

▲解　説▼

問一　傍線部分（1）に「その」と指示語があることを踏まえて、他のあさつきではなく、まさに「その」あさつきの意味を考える。「あさつき」に関しては前段落に「あさつきを摘みに行って来るからね」という会話文があり、その後に「オカッパ頭を寒い風になびかせながら、坂を下って行った」「春一番に雪が解けて、あさつきが黄色い芽を水の中にのぞかせていた」「いち早く摘みに行く」とある。ここから読み取れるのは〈春のはじめの美しい風景〉と〈その中であさつきを摘みに行く幼い頃の元気な私〉である。ここから「そのあさつきのみそ汁を思った」とは、春のはじめの美しい風景と、その中で〈元気な自分が摘んだあさつき〉で作ったみそ汁を思うことであると理解できる。次に「思った」の意味を考える。「思った」には〈想像＝現実ではない＝不可能〉といった要素がある。自分で摘んだあさつきのみそ汁を食べること。それは〈想像することしかできない＝現実ではない＝不可能なこと〉なのである。その理由として、リード文の「病気で死を覚悟している状況」を重ね合わせると、〈あさつきのみそ汁＝元気な私＝現実ではない＝元気になることは不可能＝死を覚悟している状況〉となる。これを踏まえて傍線部分（1）直後の「もう一度、健康を取り戻して、それを食べてみたいと、しきりに思った」を見ると、それは〈病気で死を覚悟するしかない状況だが、それでももう一度健康を取り戻したい〉という〈自分の回復を切実に願う気持ち〉の表出として理解することができる。これらをまとめて、現在の起き上がることすらままならない状況と、自由に駆け回っていた幼い頃の対比を軸に、健康を取り戻したいという切実な思いを説明する。

問二　まず、設問の「何のために」の中身を傍線部分（2）の前後で確認すると、前部に「やがて、深い悲しみの日もあるだろう。お母さん、と、呼びたいような日に、私は、遺書を遺すことによって、それに応えてやりたい。『どうか、お前達も、お母さんに負けないように、一生懸命に生きてゆきなさいよ』と」とあり、後部に「彼等を励ましてやりい→集団規範の形成や確認に関心がない→コミュニティ内の他のメンバーと会話を促進する気がない→他のメンバーのゴシップの対象になり得ない→他のメンバーの関心の対象外〉となり、結果として「コミュニティのメンバーであると言えない」という結論になるのである。こうした点を踏まえて記述をまとめる。

二

出典　藤原てい『旅路』〈第四章　夢に見た日本　遺書――流れる星は生きている〉（中公文庫）

解答

問一　今は病気で死を覚悟しているほど状態が悪いが、叶うならもう一度自分であさつきを摘みに行った幼い頃のように、春の始まりを満喫できるほどの健康を取り戻したい、という切実な気持ち。

問二　自分が死んだあと、子供達が長い人生の道すがら、悲しみや失意や挫折に苦しみ母を求めるときに、乗り越えられる勇気と努力を教え、支え励ましてやるために、北朝鮮放浪のような苦難を、一つ一つ、全力で乗り越えて来た自分の姿を書いた遺書を遺そうと思った。

問三　いつまでも健康になれない妻に精一杯の悲しみといらだちを持ちつつも、決して直接には愚痴や泣きごとを言わず、やさしく気づかってくれる夫の心情を思いやり、少しでも元気な様子を示して夫の負担を軽減したいと考えたから。

問四　昼の間は、子供の親としての死の覚悟や夫に対する気づかいなどで、自分自身に向き合うことなく残される人々のことを考えていられるが、夜にはそうした関係から遮断され、年老いた母に対して子供として甘えたくなる気持ちが生じ、その気弱な心が自分自身の死への恐怖や悲しみを増幅させてしまうということ。

◆要　旨◆

病気が重くなっても、私は這いながら洗濯物を干し、台所も這いまわった。全身が狂ってしまっていることは自分でよくわかっていた。いつか私が亡くなって、子供達がお母さんと呼びたいような日に、私は遺書を遺すことによってそれに応えてやりたい。この子供達のためにも少しでも多く生きてやりたい。いつまでも健康になれない私にいらだつ夫の心情能」とあり、「具体的な事例などを通じて……集団規範を作り出す」「具体的な事例――人についての情報を集団で評価することで、その集団における規範が作られ、確認される」とあるので、これらをまとめて記述を行う。

問四　まずこの設問において、傍線部分（4）の「コミュニティのメンバーになる」を設問文で「コミュニティのメンバーであると言えない」と〈わざわざ言い換えている〉ことの意味を考え、ここからこの設問では〈どうやったらメンバーになるのか?〉から〈メンバーであると言えない条件は何か?〉へと視点が移行していると理解する。

傍線部分（4）の「コミュニティ」と「ゴシップ」を手がかりにして両者の関係を前部で確認する。二段落前には「海部町のゴシップは、よそ者をコミュニティに受け入れるためのゴシップ」「人に関心がある」とあり、前段落には「その人に関心を寄せるからこそ、ゴシップは生まれる」とある。さらに傍線部分（4）の段落では「『ゴシップの対象にならない』とは人から関心を持たれないこと」「『うわさになる人がいない』とはみんなが関心を寄せる人がいないということ」「ゴシップを通じて人はコミュニティに受け入れられていき」とある。ここから〈コミュニティのメンバーになるためには、ゴシップの対象として他のメンバーから関心を寄せられなければならない〉ことを理解する。次に〈関心を寄せられない＝コミュニティのメンバーになれない条件とは何か?〉を確認するために、設問文の「ゴシップの機能」が書いてある箇所に戻る。第十～十二段落にある三つの機能の説明を〈コミュニティのメンバーになれない人間＝ゴシップを交わし合わない人間〉という観点から整理し直すと、〈①情報機能の喪失＝コミュニティに適応するための情報が手に入らない／コミュニティのメンバーの評価を知ろうとしない／自分の考えや意見の「位置」を知ろうとしない〉、〈②＝集団規範の形成・確認機能の喪失＝コミュニティにおける規範作成に関与しない／規範の確認を行わない〉、〈③エンターテインメント機能の喪失＝コミュニティのメンバーとの会話を促進しない／楽しさを共有できない〉ということになる。そしてこれらを先ほどの〈コミュニティのメンバーになるためには、ゴシップの対象として他のメンバーから関心を寄せられなければならない〉ということに重ね合わせると〈ゴシップを交わし合わない→コミュニティに適応するための情報やコミュニティ内での自分の考えや意見の「位置」に関心がなの人間関係からの撤退は、ケータイやスマートフォン以前に一九世紀に始まっていた。またゴシップには「情報機能」「集団規範の形成・確認機能」「エンターテインメントの機能」の三つがあり、個人にとってもコミュニティにとっても必要なものである。ゴシップは人に関心を寄せるからこそ生まれるものであり、ゴシップを通じて人はコミュニティに受け入れられ、コミュニティの一員で居続ける。それがコミュニティのメンバーになるということなのである。

◀解　説▶

問一　傍線部分（1）の「共通の」と直前の「大いに盛り上がる」を手がかりにして後部で「話題」をさがす。第七段落に「共通の知り合いのゴシップ」「盛り上がる」とあるので、この部分を踏まえて記述を行う。

問二　「やり過ごす」にはいろいろな意味があるが、ここでは〝他のことを行いながら面倒なことが終わるまで待つ〟と理解する。そしてここから傍線部分（2）の「このような状況」を〈面倒な状況〉と把握して前段落を見ると、〈馬車で移動→たまたま乗り合わせた人と数時間～数日過ごす→談笑に励み、親しくなる〉〈鉄道→スピードアップ（短時間の関わり）→話をせずに数時間知らない相手と向き合う〉という〈対比〉が読み取れる。ここから〈面倒な状況＝短時間の関わりしかない相手と話をせずに向き合うこと〉となる。このような状況は「イライラ」（前段落）を招くので、この〈イライラする状況をやり過ごす〉必要があるのだ、と理解して記述をまとめる。

問三　まず（3a）と（3b）がそれぞれ傍線部分より前の「ゴシップの機能」（第九段落）のどれに該当するかを考える。

（3a）は「学んだり」とあるので、これを手がかりにして前部を見ると、第十段落に「ある人についての情報を知らせてくれる」「社会環境に適応するための情報を伝えてくれる」「デートでどのように振る舞うべきかを間接的に教えてくれる」「自分の考えや意見の『位置』を知ることもできる」とある。この「知らせてくれる」「伝えてくれる」「教えてくれる」「知ることもできる」が〈学び〉につながっていると理解し、この部分を簡潔にまとめる。（3b）は「集団規範を確認」とあるので、これを手がかりにして前部を見ると、第十一段落に「集団規範の形成・確認機

国語

一

出典　松田美佐『うわさとは何か―ネットで変容する「最も古いメディア」』〈第4章　人と人をつなぐうわさ・おしゃべり〉（中公新書）

解答

問一　共通の知り合いにまつわるゴシップ

問二　鉄道の誕生により旅がスピードアップし、知らない乗客同士が親密になるほどの会話の時間が取れなくなった状態で、それでもある一定時間知らない相手と間近で向き合わざるをえないので、相手との関係を避けて、その時間をイライラせずに過ごす必要が生じたから。

問三　（3a）他者のゴシップを通して、特定の状況においてどう振る舞うべきか、あるいは自分の考えや意見がどの位置にあるかなど、社会環境に適応するための方法を学ぶということ。

（3b）ゴシップで語られる人についての具体的な事例を集団で評価することで、特定の集団における規範が作られ、確認されるということ。

問四　ゴシップは個人にとってもコミュニティにとっても必要なものであり、ゴシップを交わし合わない人間は、コミュニティに適応するのに必要な情報を手に入れられず、自分の考えや意見の位置を知ることもできない。また集団規範の形成にも関与せず、規範の確認や共有もできない。そして相手との会話も促進できない。そのような人間がコミュニティの中にいても他のメンバーは関心が持てないためゴシップの対象とならず、受け入れようもないから。

◆要　旨◆

車内での読書習慣は、鉄道の誕生により短時間見知らぬ人と一緒に過ごすような状況をやり過ごすためのもので、対面

////////////////////// ・memo・ //////////////////////

2021年度

問題と解答

■前期日程

問題編

▶試験科目・配点

【総合選抜*】

選抜区分	教　科	科　　　目	配　点
文系	外国語	「コミュニケーション英語Ⅰ・Ⅱ・Ⅲ，英語表現Ⅰ・Ⅱ」，ドイツ語，フランス語，中国語から１科目選択	500 点
	選　択	日本史Ｂ，世界史Ｂ，地理Ｂ，倫理，「数学Ⅰ・Ⅱ・Ａ・Ｂ」から１科目選択	500 点
	国　語	現代文Ｂ・古典Ｂ	500 点

【学類・専門学群選抜】

学群・学類		教　科	科　　　目	配　点
人文・文化	人文	外国語	「コミュニケーション英語Ⅰ・Ⅱ・Ⅲ，英語表現Ⅰ・Ⅱ」，ドイツ語，フランス語，中国語から１科目選択	600 点
		地歴・公民	日本史Ｂ，世界史Ｂ，地理Ｂ，倫理から１科目選択	600 点
		国　語	現代文Ｂ・古典Ｂ	600 点
	比較文化	外国語	「コミュニケーション英語Ⅰ・Ⅱ・Ⅲ，英語表現Ⅰ・Ⅱ」，ドイツ語，フランス語，中国語から１科目選択	400 点
		地歴・公民	日本史Ｂ，世界史Ｂ，地理Ｂ，倫理から１科目選択	400 点
		国　語	現代文Ｂ・古典Ｂ	400 点

社会・国際	社会	外国語	コミュニケーション英語Ⅰ・Ⅱ・Ⅲ，英語表現Ⅰ・Ⅱ		400点
		選　択	日本史Ｂ，世界史Ｂ，地理Ｂ，「数学Ⅰ・Ⅱ・Ａ・Ｂ」，「現代文Ｂ・古典Ｂ」から１科目選択		400点
	国際総合	外国語	「コミュニケーション英語Ⅰ・Ⅱ・Ⅲ，英語表現Ⅰ・Ⅱ」，ドイツ語，フランス語，中国語から１科目選択		400点
		地　歴	日本史Ｂ，世界史Ｂ，地理Ｂから１科目選択	から１科目選択	400点
		数　学	数学Ⅰ・Ⅱ・Ａ・Ｂ		
			数学Ⅰ・Ⅱ・Ⅲ・Ａ・Ｂ　〈省略〉		
人間	教育、心理	外国語	「コミュニケーション英語Ⅰ・Ⅱ・Ⅲ，英語表現Ⅰ・Ⅱ」，ドイツ語，フランス語，中国語から１科目選択 ※心理学類は英語必須で，ドイツ語，フランス語，中国語は選択できない。		250点
		地歴・公民	日本史Ｂ，世界史Ｂ，地理Ｂ，倫理から１科目選択	から１科目選択	250点
		数　学	数学Ⅰ・Ⅱ・Ⅲ・Ａ・Ｂ　〈省略〉		
		理　科	「物理基礎・物理」，「化学基礎・化学」，「生物基礎・生物」，「地学基礎・地学」から１科目選択　〈省略〉		
		国　語	現代文Ｂ・古典Ｂ		
	障害科	外国語	コミュニケーション英語Ⅰ・Ⅱ・Ⅲ，英語表現Ⅰ・Ⅱ		250点
		地歴・公民	日本史Ｂ，世界史Ｂ，地理Ｂ，倫理から１科目選択	から１科目選択	250点
		数　学	数学Ⅰ・Ⅱ・Ａ・Ｂ		
			数学Ⅰ・Ⅱ・Ⅲ・Ａ・Ｂ　〈省略〉		
		理　科	「物理基礎・物理」，「化学基礎・化学」，「生物基礎・生物」，「地学基礎・地学」から１科目選択　〈省略〉		
		国　語	現代文Ｂ・古典Ｂ		

医	看護	外国語	「コミュニケーション英語Ⅰ・Ⅱ・Ⅲ，英語表現Ⅰ・Ⅱ」，ドイツ語，フランス語から１科目選択		300点
		理　科	「物理基礎・物理」，「化学基礎・化学」，「生物基礎・生物」から１科目選択〈省略〉	から１科目選択	200点
		国　語	現代文Ｂ		
		個別面接	看護学を志向する動機，適性，感性，社会的適応力等について総合的に判断する		300点
体育専門		実　技	〈省略〉		600点
		論　述	保健体育理論に関する論述試験（保健体育に関する基礎的学力及び文章表現能力をみる）		100点
芸術専門		実　技	〈省略〉		700点

▶**選抜方法**

•「総合選抜」「学類・専門学群選抜」の２つの選抜方式により実施する。「総合選抜」と「学類・専門学群選抜」は併願できない。総合選抜の４区分から一つ，もしくは学類・専門学群選抜の21学類・２専門学群から一つの募集区分に出願することができる。

＊『総合選抜』の仕組み

①受験者は「文系」「理系Ⅰ」「理系Ⅱ」「理系Ⅲ」のいずれかの選抜区分を選択して受験する。

②１年次では総合学域群に所属し，専門分野の異なる複数の科目を履修し，自分の学びたい専門分野を探す。

③２年次以降に所属する学類・専門学群は，志望に基づき１年次の成績や適性等によって決まる。その際，志望する学類・専門学群の指定する科目を履修していることが条件となる。なお，特定の選抜区分（文系・理系Ⅰ・理系Ⅱ・理系Ⅲ）で入学した学生を優先して受け入れる学類もある。

④いずれの選抜区分で入学しても，体育専門学群を除く全ての学類・専門学群に進める。ただし，それぞれの学類・専門学群には定員がある。

▶備　考

- 学類・専門学群選抜の選択科目のうち，社会・国際（国際総合）学群の「数学Ⅰ・Ⅱ・Ⅲ・A・B」，人間学群の「数学Ⅰ・Ⅱ・Ⅲ・A・B」と理科，医（看護）学群の理科は『筑波大学（理系―前期日程）』に掲載。
- ドイツ語，フランス語，中国語は省略。
- 数学Bは「数列，ベクトル」を出題範囲とする。
- 人文・文化（日本語・日本文化）学群では，前期日程（学類・専門学群選抜）を実施していない。

英語

(120分)

I 次の英文を読んで，下の問いに答えなさい。

(星印(＊)のついた語には本文の後に注があります。)

Ageism is a hidden bias in our society. The proverb 'old is gold' does not apply to the older population in our society. Jokes are made at the expense of (1) the older population, showing them variously as bad-tempered or lovable. Older people are teased about their cognitive abilities, ignored and not taken seriously, and there is a greater assumption that they have physical and mental impairments. Anti-wrinkle creams and treatments crowd the shelves. In a 2004 report by Age Concern in the UK, one in three people surveyed thought older people are 'incompetent and incapable'. Explicit discrimination and bias are illegal and also increasingly frowned upon. Yet implicit biases against age persist.

Age-related stereotypes are unlike the ones shaped by gender or race. They are unique (2) in the way that even the ones belonging to the in-group hold the same negative stereotypes. When over the course of the first 50-odd years of our lives we see and internalise the negative stereotypes associated with ageing, the implicit bias is so strong that we do not have the opportunity to develop a mechanism that would allow us to create strong in-group bonds. We are often complicit* in our own marginalisation too as we grow older through the implicit bias we ourselves carry against old age. This leads to an implicit out-group favouritism (3), where the old are seen to associate strongly with the younger group. When someone says 'you are only as old as you feel' or uses the phrase 'young at heart' or claims that they 'don't feel old' they are displaying some of the implicit biases and fears associated with ageing. Ageing is a highly salient and negative implicit bias, and most of the associations with ageing are those associated with anxiety and fear of 'losing our marbles*' and then inevitable death. Unlike other stereotypes, there is no benefit in associating with our in-group. Instead, it is the out-group that affords the benefit of health and long life.

While negative, age-related implicit biases are shaped by subliminal priming*, through seeing images of older people portrayed in a negative light, the effect can also be temporarily reversed by showing positive visual stimuli, such as images of positive role models. But since this is a unique kind of bias, where out-group favouritism is significant as opposed to the usual in-group attachment and affiliations, it is important to address(4) the implicit biases and negative stereotypes that older people have of themselves and the stereotypes that make some individuals try to thwart* the ageing process with cosmetic procedures and interventions. Stanford University sociologist Doug McAdam calls it 'cognitive liberation', where people have to collectively (and individually) recognise and define their situation as unjust and one that can be changed by collective action.

Virtual embodiment — an illusion created in immersive virtual reality where a virtual body is seen as our own — has been used in a novel exploratory environment to address bias against old people. In this particular experiment(5), 30 young men were recruited at the University of Barcelona to see if having an older virtual body (in this case, that of Albert Einstein) can change people's perception of older people. While also enhancing the cognitive abilities of the participants, the embodiment of an older body altered their view of age and led to a reduction of implicit bias against the elderly. The participants did not have to imagine being old; they inhabited the body of an older person and experienced it directly. Since the transformed self is now similar to the out-group ((ア) people in this case), the negative value associated with the out-group is disrupted and therefore out-group prejudice is (イ). By remodelling the perceptions of self, the associated physiological characteristics could be transformed too. In this particular case, though, it is not clear whether this change in implicit bias was because of an association with a famous person (Einstein) or truly because of the virtual illusion of transformed self. There have been other experiments with white people given black virtual bodies that have shown a reduction in their implicit bias against black people lasting at least a week. Literally 'stepping into someone else's shoes' can give us an important perspective on their experiences, and so minimise the biases that we carry.

Ashton Applewhite, author of *This Chair Rocks: A Manifesto Against Ageism*, says the words and language we use around ageing and with reference to old people matter because 'if we diminish our regard for the senior members of our society verbally, we are likely to do the same(6) when it comes to the way we frame policy — removing their dignity and sense of agency in generalisations that assume vulnerability and dependence instead of resilience and independence.' Ashton questions the binary young/old view of the world, and words such as 'the elderly' that suggest a homogenous group. If we view age as a spectrum(7), then we minimise the effects of overgeneralisation.

出典：Pragya Agarwal (2020) *Sway: Unravelling Unconscious Bias*, pp. 315–326, Bloomsbury Sigma, London より抜粋，一部改変

(注)　complicit　共謀して
marbles　知力，正気
subliminal priming　閾下プライミング。先に与えられた刺激によって，後の刺激の処理の仕方に無意識のうちに影響が出る現象
thwart　阻止する

(注意)解答する際，句読点は１マスに１文字記入すること。

1. 下線部(1)の at the expense of の代わりにここで使える表現として最も適切なものを次の中から１つ選び，記号で答えなさい。

(A) mentally damaging
(B) spending money on
(C) with the loss of
(D) without respect for

2. 下線部(2)について，They が指す内容を明らかにし，それがどのような点で unique なのか，50 字以内の日本語で説明しなさい。

3. 下線部(3) out-group favouritism とはどのようなことか，文脈に即して 25 字以内の日本語で説明しなさい。

4. 下線部(4)の address の代わりとして最も適切なものを次の中から 1 つ選び，記号で答えなさい。

(A)　confront　　(B)　defend

(C)　make a speech about　　(D)　send a letter about

5. 下線部(5) this particular experiment の目的を 40 字以内の日本語で具体的に説明しなさい。

6. 空所（　ア　）（　イ　）に入れる語の組み合わせとして最も適切なものを次の中から 1 つ選び，記号で答えなさい。

(A)　(ア)　older　　(イ)　increased

(B)　(ア)　older　　(イ)　reduced

(C)　(ア)　younger　　(イ)　increased

(D)　(ア)　younger　　(イ)　reduced

7. 下線部(6) do the same の内容を具体的に 20 字以内の日本語で説明しなさい。

8. 下線部(7)の we view age as a spectrum とはどのようなことか，40 字以内の日本語で説明しなさい。

Ⅱ　次の英文を読んで，下の問いに答えなさい。

（星印（＊）のついた語には本文の後に注があります。）

When Margaret Morris goes to the grocery store, people ask if she's throwing a party (1). Her cart is filled with French fries, cheesecakes, meat pies and other tasty treats. "I snoop around looking for specials," she says. "I spend a lot of money on food." Morris is a ***neuroscientist*** — someone who studies the brain. She works at the University of New South Wales in Sydney, Australia. And yes, she is throwing a party. But her guests aren't people. This fast-food feast is destined for her lab rats. After a few weeks of all the junk food they can eat, Morris and her colleagues run the rats through a series of tasks, testing the limits of their learning and memory.

Morris studies what's called the *gut-brain axis* (2). It refers to the ongoing conversation taking place between the brain and gut. Because of this chatter, our innards* — and the microbes* living in them — can affect how we think and behave. Our brain, in turn, can talk back to our stomach and intestines* and their bacterial inhabitants. By studying how residents of our gut influence our brain, Morris and other scientists seek to find out just how much *you are what you eat*. Their results may one day enable us to change our feelings and behaviors — all with the right mix of foods and microbes.

It's no surprise that our brain sends signals to our gut to control digestion and other tasks. The brain sends its orders via the vagus nerve*. This long structure wanders from the very base of the brain down to the gut. Along the way, it touches many other organs. The brain makes hormones — chemical signals that it drips into the bloodstream. These, too, flow to the gut. Both the vagus nerve and hormones (3) can signal hunger and fullness. They can control, too, how quickly food moves through us.

But the gut doesn't just listen. It also talks back. Microbes inside our stomach and intestines help break down food. Those microbes create waste products that can themselves serve as chemical messengers. These waste molecules can trigger a cascade* of signals throughout the rest of the body.

Some microbial cross-talk prompts stomach-lining cells to send chemical text-messages to the immune system. This can protect us from infection. Some microbes shoot molecular signals back up the vagus nerve. Others pump messages — hormones — into the bloodstream, from which they'll travel to the brain. Those hormones can affect everything from memory skills to mood.

The brain and gut send constant cascades of notes back and forth, more than any social media. According to Mark Lyte, a microbial endocrinologist* at Iowa State University in Ames, (4) that peaceful communication serves a critical purpose. "You have trillions of bugs in your gut and you rely on them for a lot of your nutrients. But they rely on you to sustain themselves," he says. "They need to communicate with you. And you need to communicate with (5) them." Exactly what the messages say depends on who's sending (6) them. A gut filled with fruits and vegetables will house a different set of microbes than one used to a diet of chips, soda and other junk foods. And the messages sent by those different sets of gut microbes may affect our brains differently.

This is where Morris' rat parties come in. After two weeks on a junk-food diet full of cakes and fries, her lab rats take a memory test. Each rat investigates a space filled with objects. Then, after the rat leaves, Morris and her colleagues move some of the objects around. The next day, they put the rat back into the space. If it notices a change in the furnishings, it will spend more time sniffing around the objects that had moved. Tests like this one rely on an area of the brain called the ***hippocampus**** (there are two in each brain). These regions are very important for learning and memory. But after a few weeks of downing junk food, (7) a rat's hippocampi no longer work so well. The rats don't seem to recognize which objects have been moved, unlike those that ate healthy foods. Could this be because of their gut bugs? Rats that dine on fast food have a less diverse group of microbes in their guts, Morris and her group find. But their gut diversity returned when the scientists gave the junk-food-eating animals a high dose of a ***probiotic*** — a mix of (　ア　) gut bacteria. Their memory also improved. Morris and her colleagues published their findings in the March 2017 *Molecular Psychiatry*.

出典：Bethany Brookshire (2018) "Belly Bacteria Can Shape Mood and Behavior."
https://www.sciencenewsforstudents.org/article/belly-bacteria-can-shape-mood-and-behavior より抜粋，一部改変

（注）innards　内臓
microbe　微生物，病原菌
intestine　腸
vagus nerve　迷走神経
cascade　滝，滝状のもの
endocrinologist　内分泌学者
hippocampus　海馬，複数形は hippocampi

（注意）解答する際，句読点は 1 マスに 1 文字記入すること。

1. 下線部(1)の中の party の目的は何か，本文に即して 40 字以内の日本語で説明しなさい。

2. 下線部(2)の *gut-brain axis* と同じ意味を表す表現を次の中から 1 つ選び，記号で答えなさい。

(A) gut-brain expectation　　(B) gut-brain interaction
(C) gut-brain separation　　(D) gut-brain unification

3. 下線部(3)の Both the vagus nerve and hormones の役割について，本文に即して 35 字以内の日本語で説明しなさい。

4. 下線部(4)の that peaceful communication が指す内容を，本文に即して 30 字以内の日本語で説明しなさい。

5. 下線部(5)と(6)の them はそれぞれ何を指しているか，本文中からそれぞれ 1 語を抜き出して書きなさい。

6. 下線部(7)のようになるのはなぜか，本文に即して 40 字以内の日本語で説明しなさい。

7. 空所（　ア　）に入る最も適切な語を次の中から選び，記号で答えなさい。

(A) beneficial　(B) harmful　(C) influential　(D) neutral

Ⅲ　次の［A］，［B］に答えなさい。

［A］　下の英文の文脈に適合するように，(1)から(3)の（　　）内の語または句を並べ替えるとき，それぞれ 3 番目と 5 番目にくるものを選び，記号で答えなさい。

Bushidō, or the "way of the warrior," is often considered a foundation stone of Japanese culture, both by Japanese people and by outside observers of the country. It is difficult to say exactly when *bushidō* developed. Certainly, many of the basic ideas of *bushidō* — loyalty to one's family and one's lord, personal honor, bravery and skill in battle, and courage in the face of death — (1)(① important ② for ③ likely been ④ to ⑤ have ⑥ samurai) centuries. Amusingly, scholars of ancient and medieval Japan often call *bushidō* a modern invention from the Meiji and Shōwa eras. Meanwhile, (2) (① study ② readers ③ who ④ Meiji and Shōwa Japan ⑤ scholars ⑥ direct) to study ancient and medieval history to learn more about the origins of *bushidō*. Both positions are correct, in a way. The word "***bushidō***" (3) (① did ② until ③ appear ④ not ⑤ the Meiji Restoration ⑥ after), but many of the concepts included in *bushidō* were present in Tokugawa society.

出典：Kallie Szczepanski (April 2, 2018) "The Role of Bushido in Modern Japan," *ThoughtCo* より抜粋，一部改変

(https://www.thoughtco.com/role-of-bushido-in-modern-japan-

195569)

(1)　3 番目______　　　5 番目______

(2)　3 番目______　　　5 番目______

(3)　3 番目______　　　5 番目______

［B］　次の英文を読んで，その内容に関連づけながら，環境への取り組みに対するあなたの考えを 100 語程度の英語で述べなさい。ただし，句読点は語数に含めません。

In July 2020, Japan started to require convenience stores, supermarkets, drugstores and other retail outlets to charge for plastic shopping bags. The initiative is aimed at encouraging shoppers to bring their own bags and comes as Japan falls behind other countries in reducing the use of plastics. China, Britain, France and South Korea are among countries which have started charging for plastic shopping bags. Some foreign countries have also expanded the scope of plastic regulations beyond shopping bags to plates and straws. Some experts say that Japan should also start debating the reduction and reuse of other disposable plastic products, such as bento lunch boxes, straws, bottles and food packages. Over 8 million tons of plastic waste is estimated to flow into the oceans every year. Japan was responsible for the largest amount per person after the United States, according to data from the United Nations.

出典：Kyodo News (July 1, 2020) “Mandatory charging for plastic shopping bags starts in Japan,” *Kyodo News* より抜粋，一部改変
(https://english.kyodonews.net/news/2020/07/41acd34e2118-mandatory-charging-for-plastic-shopping-bags-starts-in-japan.html)

日本史

（120 分）

次の各問について，それぞれ 400 字以内で解答せよ。

I　次の史料Ａ～Ｃを読み，日本における律令の編纂について，下線部(ア)～(ウ)の具体的名称と，史料Ｂの指摘する当時の状況を明らかにしながら論述せよ。解答文中，下線部(ア)～(ウ)の具体的名称が初出する箇所には下線を付せ。ただし，初出の順序は自由とする。

史料Ａ　『日本書紀』持統天皇 3 (689) 年 6 月庚戌条

諸司に令《りょう》(ア)一部二十二巻を班《わか》ち賜ふ。

（注）　諸司：諸々の役所。

史料Ｂ　『続日本紀』和銅 4 (711) 年 7 月甲戌朔条

律令(イ)を張り設けたること，年月已に久し。然れども纔《わずか》に一二のみを行ひて，悉《ことごと》く行ふこと能はず。良《まこと》に諸司怠慢して恪勤《かくごん》を存せぬに由《よ》りて，遂に名をして員数に充てて空しく政事を廃せしむ。若し違犯有りて考第を相隠せらば，重きを以て罪し，原《ゆる》すこと有る无《な》かれ。

（注）　律令：ここでは 701 年制定の律令。　　考第：官人の勤務成績。

史料Ｃ　『続日本紀』天平宝字元 (757) 年 5 月丁卯条

頃年，選人《せんにん》，格《きゃく》に依りて階を結ぶ。人々，位高くして，任官に便《たより》あらず。今より以後，新令《りょう》に依るべし。去る養老年中に朕が外祖故太政大臣，勅を奉《うけたまわ》りて律令(ウ)を刊修せり。宜しく所司に告げて，早く施行せしむべし。

（注）　選人：位階を与えられる資格を得た人。
　　　　階を結ぶ：与えられる位階が決定されること。
　　　　刊修：編纂すること。　　所司：関係する役所。

（史料は，新編日本古典文学全集『日本書紀』③，新日本古典文学大系『続日本紀』一・三による。表記・訓読を一部改めた。）

Ⅱ　平安時代後期から鎌倉時代における極楽浄土をめぐる仏教思想の推移について，次の(ア)～(エ)の語句を用いて論述せよ。解答文中，これらの語句には下線を付せ。ただし，語句使用の順序は自由とする。

(ア)　親鸞　　(イ)　末法　　(ウ)　踊念仏　　(エ)　中尊寺金色堂

Ⅲ　17～18 世紀鎖国下における異国・異域との交流について，次の(ア)～(エ)の語句を用いて論述せよ。解答文中，これらの語句には下線を付せ。ただし，語句使用の順序は自由とする。

(ア)　漢訳洋書の輸入制限　　(イ)　通信使　　(ウ)　薩摩藩　　(エ)　場所請負制

Ⅳ　明治期における雑誌の変遷について，次の(ア)～(エ)の語句を用いて論述せよ。解答文中，これらの語句には下線を付せ。ただし，語句使用の順序は自由とする。

(ア)　民友社　　(イ)　新聞紙条例　　(ウ)　森有礼　　(エ)　『青鞜』

世界史

（120 分）

次の各問について，それぞれ 400 字以内で解答しなさい。なお，解答文中では指定された語句に下線を施すこと。

Ⅰ 中国王朝において，科挙官僚(科挙出身の官僚)が統治の担い手として段階的に貴族に取って代わった経緯について，以下の語句を用いて説明しなさい。

九品中正　　五代十国　　新興地主層　　則天武后　　文治主義

Ⅱ 7 世紀から 16 世紀前半までのエジプトにおける諸国家の興亡について，隣接する勢力との関係に留意しながら，以下の語句を用いて説明しなさい。

アナトリア　　サラディン　　シーア派　　ビザンツ帝国　　モンゴル軍

Ⅲ ルネサンス期に発達した技術が 16 世紀初頭のヨーロッパに与えた影響について，以下の語句を用いて説明しなさい。

グーテンベルク　　サン＝ピエトロ大聖堂　　宗教改革　　人文主義
ドイツ語訳

Ⅳ 19 世紀半ばから 20 世紀半ばまでの中国とアメリカ合衆国にかかわる諸問題について，以下の語句を用いて説明しなさい。

カイロ会談　　ジョン＝ヘイ　　朝鮮戦争　　望厦条約
ワシントン会議

地理

（120分）

次の設問Ⅰ～Ⅳについて，それぞれ400字以内で解答せよ。

Ⅰ　図1は，国土地理院発行2万5千分の1地形図「田」（2006年更新）の一部（原寸）である。ただし原図は3色刷りである。この地域の地形的な特徴を述べよ。その上で，地形と集落立地および土地利用との関係について説明せよ。

Ⅱ　図2中のA～Fは，図3中のリスボン，ロンドン，マンダルゴビ，長春，長野，札幌のいずれかの地点における月平均気温と月降水量をハイサーグラフで示したものである。これらのうちロンドン，長春，札幌に該当するハイサーグラフを選び，それぞれの気候の特徴およびその形成要因について述べよ。

Ⅲ　図4は，日本，バーレーン，マリ，ルクセンブルクの人口動態について，自然増加率と社会増加率を5年ごとに示したものである。これらの図を踏まえながら，各国における人口動態の特徴とその地域的背景について説明せよ。

Ⅳ　ラテンアメリカの農業にみられる地域性について，自然条件や歴史的背景を踏まえながら，下記の4つの語句をすべて用いて説明せよ。なお，語句の順序は問わない。用いた語句には下線を付せ。

アンデス　　パンパ　　ブラジル高原　　プランテーション

図 1

編集部注：編集の都合上，70％に縮小

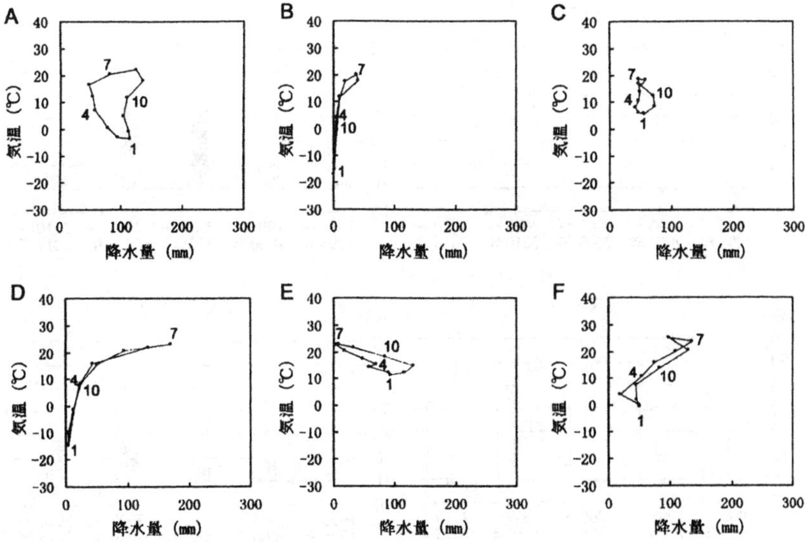

気象庁のデータにより作成。図中の数字は月を表す。

図 2

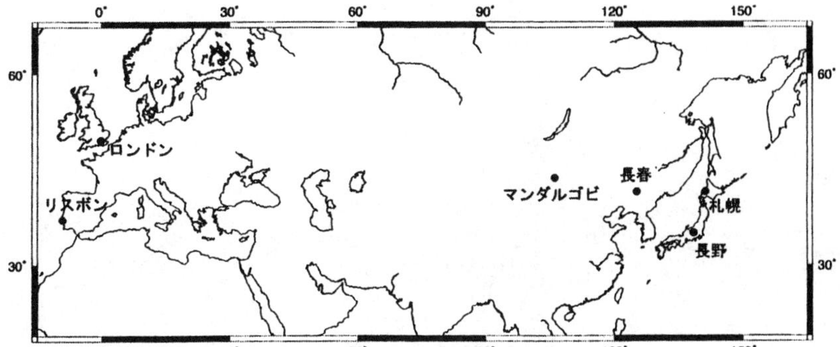

図 3

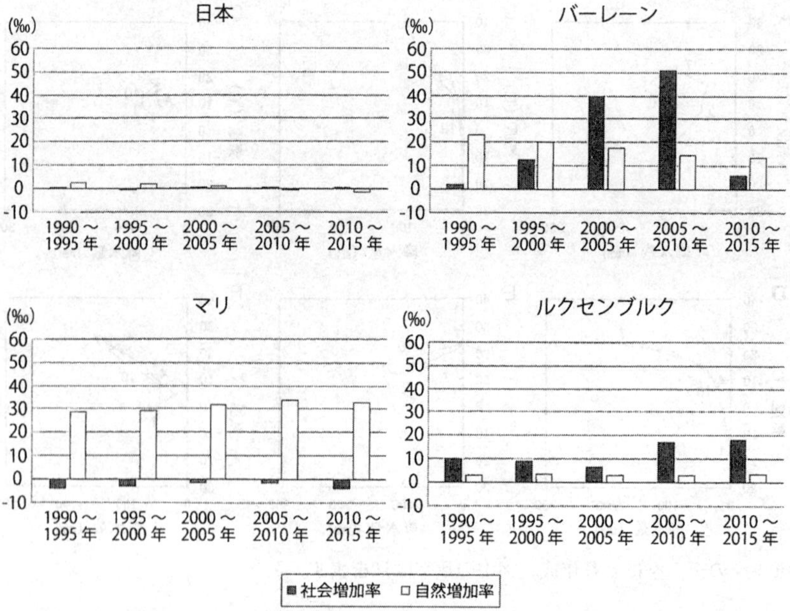

(United Nations, World Population Prospects による)

図4

倫理

（120分）

次の設問Ⅰ～Ⅳについて，それぞれ400字以内で答えなさい。

（句読点ならびにカギ括弧も1字として数える）

Ⅰ　現代の世界が新型コロナウイルスの感染拡大という深刻かつ重大な問題にみまわれたことは周知の通りである。「コロナ禍」の世界においてわれわれはどうあるべきか。「友」という観点から古今東西の思想家を一人取り上げて論じなさい。

Ⅱ　仏教の開祖ブッダ（ガウタマ＝シッダールタ）は，人生を苦しみに満ちたものと考えた。なぜ仏教では人生をそのように捉えるのか，そしてその苦しみをどうすれば克服できると説くのか。論じなさい。

Ⅲ　佐久間象山の「東洋道徳，西洋芸術」のスローガンは，現代社会の諸問題を解決する上で有効かどうか。あなたの考えを自由に述べなさい。

Ⅳ　以下の一文を読んで，なぜそのように言われうるのか，古今東西の思想家を具体的に参照しながら，あなたの考えを自由に述べなさい。

「哲学をばかにすることこそ，真に哲学することである。」

（パスカル『パンセ』）

数学

（120分）

（注）〔1〕～〔3〕から2題を選択解答すること。

〔1〕 xy 平面において2つの円

$$C_1 : x^2 - 2x + y^2 + 4y - 11 = 0,$$

$$C_2 : x^2 - 8x + y^2 - 4y + k = 0$$

が外接するとし，その接点をPとする。以下の問いに答えよ。

⑴ k の値を求めよ。

⑵ Pの座標を求めよ。

⑶ 円 C_1 と円 C_2 の共通接線のうち点Pを通らないものは2本ある。これら2直線の交点Qの座標を求めよ。

〔2〕 $t = \sin\theta + \cos\theta$ とし，θ は $-\dfrac{\pi}{2} < \theta < \dfrac{\pi}{2}$ の範囲を動くものとする。

⑴ t のとりうる値の範囲を求めよ。

⑵ $\sin^3\theta + \cos^3\theta$ と $\cos 4\theta$ を，それぞれ t を用いて表せ。

⑶ $\sin^3\theta + \cos^3\theta = \cos 4\theta$ であるとき，t の値をすべて求めよ。

〔3〕 Oを原点とする座標空間において，3点A$(-2, 0, 0)$，B$(0, 1, 0)$，C$(0, 0, 1)$を通る平面をαとする。2点P$(0, 5, 5)$，Q$(1, 1, 1)$をとる。点Pを通り$\overrightarrow{\mathrm{OQ}}$に平行な直線を$\ell$とする。直線$\ell$上の点Rから平面$\alpha$に下ろした垂線と$\alpha$の交点をSとする。$\overrightarrow{\mathrm{OR}} = \overrightarrow{\mathrm{OP}} + k\overrightarrow{\mathrm{OQ}}$（ただし$k$は実数）とおくとき，以下の問いに答えよ。

(1) kを用いて，$\overrightarrow{\mathrm{AS}}$を成分で表せ。

(2) 点Sが△ABCの内部または周にあるようなkの値の範囲を求めよ。

問三　傍線部分（2）「示海外、以仁沢之広」を書き下し文にせよ。

問四　この文の筆者は「文章」の効能をどのように捉えているか、五十字程度で説明せよ。

聞《キテ》レ之《ヲ》而覚《ル》レ有《ルヲ》二賢人一。故《ニ》畏《レテ》而自《ラ》服《ス》。魏《ノ》文帝《ノ》所謂、文章《ハ》経国之大業、

不朽之盛事《ナル》者也。伏《シテ》望《ムラクハ》、深《ク》図《リ》遠《ク》慮《リ》、勿《カレ》三廃二失《スルコト》此《ノ》賓館一《ヲ》。然《ラバ》則《チ》遐《か》方《はう》

不レ離《サ》レ心《ヲ》、文士無《シ》レ倦《ムコト》レ業《ニ》。是《レ》則《チ》(2)示海外、以仁沢之広、耀《カスニ》二天下一《ニ》、以《テスル》二

威風之高《キヲ》一也。

（菅原文時「封事三箇条」による）

〈注〉 告朔之餼羊＝告朔の儀礼に供えるいけにえの羊。『論語』の中に、このことに関する子貢と孔子（仲尼）との問答があることを踏まえる。

問一　波線部分「告朔之餼羊」と「此館」とは、どのような比喩関係にあるか。解答として最もふさわしいものを次の中から一つ選び、記号で答えよ。

イ　いけにえの羊が儀礼を行わなくなった今では不要となったように、鴻臚館でつくる文章も必要なくなった。

ロ　いけにえの羊の存在によって古来の礼が意識されるように、鴻臚館があることで文章の意義も理解される。

ハ　いけにえの羊を殺す担当者の負担が大きいように、鴻臚館で文章をつくる負担も大きいので廃絶すべきだ。

ニ　いけにえの羊の制度を孔子が止めさせたように、鴻臚館の古い文章も時代に合わせて改新する必要がある。

問二　傍線部分（1）「敵国見之而知有智者。故憚而不侵」を現代語訳せよ。

問一　傍線部分(1)「かかること」の内容を具体的に説明せよ。

問二　傍線部分(2)「よしある女」、傍線部分(3)「清らなる扇」の意味を答えよ。

問三　波線部分(ア)「思ひたまひける」、波線部分(イ)「おこせたる」、波線部分(ウ)「書きたりける」の主語は、Ⓐ「三条の右の大臣」、Ⓑ「女」、どちらであるか、次の組みあわせのうち、正しいものを数字で答えよ。

①　Ⓐ・Ⓑ・Ⓑ　②　Ⓑ・Ⓐ・Ⓑ　③　Ⓐ・Ⓐ・Ⓑ　④　Ⓑ・Ⓐ・Ⓐ　⑤　Ⓐ・Ⓑ・Ⓐ　⑥　Ⓑ・Ⓑ・Ⓐ

問四　Aの歌で、「憂き」と言っている詠み手の心情を説明せよ。

問五　Bの歌を、現代語訳せよ。

第四問　次の文章は、外国使節のための迎賓館であり、交流の場でもあった鴻臚館が廃絶することに対して筆者の意見を述べたものの一部である。これを読んで、後の問に答えよ。（設問の都合上、返り点・送り仮名を省略したところがある。）

昔子貢欲スルモレ去ラント二〈注〉告朔之餼《き》羊《やう》ヲ一、仲尼不レ許サ。以為ヘラク羊在ルハ猶ホ所三以識ルニ其ノ礼ヲ一也。今陳ブルレ不ランヲレ廃セ二此ノ館ヲ一者、蓋シ亦為ナリ二文章ノ道ノ一焉。

夫レ文章者、王者ノ所下以観二風俗ヲ一、厚クシ二人倫ヲ一、感ゼシメ二鬼神ヲ一、成ス中教化ヲ上也。無クシテレ翼而飛ビ、無クシテレ脛而至ル。(1)敵国見テレ之ヲ而知ルレ有ルヲ二智者一。故ニ憚リテ而不レ侵サ。殊俗

よ。

問三　傍線部分(3)「私は、その声を、もうさっきに聞いていたのである」とあるが、この一文は、どのような表現効果を持っているか、述べよ。

問四　傍線部分(4)「私はその影を眺めながら、長い間泣いていた」とあるが、どうしてか、説明せよ。

第三問　次の文章を読んで、後の問に答えよ。

三条の右の大臣、中将にいますかりける時、祭の使にさされていでたちたまひけり。通ひたまひける女の、絶えて久しくなりにけるに、(1)「かかることにてなむいでたつ。扇もたるべかりけるを、さわがしうてなむ忘れにける。ひとつたまへ」といひやりたまへりける。(2)よしある女なりければ、よくておこせてむと(ア)思ひたまひけるに、色などもいと(3)清らなる扇の、香などもいとかうばしくて(イ)おこせたる。ひき返したる裏のはしの方に(ウ)書きたりける。

[A]　ゆゆし(注)とて忌むとも今はかひもあらじ憂きをばこれに思ひ寄せてむ

とあるを見て、あはれとおぼして、返し、

[B]　ゆゆしとて忌みけるものをわがためになしといはぬはたがつらきなり

（『大和物語』による）

〈注〉　ゆゆしとて＝扇は、秋風が吹けば捨てられるものであることから、男女のあいだでとりかわすことを嫌う場合があった。

い。己はつい腹を立てた。ビードロの筒を持って縁側へ出たら庭石に日が照っていた」

(2)私は、日のあたっている舟の形をした庭石を、まざまざと見る様な気がした。

「石で微塵《みじん》に毀《こわ》れて、蜂が、その中から、浮き上がるように出て来た。ああ、その蜂は逃げてしまったよ。大きな蜂だった。ほんとに大きな蜂だった」

「お父様」と私は泣きながら呼んだ。

けれども私の声は向うへ通じなかったらしい。みんなが静かに立ち上がって、外へ出て行った。

「そうだ、矢っ張りそうだ」と思って、私はその後を追おうとした。けれどもその一連れは、もうそのあたりに居なかった。

そこいらを、うろうろ探している内に、その連れの立つ時、「そろそろまた行こうか」と云った父らしい人の声が、私の耳に浮いて出た。(3)私は、その声を、もうさっきに聞いていたのである。

月も星も見えない、空明かりさえない暗闇の中に、土手の上だけ、ぼうと薄白い明かりが流れている。さっきの一連れが、何時の間にか土手に上って、その白んだ中を、ぼんやりした尾を引く様に行くのが見えた。私は、その中の父を、今一目見ようとしたけれども、もう四、五人の姿がうるんだ様に溶け合っていて、どれが父だか、解らなかった。

私は涙のこぼれ落ちる目を伏せた。黒い土手の腹に、私の姿がカンテラの光りの影になって大きく映っている。(4)私はその影を眺めながら、長い間泣いていた。それから土手を後にして、暗い畑の道へ帰って来た。

（内田百閒「冥途」による）

問一　傍線部分(1)「しめやかな団欒を私は羨ましく思う」とあるが、これは「私」のどのような状況を表しているか、述べよ。

問二　傍線部分(2)「私は、日のあたっている舟の形をした庭石を、まざまざと見る様な気がした」とあるが、どうしてか、述べら、その様子が私には、はっきりしない。話している事もよく解らない。さっき何か云った時の様には聞こえない。

時時土手の上を通るものがある。時をさした様に来て、じきに行ってしまう。その時は、非常に淋しい影が射《さ》して身動きも出来ない。みんな黙ってしまって、隣りの連れは抱き合う様に、身を寄せている。私は、一人だから、手を組み合わせ、足を竦《すく》めて、じっとしている。

通ってしまうと、(1)隣りにまた、ぽつりぽつりと話し出す。けれども、矢張り、私には、様子も言葉もはっきりしない。しかし、しっとりした、しめやかな団欒《だんらん》を私は羨《うらや》ましく思う。

私の前に、障子が裏を向けて、閉《た》ててある。その障子の紙を、羽根の撚《ねじ》れた様になって飛べないらしい蜂が、一匹、かさかさ、かさかさと上って行く。その蜂だけが、私には、外の物よりも、非常にはっきりと見えた。

隣りの一連れも、蜂を見たらしい。さっきの人が、蜂がいると云った。その声も、私には、はっきり聞こえた。それから、こんな事を云った。

「それは、それは、大きな蜂だった。熊ん蜂というのだろう。この親指ぐらいもあった」

そう云って、その人が親指をたてた。その親指が、また、はっきりと私に見えた。何だか見覚えのある様ななつかしさが、心の底から湧《わ》き出して、じっと見ている内に涙がにじんだ。

「ビードロの筒に入れて紙で目ばりをすると、蜂が筒の中を、上ったり下りたりして唸《うな》る度《たび》に、目張りの紙が、オルガンの様に鳴った」

その声が次第に、はっきりして来るにつれて、私は何とも知れずなつかしさに堪えなくなった。私は何物かにもたれ掛かる様な心で、その声を聞いていた。すると、その人が、またこう云った。

「それから己《おれ》の机にのせて眺めながら考えていると、子供が来て、くれくれとせがんだ。強情な子でね、云い出したら聞かな

第二問　次の文章は内田百閒による「冥途」という短編小説である。文章を読んで、後の問に答えよ。

高い、大きな、暗い土手が、何処《どこ》から何処へ行くのか解《わか》らない、静かに、冷たく、夜の中を走っている。その土手の下に、小屋掛けの一ぜんめし屋が一軒あった。カンテラの光りが土手の黒い腹にうるんだ様な暈《かさ》を浮かしている。私は、一ぜんめし屋の白《し》ら白《じ》らした腰掛に、腰を掛けていた。何も食ってはいなかった。ただ何となく、人のなつかしさが身に沁《し》むような心持でいた。卓子《テーブル》の上にはなんにも乗っていない。淋《さび》しい板の光が私の顔を冷たくする。

私の隣りの腰掛に、四、五人一連れの客が、何か食っていた。沈んだような声で、面白そうに話しあって、時時静かに笑った。その中の一人がこんな事を云《い》った。

「提灯《ちょうちん》をともして、お迎えをたてると云う程でもなし、なし」

私はそれを空耳で聞いた。何の事だか解らないのだけれども、何故だか気にかかって、聞き流してしまえないから考えていた。するとその内に、私はふと腹がたって来た。私のことを云ったのらしい。振り向いてその男の方を見ようとしたけれども、どれが云ったのだかぼんやりしていて解らない。その時に、外の声がまたこう云った。大きな、響きのない声であった。

「まあ仕方がない。あんなになるのも、こちらの所為《せい》だ」

その声を聞いてから、また暫《しば》らくぼんやりしていた。すると私は、俄《にわか》にほろりとして来て、涙が流れた。何という事もなく、ただ、今の自分が悲しくて堪《たま》らない。けれども私はつい思い出せそうな気がしながら、その悲しみの源を忘れている。

それから暫らくして、私は酢のかかった人参《にんじん》葉を食い、どろどろした自然生《じねんじょう》の汁を飲んだ。隣の一連れもまた外の事を何だかいろいろ話し合っている。そうして時時静かに笑う。さっき大きな声をした人は五十余りの年寄りである。その人丈が私の目に、影絵の様に映っていて、頻《しき》りに手真似《てまね》などをして、連れの人に話しかけているのが見える。けれども、そこに見えていなが結局のところ、産業資本主義の進展がもたらした工場労働というあらたな就労形態が、(4)単純に女性に正の結果をもたらしたか、負の影響を与えたかというような論じ方は不可能だといえる。地域による状況の多様性があるばかりでなく、一定の地域内でもその影響は重層的であり、しばしば矛盾をはらんでいるからだ。

（中谷文美「働く——性別役割分業の多様性」による）

〈注〉① スーザン・ジョークスの調査＝一九八五年の文献による。

② リディア・クンの分析＝一九九四年の文献による。

問一　傍線部分(1)「女性労働者の家族をとりまく現実」とはどのようなことか、述べよ。

問二　傍線部分(2)「産業資本主義による搾取」とあるが、どのようなことか、本文の主旨を踏まえて説明せよ。

問三　傍線部分(3)「これに対して」とあるが、「これ」が指すことがらの内容を簡潔に述べよ。

問四　傍線部分(4)「単純に女性に正の結果をもたらしたか、負の影響を与えたかというような論じ方は不可能だといえる」とあるが、どのようなことか、説明せよ。

人消費や貯金に回すことができる。家族の方は娘が購入する消費財を使ったり、予期しない病気や不作のときなどに娘の貯金で危機を切り抜けるという形で工場労働から恩恵をこうむることになる。つまり、日常的には娘の収入をあてにせずとも暮らしていけるだけの経済力のある世帯でなければ、娘を工場労働に出すことはできないのだ。さらに娘たちの貯金も、日々の生活費を家族がまかなっているからこそ可能であるという点を考えると、未婚女性による工場労働は結果的に世帯にとっての「保険」の役割を果たしているともいえる。

だがこの事例に関して興味深いのは、額が少なく、よって家計への貢献度も限られたものであるにもかかわらず、賃労働への従事が娘たちの家庭内での発言権や位置づけを強化しているということである。貨幣経済のただなかにある、外国人もいるような空間で仕事をし、決まった額の賃金を得てくる娘に両親は一目おくようになり、家族に関わるさまざまな意思決定の場面でも、娘の意見を尊重するようになってきた。また結婚の時期や相手の選択といった、従来は両親が決定権を行使していた領域でも、娘たちは自分の意見を通せるようになったという(Wolf 1992)。

女性の労働市場参入をめぐって議論されてきた古典的な命題の一つは、収入を創出することによって女性の地位がいくらかなりとも向上したり、自律性が増したりするかということである。だがここにあげたいずれのケースからも、単純な答えを導き出すことはできない。少なくとも香港と台湾の事例では、未婚女性の工場労働は既存のジェンダー規範や伝統的家族観をゆるがす要因とはなっていない。中部ジャワの女性工場労働者たちは収入の使途などをめぐって比較的自由度が高いとはいえ、そもそも家族に依存しなければ生活を維持できないほどの低賃金しか与えられていないのである。つまり、この事例は未婚女性が家計を左右しないような補助的稼ぎ手にすぎないという通念をむしろなぞる形になっている。しかし、いずれの場合にも共通しているのは、ライフコースの選択の可能性が広がりつつあるということである。何よりも女性たち自身が、工場に働きに出ることで一定の自由を手にしたと感じている。

たとえば香港の未婚の女性労働者を対象にした調査では、彼女たちが工場労働への従事を通じて一定の自己決定権を獲得し、以前のような見合い結婚ではなく、みずから結婚相手を選択できるようになったと報告されている。だが同時に、工場労働はあくまでも家計に貢献するためであり、賃金の大部分(平均で四分の三)は両親に手渡される。娘の稼ぎ出す収入が家計にとって重要であればあるほど、両親は稼ぎ手の喪失を恐れ、娘が早く結婚しないよう圧力をかける。娘の側も、結婚の意志が固まっている場合でも忠実な娘としての役割を優先し、結婚を先送りにする一方、家計への貢献をつづけながらわずかなこづかいをせっせと貯めて将来の結婚生活に備えようとする。教育については息子を優先する傾向がなお強く、長女に生まれれば初等教育を終えた時点ですぐに仕事について、家計を助け兄弟の学費を捻出することになる。ただしすでに兄弟姉妹のうち何人かが働いていたり、父親の収入が比較的高い世帯であったりすれば、娘でも中等教育を受けることができる(Salaff 1981)。

台湾北部の電子工場での調査にもとづく注②リディア・クンの分析は、香港の場合と同じく、経済単位としての世帯の結束を重視する中国人の家族観を強調する。未婚女性の賃金労働への従事自体は新しい現象であり、それを通じて娘たちは行動範囲を広げ、同世代の仲間との交流の機会、多少の個人消費に回せる程度のこづかいを手に入れたが、長期的にみて社会や家庭内での女性の位置づけや決定権を強化する方向には働いていないという。たしかに収入をもたらす娘の家族内での経済的価値は増した。だが、娘がいずれ生家を去ってよその家の人間になるのだという伝統的枠組みは崩れていない。したがって、労働市場に参入したことが家庭内での娘たちの発言権の増大につながることもなければ、娘たち自身、仕事をもつことを通じ、何らかの形で自分たちの地位が向上するとも考えていない。工場労働は、もともと自分たちに期待されている親への義務をこれまでにない新しいやり方で果たす方策にすぎないのだ。

(3)これに対して、インドネシアの中部ジャワで、農村部の工場地帯に自宅から通っている女性たちの場合は、とても自活はできないレベルの賃金しか受け取っていないものの、農業を営む両親に経済的に依存しつづけることで、自分の収入のほとんどを個を支える主要な稼ぎ手ではなく、基本的には父あるいは夫に扶養される存在であるという通念によって正当化される。

ヨーロッパ市場向けの衣服を生産するモロッコの縫製工場では、男性と女性がともに機械工として同一の作業に従事している場合でも、女性労働者の賃金は男性の七〇パーセントにすぎないという。経営者や男性労働者たちはこの状況をつぎのように説明する。女性はそんなにたくさん稼ぐ必要はない。なぜなら一家の大黒柱は男性であり、女性は「口紅を買うために」働いているだけだからだ。しかし、スーザン・ジョークス注①の調査によれば、縫製工場で働く女性の三四パーセントが男性世帯主のいない世帯の出身で、彼女たちの収入には家族全体の生存がかかっていた。また両親のそろった世帯から来ている未婚女性の場合も、単なるこづかい稼ぎではなく家計への重要な貢献を果たしていることがあきらかになっている。経営側の論理と(1)女性労働者の家族をとりまく現実との格差は、他地域の多くの事例でも指摘されている。また、トルコの事例にあるように、女性労働者は男性よりも労務管理がしやすく、しかも生産性が高いという事実は多くの雇用主が認めているところである。つまり、手先の器用さが訓練によって身につけた技能ではなく、女性特有の素質に由来するとか、あるいは女性は補助的な稼ぎ手であり家計の責任を担うのは男性であるといった、既存のジェンダー観念や性別役割観は雇用主に有利に働き、大規模工場生産に適したうえ安価な女性労働力を大量に利用することを可能にした。しかも伝統社会の家父長制的色彩の強い社会関係のなかで、従順でおとなしいことが美徳と教えられてきた女性たちの場合、男性の雇用主や現場監督にさからったり、組合運動に参加したりしにくいため、不利な労働条件に抗議することもままならない。

では、グローバル経済のもとで工場労働というあらたな雇用部門に従事するようになった女性たちは、(2)産業資本主義による搾取にさらされた犠牲者にすぎないのだろうか。たしかに男性労働者との賃金格差や労働条件の厳しさ、特定の業種、職階への集中といった現象は、地域差を越えて広くみられる。だがこうした状況に対する個々の女性たちの受けとめ方や、工場での雇用が家族関係、家庭内での発言権などにおよぼす影響に注目した研究では、多様な現状が浮かび上がってくる。

国語

（学類・専門学群選抜（医学群看護学類）　九〇分
総合選抜（文系）、学類・専門学群選抜（その他の学群・学類）　一二〇分）

（注）　学類・専門学群選抜（医学群看護学類）は第一問および第二問を、総合選抜（文系）、学類・専門学群選抜（その他の学群・学類）は第一問〜第四問を解答すること。

第一問　次の文章を読んで、後の問に答えよ。

単調で細かく、繰り返しの多い作業に女性が向いているのは「生まれつき」手先が器用で忍耐強いからだというレトリックは、東南アジアに限らず広く用いられている。

トルコの都市部にある大規模工場では、繊維工場の製糸部門、毛織物工場の縫製部門、自動車の電子部品組み立て工場など分野を問わず、雇用主は一様に女性労働者の手先の器用さ、作業の早さを評価し、それが彼女たちを雇う理由であると述べた（エッチュビット　一九九四）。しかも、そうした資質が「天性」のものとみなされている以上、彼女たちに適した作業は技能労働ではなく単純労働あるいは未熟練労働とされ、技能職に見合う職階も賃金も与えられないことになる。実際には一定の技能と経験を必要とする工程に従事する場合でもそれは変わらない。そのうえ、女性労働者と男性労働者の賃金格差は、女性たちは家計

保健体育

（60 分
解答例省略）

1 交通安全に関する次の問題に答えなさい。

① 交通事故の加害者が負う責任は3つあり，その1つは被害者やその家族への損害を賠償する「民事上の責任」である。残りの2つをあげ，それぞれについて説明しなさい。(150 字以内)

② 交通安全対策について，「法的整備」および「施設・設備の充実」の観点から，それぞれ具体例を2つずつあげて説明しなさい。(250 字以内)

2 スポーツと経済に関する次の問題に答えなさい。

① スポーツ産業にはさまざまな業種がある。その内3つの業種をあげ，それぞれについて具体的に説明しなさい。(150 字以内)

② 大きなスポーツの国際大会が行われた場合に考えられる経済効果の例を2つあげなさい。また，スポーツの経済効果が大きくなった経緯を「みるスポーツ」の観点から説明しなさい。(250 字以内)

解答編

英語

I　**解答**　1．(D)

2．老いに関する偏見は，内集団の高齢者も老いに対する否定的な固定観念を持っている点で独特である。(50 字以内)

3．若い人の方が優れており，若い方が良いと捉えること。(25 字以内)

4．(A)

5．老化した体を仮想体験することで，高齢者への認識が変わるかどうかを調べること。(40 字以内)

6．(B)

7．高齢者をあまり尊重しなくなること。(20 字以内)

8．年齢を，若いか老いかの二分法ではなく，境界のあいまいな連続体として捉えること。(40 字以内)

◆全　訳◆

≪老いに対する暗黙の偏見≫

年齢差別は我々の社会における隠れた偏見である。「古いものには価値がある」という諺は，我々の社会の高齢人口には当てはまらない。年配の人々をだしにしてジョークが作られ，彼らのことを気難しいだの愛らしいだの様々に表現している。年配の人たちは認知能力のことでからかわれ，無視され，真面目には受け止められない。彼らには肉体的，精神的障害があるというような想定が，ますます増大している。しわ予防のクリームやトリートメントは，棚に所狭しとぎっしり並んでいる。英国のエイジコンサーンが 2004 年に行った報告によると，調査対象の 3 人に 1 人が，年配の人たちは「無能で無力」であると考えていた。あからさまな差別や偏見は，違法であり批判も増している。それでも，年齢に対する暗黙の偏見は残存しているのである。

老いに関する固定観念は，性や人種によって作られる固定観念とは異なる。それらは，内集団に属する人間ですら同じ否定的固定観念を持っているという点で独特である。我々が生まれてからの 50 数年にわたって，加齢に関連する否定的な固定観念を目にして内面化していると，暗黙の偏見が非常に強いために，我々は内集団の強い絆の構築を可能にしてくれるメカニズムを発展させるチャンスがないのである。我々は自身が高齢に対して持っている暗黙の偏見を通じて年齢を重ねていくので，自分たちの疎外化に共謀することもままある。これは，暗黙の外集団びいきにつながる。そこでは，高齢者はより若い集団と強く結びついていると見られる。ある人が「自分が感じている年齢が，自分の年齢だ」と言ったり，「心は若い」という言い回しを使ったり，彼らは「気持ちは年をとっていない」と主張したりするときは，彼らは加齢に関わる暗黙の偏見や恐怖の一端を見せているのである。加齢は，暗黙の偏見の中でも非常に目立つ否定的なものであり，加齢に関連するものの大半は「知力を失うこと」，そしてその後の避けられない死に対する不安や怖れに関わるものなのである。他の固定観念とは違って，我々の内集団と仲間になることには何の利点もない。それどころか，健康や長寿の恩恵をもたらすのは外集団の方なのだ。

否定的な年齢関連の暗黙の偏見は，否定的なイメージの下で描かれた高齢者像を見ることを通して，閾下プライミングによって形成されるのだが，肯定的なロールモデルといった目に見える肯定的な刺激を示すことによって，その効果が一時的に逆転する可能性もある。けれども，これは非常に珍しい種類の偏見であり，そこでは通常の内集団への愛着や所属とは対照的に，外集団びいきが重要なものなので，高齢者が自分自身について持ってしまっている暗黙の偏見や否定的な固定観念，美容の行為や治療処置によって，老化を阻止しようという試みを一部の個人にけしかける固定観念に対処することが肝要なのである。スタンフォード大学の社会学者ダグ＝マッカダムはこれを『認知的解放』と呼んでおり，そこでは，人々は自らの状況を不当なもの，集団的活動で変化させることができるものとして，集合的（かつ個人的）に認識し定義しなければならない。

仮想的身体化——仮想の体が自分の体として見える，没入型の仮想現実内に作られたある錯覚——は，新しい調査環境の中で，高齢者への偏見に対処するために用いられた。この特殊な実験では，30 人の若者がバルセロナ大学で募られたのだが，これは，老化した仮想の体（この場合はアルバート=アインシュタインの体）を持つことが，高齢者に対する人の認識を変え得るかどうかを確かめるためであった。被験者たちの認知能力を高めながらも，老化した体を身体化することで，彼らの年齢への見方は変化し，高齢に対する暗黙の偏見は減少することになったのである。被験者たちは年をとることを想像する必要はなかった。彼らは老人の体に宿り，その体を直接体験したのだ。ここでは，変形した自己は外集団（この場合は老人）に似ているので，その外集団に関係している否定的な価値は乱され，したがって外集団への偏見は小さくなるのである。自己に対する認識を作り替えることによって，それに関わる心理的な特徴も変形し得る。しかし，この特殊な場合においては，暗黙の偏見がこのように変化したのは著名人（アインシュタイン）との関連性によるものなのか，あるいは真に，変形した自己という仮想の幻想によるものなのかは明確ではない。ほかにも黒人の仮想の肉体を与えられた白人を用いた実験があったが，それによって示されたのは彼らの黒人への暗黙の偏見が小さくなり，その状態が少なくとも１週間継続したということであった。文字通り「他人の靴に足を入れる」ことは，我々に他者の経験に対する重要な観点を与え，我々が持つ偏見をここまで最小限にすることが可能なのである。

『この椅子は揺れ動く——年齢差別反対宣言』の著者であるアシュトン=アップルホワイトは，我々が加齢関連で使用し，高齢者に言及する際に使用する単語や言葉づかいは問題であると述べている。なぜなら，「もし我々が自分たちの社会に存在する年配者への配慮を言葉の上で軽んじるならば，政策の組み立て方に関しても全く同じことをする可能性がある——回復力や独立ではなく，弱さや依存性を前提とした一般化によって，彼らの威厳や行為主体であるという意識を取り去ってしまう——」からだ。アシュトンは，若いか老いているか，という二分法による世界の見方に，また，「年配者」のような，ある均一の集団を示唆する語に異議を唱えている。年齢を連続体だと捉えるならば，我々は過剰な一般化の影響をできる限り小さくできるだろう。

◀解　説▶

1．(A)「～を精神的に傷つけて」 (B)「～にお金を費やして」 (C)「～を失って」 (D)「～に敬意を払わないで」

at the expense of ～ は「～をだしにして，～を犠牲にして」という意味なので，これに最も近いのは(D)である。(A)は，後の lovable を考えると，高齢者を精神的に傷つけているとまでは言えず，最適ではない。ここでは(D)の方が適当である。

2．They が指しているのは，直前の文の Age-related stereotypes「老い〔年齢〕に関する固定観念」である。どのような点かについては，それを示す表現 in the way 以下で述べられている。老いの固定観念は，高齢者自身も，老いに対する否定的な固定観念を持っているという点で独特なのである。

3．out-group favouritism「外集団びいき」は，直後の where 以下が説明になっている。つまりは，外集団（＝若い人たちの集団）の方が優れていると捉え，若さを良いものと捉えることである。その後の 3 つの引用がいずれも，若いことをプラスイメージ，老いていることをマイナスイメージとしていることからも分かる。これらの内容をまとめる。

4．(A)「(困難など) に立ち向かう」(B)「(人・主義・意見など) を擁護する」(C)「～について演説をする」(D)「～について手紙を送る」

当該部分の address は他動詞で，「(困難な状況・問題など) に取り組む，対処する」という意味である。これに最も近いのは(A)である。

5．当該文の to see は不定詞の副詞的用法で，被験者を募集した目的（＝実験の目的）を説明している。この部分が解答にかかわる内容となる。if ～ は「～かどうか」という意味で，see の目的語になっている。

6．(ア)には，直前の out-group がどういう人たちであるかを説明する語が入る。この実験では，若い被験者が集められて，仮想現実で老いた体を与えられているので，内集団が若者，外集団が高齢者という図式になっているはずである。よって(ア)は older となる。また，2 つ前の文（While also enhancing …）で，この実験結果が偏見の減少であったと記されていることから，(イ)には reduced が入る。よって，(B)の組み合わせが正解である。

7．do the same の内容は，代動詞 do が用いられていることから，下線部の前にある。引用符で区切られた文だから，該当するのは diminish our … our society である。この箇所を訳せばよい。

8．当該部分の意味は「年齢を連続体だと捉える」となる。ここでの spectrum は「境界の曖昧な一続きのもの，連続するもの」の意味である。前文では，若い・老いの二分法に疑問を投げかけ，「高齢者」と人々を一括りにするような表現はいけないと述べている。このことから，年齢は二分法で捉えるものではなく，グラデーションのある連続体として捉えるものだと述べていると考える。

II 解答

1．ラットにジャンクフードのみを与え，学習と記憶にどんな影響があるかを調べること。(40 字以内)

2．(B)

3．脳からの空腹や満腹の信号を伝え，食物が体内を通過する速度を制御する。(35 字以内)

4．脳と消化器官がメッセージのやり取りを絶えず行っていること。(30 字以内)

5．(5) bugs　(6) messages

6．ジャンクフードを食べ続けたために，消化器官内の微生物群の多様性が失われたから。(40 字以内)

7．(A)

◆全　訳◆

≪消化器官内のバクテリアが脳に与える影響≫

マーガレット=モリスがスーパーに行くと，人々は「パーティーでもするんですか」と尋ねてくる。彼女のカートが，フライドポテトやチーズケーキやミートパイやその他のおいしいごちそうでいっぱいだからだ。「おすすめ品を探しながらうろついているの」と彼女は言う。「食品に大金を使うの」 モリスは神経科学者――脳を研究する人物――である。彼女はオーストラリアのシドニーにあるニューサウスウェールズ大学に勤めている。そう，彼女はパーティーを開こうとしているのだ。しかし彼女のお客は人間ではない。このファストフードのごちそうは，彼女の研究室のラットに届けられることになっている。数週間，ラットたちはジャンクフードのみを食べた。そしてその後，モリスと研究仲間はラットに一連の作業をさせ，その学習と記憶の限界を調べる。

モリスが研究しているのは，いわゆる「消化器官―脳の軸」である。それは，脳と消化器官との間に発生する進行中の会話を表している。このおしゃべりのために，我々の内臓――そして内臓内に住む微生物も――は我々の考え方や振る舞い方に影響を与えることができる。今度は，脳が胃や腸やバクテリアの居住者に話し返すことができる。我々の消化器官の居住者が脳に影響を与える様子を研究することで，モリスと他の科学者たちは，人間のちょうどどのくらいの部分が食べる物でできているのかを見つけ出そうとしている。その結果は，我々がいつか，自分の気持ちや行動を変えることを可能にするものかもしれない——食品と微生物を適切に組み合わせることによって。

我々の脳が消化器官に信号を送って，消化や他の仕事を制御しているとしても，驚くにはあたらない。脳は迷走神経経由で指令を送る。この長い組織は，脳のまさに根本の部分から消化器官へとうねりながら下っていく。その途中，迷走神経は他の多くの器官に触れる。脳はホルモン——脳が血流中に送り込む化学信号——を作る。これらのホルモンも消化器官へと流れていくのである。迷走神経もホルモンも，空腹や満腹を信号で伝えることができる。それらは，食物がどの程度の速度で体内を通過していくかを制御することもできるのである。

しかし，消化器官は聞き役をするだけではない。話し返すこともあるのである。胃や腸の内部の微生物は，食物を分解する手助けをする。そういった微生物は，自身が化学的使者として機能する廃棄物を作り出す。これらの廃棄分子は，体内の他の部分の至る所で，信号の連鎖を引き起こすことができる。微生物のクロストークには，胃の内壁細胞を促して免疫システムに化学的テキストメッセージを送らせるものもある。このことによって我々は感染症から守られるのだ。迷走神経を通して，脳に分子の信号を送り返す微生物もいる。血流中にメッセージ——ホルモン——を注入する微生物もいて，そのホルモンは血流を通して脳へと移動するのである。そのホルモンは記憶力から心的状態まで，あらゆるものに影響を与え得る。

脳と消化器官は，ほとばしるようなメッセージを絶えず送ったり送り返したりしており，その数はどのようなソーシャルメディアよりも多い。エイムズにあるアイオワ州立大学の微生物内分泌学者マーク=ライトによると，その穏やかな交流は，重大な目的に役立っている。「あなたの消化器官内には数兆個の微生物がいて，ご自身の栄養の多くはそれらに頼っているのです。しかし，それらはあなたに頼って自分自身の命を維持しています」と彼は語る。「微生物はあなたと意思疎通する必要があり，あなたは微生物と意思疎通する必要があるのです」　まさしく，メッセージが伝える内容は，そのメッセージをだれが送っているかに左右される。果物や野菜で満たされた消化器官は，ポテトチップスやソーダやその他のジャンクフードの食事に慣れた消化器官とは異なる微生物群を収容するであろう。そして，メッセージを送る消化器官内微生物群がそのように異なれば，我々の脳に与える影響も異なるかもしれない。

モリスのラットパーティーが登場するのはここである。実験室のラットは，ケーキや揚げ物だらけのジャンクフードの食事を 2 週間与えられた後，記憶テストを受ける。それぞれのラットは，いろいろな物であふれた場所を嗅ぎまわる。それから，そのラットがいなくなった後で，モリスと共同研究者たちは物体のいくつかの位置をあちこちに変える。翌日，彼らはラットを同じ場所に戻す。ラットが備品の変化に気づいた場合は，移動した物の周囲を嗅ぎまわるのに，より多くの時間をかけるだろう。このような実験は，海馬と呼ばれる脳内の領域（1 つの脳に 2 つ存在する）に依存している。この領域は，学習と記憶にとって非常に重要である。しかし，数週間ジャンクフードを食べた後は，ラットの海馬はもはやそれほどうまく働かなくなっているのである。そのラットたちは，健康的な食物を食べたラットとは違って，どの物体が動かされたのか見極められないようなのだ。これは彼らの消化器官内微生物のせいなのだろうか。モリスと彼女のグループの発見では，ファストフードの食事をとったラットたちは，消化器官内の微生物群の多様性が小さいのである。だが，科学者たちが，ジャンクフードを食べていた動物に善玉菌――有益な消化器官バクテリアの混合――を多量に投与すると，彼らの消化器官の多様性は回復したのである。彼らの記憶力も改善された。モリスと共同研究者たちは，2017 年 3 月の『分子精神医学』の中で自分たちの発見を発表した。

◀解　説▶

1．パーティーの目的は，第 1 段最終文（After a few weeks …）で示されている。ラットが不健康な食物だけを摂取したら，彼らの学習と記憶の限界がどうなるかを調べることである。

2．(A)「消化器官と脳の期待」 (B)「消化器官と脳の相互作用」 (C)「消化器官と脳の分離」 (D)「消化器官と脳の統合」

axis は「枢軸」という意味で，これは同盟国間の友好・協同の関係を指す。これに最も近い意味を持つのは(B)である。axis の意味がわからない場合でも，直後の文（It refers to…）の「脳と消化器官との間に発生する会話」という説明から類推可能である。

3．当該文のcan以下，および直後の文（They can control,…）で説明されているように，空腹や満腹を伝えたり，食物の通過の速度を制御したりするのがその役割である。

4．当該部分の意味は「その穏やかな交流」となるが，前の内容を指すthatがあることから，これは第5段第1文（The brain and gut…）にある「ほとばしるようなメッセージを絶えず送ったり送り返したりしている」ことを指す。

5．(5)のthemは直前の第5段第4・5文（But they rely…）のthey（They），第3文（“You have trillions…）のthemと同一であり，これらはすべて第3文のtrillions of bugs「数兆個の微生物」を指している。よって解答となる1語はbugsである。

(6)のthemは動詞is sendingの目的語になっている点から，直前のthe messagesであると考えられる。よって解答となる1語はmessagesである。

6．当該箇所の意味は「ラットの海馬はもはやそれほどうまく働かなくなっている」となる。その3文後（Rats that dine…）に「ファストフードの食事をとったラットたちは，消化器官内の微生物群の多様性が小さい」とあり，これが理由であると考えられる。

7．(A)「有益な」 (B)「有害な」 (C)「影響力のある」 (D)「中立の」

当該箇所は「～な消化器官バクテリアの混合」という意味で，この部分はダッシュ直前の「プロバイオティック」を言い換えたものである。「善玉菌」を表すが，これを知らなくても，次の文の「記憶力も改善した」という内容から，プラスの意味のものが入ると推測できる。よって(A)が最も適切である。

Ⅲ　解答

［A］(1)3番目：①　5番目：⑥

(2)3番目：①　5番目：⑥

(3)3番目：③　5番目：⑥

［B］＜解答例＞ I think it is good that retail outlets have stopped offering plastic shopping bags for free. It will promote ecology movements. Reducing the actual use and disposal of plastic products is not the only aim of this campaign. The greater aim is to make people recognize the importance of reusing natural materials without relying on plastic ones. When we start to bring our own bags for shopping, we will be motivated to give up using plastic products in many situations besides shopping, which will help conserve the global environment. I think we need more motivation to take action for protecting the environment. (100 語程度)

◆全　訳◆

[A] ≪武士道の起源≫

武士道，すなわち「戦士の作法」は，日本人からも国外から日本を観察する人からも，しばしば日本文化の礎石と見なされる。武士道が発達したのがいつなのかを正確に言うことは難しい。きっと，武士道の基本理念――親族や君主への忠誠，個人としての誇り，戦闘での勇敢さや技術，死に直面したときの勇気など――の多くは，何世紀にもわたって，侍にとって重要であったのだろう。面白いことに，古代や中世の日本を研究する学者は，武士道を明治から昭和にかけての近代的な発明であると称することが多い。一方，明治から昭和の日本を研究する学者は，武士道の起源についてより知るためには，古代および中世の歴史を勉強するよう読者に指図する。どちらの立場も，ある意味では正しい。『武士道』という語は，明治維新後までは現れることがなかったのだが，武士道に包含される観念の多くは徳川時代には存在していたのである。

[B] ≪プラスチック削減の取り組み≫

日本は 2020 年の 7 月に，コンビニ，スーパー，ドラッグストア，その他の小売販売店に，レジ袋を有料にすることを求め始めた。その新しい試みは，買い物客に自分の買い物袋を持ってくるよう奨励することが目的で，プラスチック使用の削減で日本が他国に後れを取っているために生じたものである。中国，英国，フランス，韓国は，レジ袋をすでに有料化し始めた国々である。海外には，レジ袋以外にも，プラスチック規制の範囲を皿やストローにまで拡大した国もある。日本も，弁当箱やストローやボトルや食品の包みなどの，他の使い捨てプラスチック製品の削減や再利用を議論し始めるべきであると述べる専門家もいる。試算では，毎年 800 万トン以上のプラスチックごみが海に流れ込んでいる。国連のデータによると，日本は一人当たりの量が米国に次いで多かったのである。

◀解 説▶

［A］(1) この部分の主語は，最初のダッシュの前にある many of the basic ideas of *bushidō* なので，動詞が続くことになる。過去分詞 been があることから，完了形の have likely been が予想される。また，完了形になることから，期間を表す for (centuries) で終わることも想定できる。been に続くのは補語となる important，さらに to samurai と続いて「侍にとって重要な」という意味になる。したがって，have likely been important to samurai for となる。

(2) まず注目すべきは direct である。この部分は関係代名詞 who を含んでいるので，動詞が2つあると考えられる。1つは study であり，direct の他には動詞の候補が見当たらないので，direct は動詞として用いられていると捉える。direct *A* to *do* で「*A* に～するように指図する」となり，直後の to study がこの表現の不定詞部分に該当すると考えることができる。また，全体の構図としては，「学者が読者に指図する」となるはずなので，*A* が readers となり，who の先行詞が scholars となる。したがって，scholars who study Meiji and Shōwa Japan direct readers となる。

(3) 当該文の主語は The word “*bushidō*” で，これに続く動詞は did not appear になると考えられる。また，全体の構文は，do［does / did］not *do* until …「…まで～しない，…になって初めて～する」になると想定されるので，until after the Meiji Restoration が続く。したがって，did not appear until after the Meiji Restoration となる。

［B］「内容に関連づけながら，環境への取り組みに対するあなたの考えを述べよ」という設問なので，レジ袋の有料化が環境保護にどのようにつながるかに論点を広げていくべきであろう。〔解答例〕は，環境保護の取り組みに対する動機付けの観点から書いたものである。マイバッグを持参することで，環境保護意識が高まり，それ以外の状況でもプラスチック使用を止める気になると述べた。

❖講　評

2021 年度は，2020 年度とほぼ同様の出題内容で，大問ⅠとⅡは長文読解問題，大問Ⅲが語句整序問題と意見論述の英作文問題という構成であった。

Ⅰ　老いに対する偏見を扱った評論である。下線部の語句について日本語での内容説明を求める設問が 5 問，同意表現が 2 問，空所補充が 1 問となっている。内容説明は，解答に関わる箇所が比較的見つけやすいが，字数制限があるので，自分の言葉で言い換えることが求められている。同意表現と空所補充は標準的なレベルである。

Ⅱ　脳と消化器官との情報のやり取りについての英文。内容説明が 5 問，同意表現が 1 問，空所補充が 1 問となっている。大問Ⅰと比較して，英文の量に大きな違いはなく，出題傾向もよく似ているので，主な注意事項はⅠとほぼ同じである。

Ⅲ　［A］の語句整序問題は，並べ替えたときに 3 番目と 5 番目にくるものを選ぶ形式である。日本語が与えられていないので，前後の流れに注目しつつ，文法や語法・構文の知識で対応していくことになる。［B］の英作文問題は，レジ袋の有料化を取り上げて，環境への取り組みに対する意見を述べる問題。語数以外に条件はない。比較的書きやすいテーマなので，しっかりとした意見を書き上げてほしい。

日本史

I **解答**　乙巳の変を契機に律令制度に基づく天皇中心の中央集権国家の建設が進められた。白村江の敗戦後，即位した天智天皇は近江令を制定して法制の整備を進め，全国的な戸籍として庚午年籍を作成して人民の把握をはかった。天武天皇が編纂を始めた飛鳥浄御原令は持統天皇によって施行され，太政官を中心とする政治組織を整え，また庚寅年籍を作成して班田収授の制もはじめられた。さらに藤原京が完成し，律令政治を担う有力な王族や豪族を集住させた。その後，刑部親王・藤原不比等らが大宝律令を完成させ，都も平城京に移されると，律令制度に基づく統一国家建設が完了した。しかし，律令の規定は役所の怠慢でわずかしか行われず，政務がすたれている状態であったため，政府は官人の勤務成績の評定を厳しくして実務の徹底をはかった。やがて藤原仲麻呂により祖父藤原不比等の制定した養老律令が施行され，平安中期に実効性を失うまで律令政治の基本法として機能した。(400 字以内)

◀解　説▶

≪律令の編纂≫

●設問の要求

〔主題〕日本における律令の編纂について述べる。

〔条件〕史料Ａ～Ｃの下線部(ア)～(ウ)の具体的名称と，史料Ｂの指摘する当時の状況を明らかにする。

●論点の抽出

下線部の具体的名称について，史料Ａ～Ｃの内容や注釈から(ア)「飛鳥浄御原令」，(イ)「大宝律令」，(ウ)「養老律令」と判断し，その律令編纂の推移を述べればよい。史料Ｂでは，律令の規定が役所（官人）の怠慢でうまく実施されていない様子を読み取ろう。また，養老律令は平安時代中期に律令国家が崩壊するまで効力をもったことを指摘しておきたい。

●解答の枠組み

①律令編纂の契機

- 乙巳の変（大化改新）

・白村江の敗戦

②天智天皇の律令編纂

・近江令の制定

・庚午年籍の作成

③持統天皇の律令施行

・(ア)「飛鳥浄御原令」の施行

・庚寅年籍の作成と班田収授の制

・藤原京遷都

④律令の完成――律令国家建設の完了

・(イ)「大宝律令」の制定（刑部親王・藤原不比等）

・史料Ｂの内容――律令規定の不履行

⑤(ウ)「養老律令」の施行

・藤原仲麻呂による施行

・律令政治の定着

●注意点

論述問題では西暦年を書かずに解答するのが無難だが，本問では史料や注釈に西暦年があるので，「689 年」－飛鳥浄御原令の施行，「701 年」－大宝律令の制定，「757 年」－養老律令の施行など，正確に覚えている場合は西暦年を書きながら推移を述べてもよいであろう。

●解説

①律令編纂の契機

律令編纂の前提として，その契機となった乙巳の変（大化改新）と白村江の敗戦を指摘しておこう。

・乙巳の変（大化改新）

律令国家建設の背景には，強大な中央集権国家を形成し，周辺諸国を圧迫していた唐の存在があった。推古朝の遣隋使を契機に，日本は中国皇帝に臣属しないという立場を示していたが，そのためにも唐に対抗できる強力な統一国家を建設する必要があった。中大兄皇子らは蘇我氏を乙巳の変（645 年）で打倒して新政権を樹立し，律令国家を目指す大化改新という政治改革をはじめた。

・白村江の敗戦

663 年の白村江の敗戦は，律令国家建設の大きな起爆剤となった。唐の水軍の威力に圧倒された日本は，唐と同様の統一的な徴兵制をもつ律令制度の構築を急いだ。白村江の敗戦は天智天皇から開始される律令編纂に大きな影響を与えた。

②天智天皇の律令編纂

天智天皇の近江令の制定や庚午年籍の作成を指摘しよう。

• 近江令の制定

近江令の制定は疑う説もあるが解答例では指摘した。『日本書紀』には記載されていないが，『家伝』（藤原氏の伝記）や『弘仁格式』の序文などに天智天皇が中臣鎌足らに律令編纂を命じたことが記されており，天智朝の後半に「太政大臣」など官職名が存在すること，庚午年籍が作成されたことから，律令の編纂とその施行があったという推測も成り立つ。

• 庚午年籍の作成

庚午年籍は，670 年に天智天皇のもとで作成された最初の全国的戸籍である。後世の戸籍の模範とされ，永久保存とされた（ただし現存していない)。戸籍は公地公民制を建前とする律令制度において，人民を把握し，班田収授の制や徴税・徴兵を実施するにあたって不可欠のものであった。また史料として確認できない国々があるものの，全国的といえる戸籍が作成できたのは地方支配体制がある程度整っていたことを示している。

③持統天皇の律令施行

持統天皇は夫の天武天皇の遺志を引き継いで律令体制の基礎をつくり，稼働させた女帝である。

• ㈠「飛鳥浄御原令」の施行

飛鳥浄御原令は天武天皇のときに編纂がはじまり，持統天皇の 689 年に施行された。刑法の律については完成しておらず，唐の律を代用したといわれている。また令の内容も不明な部分が多く，大宝令とほぼ同じと推定されている。飛鳥浄御原令の施行により，太政官を中心とする律令官僚制が整えられた。

• 庚寅年籍の作成と班田収授の制

庚寅年籍は飛鳥浄御原令の戸令に基づいて作成され，690 年に完成した全国的戸籍である。これにより班田収授の制が全国で実施されたと考えられている。以後，6 年ごとの戸籍作成や口分田班給の制度が確立され，徴税や徴兵の制が整えられた。

• 藤原京遷都

飛鳥浄御原令の施行と合わせて藤原京の遷都を指摘しよう。統一国家の象徴となる，また天皇の代替わりごとに移転するそれまでの「歴代遷宮」に対して固定化した都城を完成させた。律令制により政治組織や税の徴収などが整備されると，恒常的で固定された国政運営の場が必要となった。また令制に基づく太政官制の整備にともない，王族や豪族たちを強制的に京内に集住させ，本格的な官僚として日常的に中央官庁に勤務する体制を確立した。藤原京が律令制と深いつながりがあることを認識しておこう。

④律令の完成——律令国家建設の完了

• (イ)「大宝律令」の制定（刑部親王・藤原不比等）

文武天皇のときに刑部親王と藤原不比等らによって大宝律令（701 年）が完成した。これにより大化改新以来の目標であった律令政治の基本法が確立された。大宝律令は律 6 巻，令 11 巻とされ，初めて律と令を完備したものになったが現存せず，『令集解』などによって断片的にその内容を知ることができる。律はほとんどが唐の模倣であるが，令は日本の実情に適合するように修正されているのが特徴である。

• 史料Ｂの内容——律令規定の不履行

史料Ｂは大宝律令が制定されて 10 年を経た「711 年」の内容である。史料では律令の規定がわずかしか実施されていないこと，各役所が怠慢で職務に忠実でないこと，官職の定員に適当に人数を当てはめた任用のあり方であることが指摘されている。律令にある官吏任用規定に基づく正しい勤務評価が行われず，不正に任用されている官吏が多かったことが推測され，政府はそれを正して実務の徹底をはかろうとした。

⑤(ウ)「養老律令」の施行

• 藤原仲麻呂による施行

養老律令は元正天皇の 718 年に藤原不比等らによって編纂され，その後，孫の仲麻呂が孝謙天皇の 757 年に施行した。律・令ともに 10 巻で構成され，律は散逸したが，令の内容は『令義解』『令集解』によってほぼすべてを知ることができる。大宝律令を修正編纂したもので内容に大差がなかったことから，養老律令の編纂や施行は，藤原氏の権勢を誇示するためであったと考えられる。

• 律令政治の定着

養老律令の施行を最後に律令の編纂はなく，養老律令は律令国家としての機能を失う 10 世紀（平安時代中期）まで基本法であった。なお，大宝律令施行後は，社会変化に適応するため，多くの令外官の設置，追加法としての格や施行細則の式の発令がなされ，日本社会に律令政治を定着させていった。こうした点を解答に指摘してもよいであろう。

II　解答

11 世紀半ばになると，疫病・飢饉や武士の争乱など社会不安を背景に末法思想が流行し，来世に救いを求めて極楽往生を願う浄土教が広まった。摂関全盛期には阿弥陀堂建築が流行，12 世紀の院政期には浄土教が地方に伝わり，奥州藤原氏による中尊寺金色堂や九州豊後の富貴寺大堂など阿弥陀堂が各地に建立された。源平争乱などの相次ぐ戦乱で人々が末法到来を実感する頃，法然は浄土宗を開き，彼の説いたひたすら念仏を唱えれば極楽往生できるという専修念仏の教えは公家のほか武士，庶民にまで広まった。弟子の親鸞はその教えを深め，煩悩の深い人間こそが阿弥陀仏の救いの対象であるという悪人正機説を唱え，地方武士や農民の支持を集めて浄土真宗の基礎をつくった。鎌倉時代後半には，時宗の祖となった一遍が，各地を遍歴しながら信心の有無を問わずすべての人々が極楽往生できると説いた。踊念仏による布教は武士や庶民に加え乞食・非人らにも受け入れられた。(400 字以内)

◀解　説▶

≪平安時代後期から鎌倉時代における浄土信仰の推移≫

●設問の要求

〔主題〕平安時代後期から鎌倉時代における極楽浄土をめぐる仏教思想の推移を述べる。

〔条件〕指定語句（(ア)親鸞，(イ)末法，(ウ)踊念仏，(エ)中尊寺金色堂）を用いる。

●論点の抽出

浄土教の発展を平安時代後期から述べ，鎌倉時代には民衆仏教としての浄土宗・浄土真宗・時宗の教えが広まった推移を述べる。指定語句(イ)「末法」に突入した 1052 年が，摂関全盛期（藤原頼通の時代）であることを思い出し，解答をこの時期から始めればよい。院政期に浄土教が地方に波及したことについても，指定語句(エ)「中尊寺金色堂」などの阿弥陀堂建築をあげて指摘しよう。鎌倉時代には，法然の浄土宗（専修念仏），指定語句(ア)「親鸞」の浄土真宗，指定語句(ウ)「踊念仏」から時宗の一遍の順でそれぞれの教義や布教活動などを簡潔にまとめよう。その際，どのような人々に浸透していったか，また浄土教発展の社会背景なども指摘できるかがポイントである。

●解答の枠組み

①平安時代後期から院政期

- (イ)「末法」思想の流行
- 浄土信仰（浄土教）の発展
- 摂関全盛期の阿弥陀堂建築
- 院政期――浄土教の地方波及（(エ)「中尊寺金色堂」など）

②鎌倉時代――民衆仏教の誕生

- 浄土宗――法然の専修念仏
- 浄土真宗――(ア)「親鸞」の悪人正機説
- 時宗――一遍の(ウ)「踊念仏」

●解説

①平安時代後期から院政期

- (イ)「末法」思想の流行

末法の思想は，釈迦の入滅後 1000 年を仏法が正しく行われる正法，次の 1000 年を仏法や修行者はいるが証果が得られない像法，その後を末法として仏法が衰えて乱世になるという予言思想である。わが国では 1052 年から末法の世に入ると考えられ，これが疫病・飢饉・武士の争乱など現世の不安とあいまって来世に救いを求める浄土信仰（浄土教）の発展の刺激となった。

- 浄土信仰（浄土教）の発展

浄土信仰（浄土教）は，10 世紀半ばに空也が市中で念仏を説き，さらに 10 世紀末に源信が『往生要集』を著して多くの人々に広まった。これは阿弥陀仏を信仰し，来世において極楽浄土に往生することを願う教えである。解答では簡潔に浄土信仰の特徴を指摘しておこう。

- 摂関全盛期の阿弥陀堂建築

末法初年（第一年）の 1052 年は，藤原頼通が摂政・関白を歴任した摂関全盛期の時代であった。高級貴族層は源信の『往生要集』に大きな影響を受け，そこで説かれた極楽浄土を具現化するため壮大な阿弥陀堂を建立して安楽を求めた。具体例として藤原道長の法成寺や頼通の平等院鳳凰堂などを解答に指摘してもよいであろう。なお，末法初年の前年である 1051 年には奥州で前九年合戦が始まり，末法を具現化したような武士の争乱は人々に衝撃を与えた。藤原頼通が平等院鳳凰堂を末法初年に造営しはじめ 1053 年に完成させたのは，まさにこの時代を象徴する出来事といえよう。

• 院政期――浄土教の地方波及（(エ)「中尊寺金色堂」など）

院政期になると，民間布教者の聖の活躍や地方武士の隆盛によって，都で開花した浄土教文化が地方に伝播した。特に前九年合戦・後三年合戦を勝ち抜いて支配権を確立した奥州藤原氏は，清衡・基衡・秀衡と 3 代にわたり約 100 年の栄華を誇った。奥州藤原氏の拠点である平泉には都の浄土教文化が移植され，藤原清衡の中尊寺金色堂，基衡の毛越寺，秀衡の無量光院といった壮麗な寺院が建立された。解答には，その他の阿弥陀堂の具体例として富貴寺大堂（大分県）や白水阿弥陀堂（福島県）などを指摘してもよいであろう。

②鎌倉時代――民衆仏教の誕生

のちに鎌倉新仏教と呼ばれる教えが当時の人々に受け入れられた背景として，戦乱などによる社会不安を指摘しておこう。平安末期から保元・平治の乱，さらに源平争乱が続き，人々は末法到来を深く意識した。特に平重衡の南都焼打ちによる大仏の焼失は民衆に衝撃を与えた。鎌倉新仏教の開祖たちは，造寺・造仏や厳しい修行ができなくても，念仏・題目・坐禅など一つの選択された方法によってのみ救われると説き，社会不安からの民衆救済に乗り出した。本問では浄土信仰がテーマなので浄土宗・浄土真宗・時宗について述べればよい。

• 浄土宗――法然の専修念仏

法然はただひたすら「南無阿弥陀仏」の念仏を唱えれば救われるという「専修念仏」を説き，それまでの貴族層中心の浄土信仰を広く一般民衆にも開放したため，その教えは九条兼実らの上級公家や武家のみならず庶民にも広まった。しかし，その革新的な教義は法相宗や華厳宗など旧仏教側の攻撃を受けることとなり，法然の念仏は禁止され，法然は四国（実際には讃岐）へ，弟子の親鸞も越後に流された。

• 浄土真宗——(ア)「親鸞」の悪人正機説

法然の弟子親鸞はその教えをさらに徹底して，煩悩の深い人間こそが阿弥陀仏に救済される対象であるという他力本願の悪人正機説を唱えた。親鸞は流罪後，主に東国で布教し，その教えは現実社会の苦悩からの救済を求める農民層に広く浸透した。阿弥陀仏への信仰（他力本願）を通じ，現世で生きる人間の内観で到達した悪人正機説は，多くの民衆の心をとらえたのである。なお，親鸞は教団設立（立宗）の意志はなかったが，曾孫の覚如が本願寺を本山として浄土真宗の教団の基礎を固め，親鸞はその開祖と仰がれるようになった。

• 時宗——一遍の(ウ)「踊念仏」

13 世紀後半に出た一遍は時宗を開き，性別・身分に関係なく，また信心の有無も関係なく，念仏を唱えさえすれば極楽往生できると説いた。彼の活動時期は蒙古襲来と重なり，対外的危機感で不安が最高潮に達していた民衆の心をとらえた。一遍は全国を遍歴（遊行）しながら念仏札を配り，人々の集まる市や河原で踊念仏を開催して教えを広めた。そして一心不乱に念仏して踊ることにより，人間としての働きを超越して必ず救済されると説いた。鎌倉新仏教の特徴である易行を徹底させたこうした教えは，乞食・非人など社会の最下層にいる人々にも広く受け入れられた。

III　解答

江戸幕府は鎖国下でも，長崎においてオランダ人を出島に，中国人を唐人屋敷に居住させて厳しい管理のもとで貿易を行った。朝鮮とは対馬藩の宗氏を通じて外交関係を築き，宗氏は己酉約条を結んで釜山の倭館で貿易を行い，また朝鮮からは将軍の代替わりに通信使が来日し，使節団一行は日本の学者たちに歓迎されて文化的交流を深めた。琉球は薩摩藩の島津氏が支配下におき，特産の黒砂糖や中国との朝貢貿易で得た産物などを上納させた。琉球からは慶賀使や謝恩使が江戸に派遣され，一行は朝貢の形式を演出するために異国風の服装を強制された。蝦夷地は幕府からアイヌとの交易独占権を認められた松前藩が支配し，和人商人による場所請負制がはじまると，蝦夷地の海産物などが本州に普及した。一方，欧州との関係はオランダ商船との通商に限られていたが，徳川吉宗が漢訳洋書の輸入制限を緩和したことで，西洋の学問や技術への関心が高まり，蘭学の発達が促された。（400 字以内）

◀解　説▶

≪17〜18 世紀鎖国下における異国・異域との交流≫

●設問の要求

〔主題〕17〜18 世紀鎖国下における異国・異域との交流を述べる。

〔条件〕指定語句（(ア)漢訳洋書の輸入制限，(イ)通信使，(ウ)薩摩藩，(エ)場所請負制）を用いる。

●論点の抽出

江戸時代は鎖国下で長崎，対馬，薩摩，松前という四つの窓口を通じて，それぞれ中国・オランダ，朝鮮，琉球，蝦夷地（アイヌ）との交流をもった。指定語句から異国や異域を想起し，それぞれ違った形で交流していたことを，特徴を明らかにしながら解答することがポイントである。朝鮮と琉球王国については，通信国として使節が来日したこと，蝦夷地については，指定語句の「場所請負制」により海産物が本州に普及したことなどの経済的側面にふれておきたい。指定語句の「漢訳洋書の輸入制限」については徳川吉宗の緩和を指摘し，鎖国下において間接的ではあるが，欧州と学問を通じて交流していたと捉えて説明すればよいであろう。

●解答の枠組み

①通商国との交流――長崎

- オランダとの通商――出島
- 中国（明・清）との通商――唐人屋敷

②朝鮮（通信国）との交流

- 対馬宗氏――己酉約条による貿易
- (イ)「通信使」の来日――文化交流

③琉球（通信国）との交流

- (ウ)「薩摩藩」島津氏の支配
- 慶賀使や謝恩使の派遣――異国風の衣装を強制

④蝦夷地との交流

- 松前藩の支配――アイヌとの交易独占権
- (エ)「場所請負制」――海産資源などの本州への流通

⑤西洋文化の流入

- (ア)「漢訳洋書の輸入制限」の緩和

●解説

①通商国との交流——長崎

鎖国とは，異国・異域との接触を，オランダ・中国とは長崎口，朝鮮とは対馬口，琉球とは薩摩口，蝦夷地とは松前口の 4 カ所に制限した出入国管理体制であった。江戸幕府と正式な外交関係にあった朝鮮・琉球を通信国，正式な国交はないが貿易関係のあったオランダ・中国を通商国とした。江戸幕府は通信国・通商国をいずれも日本型華夷意識をもって異国と位置づけていた。

• オランダとの通商——出島

オランダとは長崎港内に築いた出島において，長崎奉行の厳重な監視のもとに貿易が行われた。出島は約 4,000 坪の扇形の埋立地で，鎖国下で唯一のヨーロッパとの窓口となった。オランダ船が日本にもたらした品々の大半は中国産の生糸・絹織物などで，鎖国以前のポルトガル船の中継貿易を継承したものである。なお，来航するオランダ船はバタビア（現在のジャカルタ）のオランダ東インド会社の商船で，出島に置かれたオランダ商館は，東インド会社の日本支店であった。

• 中国（明・清）との通商——唐人屋敷

通商国に中国があったことを忘れず指摘しておこう。中国（明・清）とは正式国交はなかったが，17 世紀前半は商船の来航が活発で，中国人の長崎市内雑居を認めていた。しかし，貿易額の増加による銀の流出を抑制するため，1688 年に清船の来航を年間 70 隻に制限し，翌 1689 年には長崎郊外の十善寺村に清国人居留地として唐人屋敷を設け，厳しい監視下で貿易を続けた。

②朝鮮（通信国）との交流

• 対馬宗氏——己酉約条による貿易

徳川家康は対馬藩宗氏を通じて，朝鮮出兵以来国交が断絶していた朝鮮との講和を実現させた。1609 年には，朝鮮と宗氏の間で己酉約条が結ばれ，これにより宗氏は釜山の倭館で貿易することが認められて，幕府からも対朝鮮貿易の独占を許された。

• (イ)「通信使」の来日——文化交流

朝鮮は，朝鮮出兵で連行された朝鮮人の送還を目的とした回答兼刷還使を 3 回にわたって派遣した。以後使節の派遣が慣例化して 4 回目からは通信使と呼ばれ，新将軍就任の慶賀を名目に来日した。対馬藩宗氏が通信使一行の到着から帰国までの接待業務を担い，沿路の各藩も饗応などの負担が課せられた。また，通信使の道中の宿館には多くの学者や文人が押しかけ，筆談による高度な学術や詩歌の交換を行った。通信使の来日は漢字・漢詩の共通文化を媒介に，異国との文化交流を育む機会となった。

③琉球（通信国）との交流

- ㈦「薩摩藩」島津氏の支配

琉球は 1609 年に薩摩藩の島津氏によって征服されてその支配下に入り，検地や刀狩りを通じて農村支配も進められた。薩摩藩は，特産物の黒砂糖や中国との貿易で得た産物を強制的に上納させるなど厳しい負担を強いる一方，従来からの中国との朝貢関係は継続させて独立王国の形態をとらせ，琉球は幕藩体制の中の異国として位置づけられた。

- 慶賀使や謝恩使の派遣――異国風の衣装を強制

日本型華夷意識をもつ幕府は，将軍の代替わりごとに慶賀使の，琉球国王の代替わりごとに謝恩使の派遣を求めた。島津氏に伴われて来日する使節は，異国風の衣装を強制され，異国風の奏楽を伴いながら行進した。幕府は，こうした異民族の朝貢を意識した演出をさせることにより，将軍の武威を世に示そうとした。

④蝦夷地との交流

- 松前藩の支配――アイヌとの交易独占権

蝦夷地は蝦夷（アイヌ）が住む土地という意味で，現在の北海道・千島・樺太を指す。幕府は松前藩にアイヌとの交易権の独占を認めた。

- ㈣「場所請負制」――海産資源などの本州への流通

松前藩は，家臣にアイヌとの交易権を知行として与えることで主従関係を結んだ。これを商場知行制という。交易が行われる漁場などを商場といい，家臣はここでアイヌとの交易を行って得た利益を収入とした。しかし 18 世紀前後からは，松前藩士が商場を本州の和人商人に請け負わせて運上金をとる場所請負制に変わっていき，場所請負制による和人商人の参入は，西廻り航路の開拓もあいまって蝦夷地の海産物などを全国市場に普及させることになった。

なお，蝦夷地から本州に供給された鰊は金肥の〆粕に加工されて綿作に利用され，鮭は塩ジャケなどに加工されて低所得者層の食料となった。またいりこ・干し鮑・ふかひれを詰めた俵物は長崎に送られ，中華料理の具材として対清貿易の輸出品となった。

⑤西洋文化の流入

• ㈠「漢訳洋書の輸入制限」の緩和

ヨーロッパとの交流は，オランダ商船との長崎貿易に限られていたが，実学を奨励した徳川吉宗は，鎖国下において国策として禁止されていた漢訳洋書の輸入制限を緩和（1720 年）し，同時に青木昆陽や野呂元丈らにオランダ語を学ばせて蘭学発展を促した。漢訳洋書を通じて間接的な異文化との交流がはじまり，西洋学術への関心が高まると，次第に医学など実用の学問として広がりを見せ，田沼時代の『解体新書』（1774 年）の刊行へとつながった。

Ⅳ　解答

明治維新期に文明開化の風潮が生じ，日刊新聞や雑誌などが創刊され，言論活動が活発になった。森有礼らは明六社を組織し，『明六雑誌』を発行して功利主義や自由主義など近代思想を紹介し，封建思想の排除に努めた。しかし，自由民権運動がはじまると，新聞・雑誌を媒介とする政府攻撃に対して新聞紙条例が制定されたため，言論の自由は制限された。明治中期になると，条約改正問題を契機に政論雑誌などが多く発行された。徳富蘇峰は民友社を結成し，『国民之友』を発行して平民的欧化主義を，三宅雪嶺らは政教社を結成し，『日本人』を発行して国粋主義を唱え，政府の欧化政策を批判した。日清戦争を契機に対外的危機意識が高まると，雑誌『太陽』は対外膨張を支持する日本主義を唱えた。明治末期には民衆の権利意識の高揚を背景に，平塚らいてうが女性文芸雑誌の『青鞜』を創刊し，女性の封建的束縛からの目覚めを促し，その後の女性解放運動の先駆となった。（400 字以内）

◀解　説▶

≪明治期における雑誌の変遷≫

●設問の要求

〔主題〕明治期の雑誌の変遷について述べる。

〔条件〕指定語句（㈠民友社，㈡新聞紙条例，㈢森有礼，㈣『青鞜』）を用いる。

●論点の抽出

明治期のジャーナリズムの発達を，雑誌に視点を置いてその展開を述べる問題。使用語句から関連する雑誌名を引き出し，明治維新期（「森有礼」），明治中期（「民友社」），明治末期（『青鞜』）の時期に区分して解答すればよい。「森有礼」から『明六雑誌』，「民友社」から『国民之友』などを想起し，各時代の世論にどのような影響を与えたかを時系列に沿って指摘できるかがポイント。また，『日本人』や『太陽』など関連雑誌も含めて解答すること。

●解答の枠組み

①明治維新期――啓蒙思想の宣伝

- (ウ)「森有礼」――明六社＝『明六雑誌』
- (イ)「新聞紙条例」――言論統制

②明治中期――欧化主義への批判（国家主義の台頭）

- 徳富蘇峰の(ア)「民友社」＝『国民之友』――平民的欧化主義
- 三宅雪嶺の『日本人』――国粋主義（近代的民族主義）
- 『太陽』――日本主義（国家主義の台頭）

③明治末期――デモクラシーのめばえ

- (エ)『青鞜』――女性解放運動の先駆

●解説

①明治維新期――啓蒙思想の宣伝

- (ウ)森有礼――明六社＝『明六雑誌』

森有礼は薩摩藩出身の政治家。英米に留学して先進文化に触れ，1873年に明六社を設立して啓蒙思想を広めた。メンバーは福沢諭吉以外ほとんどが官僚在職者で占められており，政府の推進する文明開化とその啓蒙を担った結社であった。1874年に発行された機関誌『明六雑誌』は日本最初の本格的な雑誌で，維新変革期の血気盛んな青年層に大きな影響を与えた。功利主義や自由主義などの西洋思想を伝え，それまでの非合理的な慣習や思考など封建的な風潮を打破し，民衆を知的に啓発することを企図した雑誌であった。

- (イ)新聞紙条例――言論統制

新聞紙条例は1875年，自由民権運動の高揚に対して，反政府の言論取り締まりを目的に讒謗律と共に制定された。雑誌にも適用され，反政府的な雑誌は発禁処分にするなど，言論の自由を大きく制限するものであった。

『明六雑誌』は反政府的ではなかったものの，民撰議院論争など自由民権運動の論説も多く，条例の適用を危惧した福沢諭吉らの提案で 43 号をもって 1875 年 11 月に廃刊となった。同時に明六社も事実上解散した。

②明治中期——欧化主義への批判（国家主義の台頭）

明治 20 年代になると，井上馨外相の条約改正交渉と極端な欧化主義政策に反発する思想やそれを主張する雑誌が登場した。

• 徳富蘇峰の(ア)「民友社」=『国民之友』——平民的欧化主義

徳富蘇峰は 1887 年に民友社を設立，雑誌『国民之友』を発行し，政府の特権階級による貴族的欧化主義に対して，平民的欧化主義を唱えた。『国民之友』は，当時の著名な思想家・文学者・評論家のほとんどが寄稿する高級雑誌であり，自由民権運動期以後に凋衰していた言論・思想界に大きな刺激となった。なお，日清戦争を契機に徳富蘇峰が国家主義に思想転換すると，その変節に憤る愛読者が離反して誌勢は急速に低下した（1898 年廃刊）。

• 三宅雪嶺の『日本人』——国粋主義（近代的民族主義）

指定語句の「民友社」に関連して，『国民之友』と共に当時の思想界に大きな影響を与えた『日本人』を指摘しよう。

雑誌『日本人』は三宅雪嶺らが 1888 年政教社を設立し創刊した機関誌で，欧化主義に対して日本の伝統文化を尊重する国粋主義（近代的民族主義・国粋保存主義）を唱えた。一般民衆の幸福を平民的欧化主義の立場で説く徳富蘇峰らに対して，三宅雪嶺らは日本の伝統文化を尊重し，一般民衆の幸福の前提として国家の独立を重視した。両者は論争を繰り広げながら思想界を主導した。なお，三宅雪嶺らの国粋主義と同じ立場から，陸羯南が新聞『日本』を創刊（1889 年）して国民主義を唱えたことも覚えておこう。

• 『太陽』——日本主義（国家主義の台頭）

条約改正交渉という対外問題などをきっかけに，日本国や日本人の立つ位置を問う平民主義や国粋主義など新しいナショナリズムが，『国民之友』や『日本人』によって登場した。そしてその延長線上に雑誌『太陽』が発刊され，日本主義が唱えられた。

『太陽』は 1895 年に博文館が発刊し，大正期に『中央公論』らに押されるまで論壇を主導する総合雑誌であった。特に評論では，日清戦争の勝利や三国干渉などを契機に国家主義が高揚すると，主幹の高山樗牛らが日本主義を唱え，日本の帝国主義的大陸進出を肯定した。これは，徳富蘇峰らの国家主義への転向，国内の対露強硬論の形成，明治末期の戊申詔書の発布などの国民教化政策や国民教育の方針に大きな影響を与えた。

③明治末期――デモクラシーのめばえ

重税と内外債に依存した日露戦争は，国民の権利意識に大きな影響を与え，賠償金のない講和条約に反対した民衆は日比谷焼打ち事件を起こした。明治末期には大正期に開花するデモクラシーの胎動がみられたが，その一例として女性解放運動の先駆となった『青鞜』を取り上げて解答を締めくくろう。

•㈤『青鞜』――女性解放運動の先駆

当時の法律や制度では女性の権利は認められず，女性は良妻賢母であることが強要され，政治活動もいっさい否定されるなど，社会には男尊女卑の風潮が残存していた。しかし，デモクラシーの風潮がめばえるなか，1911 年には平塚らいてう（明）らにより青鞜社が結成され，雑誌『青鞜』が機関誌として発行された。当初は女性文芸雑誌であったが，自由な恋愛や自由な結婚を主張し，家父長制的家族制度を批判するなど，さまざまな女性問題を扱うようになり，大正期の新婦人協会の結成（1920 年）など，その後の女性解放運動に大きな影響を与えた。

❖講　評

2021 年度も例年と同様，全問論述問題で，論述量は 4 題すべて 400 字で総字数 1600 字，時代別の構成はⅠ古代，Ⅱ中世，Ⅲ近世，Ⅳ近代となっている。ⅡとⅣは文化史の内容であった。例年通り 120 分の試験時間で，設問の要求から論旨に沿ってまとめるのは容易ではない。

Ⅰ　「律令の編纂」をテーマにした問題。『日本書紀』や『続日本紀』の史料を参考に，下線部の律令と令の具体的名称および史料Ｂの内容を示しながら解答する問題である。したがって，律令編纂の推移について法令の名称とともに述べることができるか，そして史料Ｂから大宝律令施行後も律令の規定が実施されていない点を指摘できるかがポイントである。そのうえで，それぞれの律令編纂・施行に関わる天皇や重要人物を指摘し，律令国家形成の過程を説明していこう。史料の読解もあるのでやや難問である。

Ⅱ 「平安時代後期から鎌倉時代における浄土信仰の推移」をテーマにした問題。受験生の多くが苦手な文化史であるが，指定語句があるため取り組みやすいものとなっている。ただ，解答の書き出しには注意しよう。まず指定語句の「末法」に目を向け，来世に救いを求める浄土信仰がさらに高まったこと，末法初年である西暦 1052 年は摂関政治全盛期で藤原頼通が平等院鳳凰堂を建立したことなどを思い出せるとよい。また，浄土宗・浄土真宗・時宗については，それぞれの教義の内容・信者の階層の広がりを的確に表現できるかが勝負どころである。

Ⅲ 「17～18 世紀鎖国下における異国・異域との交流」をテーマにした外交史の論述問題。朝鮮・琉球・蝦夷地との交流関係の特徴をそれぞれ整理していくという点では定番のテーマであるが，指定語句の「漢訳洋書の輸入制限」の扱いがやや難しい。徳川吉宗の制限緩和を指摘し，欧州とは「漢訳洋書の輸入」という制限付き“交流”で新知識が輸入されたことにつなげることが求められる。

Ⅳ 「明治期における雑誌の変遷」をテーマにした問題で，文化史からの出題である。指定語句から時期を正確に押さえて解答の枠組みをつくれるかがポイントである。その際，指定語句の(ウ)「森有礼」から『明六雑誌』，(ア)「民友社」から『国民之友』を，また関連雑誌として『日本人』や『太陽』を想起したい。解答作成にあたっては，関連する人物や雑誌名の羅列に陥ることのないよう，それぞれの雑誌が活動した時期の社会状況や世論との関連を意識した説明を心掛けよう。

世界史

I **解答** 魏晋南北朝時代には九品中正によって有力豪族の子弟が中央官界に進出し，門閥貴族層を形成して政治に弊害をもたらすようになった。これに対し隋の文帝が試験によって官吏を登用する科挙の制度を定め，唐もこれを受け継いだが，唐初期は門閥貴族層の勢力が根強かった。しかし，中国史上唯一の女帝となった則天武后は科挙官僚を積極的に登用し，政治の担い手が科挙官僚へと移っていく転機となった。唐の後期には貴族層が次第に力を失う中，均田制の崩壊で土地を集積した新興地主層が台頭し，唐滅亡後の五代十国の時代には貴族層は荘園を失ってさらに没落していった。戦乱を収拾した宋は武人から権力を奪って文官を重視する文治主義をとり，皇帝自ら試験官となる殿試を創始するなど科挙を整備したため，科挙出身の官僚が政治を担う体制が整った。こうして難関の科挙を突破して官僚となった新興地主層が，形勢戸と呼ばれて統治の担い手となっていった。(400 字以内)

◀解　説▶

≪中国王朝において，科挙官僚が統治の担い手となっていった経緯≫

●設問の要求

〔主題〕中国王朝において，科挙官僚が貴族に代わって統治の担い手となっていった経緯

●論述の方向性と指定語句

九品中正が実施されていた魏晋南北朝時代から，科挙官僚による統治が確立した宋代までを述べればよい。一方で貴族層の没落と新興地主層の台頭に言及する必要がある。指定語句では，「則天武后」が科挙官僚を積極的に登用したという知識がないと，どのように使うかで迷ったかもしれない。以下の 3 つの時期を考えたい。

①魏晋南北朝～隋・唐初期：九品中正と科挙の創始（指定語句：九品中正）

②唐中期～五代十国：科挙の定着と貴族層の没落（指定語句：則天武后，五代十国，新興地主層）

③宋代：文治主義と科挙官僚による統治の確立（指定語句：文治主義）

●論述の構成

①魏晋南北朝～隋・唐初期：九品中正と科挙の創始

九品中正は魏の文帝が創始した官吏登用制度で，地方に置かれた中正官がその地の人材を九品等にランク付けして中央に報告し，中央でそのランクに応じた官職につけるというものである。結果的に中正官と結んだ有力者（豪族）が上位にランク付けされて中央政界に進出することになった。いったん高級官僚になると，その子弟がまた上位にランク付けされるという悪循環が生じたことから「上品に寒門なく，下品に勢族なし」という言葉も生まれた。

こうして常に上位にランク付けされ高級官僚となる家柄は固定された。彼らは門閥貴族と呼ばれるようになり，政治を独占したので大きな弊害を生んだ。この状況に対し589年に中国を統一した隋の文帝が創始したのが，試験で官吏を選抜する科挙で，唐も科挙を受け継いだ。しかし，門閥貴族の勢力は依然として強く，親の地位に応じて一定の官職が与えられる蔭位の制もあったため，科挙合格者がすべて高級官僚を約束されたわけではなかった。

②唐中期～五代十国：科挙の定着と貴族層の没落

中国史上唯一の女帝として即位した則天武后（第3代高宗の皇后）は，「武韋の禍」と呼ばれるように，従来は女性が政治に介入したことによって混乱が生じたという説明で語られることが多かったが，最近ではその政治が再評価されている。彼女が自分に批判的な貴族勢力を排除するために科挙官僚を積極的に登用したことは，科挙官僚が政治の中心となっていく一つの転機となった。

その後，玄宗のときに勃発した安史の乱（755～763年）以後，唐は衰退期に向かうが，貴族勢力も，戦乱の中で荘園が荒廃し武人に圧迫されたこともあって次第に衰えていった。一方，唐初期に定められた均田制も崩壊し，780年には現住地の土地や資産に応じて課税する両税法が施行された。両税法施行にともなって，均田制では禁止されていた土地の売り買いが認められたため，地主による大土地所有が進むことになった。こうして唐代後期には，新興地主層が出現し，次第に貴族に迫る力をもつようになっていった。

唐滅亡後の五代十国は中国社会の大きな転機期で，門閥貴族はその経済的基盤である荘園を失い，ますます没落していった。これに対し，新興地主層は土地を佃戸と呼ばれる小作人に貸して小作料を取る方法で経済力を伸ばしていくことになった。

③宋代：文治主義と科挙官僚による統治の確立

960 年に宋を建国し，その後中国を統一した趙匡胤（太祖）と次の太宗は，武断政治の弊害を抑えるために，軍人ではなく学識のある文人官僚による政治を目指す文治主義をとり，節度使に欠員が出るたびに文官をあてて軍人から権力を奪い，中央集権体制の確立を図った。優秀で皇帝に忠実な官僚を養成するために科挙を整備し，皇帝自ら試験官となって宮中で行う殿試を創始した。この結果，科挙出身の官僚が皇帝の手足として政治を担う体制が整ったが，科挙は合格することが非常に困難な試験となった。科挙を突破するためには幼少期からの教育が必要で，科挙合格者は経済力のある新興地主層の子弟に限られた。こうして科挙を通じて官僚となった地主層は形勢戸と呼ばれ，貴族に代わって統治の担い手となっていった。

Ⅱ　**解答**　ビザンツ帝国の支配下にあったエジプトは，7 世紀にアラビア半島から興った正統カリフ時代のイスラーム勢力によって征服された。その後，エジプトはウマイヤ朝，アッバース朝の支配を受けたが，9 世紀にトゥールーン朝が独立した。10 世紀にチュニジアに興ったシーア派のファーティマ朝はエジプトに進出してカイロを建設し，アッバース朝に対抗してカリフを称した。12 世紀後半にはアイユーブ朝を建てたクルド人の部将サラディンがスンナ派を復興し，ヨーロッパの十字軍勢力と戦った。13 世紀半ばにはトルコ人軍人奴隷出身者がマムルーク朝を建て，バイバルスがモンゴル軍の侵入を撃退した後，スルタンに即位している。マムルーク朝は，アッバース朝のカリフの末裔を保護してメッカとメディナを保護下において繁栄したが，アナトリアに興ったオスマン帝国が勢力を広げ，1517 年にセリム 1 世がマムルーク朝を滅ぼしてエジプトを征服した。（400 字以内）

◀解　説▶

≪7世紀から16世紀前半までのエジプトにおける諸国家の興亡≫

●設問の要求

〔主題〕7世紀から16世紀前半までのエジプトにおける諸国家の興亡

〔条件〕隣接する勢力との関係に留意する

●論述の方向性と指定語句

7世紀はイスラーム勢力がビザンツ帝国からエジプトを奪った時期。16世紀前半はオスマン帝国がエジプトのマムルーク朝を滅ぼして領土に加えた時期である。「隣接する勢力との関係に留意」とあるので，この点をふまえて，3つの時期に分けて整理してみよう。

①正統カリフ時代・ウマイヤ朝・アッバース朝の支配（指定語句：ビザンツ帝国）

②ファーティマ朝とアイユーブ朝（指定語句：シーア派，サラディン）

③マムルーク朝とオスマン帝国の征服（指定語句：モンゴル軍，アナトリア）

●論述の構成

①正統カリフ時代・ウマイヤ朝・アッバース朝の支配

エジプトはローマ帝国が前30年に征服し，東西分裂後はビザンツ帝国（東ローマ帝国）が支配を受け継ぎ，経済の中心として栄えていた。しかし，7世紀前半アラビア半島から興ったイスラーム勢力は，正統カリフ時代にビザンツ帝国からシリアとエジプトを奪い，多くのアラブ人が家族をともなってエジプトにも移住し，ミスルと呼ばれる軍営都市も作られた。その後エジプトはシリアのダマスクスを首都とするウマイヤ朝，続いてイラクのバグダードを首都とするアッバース朝の支配を受けた。アッバース朝は9世紀後半になると衰退期に入り，中央アジアのサーマーン朝などの独立政権が現れたが，エジプトでもトゥールーン朝（868～905年）が成立し，次第に中央から離れていった。

②ファーティマ朝とアイユーブ朝

909年北アフリカのチュニジアに興ったシーア派のファーティマ朝は，969年にエジプトに進出し，カイロを建設して本拠地とした。ファーティマ朝はシーア派の中でも過激なイスマーイール派で，建国当初からアッバース朝カリフの権威を否定して，独自にカリフの称号を用いた。また，カイロにイスラーム世界最古の大学であるアズハル学院を設置し，シーア派の教義を教えたが，その後アズハル学院はスンナ派の最高学府となり，現在も大きな権威を有している。

サラディンはクルド人出身の部将で，ファーティマ朝の宰相となり，1169 年にはアイユーブ朝を建ててスンナ派の信仰を復活した。サラディンといえばヨーロッパの十字軍との戦いが有名だが，サラディンが戦った第 3 回十字軍（1189～92 年）は，第 1 回十字軍が占領したイェルサレムをサラディンが奪回したことに対して行われた。イングランドのリチャード 1 世，フランスのフィリップ 2 世，神聖ローマ皇帝フリードリヒ 1 世が参加したが，十字軍側の不仲もあってイェルサレム奪回に失敗した。

③マムルーク朝とオスマン帝国の征服

マムルークはトルコ人の軍人奴隷で，アイユーブ朝のスルタンはマムルークの軍団を組織して軍事力としたが，やがてその勢力は強大となり，1250 年にはアイユーブ朝を倒してエジプト・シリアにマムルーク朝を建てた。マムルーク朝に関しては，指定語句の「モンゴル軍」を使う必要がある。1258 年にアッバース朝を滅ぼしたフラグのモンゴル軍が，1260 年にシリアに侵入したが，マムルーク朝のバイバルスによって撃退されている。彼は，その後スルタンに即位した。マムルーク朝はアッバース朝のカリフの末裔をカイロで擁立し，聖地であるメッカ・メディナを保護下においたため，一時イスラーム世界の盟主の地位についた。

オスマン帝国は 1299 年アナトリア（小アジア）西部に建国されたトルコ系のイスラーム国家。1402 年ティムールにアンカラの戦いで大敗した後はヨーロッパ方面への進出に専念し，1453 年にはコンスタンティノープルを攻略してビザンツ帝国を滅ぼした。ティムール帝国が衰退・滅亡した後はイランのサファヴィー朝と争いながらシリア方面に進出し，1517 年にはエジプトのマムルーク朝を滅ぼして，ヨーロッパ・アジア・アフリカにまたがる大帝国を形成した。

Ⅲ　解答

宋代の中国で発明されてイスラーム世界を経由して伝播し，ドイツ人のグーテンベルクによって改良された活版印刷術は，ルネサンス期においてさらに発達した。書物の製作は，従来の高価な羊皮紙などを使う写本に比べてはるかに迅速・安価なものとなった。

その結果，エラスムスの『愚神礼賛』などの著作が広く読まれることで，ルネサンス期の文化の特徴である人間の理性や尊厳を重視する人文主義が，ヨーロッパに広く理解され普及することとなった。また，活版印刷術は，教皇レオ10世がローマのサン=ピエトロ大聖堂改築のために売り出した贖宥状を，ドイツのルターが批判したことから始まった宗教改革にも大きな影響を与えた。ルターの信仰義認説や聖書中心主義の主張は，彼がドイツ語訳した『新約聖書』が活版印刷によって一般の人々にも広く行き渡り読まれたことで多くの支持を集め，宗教改革が進展する背景の一つとなった。（400字以内）

◀解　説▶

≪ルネサンス期に発達した技術が16世紀初頭のヨーロッパに与えた影響≫

●設問の要求

〔主題〕ルネサンス期に発達した技術が16世紀初頭のヨーロッパに与えた影響

●論述の方向性と指定語句

教科書では「ルネサンス期に発達した技術」として「活版印刷術」「鉄砲・大砲などの火器」「羅針盤」の3つがあげられている。しかし，この問題は指定語句を見る限り，この3つのうちの「活版印刷術」に限定して述べることを要求していると考えられる。ここでは，次の3つに分けて考えてみたい。

①活版印刷術の改良（指定語句：グーテンベルク）
②ルネサンスの人文主義普及への影響（指定語句：人文主義）
③宗教改革への影響（指定語句：サン=ピエトロ大聖堂，宗教改革，ドイツ語訳）

●論述の構成

①活版印刷術の改良

活版印刷術は火薬・羅針盤と同じように，中国で発明されたものが伝播し，朝鮮やヨーロッパで改良された。鋳型で先端に文字を凸状に造形した柱状の金属活字を大量に作り，これを組み合わせて文章を作って印刷するもので，活字は再利用することができる。

ドイツのグーテンベルクは15世紀半ばに，ブドウ圧搾機を改良した加圧印刷機を作り，活字も金属の鋳型を使ったものに改良して，インクによる印刷を始めた。彼の印刷機や活字がどれくらい中国から伝わったものを基にしているのか明らかではないが，少なくとも活字を使った印刷という考え自体が影響を受けているのは確かである。

②ルネサンスの人文主義普及への影響

中世では聖書に限らず，書物自体が羊皮紙に手で一冊ずつ書き写したものであったから，非常に数が少なく高価なものであった。しかし，活版印刷術は当時出回りだした安価な紙の普及もあって，印刷物の低価格化と大衆化に大きく貢献した。〔解答〕ではエラスムスの『愚神礼賛』を示したが，トマス=モアの『ユートピア』，チョーサーの『カンタベリ物語』なども活版印刷されて広く普及している。

③宗教改革への影響

16世紀初頭，教皇レオ10世がローマのサン=ピエトロ大聖堂改築資金調達のために，贖宥状の販売を許可したのに対し，ヴィッテンベルク大学の神学教授だったルターが「九十五カ条の論題」を発表したことが宗教改革の端緒となった。

論述では信仰義認説（人の救いは信仰のみにある）や聖書中心主義（信仰の基礎は聖書である）などについて述べたい。ルターはこの立場から贖宥状を買えば人は救われるというローマ教会の立場を批判し，教会や教皇の権威を否定したのである。ルターはその後教皇から破門されるが，「九十五カ条の論題」やルターの著書『キリスト者の自由』は活版印刷によって一般に広まっていった。

重要なのは，神聖ローマ皇帝カール5世によって追放刑を受けたルターが，ザクセン選帝侯に保護されて行った『新約聖書』のドイツ語訳である。このドイツ語訳聖書も活版印刷によって広く普及し，聖書をドイツ人に身近なものにするとともに，彼の聖書中心主義の裏付けとなって，宗教改革の進展に大きな影響を与えることになった。また，ルターによるこのドイツ語訳『新約聖書』が，近代ドイツ語の確立につながった。

Ⅳ　解答

アヘン戦争後，アメリカ合衆国は清に不平等な望厦条約を結んで中国への進出を開始したが，国内の西部開拓や南北戦争などへの対応で，対外的に中国に目を向けることは少なかった。

しかし，19 世紀末，列強が日清戦争に敗れた中国への進出を本格化させると，国務長官ジョン=ヘイは中国の門戸開放・機会均等・領土保全を提唱して列国を牽制した。アメリカはロシアの進出に対しては日英同盟を支持し，日露戦争ではポーツマス条約を仲介している。第一次世界大戦中に日本の中国進出が顕著になると，戦後ワシントン会議を主催し，中国の主権尊重・領土保全を約した九カ国条約で日本の進出を抑えようとした。また，第二次世界大戦ではカイロ会談で中国の蔣介石を支持し，日本の戦後処理などを話し合った。しかし，大戦後の国共内戦で共産党が勝利すると，アメリカは中国との対立を深め，朝鮮戦争では国連軍の中心となって，人民義勇軍を派遣した中国と激しく対立した。(400 字以内)

◀解　説▶

≪19 世紀半ばから 20 世紀半ばまでの中国とアメリカ合衆国に関わる諸問題≫

●設問の要求

〔主題〕19 世紀半ばから 20 世紀半ばまでの中国とアメリカ合衆国に関わる諸問題

●論述の方向性と指定語句

19 世紀半ばはアメリカが清と望厦条約（1844 年）を結んだ時期，20 世紀半ばは朝鮮戦争（1950〜53 年）で中華人民共和国とアメリカが戦った時期である。この 100 年あまりの期間に両国がどのような関係をもっていたかを述べるのだが，基本的には教科書に書かれている知識をもとに，両国の関係が「良好」だったのか「敵対」だったのか，あるいは「進出する側とされる側」という関係だったのかを考えて次の 3 つの時期に分けてみたい。

① 19 世紀半ば〜20 世紀初頭：進出する側とされる側の関係（指定語句：望厦条約，ジョン=ヘイ）

②第一次世界大戦後〜第二次世界大戦中：比較的良好な関係（指定語句：ワシントン会議，カイロ会談）

③第二次世界大戦後：敵対関係（指定語句：朝鮮戦争）

●論述の構成

① 19 世紀半ば〜20 世紀初頭：進出する側とされる側の関係

アヘン戦争に敗れた清は，1842 年イギリスと南京条約を結び，上海など 5 港の開港，公行の廃止などを認めた。さらに 1843 年には五港通商章程で領事裁判権を認め，虎門寨追加条約で輸出入関税率を定め，片務的最恵国待遇も認めた。これらはいわゆる不平等条約の典型的なものである。翌 1844 年フランスとアメリカはそれぞれ黄埔条約，望厦条約を結び，イギリスが南京条約と追加条約で得たものとほぼ同じ権利を得た。

しかし，その後のアメリカは中国への進出にそれほど熱心だったわけではない。その理由として，1840 年代以後のアメリカは西方への領土の拡大や南北戦争などの国内問題が重要課題であって，海外に目を向ける余裕があまりなかった点があげられるだろう。これはペリーが開国させた後の幕末の動きにアメリカがそれほど関与していない日本の事情と同じである。

1890 年代に工業生産がイギリスを抜いて世界一となったアメリカは，国内の開拓の終了（フロンティアの消滅）もあって海外に目を向けることになった。日清戦争に敗れて弱体化が明らかになった清に対し，列強は租借と勢力圏画定という形で中国分割を開始した。しかし，アメリカは当時アメリカ=スペイン戦争（1898 年）の最中で，この動きに乗り遅れた。このため，国務長官ジョン=ヘイは 1899 年に門戸開放・機会均等を，1900 年に領土保全を提唱する宣言を出して，列強による中国の植民地化への牽制を行った。

1900 年には義和団事件の鎮圧に際して 8 カ国連合軍に参加して出兵するなど，アメリカは中国への進出を本格化していく。1902 年に成立した日英同盟を支持し，1905 年には日露戦争のポーツマス条約を仲介しているが，これは中国へのロシアの進出を警戒したためであった。

②第一次世界大戦後～第二次世界大戦中：比較的良好な関係

第一次世界大戦中，列強がヨーロッパでの戦争にかかりきりだった時期に，日本は 1915 年山東省の旧ドイツ権益の継承などを含む二十一カ条の要求を袁世凱政権に押しつけて，中国における勢力を拡大していった。これは中国における民族運動（五・四運動など）を高揚させると同時に，欧米列強に日本に対する警戒心を抱かせることになった。

1921～22 年アメリカで開催されたワシントン会議では，海軍の主力艦の保有比率を定めるとともに，九カ国条約で中国の主権と独立の尊重，領土の保全，門戸開放，機会均等の原則を約した。これによって二十一カ条の要求の一部は放棄されて日本の中国政策は後退した。なお，1917 年にアメリカは日本の中国での特殊権益を認める石井・ランシング協定を結んでいるが，特殊権益の範囲に関しては当初から両国の解釈は食い違っており，1923 年に廃棄されたので，論述で取り上げる必要はないと思われる。

その後 1937 年に日中戦争が始まり，1941 年には日本の真珠湾攻撃によって日米両国も開戦したため，アメリカと中国は連合国の一員としてともに日本と戦うことになった。その両国の代表であるフランクリン=ローズヴェルトと蔣介石にイギリスのチャーチルを加え，日本に対する作戦や日本の戦後処理などを話し合ったのが 1943 年のカイロ会談である。会談で出されたカイロ宣言では，日本の無条件降伏のほか，中国東北地方・台湾・澎湖諸島の中国返還，朝鮮の独立などが決められたが，論述で具体的な内容を書く必要はないだろう。なお，「良好な関係」といっても，結果的にそうなったということに注意しておきたい。

③第二次世界大戦後：敵対関係

第二次世界大戦後の国共内戦の結果，1949 年共産党が勝利して中国の共産化が決定的になると，両国の関係は一気に悪化した。アメリカは中華人民共和国を認めず，アメリカの主張で，国連の中国代表も台湾に逃れた国民党政権（中華民国）とされた。さらに 1950 年中華人民共和国とソ連が中ソ友好同盟相互援助条約を結ぶと対立は激化した。

こうした時期に起こったのが朝鮮戦争であった。朝鮮戦争は 1950 年朝鮮民主主義人民共和国（北朝鮮）が突然南の大韓民国（韓国）に侵攻して始まった戦争で，国連の安全保障理事会ではソ連欠席のまま北朝鮮の侵略であると認め，史上初めて国連軍が出動した。アメリカは国連軍の中心となって北緯 38 度線を越えて進撃したが，これに対し中国が人民義勇軍という形で援軍を出したため，アメリカ軍と中国軍が直接戦火を交えることになった。1953 年に板門店で休戦協定が結ばれたが，朝鮮戦争中から戦後にかけてアメリカは韓国・日本・台湾とそれぞれ同盟条約を結ぶなど，以後も両国は対立を続けることになった。

❖講　評

例年通り 400 字の長文論述が 4 題出題された。指定語句も 5 つずつで例年と同じである。出題地域は中国が 1 題，エジプトが 1 題，中国とアメリカ合衆国が 1 題，ヨーロッパが 1 題で，時代は古代〜近世から 3 題，

19・20 世紀の近現代史から 1 題であった。120 分で 400 字の論述を 4 題書き上げるのは，高い学力とともに国語力，そして集中力が必要である。

Ⅰ　中国王朝において，科挙官僚が貴族に代わって統治の担い手となっていった経緯：いわゆる科挙の歴史ないし官吏登用制の歴史は論述のテーマとしてよく出題されるし，唐末～宋の社会変化も頻出のテーマで，この 2 つを組み合わせればよいので書きやすい問題だったと言える。指定語句の「則天武后」の使い方で得点差が生じたと思われる。

Ⅱ　7 世紀から 16 世紀前半までのエジプトにおける諸国家の興亡：7 世紀にイスラーム勢力が進出してから 16 世紀にオスマン帝国の支配下に入るまでのエジプトを通史的に述べる問題で，論述の形としては影響や意義を述べるものよりも書きやすかったと思われる。

Ⅲ　ルネサンス期に発達した技術が 16 世紀初頭のヨーロッパに与えた影響：教科書ではルネサンス期に発達した技術として活版印刷術・火器・羅針盤があげられているが，本問はそのうちの活版印刷術が与えた影響についてだけ述べる問題になっている。宗教改革に与えた影響は書きやすいが，「人文主義」を用いてルネサンスへの影響を述べるのは少し工夫が必要だろう。

Ⅳ　19 世紀半ばから 20 世紀半ばまでの中国とアメリカ合衆国に関わる諸問題：望厦条約から朝鮮戦争までの約 100 年間の両国の関係について述べる問題。望厦条約，ジョン=ヘイ，ワシントン会議などのわかりやすい指定語句があるので，書きやすかったと思われる。

地理

I　解答

針葉樹林や広葉樹林に覆われた急峻な山間地を蛇行しながら流下する有田川は，かつて土砂の堆積作用により形成された比較的平坦な谷底平野を洪水のたびに流路を変えながら流れていたと考えられる。その後，一帯の地盤が相対的に隆起したことで，有田川では下方侵食が復活するとともに，水流が集まる曲流部の外側で側方侵食が強まり，急勾配の深い谷壁が形成された。有田川の蛇行は外側に拡大していった一方，その内側に生まれた勾配の比較的緩い斜面や侵食を免れて台地となった古い堆積面に家屋が建ち並ぶとともに，寺社，学校や消防署などの公共施設も立地して集落が形成されている。山地の急な斜面に囲まれた当地域において勾配の緩い土地は貴重であり，田や果樹園などの農地に広く利用されているほか工場や温泉保養施設も立地している。また，生活や農業に必要な水を得やすかった有田川支流に沿った緩斜面でも田が営まれており，小規模な集落が立地している。(400 字以内)

◀解　説▶

≪和歌山県有田川町付近の地形的特徴と集落立地，土地利用≫

図１が示す範囲は大部分を山林が占めており，蛇行しながら流れる有田川沿いのわずかな平坦地に集落が立地している様子が読み取れる。ただし河川の蛇行は，一般的に勾配の緩い氾濫原などでみられる景観であることに注意すると，山間地で河川が蛇行していることがこの地域の「地形的特徴」といえる。山間地などで蛇行した谷を河川が流れる状態は穿入（せんにゅう）蛇行と呼ばれ，かつて傾斜の緩い土地を曲流していた河川が，地盤の隆起や海面の低下によって流路で下向きの侵食作用を強めることで形成される。蛇行する河川では水流が集まる外側で侵食がいっそう進んで急斜面（攻撃斜面と呼ぶ）が形成されるのに対し，侵食作用が比較的弱い内側には土砂の堆積を伴いながら緩やかな斜面（滑走斜面と呼ぶ）が形成される傾向がある。当地域の土地利用については，そうした滑走斜面や相対的に隆起した台地面などの緩傾斜地に建物が集まり，田や果樹園などの農地も広がっていることを指摘する。

Ⅱ

解答　ロンドンに該当するハイサーグラフはC，長春はD，札幌はAである。ロンドンは高緯度に位置するため夏季の気温が最も低いものの，暖流の北大西洋海流が近海に流れ込んでいる影響で冬季の気温が比較的高く，気温の年較差が他の地点と比べて小さい。さらに偏西風が海洋からの水蒸気をもたらすため，夏季に乾燥するリスボンとは対照的に年間を通して湿潤な気候となっている。ユーラシア大陸東部に位置する長春は，冬季に大陸性のシベリア気団からの寒気に覆われて気温が著しく低下し，降水量も極端に少なくなる。ただしマンダルゴビと比べて海洋に近いため，夏季には湿潤な南東季節風が吹き込んで多雨となる。東アジアに位置する札幌も季節風の影響を受けるため，夏季には比較的温暖で湿潤な気候となり，冬季にはシベリア気団からの寒気が流入して気温が低下するが，北西季節風が日本海で水蒸気の供給を受けるため，内陸側に位置する長野より冬季の降水量が多い。(400 字以内)

◀解　説▶

≪ロンドン，長春，札幌の気候の特徴と形成要因≫

6 地点中で最も高緯度に位置するロンドンは夏季の気温が最も低い一方で，大陸西岸に位置することから暖流（北大西洋海流）の影響を受けて冬季でも比較的温暖なうえ，海洋からの偏西風によって年間を通じて湿潤なCとなる。同様に大陸の西岸に位置するものの，緯度が低いリスボンは夏季に北上する亜熱帯高圧帯の影響下に入るために乾燥する地中海性気候区に位置しており，Eが該当する。

中・高緯度の大陸西部に対して，偏西風の影響が弱まる大陸東部では季節風（モンスーン）が卓越し，気温の年較差が大きくなる。とりわけユーラシア大陸北東部は，冬季にシベリア気団が発達して気温の低下が著しい。内陸部に位置するために乾燥傾向が強いマンダルゴビ（B）に対して，長春は夏季に季節風が降水をもたらすためDと判断する。

海洋に囲まれた日本では，冬季の気温低下が大陸より緩和されるとともに夏季を中心に湿潤な気候となる。長野（F）に対して，日本海に面した札幌では冬季の季節風が海洋上で水蒸気の供給を受けて降雪が多くなるためAと判断できる。

III **解答** 日本では，定住者や技能実習生などの外国人を受け入れてきたものの，依然として総人口に対する比率はきわめて低い。また，急激な少子高齢化の進行とともに日本の自然増加率は低下を続け，近年は人口減少に転じている。ムスリムが多くを占めるバーレーンでは，女性の社会参加が低調なことも一因となって出生率が高いうえに，豊富な石油収入を基盤に工業や観光業などが成長したため，多くの外国人労働力が流入して社会増加率も高い。アフリカのマリでは，医療技術の進歩や公衆衛生の普及に伴って，特に乳幼児の死亡率が低下して人口爆発を迎えているが，貧困問題を背景として出稼ぎに国外へ流出する国民も少なくない。人口転換が先行した西ヨーロッパのルクセンブルクは自然増加率が低いものの，高い賃金水準が外国人労働力を呼び寄せ，とりわけ 2000 年代後半以降は EU に新規加盟した東ヨーロッパ諸国などからの流入者によって社会増加率がさらに上昇した。(400 字以内)

◀解　説▶

≪4 カ国の人口動態の特徴とその地域的背景≫

一般的に自然増加率は，人口転換に伴って少子高齢化が進展している先進国では低く，多産少死の局面を迎えている発展途上国では高い傾向が認められる。また，現代世界における国際的な人口移動の主流は，経済的な格差を背景として雇用機会や高水準の賃金を求める労働力が担っていることを踏まえると，社会増加率は先進国でプラス，発展途上国でマイナスとなる状況が想定できる。

西ヨーロッパのルクセンブルクの人口動態は上記の観点で説明できるが，特に 2005 年以降の社会増加率が高くなっている背景として，EU（ヨーロッパ連合）に新規加盟した東ヨーロッパ諸国からの労働力が流入した点に触れておきたい。西アフリカのマリについても発展途上国の一例として，自然増加率の高さと社会増加率のマイナスを説明できる。

日本に関しては，1990 年代より「定住者」や「技能実習生」などの資格で入国する外国人が増加傾向にあるものの，他国と海で隔てられていることや人口規模が大きいことがルクセンブルクとの相違点で，社会増加率は依然として低い。イスラームの影響が強いバーレーンでは，周辺のペルシア湾岸諸国と同様に女性の社会参加が抑制されていることも出生率の高さの一因となっている。さらに石油収入を基盤として石油精製やアルミニウム精錬，観光業など産業の多角化が推進されて労働力需要が高いことが特徴的で，社会増加率の高さにつながっている。なお，2010年以降の社会増加率の低下は，政情不安や石油価格の下落が影響していると考えられる。

Ⅳ　解答

ラテンアメリカではヨーロッパ人が進出して以降，熱帯気候が広がる北部でアフリカ系労働力を導入してサトウキビやコーヒー豆などのプランテーション農業が営まれてきた。開発が遅れたブラジル高原や周辺の熱帯林でも近年は牧場や農地の造成が進み，輸出向けの牛肉や大豆の生産が成長している。ヨーロッパと季節が逆転する南部では，肥沃な黒色土に恵まれるパンパと呼ばれる大平原を中心に，広大な農園で小麦などが栽培されてきたほか，冷凍船の就航を機に北半球市場を指向した大規模な牧畜業も発達した。アンデス山脈が縦断する西部では，気温に応じて土地利用に垂直的な変化がみられ，低地ではバナナなどの商品作物が，山腹の斜面ではコーヒー豆の栽培が行われている。一帯には先住民も多く暮らしており，トウモロコシや小麦の自給的な栽培のほか，高所では伝統的にジャガイモの生産が行われ，農耕限界以上の高地ではリャマやアルパカの飼育が特徴的である。（400字以内）

◀解　説▶

≪ラテンアメリカの農業にみられる地域性≫

自然条件や歴史的背景を踏まえながら，ラテンアメリカの農業の地域的な特徴について説明することが求められた本問では，高峻なアンデス山脈が分布するために土地利用の垂直変化が顕著な西部のほか，ヨーロッパ人の進出後にプランテーション農業が成長した北部と企業的な農牧業が発達した南部を取り上げるとよいだろう。

主に熱帯気候下で営まれてきたプランテーション農業は，16世紀にポルトガル植民地であったブラジルで開始された。大規模な農園で先住民やアフリカからの奴隷労働力を導入してサトウキビが生産され，18世紀以降は肥沃なテラローシャが分布するブラジル高原南部などでコーヒー豆の生産も発達した。また近年，ブラジル高原とその周辺で肉牛の飼育や大豆の生産が成長していることにも触れておくとよい。

温帯気候が広がる南部では肥沃なパンパを中心に，北半球と収穫期が逆転することを活かして小麦の生産が盛んに行われてきたほか，19世紀後半に冷凍船が就航すると北半球市場を指向した牛肉を生産するための牧畜業も発達した。

西部で顕著な垂直的な土地利用については，高温となる低地でバナナや綿花，冷涼な山腹の斜面でコーヒー豆や小麦の生産が行われていることなどを具体的に記すとよい。また先住民の割合が高い一帯では主食となるトウモロコシが広く栽培されており，高地では伝統的にジャガイモの生産やアルパカなどの家畜飼育が行われてきたことにも触れておきたい。

❖講　評

2021年度は論述法4題（各400字）の出題であった。内容としては頻出である地形図読図のほか，自然環境と産業を含む社会・経済分野から出題された。出題分野はオーソドックスであるが，資料の読解に基づく高度な思考力が要求される点が特徴といえる。

Ⅰ　山間地の様子を示した地形図を用いて，地形と集落立地や土地利用の関係を読み取ることが求められた。穿入蛇行は高度な内容であるが，2018年度にも地球学類〔1〕で扱われている。

Ⅱ　北緯40～50°付近に位置する6都市のハイサーグラフの判別と各気候の形成要因が問われた。それぞれの特徴は，他の都市と比較することで要点が明確になるだろう。

Ⅲ　取り上げられた国は，日本を除いて受験生には馴染みが薄かったかもしれないが，それぞれの国が位置する地域に注意すれば，社会・経済的な背景を推察することは難しくない。

Ⅳ　自給的な焼畑農業や地中海式農業なども考慮すれば，ラテンアメリカでは各地で実にさまざまな農牧業が営まれている。「農業にみられる地域性」をテーマとする本問では，指定語句に注意しながら3～4地域に整理して特徴を記述することが求められている。

倫理

I　**解答**　コロナ禍において，私たちは今後どのような人間関係や社会を築いていけばよいのだろうか。アリストテレスによれば，自分に利益や快楽をもたらしてくれるから相手を大切にするのは真の愛ではなく，互いに善であることを願う気持ちこそが真の友愛であるという。これまで私にとって友人とは，一緒に食事をしたり遊んだりする，自分に楽しみを与えてくれる存在であったが，個人間の接触が難しい状況では，相手が善なる行動をとるように願い，自らも正しくあろうとする気持ちとしての友愛が求められるのではないか。また，個人の自由の制限はどこまで許されるか，協力金の支給の公平性など，コロナ禍における社会のあり方が模索されている。アリストテレスは正義の根底には友愛が不可欠であると説いている。私たちも，過酷な環境で働いている医療従事者や収入が閉ざされた人々に思いを寄せて，正義が実現される社会を考えていかなくてはならない。

（400 字以内）

◀解　説▶

≪「コロナ禍」の世界においてわれわれはどうあるべきか≫

新型コロナウイルスの感染拡大という，受験生を含む社会全体が直面している深刻な問題をふまえ，生活の変化や価値観の転換を余儀なくされた「コロナ禍」の世界において，われわれのあり方を考えさせる設問。その際，「友」という観点から古今東西の思想家を一人取り上げることが条件となっている。〔解答〕では，ポリス結合の原理として「友愛」を説いたアリストテレスを取り上げ，彼の「もし人々がお互いに親愛的でさえあれば何ら正義なるものを要しないが，逆に正しき人々であっても，そこにやはり，なお愛を必要とする。まことに正義の最たるものは友愛的なそれだと考えられる」（『ニコマコス倫理学』）ということばをヒントに，個人間における友情について考察した。また，コロナ禍の長期化に伴い，対応策の合理性や公平性も問われ始めている。さらに新しい社会のあり方について展開した。

コロナ禍の生活の中で自粛を続けようとしても，それは一人ではできない。なぜなら，医療やゴミ収集，生活必需品の供給網などに携わるエッセンシャルワーカーをはじめとする人々が，感染のリスクに曝されながら社会インフラを支えてくれているおかげで，日々の暮らしが成り立っているからである。アリストテレスは「人間はポリス的動物である」と述べたが，人間は社会の中でしか生きられないことを再認識させられた人も多いのではないだろうか。自分を取り巻く人間関係や社会が今後どうあるべきか，社会の制度に公平性はあるのか，医療従事者への感謝は言葉だけで終わっていないか，営業の自粛を要請されている業界・職種で働いている人たちの痛みを自分のことのように感じることができているかなどの議論について，「友愛」の視点から考えることができるはずである。

他に取り上げることができる思想家として，隣人愛を説いたイエスやパウロ，他者の呼びかけに応じるときに倫理的存在となると説いたレヴィナスなどを参考にして，病気の人や困っている人に対して私たちはどのような態度で接するべきか，考察することもできる。

II　**解答**　仏教が誕生した古代インドでは，人々は過酷な気候条件と闘い，閉鎖的な身分制度の下で生きており，そのような風土ではおのずから，人生は苦悩の世界であると考えられた。また，最上級の階級であるバラモンたちの間で発達したウパニシャッド哲学では，生き物は生死を繰り返すという輪廻転生が説かれたことから，苦しみは死んでも繰り返されるものととらえられた。その苦しみの連鎖からなんとかして逃れたいという人々の願いにこたえるため，輪廻からの解脱を説く宗教が数多く誕生した。仏教もその中の一つで，この世は苦であるという前提に立ち，苦しみから解放される方法について説いている。ブッダは苦の原因はこの世の真理に気づかない無明にあると考え，諸行無常・諸法無我というこの世の真理を正しく認識し，執着を捨てることで，煩悩の炎が消えた涅槃という安らぎの境地に至ることができると説き，そのための具体的な実践として八正道を示した。(400 字以内)

◀解　説▶

≪仏教で説かれる苦しみの克服方法について≫

仏教の開祖であるブッダがなぜ人生を苦しみに満ちたものと捉えたのか，

その原因と，苦しみの克服方法について説明させる設問。まず，仏教に限らず，バラモン教のウパニシャッド哲学や，バラモン教を批判した自由思想家たちの教えも輪廻の苦悩からの解脱をめざしていることから，古代インドには人生を苦しみととらえる精神的風土があったことが推察できる。古代インド思想全体の特徴をとらえた上で，仏教の特色を説明するとよいだろう。ブッダは，苦行ではなく，また超越者にすがることでもなく，一人一人が自分でこの世を正しく認識することで涅槃に至る方法を説いた。解脱に至る方法としてブッダが説いた内容は四諦としてまとめられる。人生は苦であることを自覚する苦諦，苦の原因が無明から起こる煩悩にあるという集諦，煩悩を消すことで苦しみのない涅槃に至ることができるという滅諦，そして最後の道諦で煩悩を滅するための具体的な実践方法である八正道が説かれる。八正道には，ものごとを正しく見る正見，正しく考える正思，正しい言葉を語る正語，正しく行う正業，正しい生活を送る正命，正しく努力する正精進，正しい心を保つ正念，正しく瞑想する正定があり，八正道にのっとって修行を行うことで，極端な快楽と苦行を避けた中道を実践できるというのが仏教の立場である。教科書で学習した内容に沿って仏教の意義を考えさせる設問である。

III　**解答**　佐久間象山が唱えた「東洋道徳，西洋芸術」というスローガンは，日本の伝統的精神である朱子学的道徳を守りながら，西洋の知識や技術を取り入れようという和魂洋才の立場を示すものである。私はこの考えは現代社会の諸課題を解決する上で有効に応用できるものと考える。例えば，発展途上国支援において，日本は井戸を作る技術や小学校の校舎を建設する技術を伝えることができる。その際，援助を行う側が注意しなければならないのは，現地の人々の伝統文化や精神を尊重することだと思う。技術提供とは，現地の人々がより豊かな生活を送り，幸福になるための選択肢を広げる手段を伝えるにすぎない。技術は，現地の生活や文化に合うように用いたり変容させたりすることもできるのだから，それらをどう活かすかについては，現地の人々に任せるべきだと思う。相手の歴史や伝統を尊重することの大切さを「東洋道徳，西洋芸術」から学ぶことができると私は考える。（400 字以内）

◀解　説▶

≪「東洋道徳，西洋芸術」は現代社会の諸問題の解決に有効か≫

佐久間象山が唱えた「東洋道徳，西洋芸術」という和魂洋才論が，現代社会の諸問題を解決する上で有効か否かについて，自分の考えを自由に述べさせる設問。高校「倫理」で学習した知識を現代社会の問題解決に応用させるのが設問のねらいである。まずは「東洋道徳，西洋芸術」の意味の理解が不可欠である。佐久間象山は朱子学を学んだ江戸時代末期の思想家で，アヘン戦争で清がイギリスに敗れたことを知り，東洋の伝統的精神に学びつつ，西洋から砲術などの技術を積極的に摂取することを説いて開国の方向を示したが，攘夷派によって暗殺された。

では，このスローガンを現代社会の諸問題の解決に応用できるだろうか。〔解答〕では有効という立場に立ち，具体的にどのような場面において有効であるか考察した。もちろん，このスローガンが有効ではないという立場で論述を作成することも可能である。一例として，明治以降，西洋の技術を取り入れた日本が技術の背後にある「近代的自我」や「責任」という西洋の精神を学ぶことなく，表面的な便利さのみを追求したことが第二次世界大戦へと進んでいった原因ではないかという分析を行い，技術のみを取り入れるという考え方は有効ではないと展開することも可能である。

有効か否か，どちらの立場で論述を作成するかは自由であるが，どちらの場合も，受験生が具体的な場面に沿って，現代社会の問題解決について主体的に取り組もうという意識をもって学習しているかどうかが試される出題である。

Ⅳ　解答

哲学とは真理を探求することであると一般的に言われている。私は真理を探求するために必要なのは，論理的に考えることだと信じてきたが，高校の倫理の授業でモンテーニュの「私を吟味する」という言葉を知ったとき，その考えが揺らいだ。私は最初，懐疑の精神をもって内省するということがよくわからなかったのだが，モンテーニュが宗教対立の時代に生きていたことや，古代ギリシアのピュロンやソクラテスの影響を受けたことなどを学習するにつれ，自分が間違っているのではないかと疑ってみることの大切さに気づいた。論理的に考えることは，自分の筋道だけが正しいと思い込み，他者の意見を排除するおそれがある。自分が正しいという思い込みを捨て，論理的に考える際の論理そのものが間違っているかもしれないと疑ってみることが必要である。「哲学をばかにする」とは，自分の考えが拠って立つ論理や枠組みすらも疑ってみるということではないだろうか。(400字以内)

◀解　説▶

≪真に哲学するとはどういうことか≫

パスカルのことばである「哲学をばかにすることこそ，真に哲学することである」を取り上げ，なぜそのように言われうるのかにつき，古今東西の思想家を具体的に参照しながら，自由に考えを述べる設問。「ばかにすること」とは反省的批判の精神を意味しており，受験生がこれから大学で学ぶにあたり，学問に対する批判の精神をどの程度自覚的に準備できているかを確認するのがねらいであろう。〔解答〕では，モンテーニュの懐疑的精神を紹介する形で論述をまとめた。モンテーニュはパスカルに先立つフランスのモラリストであり，カトリックとユグノー（カルヴァン派）の宗教対立が激しかった時代にボルドー市長を務めた。彼は，独断や偏見にとらわれ，寛容さを失ったことが宗教的狂信を生んでいるという現実を見つめ，謙虚に自己を吟味することの重要性を説いた。冷静かつ謙虚にものごとを探求し徹底して思索を続けるモンテーニュの態度を，設問の「哲学をばかにする」ことに結び付ける形でまとめた。

モンテーニュ以外にも，対話を哲学の手法としたソクラテスを取り上げ，真理探求の方法について考察することもできる。また，ハンナ=アーレントやハーバーマスなど現代の思想家から，他者との関わりの中で合意を作り上げていく過程を考察し，自分を疑うことの必要性を述べることも可能である。

❖講　評

Ⅰ　「コロナ禍」における新しい人間関係や社会のあり方を「友」という観点から模索させる問題。まだ評価が定まっていない出来事を取り上げるのは難しいかもしれないが，新しい価値観を創造する力を試す意欲的な出題である。古典的な思想家の学習を深めることにもつながる。

Ⅱ　源流思想の分野から仏教の意義について考察させる問題。仏教の教えの内容理解だけでなく，仏教が誕生した背景理解も必要であり，問い方に工夫がされている。基本用語の暗記で終わらせるのでなく，思想が誕生した風土や世界観への理解へと視野を広げて学習することが求められている。

Ⅲ　欧米列強の外圧の中でアジア諸国はその対応に苦慮した歴史がある。佐久間象山の「東洋道徳，西洋芸術」は，その際に日本がとるべき解決策の方向を示すものであったが，ボーダーレス化・グローバル化が進む現代でもその解決策は有効か，歴史を現代に生かす姿勢が問われている。

Ⅳ「哲学するとはどういうことか」を受験生に考えさせることで，学問することへの姿勢を受験生自身が準備できているかどうかを問うている。大学における学びには，自分でテーマを立て，考察し，批判検討するという力が必要とされる。主体的に学ぶ姿勢が試されているといえよう。

いずれも400字以内で理由や根拠，自分の考えなどを述べる論述問題である。出題事項は基本的なものであるが，学習した知識を現代の問題解決に生かすことができるか，受験生が主体的に社会の問題に取り組もうとしているかどうかが問われるといえよう。

数学

1　解答

(1) $\begin{cases} C_1 : (x-1)^2+(y+2)^2=4^2 \\ C_2 : (x-4)^2+(y-2)^2=20-k \quad \cdots\cdots① \end{cases}$

円 C_1 は中心の座標が $(1,\ -2)$，半径 4 の円である。

①が円の方程式を表すための条件は，k が $20-k>0$ つまり $k<20$ を満たすことであり，このときに円 C_2 は中心の座標が $(4,\ 2)$，半径 $\sqrt{20-k}$ の円となる。

円 C_1 と円 C_2 が外接するための条件は，［円 C_1 の中心と円 C_2 の中心間の距離］＝［円 C_1 の半径と円 C_2 の半径の和］が成り立つことであるから

$$\sqrt{(4-1)^2+\{2-(-2)\}^2}=4+\sqrt{20-k} \qquad \sqrt{20-k}=1 \qquad k=19$$

$k=19$ は $k<20$ を満たす。

したがって　　$k=19$　……(答)

(2)　$k=19$ のとき，円 C_2 の半径は $\sqrt{20-19}=1$ である。

円 C_1 の中心を点A，円 C_2 の中心を点Bとおく。点Pは線分 AB を 4：1 に内分する点であるから，点Pの座標は

$$\left(\frac{1\cdot 1+4\cdot 4}{4+1},\ \frac{1\cdot(-2)+4\cdot 2}{4+1}\right) \text{ より } \left(\frac{17}{5},\ \frac{6}{5}\right) \quad \cdots\cdots(\text{答})$$

(3)　円 C_1 と円 C_2 の共通接線のうち点Pを通らない 2 本の一方は直線 $x=5$ である。円 C_1 と直線 $x=5$ の接点を点C，円 C_2 と直線 $x=5$ の接点を点Dとおくと，△QAC∽△QBD であり，相似比は　　AC：BD＝4：1

よって　　AB：QB＝3：1

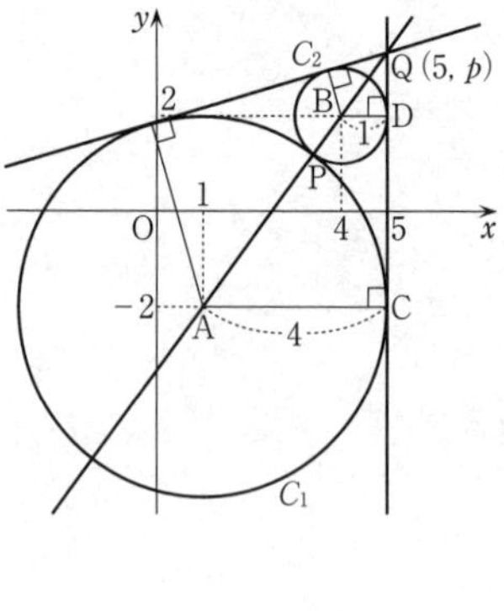

点Qの座標を $(5,\ p)$ とおくと

$$\frac{1\cdot(-2)+3\cdot p}{3+1}=2$$

より　　$p=\dfrac{10}{3}$

よって，点Qの座標は

$$\left(5,\ \frac{10}{3}\right) \quad \cdots\cdots(\text{答})$$

参考1　$\triangle QAC \backsim \triangle QBD$ であり，相似比は $AC:BD=4:1$。〔解答〕では，これを $AB:QB=3:1$ と見直して，内分点の公式に当てはめたが，$AC:BD=4:1$ のままで扱うと，点Qは線分 AB を $4:1$ に外分する点であるから，点Qの座標は $\left(\dfrac{-1\cdot1+4\cdot4}{4-1},\ \dfrac{-1(-2)+4\cdot2}{4-1}\right)$ より $\left(5,\ \dfrac{10}{3}\right)$ となる。このような座標を求めるときには，外分とも内分とも見られて，どちらの公式でも利用できることを知っておこう。

参考2　円 C_1 と円 C_2 の共通接線のうち点Pを通らない2本は2円の中心を通る直線 AB に関して対称であるから，点Qは直線 $x=5$ と直線 AB：$y-2=\dfrac{4}{3}(x-4)$　つまり $y=\dfrac{4}{3}x-\dfrac{10}{3}$ の交点であることから，

$\begin{cases} x=5 \\ y=\dfrac{4}{3}x-\dfrac{10}{3} \end{cases}$ を連立して解いて，$(x,\ y)=\left(5,\ \dfrac{10}{3}\right)$ を得ることもできる。

◀解　説▶

≪2円と共通な接線≫

(1)　2円が外接するための条件を求める問題である。[2円の中心間の距離]=[2円の半径の和] が成り立つことから，k の値を求める。

(2)　2円が外接する場合の接点の座標を求める問題である。内分比に注目することで，内分点の公式から座標を求める。

(3)　相似な三角形が存在するので，それに注目し，相似比から内分点の公式を用いて，点Qの座標を求めた。〔参考1〕のように外分点の公式を用いて直接求めてもよい。また，〔参考2〕のように，点Qが直線 $x=5$ と2円の中心を通る直線 AB の交点であることから方程式を連立して求めてもよい。

2 **解答**　(1)　$t=\sin\theta+\cos\theta$

$$=\sqrt{2}\left\{(\sin\theta)\frac{1}{\sqrt{2}}+(\cos\theta)\frac{1}{\sqrt{2}}\right\}$$

$$=\sqrt{2}\left(\sin\theta\cos\frac{\pi}{4}+\cos\theta\sin\frac{\pi}{4}\right)$$

$$=\sqrt{2}\sin\left(\theta+\frac{\pi}{4}\right)$$

$-\dfrac{\pi}{2}<\theta<\dfrac{\pi}{2}$ なので，$-\dfrac{\pi}{4}<\theta+\dfrac{\pi}{4}<\dfrac{3}{4}\pi$ であるから

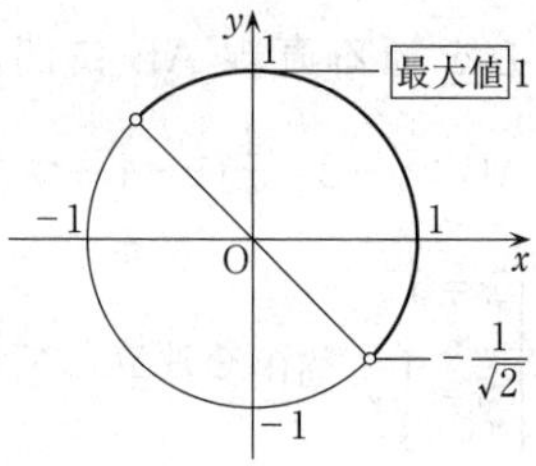

$$-\frac{1}{\sqrt{2}}<\sin\left(\theta+\frac{\pi}{4}\right)\leqq 1$$

$$-1<\sqrt{2}\sin\left(\theta+\frac{\pi}{4}\right)\leqq\sqrt{2}$$

$$-1<t\leqq\sqrt{2}\quad\cdots\cdots(\text{答})$$

(2)　$\sin^3\theta+\cos^3\theta=(\sin^2\theta+\cos^2\theta)(\sin\theta+\cos\theta)$

$$-\sin\theta\cos\theta(\sin\theta+\cos\theta)$$

$$=(\sin\theta+\cos\theta)-\sin\theta\cos\theta(\sin\theta+\cos\theta)$$

ここで，$t=\sin\theta+\cos\theta$ の両辺を２乗して

$$t^2=\sin^2\theta+2\sin\theta\cos\theta+\cos^2\theta=1+2\sin\theta\cos\theta$$

$$\sin\theta\cos\theta=\frac{1}{2}(t^2-1)$$

であるから

$$\sin^3\theta+\cos^3\theta=t-\frac{1}{2}(t^2-1)\cdot t=-\frac{1}{2}t^3+\frac{3}{2}t\quad\cdots\cdots(\text{答})$$

$$\cos 4\theta=1-2\sin^2 2\theta$$

$$=1-2(2\sin\theta\cos\theta)^2=1-8(\sin\theta\cos\theta)^2$$

$$=1-8\left\{\frac{1}{2}(t^2-1)\right\}^2=-2t^4+4t^2-1\quad\cdots\cdots(\text{答})$$

参考　$\sin\theta\cos\theta=\dfrac{1}{2}(t^2-1)$ としてから

$$(\sin\theta+\cos\theta)^3=\sin^3\theta+3\sin^2\theta\cos\theta+3\sin\theta\cos^2\theta+\cos^3\theta$$

$$\sin^3\theta+\cos^3\theta=(\sin\theta+\cos\theta)^3-3\sin\theta\cos\theta(\sin\theta+\cos\theta)$$

$$=t^3-3\cdot\frac{1}{2}(t^2-1)t$$

に代入してもよいし，いろいろな変形が考えられる。

〔解答〕では $\sin^2\theta+\cos^2\theta=1$ も使えるように変形した。

(3)　$\sin^3\theta+\cos^3\theta=\cos 4\theta$ は(2)より次のように変形できる。

$$-\frac{1}{2}t^3+\frac{3}{2}t=-2t^4+4t^2-1 \qquad 4t^4-t^3-8t^2+3t+2=0$$

$$(t-1)^2(4t^2+7t+2)=0 \qquad t-1=0 \quad \text{または} \quad 4t^2+7t+2=0$$

$$t=1,\ \frac{-7\pm\sqrt{17}}{8}$$

このうち，(1)での t の取り得る値の範囲 $-1<t\leqq\sqrt{2}$ を満たすものは

$$t=1,\ \frac{-7+\sqrt{17}}{8} \quad \cdots\cdots(\text{答})$$

参考　$\sqrt{16}<\sqrt{17}<\sqrt{25} \qquad 4<\sqrt{17}<5 \qquad -3<-7+\sqrt{17}<-2$

$$-\frac{3}{8}<\frac{-7+\sqrt{17}}{8}<-\frac{1}{4}$$

となり，$t=\dfrac{-7+\sqrt{17}}{8}$ は $-1<t\leqq\sqrt{2}$ を満たすことがわかる。

本問では評価に余裕があるので，ここまでしなくても条件に合致するかどうかはわかるが，微妙な判断を強いられる場合もあるので知っておこう。

$2\sqrt{17}$ などの場合には

$$\sqrt{16}<\sqrt{17}<\sqrt{25} \qquad 4<\sqrt{17}<5 \qquad 8<2\sqrt{17}<10$$

とはしないこと。最初は幅が1だったものが，2倍することで幅が2に広がってしまう。

この場合には，$2\sqrt{17}=\sqrt{68}$ としてから

$$\sqrt{64}<\sqrt{68}<\sqrt{81} \qquad 8<\sqrt{68}<9$$

とすること。

◀解　説▶

≪三角関数を含む方程式≫

(1)　$t=\sin\theta+\cos\theta \left(-\dfrac{\pi}{2}<\theta<\dfrac{\pi}{2}\right)$ とおいて，三角関数の合成で変形し，t の取り得る値の範囲を求める問題であり，ここで求めた t の取り得る値の範囲は，(3)での解の吟味に用いられる。

(2)　(3)の方程式を解く前段階での準備の役目を果たす問題である。余弦の2倍角の公式を用いて変形する。〔参考〕のようにもでき，$\sin^3\theta+\cos^3\theta$ の変形の仕方で計算の仕方は変わってくるが，どのような変形に持ち込んでも大差ない。

(3)　(1)，(2)の結果を利用して，三角関数を含む方程式を解く。特に(1)で求めた t の取り得る値の範囲に適合するかどうかをチェックすることを忘れないこと。〔参考〕のように$\sqrt{\ }$を整数で挟み込んで計算をスタートすれば，$\sqrt{\ }$の値の大まかな値を知らない場合でも，精度よく値の範囲を求めることができる。

3　解答

(1)

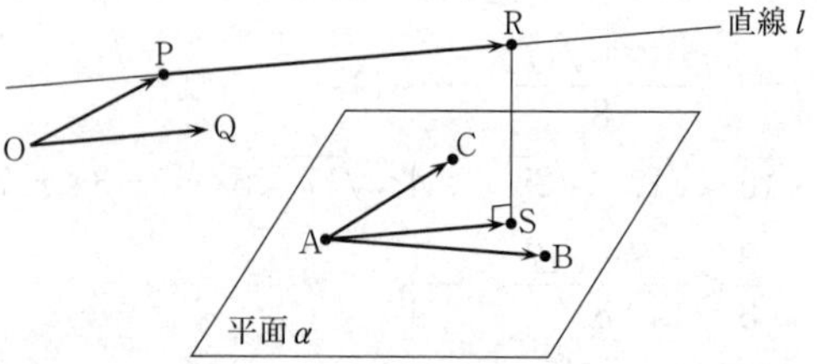

$$\overrightarrow{RS}\perp\text{平面}\alpha,\quad \begin{cases}\overrightarrow{RS}\perp\overrightarrow{AB}\\ \overrightarrow{RS}\perp\overrightarrow{AC}\end{cases},\quad \begin{cases}\overrightarrow{RS}\cdot\overrightarrow{AB}=0\\ \overrightarrow{RS}\cdot\overrightarrow{AC}=0\end{cases}$$

ここで，点 S は平面 α 上の点より

$$\overrightarrow{AS}=s\overrightarrow{AB}+t\overrightarrow{AC}\quad (s,\ t\text{ は実数})\quad \cdots\cdots ①$$

と表すことができるので

$$\begin{aligned}\overrightarrow{RS}&=\overrightarrow{RO}+\overrightarrow{OA}+\overrightarrow{AS}\\ &=-(\overrightarrow{OP}+k\overrightarrow{OQ})+\overrightarrow{OA}+s\overrightarrow{AB}+t\overrightarrow{AC}\\ &=-\overrightarrow{OP}-k\overrightarrow{OQ}+\overrightarrow{OA}+s\overrightarrow{AB}+t\overrightarrow{AC}\end{aligned}$$

よって

$$\begin{cases}(-\overrightarrow{OP}-k\overrightarrow{OQ}+\overrightarrow{OA}+s\overrightarrow{AB}+t\overrightarrow{AC})\cdot\overrightarrow{AB}=0\\ (-\overrightarrow{OP}-k\overrightarrow{OQ}+\overrightarrow{OA}+s\overrightarrow{AB}+t\overrightarrow{AC})\cdot\overrightarrow{AC}=0\end{cases}$$

$$\begin{cases}-\overrightarrow{AB}\cdot\overrightarrow{OP}-k\overrightarrow{AB}\cdot\overrightarrow{OQ}+\overrightarrow{AB}\cdot\overrightarrow{OA}+s|\overrightarrow{AB}|^2+t\overrightarrow{AB}\cdot\overrightarrow{AC}=0\\ -\overrightarrow{AC}\cdot\overrightarrow{OP}-k\overrightarrow{AC}\cdot\overrightarrow{OQ}+\overrightarrow{AC}\cdot\overrightarrow{OA}+s\overrightarrow{AB}\cdot\overrightarrow{AC}+t|\overrightarrow{AC}|^2=0\end{cases}$$

ここで

$$\overrightarrow{OA}=(-2,\ 0,\ 0),\ \overrightarrow{AB}=(2,\ 1,\ 0),\ \overrightarrow{AC}=(2,\ 0,\ 1),$$
$$\overrightarrow{OP}=(0,\ 5,\ 5),\ \overrightarrow{OQ}=(1,\ 1,\ 1)$$

よって

$$\begin{cases}\overrightarrow{AB}\cdot\overrightarrow{OP}=2\cdot0+1\cdot5+0\cdot5=5\\ \overrightarrow{AB}\cdot\overrightarrow{OQ}=2\cdot1+1\cdot1+0\cdot1=3\\ \overrightarrow{AB}\cdot\overrightarrow{OA}=2\cdot(-2)+1\cdot0+0\cdot0=-4\\ \overrightarrow{AB}\cdot\overrightarrow{AC}=2\cdot2+1\cdot0+0\cdot1=4\\ \overrightarrow{AC}\cdot\overrightarrow{OP}=2\cdot0+0\cdot5+1\cdot5=5\\ \overrightarrow{AC}\cdot\overrightarrow{OQ}=2\cdot1+0\cdot1+1\cdot1=3\\ \overrightarrow{AC}\cdot\overrightarrow{OA}=2\cdot(-2)+0\cdot0+1\cdot0=-4\end{cases}$$

$$\begin{cases}|\overrightarrow{AB}|^2=2^2+1^2+0^2=5\\ |\overrightarrow{AC}|^2=2^2+0^2+1^2=5\end{cases}$$

したがって

$$\begin{cases}5s+4t-3k-9=0\\ 4s+5t-3k-9=0\end{cases}\qquad s=\frac{1}{3}k+1,\ t=\frac{1}{3}k+1$$

①に代入して

$$\overrightarrow{AS}=\left(\frac{1}{3}k+1\right)(\overrightarrow{AB}+\overrightarrow{AC})=\left(\frac{1}{3}k+1\right)(4,\ 1,\ 1)\quad\cdots\cdots(答)$$

研究　方針は同じだが，本問のような問題は，どのタイミングで成分の計算にもっていくかで答案の様子がかなり変わってくる。〔解答〕では最後に成分の計算にもっていく解法で解いた。最初からベクトルの成分の計算に入ると次のようになる。自分にとってどれが一番計算しやすいか研究してみよう。

点Sは平面 α 上の点より

$$\overrightarrow{AS}=s\overrightarrow{AB}+t\overrightarrow{AC}\quad (s,\ t\text{は実数})\quad\cdots\cdots①$$

と表すことができるので

$$\overrightarrow{AS}=s(2,\ 1,\ 0)+t(2,\ 0,\ 1)=(2s+2t,\ s,\ t)$$

$$\begin{aligned}\overrightarrow{RS}&=-\overrightarrow{OP}-k\overrightarrow{OQ}+\overrightarrow{OA}+\overrightarrow{AS}\\ &=-(0,\ 5,\ 5)-k(1,\ 1,\ 1)+(-2,\ 0,\ 0)+(2s+2t,\ s,\ t)\\ &=(2s+2t-k-2,\ s-k-5,\ t-k-5)\end{aligned}$$

$\begin{cases}\overrightarrow{RS}\cdot\overrightarrow{AB}=0\\ \overrightarrow{RS}\cdot\overrightarrow{AC}=0\end{cases}$ より

$$\begin{cases}2(2s+2t-k-2)+1(s-k-5)+0(t-k-5)=0\\ 2(2s+2t-k-2)+0(s-k-5)+1(t-k-5)=0\end{cases}$$

$$\begin{cases} 5s+4t-3k-9=0 \\ 4s+5t-3k-9=0 \end{cases}$$

(2)　点Sが△ABCの内部または周にあるための条件は，①において

$s \geqq 0$ かつ $t \geqq 0$ かつ $s+t \leqq 1$

が成り立つことであり，(1)より　　$s=t=\dfrac{1}{3}k+1$

したがって　　$0 \leqq 2\left(\dfrac{1}{3}k+1\right) \leqq 1$　　$-3 \leqq k \leqq -\dfrac{3}{2}$　……(答)

◀解　説▶

≪点が三角形の内部または周にあるための条件≫

(1)　空間ベクトルの問題である。$\overrightarrow{RS} \perp$ 平面 α となるための条件を置き換えることができるようにしておこう。ベクトルの内積計算にもっていき，計算を進めていく。点Rに関する表し方は指定されているので指示に従うこと。

本問のような問題では，x，y，z のそれぞれの軸を設定して図形を描く必要はない。空間座標では，1点をとるのに基本的には直方体の対角線に対応させなければならないが，丁寧に図示しても見にくくて，それに見合うだけの効果が得られない場合が多い。それよりも〔解答〕のように全体としての状況が読み取れるような図を描く方が解答の参考になりやすい場合が多い。

(2)　ベクトルの表す領域の問題であり，(1)で正解が得られていれば，簡単に解答できる問題である。

❖講　評

1　2つの円が外接する条件や，2つの円に接する直線の交点を求める易しめのレベルの問題である。2つの接線の交点を求めるところでは相似な三角形に注目するとよい。

2　(3)で三角関数を含む方程式を解くやや易しめの問題であり，それに向けて(1)，(2)で準備をするように誘導されている。三角関数の合成をはじめとする三角関数に関する基本的な事項をきちんと理解して処理できるようにしておこう。

3　空間内の点から平面に垂線を下ろしたときに，垂線と平面の交点

が平面上にある三角形の内部または周に存在するための条件を求める標準レベルの問題である。

いずれの問題も方針の立て方で困るようなところはない。各分野で典型的な手法を用いる素直な問題である。

旨は明快で読解は容易である。設問は傍線部の内容説明がメインで、傍線部前後の丁寧な読解によって記述の可能なものが多い。問四は「正の結果」「負の影響」の示すものが何なのかについてきちんと本文で確認した上で、傍線部後部の「多様性」「重層的」「矛盾」の中身を具体例から引き出す作業が求められており、実質的に〈主旨〉を問う設問になっている。

二の現代文（小説）は死んだ父との再会と別れを幻想的につづった小説。書かれている内容は明白だが、意味の理解は困難を極める。設問も難度が高く、設問文の正確な理解と物語の構成や展開の把握、説明のための言葉の選択のいずれに対しても丁寧な作業が要求されている。問四は本文末尾から再度本文全体を〈再構成〉する作業と〈泣く〉という行為の背後にある〈感情〉の推移を軸にして要約し直す作業とが求められており、実質的に〈主旨〉を問う設問になっている。

三の古文『大和物語』は、平安時代前期に成立した歌物語。「三条の右の大臣」と彼がかつて通っていたが今は訪れが途絶えてしまった「女」との、扇にまつわるエピソードが描かれる。文脈は比較的つかみやすく、問一の指示内容を捉える問題、問三の主語を答える問題はさほど難しくない。問二も基本語の語義が問われているので容易。差がつくとしたら、問四・問五の和歌に関する問題だろう。ただ、どちらの和歌解釈も〈注〉が大きなヒントとなっているので、それを参考にしつつこれらの和歌が詠まれるまでの経緯を本文から捉えて解答を作成すればよい。

四の漢文『封事三箇条』は、平安時代前期から中期にかけての公卿・文人である菅原文時による漢文体の意見書。文時は菅原道真の孫にあたる。九四五年、村上天皇が諸臣に対して政治に関する意見を求めたのだが、それに応じて九五七年に文時が政治の改革を指摘した論文『意見封事三箇条』を提出する。本文はその一部で、十世紀半ばに荒廃していた、外国からの来賓を接待した館である鴻臚館の復活を訴えたもの。『論語』に見えるエピソードを引き合いに出し、国を治めるためには「文章」が重要であること、その「文章」のためには鴻臚館の存続が必要であることを述べる。その流れがつかめていれば問一は容易。問二・問三も基本レベル。問四の記述は、第二段落前半の内容をまとめる。

▲解　説▼

問一　子貢は「告朔之餼羊」を廃止しようとしたが、仲尼はそれを許さなかった。筆者は、その仲尼の判断を〝「告朔之餼羊」が存在するのは「礼」を知るためと考えてのことだ〟と分析する。そして次の段落において、「文章」というものがどのようなものであるかを説明している。つまり、〝「礼」を人々に理解させるためには「告朔之餼羊」が必要なのと同じように、「文章」の意義を理解させるためには「鴻臚館」が必要なのだ〟と筆者は主張しているのである。

問二　「之」は「文章」を指す。「智者」はそのまま〝智者〟としても構わないし、〝知恵のすぐれた人〟〝道理をわきまえた人〟などと訳してもよい。「憚りて」は「はばかりて」と読み、〝遠慮して、ためらって〟の意。

問三　そのあとの「耀天下、以威風之高」と対句になっていることに気づけば、返り点と送り仮名の見当がつく。「示海外」の部分は、後半が「天下に耀かすに」という読みになっているので「海外に示すに」と読む。「以仁沢之広」の部分は後半が「威風の高きを以てする」という読みになっているので「仁沢の広きを以てし」と読む。「以威風之高」の「以」のあとに断定の助動詞「也（なり）」が接続するために、「以」にはサ変動詞「す」の連体形「する」が送り仮名としてついているが、「以仁沢之広」の「以」はその下の句に続いていくので、サ変動詞の「す」を連用形にして「以てし」とする。

問四　「『文章』の効能」については第二段落に列挙されている。一つは「王者所以…成教化也」の部分。ここでは、「王者」が自国を治める上での「効能」について述べている。もう一つは「敵国見之…故畏而自服」の部分。後半の「殊俗…」はその前の「敵国…」の言い換えになっており、どちらも対外政策における「効能」を述べている。以上の二点を、該当部分を現代語訳し内容を捉えた上で指定字数にまとめる。

❖講　評

一の現代文（評論）は産業資本主義における女性労働の位置づけの難しさについて例を挙げながら説明した文章。論

◆全　訳◆

昔子貢が告朔の儀式にいけにえの羊を供えることを廃止したいと考えたが、仲尼は許さなかった。思うに（儀式にいけにえの）羊が存在するのはやはり礼を知るためのものである。今ここにこの鴻臚館を廃絶しないようにと述べるのは、思うにまた文章の道のためである。

そもそも文章とは、王者が社会のしきたりを見、人として守るべき道をきちんと身につけ、神霊を感動させ、（民衆の）教化を行うためのものである。翼がなくても飛び、足がなくても至る（ように、文章の評判は自然に伝わるものだ）。敵国は（その国の）文章を見て（その国に）智者がいることを知る。だからこそ遠慮して侵略してこない。異国は（その国に）文章（があるということ）を聞いて（その国に）賢人がいることを悟る。だからこそ（その国を）畏れて自ら進んで服従する。魏の文帝が言うところの、文章は国を治めるための偉大な事業であり、永久に後世に残る立派な事業である。つつしんで望むことには、深く考え遠く思いめぐらし、この賓館を廃しなくすることをしないでいただきたい。そうすれば遠方の土地（の人民）は（君主に対する畏敬の）心を持ち続け、文士たちは（自ら成すべき）仕事に嫌気が差すこともない。これは外国に、（我が国の）仁愛の恵みが広いことを示すことであり、（君主の）威容が高いことを世の中に明らかに示すことである。

読み　昔子貢《しこう》告朔《こくさく》の餼羊《きやう》を去らんと欲するも、仲尼《ちゆうぢ》許さず。以為《おも》へらく羊在るは猶《な》ほ其の礼を識《し》る所以《ゆゑん》なり。今此《こ》の館を廃せざらんを陳《の》ぶるは、蓋《けだ》し亦《また》文章の道の為《ため》なり。

夫《そ》れ文章は、王者の風俗を観《み》、人倫を厚くし、鬼神《きしん》を感ぜしめ、教化を成す所以なり。翼無くして飛び、脛《はぎ》無くして至る。敵国之《これ》を見て智者有るを知る。故《ゆゑ》に憚《はばか》りて侵さず。殊俗《しゆぞく》之を聞きて賢人有るを覚《さと》る。故に畏《おそ》れて自《みづか》ら服す。魏《ぎ》の文帝の所謂《いはゆる》、文章は経国《けいこく》の大業、不朽《ふきう》の盛事《せいじ》なる者なり。伏《ふ》して望むらくは、深く図《はか》り遠く慮《おもんぱか》り、此の賓館を廃失《はいしつ》すること勿《な》かれ。然《しか》らば則《すなは》ち遐方《かはう》心を離さず、文士《ぶんし》業に倦《う》むこと無し。是《こ》れ則ち海外に示すに、仁沢《じんたく》の広きを以《もつ》てし、天下に耀《かがや》かすに、威風の高きを以てするなり。

いう予感をはらむゆえに忌み嫌う行為だというのである。しかし女は、それを忌み嫌っても「今はかひもあらじ（＝今となっては甲斐がないだろう）」と言う。それはなぜか。冒頭に「通ひたまひける女の、絶えて久しくなりにける」とあることに注目する。右大臣はかつて女のもとに通っていたのだが、その訪れが絶えて長い時間が経っていた。つまり、女はすでに右大臣に見捨てられており、「今はかひもあらじ」という状態になっていることを女は「憂き」と言っているのである。

問五　冒頭二句は〈注〉を参考にする。第四句は〝何を〟「なしといはぬ」なのかがわかるように訳すこと。そして最大のポイントは第五句をどう訳すかである。「たが」は「誰が」であるが、ここの「が」は主格でとる。「つらき」は形容詞「つらし」の連体形だが、そのまま〝つらい〟と訳してはならない。古語の「つらし」には〝薄情だ、つれない〟という重要な意味がある。現代語でも「つらくあたる」などと使う。つまり右大臣は、〝扇を男女間で取り交わすことを嫌う習慣を知っていながら、扇を送ってよこすあなたのほうが薄情だということになる〟という意味を込めているのである。

四

出典　菅原文時「封事三箇条」

解答

問一　ロ

問二　敵国はその国の文章を見てその国に智者がいることを知る。だからこそ遠慮して侵略してこない。

問三　海外に示すに、仁沢の広きを以てし

問四　君主自身が道徳心を身につけ、民衆を教化し、自国に智者がいることを敵国に示しその侵略を阻止するという効能。

（五十字程度）

は、いったい誰が薄情なのだろうか、薄情なのはあなたの方だ。

◀解　説▶

問一　「かかる」は、副詞「かく」にラ変動詞「あり」が接続してできた動詞「かかり」の連体形で、〝このような〟の意。右大臣が「いでたつ」理由を「かかることにて」と言っているのだが、その前を見てみると「祭の使にさされていでたちたまひけり」とあるのが見つかる。この「祭の使にさされて」の部分が「いでたつ」理由にあたる。古文で「祭」とは「賀茂の祭」のこと。「さされて」は「指されて」、つまり〝指名されて、任命されて〟の意。

問二　(2)　名詞「よし（由）」には〝由緒〟〝理由〟〝手段〟〝風流〟〝趣旨〟などさまざまな意味があるが、「よしあり」という形で用いられると、〝いわれがある、由緒がある〟または〝奥ゆかしく風情がある〟と訳す。ここは、女に扇を所望したら「よくておこせてむ」という反応をするだろうと右大臣が考えた理由を述べているので、後者の〝奥ゆかしく風情がある〟と訳すのが適切。

(3)　「清らなる」は形容動詞「清らなり（きよらなり）」の連体形。〝気品があって美しいさま〟を表す。

問三　主語認定の際、敬語の有無が手がかりの一つになる。「三条の右の大臣」の行為を表す語を抜き出してみると「いますかりける」「いでたちたまひけり」「通ひたまひける」「いひやりたまへりける」といずれも尊敬語が用いられている。その観点で三カ所の波線部を見てみると、(ア)「思ひたまひける」には尊敬語「たまひ」が用いられているが、(イ)「おこせたる」・(ウ)「書きたりける」には尊敬語が用いられていない。よって、(ア)のみが「三条の右の大臣」の行為、(イ)・(ウ)は「女」の行為と判断できる。ただし、このやり方で決まらないこともあるので、必ず文脈確認も併せて行うこと。

問四　「憂き」は形容詞「憂し（うし）」の連体形で、〝つらい〟の意。問三で答えたとおり、直前の波線部(ウ)の主語は「女」なので、この歌は女が詠んだものである。つまり、女が何を〝つらい〟と思っているのかを説明すればよい。〈注〉にあるように、扇を男女間で取り交わすことは、いずれ扇のように相手を見捨てる（相手に見捨てられる）と

三

出典　『大和物語』

解答

問一　賀茂の祭の勅使に任命〔指名〕されたということ。

問二　(2)　奥ゆかしく風情のある女。　(3)　気品があって美しい扇。

問三　①

問四　男女の間で扇を取り交わすのは不吉だというが、今となっては忌み嫌っても甲斐のないことだと、三条の右大臣の訪れが途絶えてしまったことをつらく思う心情。

問五　不吉だといって取り交わすことを忌み嫌っていた扇を、私のために「扇などありません」と言わずによこしたということは、いったい誰が薄情なのか、薄情なのはあなたの方だ。

◆全　訳◆

三条の右大臣（＝藤原定方）が、（まだ）中将でいらっしゃったとき、賀茂の祭の勅使に任命されてお出かけになった。（かつて定方が）通いなさっていた女で、（今は訪れが）絶えて久しくなってしまった女に、「このようなことで出かけます。扇を持っているべきであったが、とりこんでいて忘れてしまった。一つ下され」と言っておやりになった。（その女は）奥ゆかしく風情のある女であったので、きっと心を配って（すばらしいものを）よこすだろうと（定方は）お思いになっていたところ、（女は）色などもたいそう気品があって美しい扇を、香なども大変香ばしく焚きしめてよこした。（その扇を）ひっくり返した裏の端の方に書いてあった（歌）。

　不吉だといって男女間で扇を取り交わすのを忌み嫌ったとしても、あなたに見捨てられてしまった今となっては甲斐のないことでしょう。そのつらさをこの扇に託してあなたに送りましょう。

とあるのを見て、しみじみとお思いになって、（定方の）返歌、

　不吉だといって取り交わすことを忌み嫌っていた扇を、私のために「（扇など）ありません」と言わずによこしたの

問四　一ぜんめし屋で出会った男が主人公の父であった、という前提に基づいてもう一度本文を読み直す。第三段落で男は「提灯をともして、お迎えをたてると云う程でもなし、なし」と言っているが、「提灯をともして、お迎えをたてる」のは〈お盆に死者の霊を迎える時の作法〉なので、ここから〈男は死者であり、お盆にあの世から戻ってきている〉と想定できる。第四段落の「私はふと腹がたって来た。私のことを云ったのらしい」という記述は〈自分がきちんとした作法で霊を迎えなかったことをとがめられた〉と思ったからだ、と理解できる。そしてこのやりとりを踏まえて第一段落の「ただ何となく、人のなつかしさが身に沁むような心持」という記述を考え直すと、〈主人公は、お盆に、死者をなつかしむような気持ちでいる〉ということになる。そこに死んだ父が他の人の霊と一緒に戻ってきた、というのがこの物語の内実だと考えられる。主人公は初めのうちはその霊が〈自分の父〉であることをはっきりと捉えられない。しかしその〈声・親指・会話内容〉から、その男が〈自分の父〉であることを次第に確信する。

主人公が涙を流している場面を確認してみると、「涙が流れた…今の自分が悲しくて堪らない」（第六段落）、「何だか見覚えのある様ななつかしさが、心の底から湧き出して、じっと見ている内に涙がにじんだ」（第十三段落）、「『お父様』と私は泣きながら呼んだ」（第十九段落）とあるので、ここから涙の内実を〈父を失った悲しみ→父のような人物に対するなつかしみ→父に出会えた嬉しさ〉というかたちでまとめることができる。しかし父は主人公に気付かず、また他の霊とともに〈あの世〉に帰って行ってしまう。せっかく会えた父と向かい合うこともできず、言葉も交わすこともなく、また離れ離れになってしまった（＝一人ぼっちになってしまった）ということを、主人公は「影を眺めながら」（傍線部分）という行為で確認していると想定することができる。その悲しみから「長い間泣いていた」のだと理解し、〈感情の推移〉を軸にしながら解答をまとめる。

り、両者の〈対比〉を意識しながら解答をまとめる。

問二　前部で「隣りの一連れ」の中の「さっきの人」（第十一段落）の話と、それに対する「私」の反応を確認する。「その人が親指をたてた…何だか見覚えのある様ななつかしさ」（第十三段落）、「ビードロの…オルガンの様に鳴った」「私は何とも知れずなつかしさに堪えなくなった」（第十四・十五段落）とあるので、ここから〈その人の指や記憶に、私は見覚えがある〉という点を読み取る。この延長上に「子供が来て、くれくれとせがんだ。強情な子でね…己はつい腹を立てた。ビードロの筒を持って縁側へ出たら庭石に日が照っていた」という言葉があるので、ここで〈その人の記憶と自分の（子としての）記憶が状況も含めて完全に一致した＝自分も全く同じ体験をした〉ということをはっきり思い出したのだと理解し、この〈相似性・同一性〉を踏まえて解答を作成する。

問三　この一文の特徴は〈過去に聞いたはずの声が今聞こえる、という時間のずれ〉があることである。〈聞いていたという過去の事実〉と〈聞こえているという現在の事実〉の〈噛み合わなさ〉が何を示しているのかを考えるために、本文の他の箇所で〈ずれ〉を感じさせる表現を探してみよう。すると、「振り向いてその男の方を見ようとしたけれども…ぼんやりしていて解らない」（第四段落）、「そこに見えていながら、その様子が私には、はっきりしない」「話している事もよく解らない」（第七段落）、「私には、様子も言葉もはっきりしない」（第九段落）、「私の声は向うへ通じなかったらしい」（第二十段落）、「私は、その中の父を、今一目見ようとしたけれども…どれが父だか、解らなかった」（第二十三段落）などがある。これらはいずれも〈私（主人公）のいる世界（に流れる時間）と男（一連れ）のいる世界（に流れる時間）のずれ〉を示しており、傍線部はこの〈ずれ〉を示す表現の典型であると理解できる。次に設問の「表現効果」について考えると、〈同じ場所（＝一ぜんめし屋）に異なる世界・異なる時間が重なっている〉状態は実際の日常世界では起こらないことなので、この小説で語られている主人公の体験が、果たして現実の体験なのかどうかが〈曖昧な状態〉に置かれる、ということになる。〈夢うつつ・幻想的な状態〉と言ってもよいが、そうした効果がこの表現にあると考え、これまでの考察を踏まえて記述をまとめる。

問四　父を失って悲しみに暮れていた私は、一ぜんめし屋でなつかしみを感じる男と出会い、それが自分の父親であることを確信して声をかけるが、声は届かず父は再び消えた。私はせっかく再会できた父と向き合うことも言葉を交わすこともできずにまた一人ぼっちになってしまった。そこで再び父を失った事実を噛みしめ、悲しくてたまらなかったから。

◆要　旨◆

土手の下の一ぜんめし屋で、四、五人連れの客と居合わせた。その中の一人である五十余りの年寄りの言葉に怒りや悲しみを感じながら、やがて蜂の話になった時に、その話と自分の過去の記憶とが完全に重なり、私は声の主が自分の父親であるという確信を抱く。私は「お父様」と泣きながら呼んだが声は通じず、一連れは外へ出ていった。私は父を今一目見ようとしたが四、五人の姿は溶け合っていて解らなかった。私は長い間泣いた後、暗い畑の道へ帰って来た。

▲解　説▼

問一　傍線部の「しめやか」とは〝もの静かな様子〟という意味なので、これを手がかりにして前部を確認する。「私の隣りの腰掛に、四、五人一連れの客が…沈んだような声で、面白そうに話しあって、時時静かに笑った」（第二段落）、「隣の一連れもまた…話し合っている。そうして時時静かに笑う」（第七段落）、「通ってしまうと、隣りにまた、ぽつりぽつりと話し出す」（第九段落）とあるので、ここから〈隣の腰掛の四、五人一連れの客→面白そうに話をしながら、時時静かに笑う＝楽しそうな集団の様子〉を読み取る。次に設問の「『私』のどのような状況を表しているか」という指示を手がかりにして前部を見ると、「人のなつかしさが身に沁むような心持でいた」（第一段落）、「何の事だか解らないのだけれども、何故だか気にかかって、聞き流してしまえない」（第四段落）、「話している事もよく解らない。さっき何か云った時の様には聞こえない」（第七段落）、「私は、一人だから、手を組み合わせ、足を竦めて、じっとしている」（第八段落）、「私には、様子も言葉もはっきりしない」（第九段落）とあるので、ここから〈私は一人→隣の一連れの客の話がよく聞こえない→何故だか気にかかって、聞き流してしまえない〉という状況を読み取

問四　まず傍線部の「正の結果」「負の影響」を確認すると、「正の結果」については一段落前の「収入を創出することによって女性の地位がいくらかなりとも向上したり、自律性が増したりする」が、「負の影響」については「女性労働者と男性労働者の賃金格差」（第二段落）、「産業資本主義による搾取にさらされた犠牲者」（第四段落）が該当すると理解できる。次に傍線部の「不可能」の根拠を後部で確認すると、「地域による状況の多様性」「その影響は重層的」「矛盾をはらんでいる」とあるので、これらが「不可能」の根拠であると理解する。最後に「多様性」「重層的」「矛盾」の中身を確認するために本文に戻る。第四段落末尾の「多様な現状が浮かび上がってくる」を手がかりにして後部を見ると、〈香港＝自己決定権を獲得したが、忠実な娘としての役割を優先〉（第五段落）、〈台湾北部＝行動範囲の拡大、仲間との交流の機会は手に入れたが、社会や家庭内での女性の位置づけや決定権は強化されない〉（第六段落）、〈ジャワ＝自活できる賃金はないが、家庭内での発言権や位置づけは強化された〉（第七・八段落）、〈共通＝ライフコースの選択の可能性の拡大、一定の自由の獲得〉（第九段落）とあるので、これらが該当すると理解し、これまで確認した要素をまとめて解答を作成する。

二

出典　内田百閒「冥途」（『冥途・旅順入城式』岩波文庫）

解答

問一　隣の腰掛に座って何かを静かに話している楽しげな四、五人一連れの客に対して、人のなつかしさが身に沁むような気持ちで一人孤独に腰を掛けながら彼らの聞き取れない話に耳を傾けている状況。

問二　隣の一連れの中の一人が語った蜂にまつわる昔の記憶は、自分が過去に体験した蜂にまつわる父親と自分の出来事の記憶とぴったり重なり合い、その時の記憶が強烈によみがえってきたから。

問三　過去に聞いたはずの声が今になって耳に届くという、出来事の推移と自分の感覚との時間的不一致を示す表現により、一連れの人と私のいる世界のずれが強調されるとともに、私の体験自体の現実性を曖昧にする、という効果。

答えを導き出すこともできない。産業資本主義の進展がもたらした影響は多様で重層的であり、矛盾をはらむ。

▲解　説▼

問一　傍線部の「女性労働者」については前部の「女性労働者の賃金は男性の七〇パーセントにすぎない」を参照。また「家族をとりまく現実」については、同じく前部の「彼女たちの収入には家族全体の生存がかかっていた」「家計への重要な貢献を果たしている」という記述を参照。〈女性労働者の収入が低いのに、その低い収入に依存せざるを得ない〉という〈対比〉を明確にして記述を行う。

問二　「搾取」とは〝生産手段の所有者（いわゆる資本家）が、生産者から労働の成果を（過剰に・不当に）取得すること〟。ここでは一段落前の「（雇用主が）安価な女性労働力を大量に利用すること」を指すと理解する。次に〈こうした利用がなぜ可能なのか？〉という観点から前部を見ると、「（女性が）『生まれつき』手先が器用で忍耐強い」（第一段落）、「女性労働者の手先の器用さ、作業の早さを評価」「彼女たちに適した作業は…単純労働あるいは未熟練労働」「女性たちは…父あるいは夫に扶養される存在であるという通念」（以上第二段落）、「一家の大黒柱は男性」「（女性の）手先の器用さが…女性特有の素質に由来する」「既存のジェンダー観念や性別役割観は…可能にした」（以上第三段落）とある。これらを〈搾取を可能にした原因〉としてまとめ、先ほどの「搾取」の話と組み合わせて記述を行う。

問三　まず傍線部後部の「ジャワ」の例が一段落後の「賃労働への従事が娘たちの家庭内での発言権や位置づけを強化している」ことを示すものであることを押さえ、ここから「これ」の内容が〈家庭内での発言権や位置づけが強化できない〉という条件に合致するものであると理解して前部を見る。すると二段落前の「香港」では娘が「忠実な娘としての役割を優先し」、兄弟の学費の捻出のために「初等教育を終えた時点ですぐに仕事に」つく、とある。また一段落前の「台湾北部」でも「長期的にみて社会や家庭内での女性の位置づけや決定権を強化する方向には働いていない」「労働市場に参入したことが家庭内での娘たちの発言権の増大につながることもなければ、娘たち自身…自分たちの地位が向上するとも考えていない」とあるので、これらをまとめて解答を作成する。

国語

一

出典　中谷文美「働く——性別役割分業の多様性」（田中雅一・中谷文美編『ジェンダーで学ぶ文化人類学』世界思想社）

解答

問一　男性よりも低い賃金収入しか得られない女性労働者に、一家の大黒柱として家族全体の生存を託したり、家計への重要な貢献を期待せざるを得ない、という現実。

問二　資本家が、女性の技能や性格に対する先入見、また既存のジェンダー観念や性別役割観、そして伝統社会の家父長制的社会関係を利用して女性労働者の低賃金での雇用を正当化し、女性の労働の成果を安価で取得すること。

問三　香港や台湾北部において、未婚の女性が労働市場に参入して一定の収入を手に入れても、それが家庭内での発言権や位置づけの強化につながらず、家族内で期待されている娘としての役割や義務を果たし続けている、という状況。

問四　工場労働が女性に与えた影響については、賃金が低くても家庭内での地位が向上したり、あるいは自律性が増大しても地位向上につながらなかったり、さらに地位は向上しないが自由を手にしていたりなど、その影響は多様かつ重層的であり、女性の地位向上や自律性の増大といった正の評価のみ、あるいは男性労働者との賃金格差の正当化による搾取といった負の影響のみで語ることはできない、ということ。

◆要　旨◆

女性労働者と男性労働者の賃金格差は既存のジェンダー観や性別役割観、家父長制的社会関係によって正当化されている。しかしこうした状況に対する個々の女性たちの受け止め方や、工場での雇用が家族関係などに及ぼす影響を見ると、女性たちは一概に産業資本主義による搾取の犠牲者であるとは言えない一方、地位の向上や自律性の増大に関する単純な

////////////////////// · memo · //////////////////////

/////////////////// · memo · ///////////////////

//////////////////// · memo · ////////////////////

教学社 刊行一覧

2025年版 大学赤本シリーズ

374大学556点 全都道府県を網羅

国公立大学(都道府県順)

全国の書店で取り扱っています。店頭にない場合は，お取り寄せができます。

1 北海道大学(文系－前期日程)
2 北海道大学(理系－前期日程) 医
3 北海道大学(後期日程)
4 旭川医科大学(医学部〈医学科〉) 医
5 小樽商科大学
6 帯広畜産大学
7 北海道教育大学
8 室蘭工業大学／北見工業大学
9 釧路公立大学
10 公立千歳科学技術大学
11 公立はこだて未来大学 総推
12 札幌医科大学(医学部) 医
13 弘前大学 医
14 岩手大学
15 岩手県立大学・盛岡短期大学部・宮古短期大学部
16 東北大学(文系－前期日程)
17 東北大学(理系－前期日程) 医
18 東北大学(後期日程)
19 宮城教育大学
20 宮城大学
21 秋田大学 医
22 秋田県立大学
23 国際教養大学 総推
24 山形大学 医
25 福島大学
26 会津大学
27 福島県立医科大学(医・保健科学部) 医
28 茨城大学(文系)
29 茨城大学(理系)
30 筑波大学(推薦入試) 医 総推
31 筑波大学(文系－前期日程)
32 筑波大学(理系－前期日程) 医
33 筑波大学(後期日程)
34 宇都宮大学
35 群馬大学 医
36 群馬県立女子大学
37 高崎経済大学
38 前橋工科大学
39 埼玉大学(文系)
40 埼玉大学(理系)
41 千葉大学(文系－前期日程)
42 千葉大学(理系－前期日程) 医
43 千葉大学(後期日程) 医
44 東京大学(文科) DL
45 東京大学(理科) DL 医
46 お茶の水女子大学
47 電気通信大学
48 東京外国語大学 DL
49 東京海洋大学
50 東京科学大学(旧 東京工業大学)
51 東京科学大学(旧 東京医科歯科大学) 医
52 東京学芸大学
53 東京藝術大学
54 東京農工大学
55 一橋大学(前期日程)
56 一橋大学(後期日程)
57 東京都立大学(文系)
58 東京都立大学(理系)
59 横浜国立大学(文系)
60 横浜国立大学(理系)
61 横浜市立大学(国際教養・国際商・理・データサイエンス・医〈看護〉学部)
62 横浜市立大学(医学部〈医学科〉) 医
63 新潟大学(人文・教育〈文系〉・法・経済科・医〈看護〉・創生学部)
64 新潟大学(教育〈理系〉・理・医〈看護を除く〉・歯・工・農学部) 医
65 新潟県立大学
66 富山大学(文系)
67 富山大学(理系) 医
68 富山県立大学
69 金沢大学(文系)
70 金沢大学(理系) 医
71 福井大学(教育・医〈看護〉・工・国際地域学部)
72 福井大学(医学部〈医学科〉) 医
73 福井県立大学
74 山梨大学(教育・医〈看護〉・工・生命環境学部)
75 山梨大学(医学部〈医学科〉) 医
76 都留文科大学
77 信州大学(文系－前期日程)
78 信州大学(理系－前期日程) 医
79 信州大学(後期日程)
80 公立諏訪東京理科大学 総推
81 岐阜大学(前期日程) 医
82 岐阜大学(後期日程)
83 岐阜薬科大学
84 静岡大学(前期日程)
85 静岡大学(後期日程)
86 浜松医科大学(医学部〈医学科〉) 医
87 静岡県立大学
88 静岡文化芸術大学
89 名古屋大学(文系)
90 名古屋大学(理系) 医
91 愛知教育大学
92 名古屋工業大学
93 愛知県立大学
94 名古屋市立大学(経済・人文社会・芸術工・看護・総合生命理・データサイエンス学部)
95 名古屋市立大学(医学部〈医学科〉) 医
96 名古屋市立大学(薬学部)
97 三重大学(人文・教育・医〈看護〉学部)
98 三重大学(医〈医〉・工・生物資源学部) 医
99 滋賀大学
100 滋賀医科大学(医学部〈医学科〉) 医
101 滋賀県立大学
102 京都大学(文系)
103 京都大学(理系) 医
104 京都教育大学
105 京都工芸繊維大学
106 京都府立大学
107 京都府立医科大学(医学部〈医学科〉) 医
108 大阪大学(文系) DL
109 大阪大学(理系) 医
110 大阪教育大学
111 大阪公立大学(現代システム科学域〈文系〉・文・法・経済・商・看護・生活科〈居住環境・人間福祉〉学部－前期日程)
112 大阪公立大学(現代システム科学域〈理系〉・理・工・農・獣医・医・生活科〈食栄養〉学部－前期日程) 医
113 大阪公立大学(中期日程)
114 大阪公立大学(後期日程)
115 神戸大学(文系－前期日程)
116 神戸大学(理系－前期日程) 医
117 神戸大学(後期日程)
118 神戸市外国語大学 DL
119 兵庫県立大学(国際商経・社会情報科・看護学部)
120 兵庫県立大学(工・理・環境人間学部)
121 奈良教育大学／奈良県立大学
122 奈良女子大学
123 奈良県立医科大学(医学部〈医学科〉) 医
124 和歌山大学
125 和歌山県立医科大学(医・薬学部) 医
126 鳥取大学 医
127 公立鳥取環境大学
128 島根大学 医
129 岡山大学(文系)
130 岡山大学(理系) 医
131 岡山県立大学
132 広島大学(文系－前期日程)
133 広島大学(理系－前期日程) 医
134 広島大学(後期日程)
135 尾道市立大学 総推
136 県立広島大学
137 広島市立大学
138 福山市立大学 総推
139 山口大学(人文・教育〈文系〉・経済・医〈看護〉・国際総合科学部)
140 山口大学(教育〈理系〉・理・医〈看護を除く〉・工・農・共同獣医学部) 医
141 山陽小野田市立山口東京理科大学 総推
142 下関市立大学／山口県立大学
143 周南公立大学 新 総推
144 徳島大学 医
145 香川大学 医
146 愛媛大学 医
147 高知大学 医
148 高知工科大学
149 九州大学(文系－前期日程)
150 九州大学(理系－前期日程) 医
151 九州大学(後期日程)
152 九州工業大学
153 福岡教育大学
154 北九州市立大学
155 九州歯科大学
156 福岡県立大学／福岡女子大学
157 佐賀大学 医
158 長崎大学(多文化社会・教育〈文系〉・経済・医〈保健〉・環境科〈文系〉学部)
159 長崎大学(教育〈理系〉・医〈医〉・歯・薬・情報データ科・工・環境科〈理系〉・水産学部) 医
160 長崎県立大学 総推
161 熊本大学(文・教育・法・医〈看護〉学部・情報融合学環〈文系型〉)
162 熊本大学(理・医〈看護を除く〉・薬・工学部・情報融合学環〈理系型〉) 医
163 熊本県立大学
164 大分大学(教育・経済・医〈看護〉・理工・福祉健康科学部)
165 大分大学(医学部〈医・先進医療科学科〉) 医
166 宮崎大学(教育・医〈看護〉・工・農・地域資源創成学部)
167 宮崎大学(医学部〈医学科〉) 医
168 鹿児島大学(文系)
169 鹿児島大学(理系) 医
170 琉球大学

2025年版　大学赤本シリーズ

国公立大学 その他

171 〔国公立大〕医学部医学科 総合型選抜・学校推薦型選抜※ 医 総推
172 看護・医療系大学〈国公立 東日本〉※
173 看護・医療系大学〈国公立 中日本〉※
174 看護・医療系大学〈国公立 西日本〉※
175 海上保安大学校／気象大学校
176 航空保安大学校
177 国立看護大学校
178 防衛大学校 総推
179 防衛医科大学校(医学科) 医
180 防衛医科大学校(看護学科)

※No.171～174の収載大学は赤本ウェブサイト(http://akahon.net/)でご確認ください。

私立大学①

北海道の大学(50音順)

201 札幌大学
202 札幌学院大学
203 北星学園大学
204 北海学園大学
205 北海道医療大学
206 北海道科学大学
207 北海道武蔵女子大学・短期大学
208 酪農学園大学(獣医学群〈獣医学類〉)

東北の大学(50音順)

209 岩手医科大学(医・歯・薬学部) 医
210 仙台大学 総推
211 東北医科薬科大学(医・薬学部) 医
212 東北学院大学
213 東北工業大学
214 東北福祉大学
215 宮城学院女子大学 総推

関東の大学(50音順)

あ行(関東の大学)

216 青山学院大学(法・国際政治経済学部－個別学部日程)
217 青山学院大学(経済学部－個別学部日程)
218 青山学院大学(経営学部－個別学部日程)
219 青山学院大学(文・教育人間科学部－個別学部日程)
220 青山学院大学(総合文化政策・社会情報・地球社会共生・コミュニティ人間科学部－個別学部日程)
221 青山学院大学(理工学部－個別学部日程)
222 青山学院大学(全学部日程)
223 麻布大学(獣医、生命・環境科学部)
224 亜細亜大学
226 桜美林大学
227 大妻女子大学・短期大学部

か行(関東の大学)

228 学習院大学(法学部－コア試験)
229 学習院大学(経済学部－コア試験)
230 学習院大学(文学部－コア試験)
231 学習院大学(国際社会科学部－コア試験)
232 学習院大学(理学部－コア試験)
233 学習院女子大学
234 神奈川大学(給費生試験)
235 神奈川大学(一般入試)
236 神奈川工科大学
237 鎌倉女子大学・短期大学部
238 川村学園女子大学
239 神田外語大学
240 関東学院大学
241 北里大学(理学部)
242 北里大学(医学部) 医
243 北里大学(薬学部)
244 北里大学(看護・医療衛生学部)
245 北里大学(未来工・獣医・海洋生命科学部)
246 共立女子大学・短期大学
247 杏林大学(医学部) 医
248 杏林大学(保健学部)
249 群馬医療福祉大学・短期大学部
250 群馬パース大学 総推
251 慶應義塾大学(法学部)
252 慶應義塾大学(経済学部)
253 慶應義塾大学(商学部)
254 慶應義塾大学(文学部) 総推
255 慶應義塾大学(総合政策学部)
256 慶應義塾大学(環境情報学部)
257 慶應義塾大学(理工学部)
258 慶應義塾大学(医学部) 医
259 慶應義塾大学(薬学部)
260 慶應義塾大学(看護医療学部)
261 工学院大学
262 國學院大學
263 国際医療福祉大学 医
264 国際基督教大学
265 国士舘大学
266 駒澤大学(一般選抜T方式・S方式)
267 駒澤大学(全学部統一日程選抜)

さ行(関東の大学)

268 埼玉医科大学(医学部) 医
269 相模女子大学・短期大学部
270 産業能率大学
271 自治医科大学(医学部) 医
272 自治医科大学(看護学部)／東京慈恵会医科大学(医学部〈看護学科〉)
273 実践女子大学 総推
274 芝浦工業大学(前期日程)
275 芝浦工業大学(全学統一日程・後期日程)
276 十文字学園女子大学
277 淑徳大学
278 順天堂大学(医学部) 医
279 順天堂大学(スポーツ健康科・医療看護・保健看護・国際教養・保健医療・医療科・健康データサイエンス・薬学部) 総推
280 上智大学(神・文・総合人間科学部)
281 上智大学(法・経済学部)
282 上智大学(外国語・総合グローバル学部)
283 上智大学(理工学部)
284 上智大学(TEAPスコア利用方式)
285 湘南工科大学
286 昭和大学(医学部) 医
287 昭和大学(歯・薬・保健医療学部)
288 昭和女子大学
289 昭和薬科大学
290 女子栄養大学・短期大学部 総推
291 白百合女子大学
292 成蹊大学(法学部－A方式)
293 成蹊大学(経済・経営学部－A方式)
294 成蹊大学(文学部－A方式)
295 成蹊大学(理工学部－A方式)
296 成蹊大学(E方式・G方式・P方式)
297 成城大学(経済・社会イノベーション学部－A方式)
298 成城大学(文芸・法学部－A方式)
299 成城大学(S方式〈全学部統一選抜〉)
300 聖心女子大学
301 清泉女子大学
303 聖マリアンナ医科大学 医
304 聖路加国際大学(看護学部)
305 専修大学(スカラシップ・全国入試)
306 専修大学(前期入試〈学部個別入試〉)
307 専修大学(前期入試〈全学部入試・スカラシップ入試〉)

た行(関東の大学)

308 大正大学
309 大東文化大学
310 高崎健康福祉大学
311 拓殖大学
312 玉川大学
313 多摩美術大学
314 千葉工業大学
315 中央大学(法学部－学部別選抜)
316 中央大学(経済学部－学部別選抜)
317 中央大学(商学部－学部別選抜)
318 中央大学(文学部－学部別選抜)
319 中央大学(総合政策学部－学部別選抜)
320 中央大学(国際経営・国際情報学部－学部別選抜)
321 中央大学(理工学部－学部別選抜)
322 中央大学(5学部共通選抜)
323 中央学院大学
324 津田塾大学
325 帝京大学(薬・経済・法・文・外国語・教育・理工・医療技術・福岡医療技術学部)
326 帝京大学(医学部) 医
327 帝京科学大学 総推
328 帝京平成大学 総推
329 東海大学(医〈医〉学部を除く－一般選抜)
330 東海大学(文系・理系学部統一選抜)
331 東海大学(医学部〈医学科〉) 医
332 東京医科大学(医学部〈医学科〉) 医
333 東京家政大学・短期大学部 総推
334 東京経済大学
335 東京工科大学
336 東京工芸大学
337 東京国際大学
338 東京歯科大学
339 東京慈恵会医科大学(医学部〈医学科〉) 医
340 東京情報大学
341 東京女子大学
342 東京女子医科大学(医学部) 医
343 東京電機大学
344 東京都市大学
345 東京農業大学
346 東京薬科大学(薬学部) 総推
347 東京薬科大学(生命科学部) 総推
348 東京理科大学(理学部〈第一部〉－B方式)
349 東京理科大学(創域理工学部－B方式・S方式)
350 東京理科大学(工学部－B方式)
351 東京理科大学(先進工学部－B方式)
352 東京理科大学(薬学部－B方式)
353 東京理科大学(経営学部－B方式)
354 東京理科大学(C方式、グローバル方式、理学部〈第二部〉－B方式)
355 東邦大学(医学部) 医
356 東邦大学(薬学部)

2025年版　大学赤本シリーズ

私立大学②

357 東邦大学(理・看護・健康科学部)
358 東洋大学(文・経済・経営・法・社会・国際・国際観光学部)
359 東洋大学(情報連携・福祉社会デザイン・健康スポーツ科・理工・総合情報・生命科・食環境科学部)
360 東洋大学(英語〈3日程×3カ年〉)
361 東洋大学(国語〈3日程×3カ年〉)
362 東洋大学(日本史・世界史〈2日程×3カ年〉)
363 東洋英和女学院大学
364 常磐大学・短期大学 総推
365 獨協大学
366 獨協医科大学(医学部) 医

な行(関東の大学)

367 二松学舎大学
368 日本大学(法学部)
369 日本大学(経済学部)
370 日本大学(商学部)
371 日本大学(文理学部〈文系〉)
372 日本大学(文理学部〈理系〉)
373 日本大学(芸術学部〈専門試験併用型〉)
374 日本大学(国際関係学部)
375 日本大学(危機管理・スポーツ科学部)
376 日本大学(理工学部)
377 日本大学(生産工・工学部)
378 日本大学(生物資源科学部)
379 日本大学(医学部) 医
380 日本大学(歯・松戸歯学部)
381 日本大学(薬学部)
382 日本大学(N全学統一方式−医・芸術〈専門試験併用型〉学部を除く)
383 日本医科大学 医
384 日本工業大学
385 日本歯科大学
386 日本社会事業大学 総推
387 日本獣医生命科学大学
388 日本女子大学
389 日本体育大学

は行(関東の大学)

390 白鷗大学(学業特待選抜・一般選抜)
391 フェリス女学院大学
392 文教大学
393 法政大学(法〈Ⅰ日程〉・文〈Ⅱ日程〉・経営〈Ⅱ日程〉学部−A方式)
394 法政大学(法〈Ⅱ日程〉・国際文化・キャリアデザイン学部−A方式)
395 法政大学(文〈Ⅰ日程〉・経営〈Ⅰ日程〉・人間環境・グローバル教養学部−A方式)
396 法政大学(経済〈Ⅰ日程〉・社会〈Ⅰ日程〉・現代福祉学部−A方式)
397 法政大学(経済〈Ⅱ日程〉・社会〈Ⅱ日程〉・スポーツ健康学部−A方式)
398 法政大学(情報科・デザイン工・理工・生命科学部−A方式)
399 法政大学(T日程〈統一日程〉・英語外部試験利用入試)
400 星薬科大学 総推

ま行(関東の大学)

401 武蔵大学
402 武蔵野大学
403 武蔵野美術大学
404 明海大学
405 明治大学(法学部−学部別入試)
406 明治大学(政治経済学部−学部別入試)
407 明治大学(商学部−学部別入試)
408 明治大学(経営学部−学部別入試)
409 明治大学(文学部−学部別入試)
410 明治大学(国際日本学部−学部別入試)
411 明治大学(情報コミュニケーション学部−学部別入試)
412 明治大学(理工学部−学部別入試)
413 明治大学(総合数理学部−学部別入試)
414 明治大学(農学部−学部別入試)
415 明治大学(全学部統一入試)
416 明治学院大学(A日程)
417 明治学院大学(全学部日程)
418 明治薬科大学 総推
419 明星大学
420 目白大学・短期大学部

ら・わ行(関東の大学)

421 立教大学(文系学部−一般入試〈大学独自の英語を課さない日程〉)
422 立教大学(国語〈3日程×3カ年〉)
423 立教大学(日本史・世界史〈2日程×3カ年〉)
424 立教大学(文学部−一般入試〈大学独自の英語を課す日程〉)
425 立教大学(理学部−一般入試)
426 立正大学
427 早稲田大学(法学部)
428 早稲田大学(政治経済学部)
429 早稲田大学(商学部)
430 早稲田大学(社会科学部)
431 早稲田大学(文学部)
432 早稲田大学(文化構想学部)
433 早稲田大学(教育学部〈文科系〉)
434 早稲田大学(教育学部〈理科系〉)
435 早稲田大学(人間科・スポーツ科学部)
436 早稲田大学(国際教養学部)
437 早稲田大学(基幹理工・創造理工・先進理工学部)
438 和洋女子大学 総推

中部の大学(50音順)

439 愛知大学
440 愛知医科大学(医学部) 医
441 愛知学院大学・短期大学部
442 愛知工業大学 総推
443 愛知淑徳大学
444 朝日大学 総推
445 金沢医科大学(医学部) 医
446 金沢工業大学
447 岐阜聖徳学園大学 総推
448 金城学院大学
449 至学館大学 総推
450 静岡理工科大学
451 椙山女学園大学
452 大同大学
453 中京大学
454 中部大学
455 名古屋外国語大学 総推
456 名古屋学院大学 総推
457 名古屋学芸大学 総推
458 名古屋女子大学 総推
459 南山大学(外国語〈英米〉・法・総合政策・国際教養学部)
460 南山大学(人文・外国語〈英米を除く〉・経済・経営・理工学部)
461 新潟国際情報大学
462 日本福祉大学
463 福井工業大学
464 藤田医科大学(医学部) 医
465 藤田医科大学(医療科・保健衛生学部)
466 名城大学(法・経営・経済・外国語・人間・都市情報学部)
467 名城大学(情報工・理工・農・薬学部)
468 山梨学院大学

近畿の大学(50音順)

469 追手門学院大学 総推
470 大阪医科薬科大学(医学部) 医
471 大阪医科薬科大学(薬学部) 総推
472 大阪学院大学 総推
473 大阪経済大学 総推
474 大阪経済法科大学 総推
475 大阪工業大学 総推
476 大阪国際大学・短期大学部 総推
477 大阪産業大学 総推
478 大阪歯科大学(歯学部)
479 大阪商業大学 総推
480 大阪成蹊大学・短期大学 総推
481 大谷大学 総推
482 大手前大学・短期大学 総推
483 関西大学(文系)
484 関西大学(理系)
485 関西大学(英語〈3日程×3カ年〉)
486 関西大学(国語〈3日程×3カ年〉)
487 関西大学(日本史・世界史・文系数学〈3日程×3カ年〉)
488 関西医科大学(医学部) 医
489 関西医療大学 総推
490 関西外国語大学・短期大学部 総推
491 関西学院大学(文・法・商・人間福祉・総合政策学部−学部個別日程)
492 関西学院大学(神・社会・経済・国際・教育学部−学部個別日程)
493 関西学院大学(全学部日程〈文系型〉)
494 関西学院大学(全学部日程〈理系型〉)
495 関西学院大学(共通テスト併用日程〈数学〉・英数日程)
496 関西学院大学(英語〈3日程×3カ年〉) 新
497 関西学院大学(国語〈3日程×3カ年〉) 新
498 関西学院大学(日本史・世界史・文系数学〈3日程×3カ年〉) 新
499 畿央大学 総推
500 京都外国語大学・短期大学 総推
502 京都産業大学(公募推薦入試) 総推
503 京都産業大学(一般選抜入試〈前期日程〉)
504 京都女子大学 総推
505 京都先端科学大学 総推
506 京都橘大学 総推
507 京都ノートルダム女子大学 総推
508 京都薬科大学 総推
509 近畿大学・短期大学部(医学部を除く−推薦入試) 総推
510 近畿大学・短期大学部(医学部を除く−一般入試前期)
511 近畿大学(英語〈医学部を除く3日程×3カ年〉)
512 近畿大学(理系数学〈医学部を除く3日程×3カ年〉)
513 近畿大学(国語〈医学部を除く3日程×3カ年〉)
514 近畿大学(医学部−推薦入試・一般入試前期) 医 総推
515 近畿大学・短期大学部(一般入試後期) 医
516 皇學館大学 総推
517 甲南大学 総推
518 甲南女子大学(学校推薦型選抜) 新 総推
519 神戸学院大学 総推
520 神戸国際大学 総推
521 神戸女学院大学 総推
522 神戸女子大学・短期大学 総推
523 神戸薬科大学 総推
524 四天王寺大学・短期大学部 総推
525 摂南大学(公募制推薦入試) 総推
526 摂南大学(一般選抜前期日程)
527 帝塚山学院大学 総推
528 同志社大学(法、グローバル・コミュニケーション学部−学部個別日程)

2025年版　大学赤本シリーズ

私立大学③

529 同志社大学(文・経済学部−学部個別日程)
530 同志社大学(神・商・心理・グローバル地域文化学部−学部個別日程)
531 同志社大学(社会学部−学部個別日程)
532 同志社大学(政策・文化情報〈文系型〉・スポーツ健康科〈文系型〉学部−学部個別日程)
533 同志社大学(理工・生命医科・文化情報〈理系型〉・スポーツ健康科〈理系型〉学部−学部個別日程)
534 同志社大学(全学部日程)
535 同志社女子大学 総推
536 奈良大学 総推
537 奈良学園大学 総推
538 阪南大学 総推
539 姫路獨協大学 総推
540 兵庫医科大学(医学部) 医
541 兵庫医科大学(薬・看護・リハビリテーション学部) 総推
542 佛教大学 総推
543 武庫川女子大学 総推
544 桃山学院大学 総推
545 大和大学・大和大学白鳳短期大学部 総推
546 立命館大学(文系−全学統一方式・学部個別配点方式)／立命館アジア太平洋大学(前期方式・英語重視方式)
547 立命館大学(理系−全学統一方式・学部個別配点方式・理系型3教科方式・薬学方式)
548 立命館大学(英語〈全学統一方式3日程×3カ年〉)
549 立命館大学(国語〈全学統一方式3日程×3カ年〉)
550 立命館大学(文系選択科目〈全学統一方式2日程×3カ年〉)
551 立命館大学(IR方式〈英語資格試験利用型〉・共通テスト併用方式)／立命館アジア太平洋大学(共通テスト併用方式)
552 立命館大学(後期分割方式・「経営学部で学ぶ感性+共通テスト」方式)／立命館アジア太平洋大学(後期方式)
553 龍谷大学(公募推薦入試) 総推
554 龍谷大学(一般選抜入試)

中国の大学(50音順)

555 岡山商科大学 総推
556 岡山理科大学 総推
557 川崎医科大学 医
558 吉備国際大学 総推
559 就実大学 総推
560 広島経済大学
561 広島国際大学 総推
562 広島修道大学
563 広島文教大学 総推
564 福山大学／福山平成大学
565 安田女子大学 総推

四国の大学(50音順)

567 松山大学

九州の大学(50音順)

568 九州医療科学大学
569 九州産業大学
570 熊本学園大学
571 久留米大学(文・人間健康・法・経済・商学部)
572 久留米大学(医学部〈医学科〉) 医
573 産業医科大学(医学部) 医
574 西南学院大学(商・経済・法・人間科学部−A日程)
575 西南学院大学(神・外国語・国際文化学部−A日程／全学部−F日程)
576 福岡大学(医学部医学科を除く−学校推薦型選抜・一般選抜系統別日程) 総推
577 福岡大学(医学部医学科を除く−一般選抜前期日程)
578 福岡大学(医学部〈医学科〉−学校推薦型選抜・一般選抜系統別日程) 医 総推
579 福岡工業大学
580 令和健康科学大学 総推

医 医学部医学科を含む
総推 総合型選抜または学校推薦型選抜を含む
DL リスニング音声配信　新 2024年 新刊・復刊

掲載している入試の種類や試験科目，収載年数などはそれぞれ異なります。詳細については，それぞれの本の目次や赤本ウェブサイトでご確認ください。

akahon.net
赤本 検索

難関校過去問シリーズ

出題形式別・分野別に収録した
「入試問題事典」
20大学73点
定価2,310〜2,640円(本体2,100〜2,400円)

先輩合格者はこう使った!
「難関校過去問シリーズの使い方」

61年，全部載せ!
要約演習で，総合力を鍛える
東大の英語
要約問題 UNLIMITED

国公立大学

東大の英語25カ年[第12版] 改
東大の英語リスニング20カ年[第9版] DL 改
東大の英語 要約問題 UNLIMITED
東大の文系数学25カ年[第12版] 改
東大の理系数学25カ年[第12版] 改
東大の現代文25カ年[第12版] 改
東大の古典25カ年[第12版] 改
東大の日本史25カ年[第9版] 改
東大の世界史25カ年[第9版] 改
東大の地理25カ年[第9版] 改
東大の物理25カ年[第9版] 改
東大の化学25カ年[第9版] 改
東大の生物25カ年[第9版] 改
東工大の英語20カ年[第8版] 改
東工大の数学20カ年[第9版] 改
東工大の物理20カ年[第5版] 改
東工大の化学20カ年[第5版] 改
一橋大の英語20カ年[第9版] 改
一橋大の数学20カ年[第9版] 改
一橋大の国語20カ年[第6版] 改
一橋大の日本史20カ年[第6版] 改
一橋大の世界史20カ年[第6版] 改
筑波大の英語15カ年 新
筑波大の数学15カ年 新
京大の英語25カ年[第12版]
京大の文系数学25カ年[第12版]
京大の理系数学25カ年[第12版]
京大の現代文25カ年[第2版]
京大の古典25カ年[第2版]
京大の日本史20カ年[第3版]
京大の世界史20カ年[第3版]
京大の物理25カ年[第9版]
京大の化学25カ年[第9版]
北大の英語15カ年[第8版]
北大の理系数学15カ年[第8版]
北大の物理15カ年[第2版]
北大の化学15カ年[第2版]
東北大の英語15カ年[第8版]
東北大の理系数学15カ年[第8版]
東北大の物理15カ年[第2版]
東北大の化学15カ年[第2版]
名古屋大の英語15カ年[第8版]
名古屋大の理系数学15カ年[第8版]
名古屋大の物理15カ年[第2版]
名古屋大の化学15カ年[第2版]
阪大の英語20カ年[第9版]
阪大の文系数学20カ年[第3版]
阪大の理系数学20カ年[第9版]
阪大の国語15カ年[第3版]
阪大の物理20カ年[第8版]
阪大の化学20カ年[第6版]
九大の英語15カ年[第8版]
九大の理系数学15カ年[第7版]
九大の物理15カ年[第2版]
九大の化学15カ年[第2版]
神戸大の英語15カ年[第9版]
神戸大の数学15カ年[第5版]
神戸大の国語15カ年[第3版]

私立大学

早稲田の英語[第11版] 改
早稲田の国語[第9版] 改
早稲田の日本史[第9版] 改
早稲田の世界史[第2版] 改
慶應の英語[第11版] 改
慶應の小論文[第3版] 改
明治大の英語[第9版] 改
明治大の国語[第2版] 改
明治大の日本史[第2版] 改
中央大の英語[第9版] 改
法政大の英語[第9版] 改
同志社大の英語[第10版]
立命館大の英語[第10版]
関西大の英語[第10版]
関西学院大の英語[第10版]

DL リスニング音声配信
新 2024年 新刊
改 2024年 改訂

共通テスト対策関連書籍

共通テスト対策 も 赤本で

❶ 過去問演習

2025年版

共通テスト 赤本シリーズ

全12点

A5判／定価1,320円
（本体1,200円）

- 英国数には新課程対応オリジナル実戦模試 掲載！
- 公表された新課程試作問題はすべて掲載！
- くわしい対策講座で得点力UP
- 英語はリスニングを10回分掲載！ 赤本の音声サイトで本番さながらの対策！

- 英語 リーディング／リスニング DL
- 数学Ⅰ, A／Ⅱ, B, C
- 国語
- 歴史総合, 日本史探究
- 歴史総合, 世界史探究
- 地理総合, 地理探究
- 公共, 倫理
- 公共, 政治・経済
- 物理
- 化学
- 生物
- 物理基礎／化学基礎／生物基礎／地学基礎

DL 音声無料配信

❷ 自己分析

赤本ノートシリーズ 過去問演習の効果を最大化

▶共通テスト対策には

赤本ノートプラス
（共通テスト用）

赤本ルーズリーフプラス
（共通テスト用）

共通テスト
赤本シリーズ

新課程攻略
問題集

全26点
に対応!!

▶二次・私大対策には

大学赤本シリーズ

全556点に対応!!

赤本ノートプラス
（二次・私大用）

❸ 重点対策

共通テスト 赤本プラス

新課程攻略問題集

基礎固め＆苦手克服のための分野別対策問題集!!
厳選された問題でかしこく対策

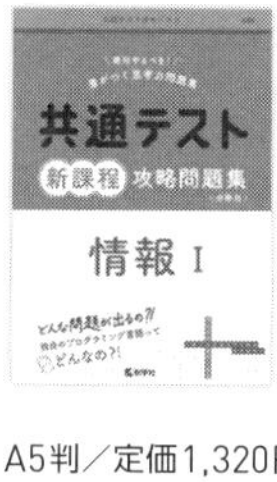

- 英語リーディング
- 英語リスニング DL
- 数学Ⅰ, A
- 数学Ⅱ, B, C
- 国語（現代文）
- 国語（古文, 漢文）
- 歴史総合, 日本史探究
- 歴史総合, 世界史探究
- 地理総合, 地理探究
- 公共, 政治・経済
- 物理
- 化学
- 生物
- 情報Ⅰ

DL 音声無料配信

全14点
好評発売中！

A5判／定価1,320円（本体1,200円）

手軽なサイズの実戦的参考書

目からウロコの
コツが満載！

直前期にも！

満点のコツ
シリーズ

赤本
ポケット

いつも受験生のそばに—赤本

大学入試シリーズ＋α
入試対策も共通テスト対策も赤本で

入試対策

赤本プラス

赤
PLUS＋
本

赤本プラスとは，**過去問演習の効果を最大にする**ためのシリーズです。「赤本」であぶり出された弱点を，赤本プラスで克服しましょう。

大学入試 すぐわかる**英文法** DL
大学入試 ひと目でわかる**英文読解**
大学入試 絶対できる**英語リスニング** DL
大学入試 すぐ書ける**自由英作文**
大学入試 ぐんぐん読める
英語長文〔BASIC〕DL
大学入試 ぐんぐん読める
英語長文〔STANDARD〕DL
大学入試 ぐんぐん読める
英語長文〔ADVANCED〕DL
大学入試 正しく書ける**英作文**
大学入試 最短でマスターする
数学Ⅰ·Ⅱ·Ⅲ·A·B·C
大学入試 突破力を鍛える**最難関の数学**
大学入試 知らなきゃ解けない
古文常識·和歌
大学入試 ちゃんと身につく**物理**
大学入試 もっと身につく
物理問題集（①力学·波動）
大学入試 もっと身につく
物理問題集（②熱力学·電磁気·原子）

入試対策

英検®赤本シリーズ

英検®（実用英語技能検定）の対策書。
過去問集と参考書で万全の対策ができます。

▶**過去問集（2024年度版）**
英検®準1級過去問集 DL
英検®2級過去問集 DL
英検®準2級過去問集 DL
英検®3級過去問集 DL

▶**参考書**
竹岡の英検®準1級マスター DL
竹岡の英検®2級マスター CD DL
竹岡の英検®準2級マスター CD DL
竹岡の英検®3級マスター CD DL

CD リスニングCDつき　DL 音声無料配信
新 2024年新刊・改訂

入試対策

赤本プレミアム

赤本の教学社だからこそ作れた、
過去問ベストセレクション

東大数学プレミアム
東大現代文プレミアム
京大数学プレミアム〔改訂版〕
京大古典プレミアム

入試対策

赤本メディカルシリーズ

過去問を徹底的に研究し，独自の出題傾向をもつメディカル系の入試に役立つ内容を精選した実戦的なシリーズ。

〔国公立大〕医学部の英語〔3訂版〕
私立医大の英語〔長文読解編〕〔3訂版〕
私立医大の英語〔文法·語法編〕〔改訂版〕
医学部の実戦小論文〔3訂版〕
医歯薬系の英単語〔4訂版〕
医系小論文 最頻出論点20〔4訂版〕
医学部の面接〔4訂版〕

入試対策

体系シリーズ

国公立大二次・難関私大突破へ，自学自習に適したハイレベル問題集。

体系英語長文
体系英作文
体系現代文
体系世界史
体系物理〔第7版〕

入試対策

単行本

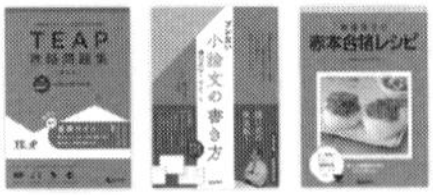

▶**英語**
Q&A即決英語勉強法
TEAP攻略問題集〔新装版〕DL 新
東大の英単語〔新装版〕
早慶上智の英単語〔改訂版〕

▶**国語・小論文**
著者に注目! 現代文問題集
ブレない小論文の書き方 樋口式ワークノート

▶**レシピ集**
奥薗壽子の赤本合格レシピ

入試対策　共通テスト対策

赤本手帳

赤本手帳（2025年度受験用）プラムレッド
赤本手帳（2025年度受験用）インディゴブルー
赤本手帳（2025年度受験用）ナチュラルホワイト

入試対策

風呂で覚えるシリーズ

水をはじく特殊な紙を使用。いつでもどこでも読めるから，ちょっとした時間を有効に使える！

風呂で覚える英単語〔4訂新装版〕
風呂で覚える英熟語〔改訂新装版〕
風呂で覚える古文単語〔改訂新装版〕
風呂で覚える古文文法〔改訂新装版〕
風呂で覚える漢文〔改訂新装版〕
風呂で覚える日本史〔年代〕〔改訂新装版〕
風呂で覚える世界史〔年代〕〔改訂新装版〕
風呂で覚える倫理〔改訂版〕
風呂で覚える百人一首〔改訂版〕

共通テスト対策

満点のコツシリーズ

共通テストで満点を狙うための実戦的参考書。
重要度の高いリスニング対策は
「カリスマ講師」竹岡広信が一回読みにも
対応できるコツを伝授！

共通テスト英語〔リスニング〕
満点のコツ〔改訂版〕DL 新
共通テスト古文 満点のコツ〔改訂版〕新
共通テスト漢文 満点のコツ〔改訂版〕新
共通テスト生物基礎
満点のコツ〔改訂版〕新

入試対策　共通テスト対策

赤本ポケットシリーズ

▶**共通テスト対策**
共通テスト日本史〔文化史〕

▶**系統別進路ガイド**
デザイン系学科をめざすあなたへ

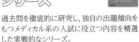

大学赤本シリーズ

赤本ウェブサイト

過去問の代名詞として、70年以上の伝統と実績。

新刊案内・特集ページも充実！
受験生の「知りたい」に答える

akahon.netでチェック！

志望大学の赤本の刊行状況を確認できる！

「赤本取扱い書店検索」で赤本を置いている書店を見つけられる！

赤本チャンネル & 赤本ブログ

赤本チャンネル

YouTubeや
TikTokで受験対策！

人気講師の大学別講座や
共通テスト対策など、
受験に役立つ動画 を公開中！

YouTube

TikTok

赤本ブログ

受験のメンタルケア、合格者の声など、
受験に役立つ記事 が充実。

詳しくは
こちら

2025 年版　大学赤本シリーズ　No. 31

筑波大学（文系－前期日程）

2024 年 7 月 25 日　第 1 刷発行
ISBN978-4-325-26109-4
定価は裏表紙に表示しています

編　集　教学社編集部
発行者　上原 寿明
発行所　教学社
〒606-0031
京都市左京区岩倉南桑原町56
電話　075-721-6500
振替　01020-1-15695
印　刷　太洋社

- 乱丁・落丁等につきましてはお取替えいたします。
- 本書に関する最新の情報（訂正を含む）は，赤本ウェブサイトhttp://akahon.net/の書籍の詳細ページでご確認いただけます。
- 本書は当社編集部の責任のもと独自に作成したものです。本書の内容についてのお問い合わせは，赤本ウェブサイトの「お問い合わせ」より，必要事項をご記入の上ご連絡ください。電話でのお問い合わせは受け付けておりません。なお，受験指導など，本書掲載内容以外の事柄に関しては，お答えしかねます。また，ご質問の内容によってはお時間をいただく場合がありますので，あらかじめご了承ください。
- 本書の無断複製は著作権法上の例外を除き禁じられています。本書を代行業者等の第三者に依頼してスキャンやデジタル化することは，たとえ個人や家庭内の利用でも著作権法違反です。
- 本シリーズ掲載の入試問題等について，万一，掲載許可手続等に遺漏や不備があると思われるものがございましたら，当社編集部までお知らせください。